法学家文库
JURIST ACADEMIC SERIES

国际金融法要论

GUOJI JINRONGFA
YAOLUN

韩　龙　李金泽 ◎著
张　路　陈　欣

人民出版社

作者简介

（以撰写章节先后为序）

韩　龙　法学博士、博士后，教授、博士生导师。2004—2005年，先后在美国华盛顿大学和乔治敦大学法学院从事金融法和WTO相关问题的研究，合作教授分别为著名金融法学家Joel Seligman教授和"世贸组织之父"John H. Jackson教授。主要独著有：《金融服务贸易的规制与监管研究》（北京大学出版社2006年），《离岸金融法律问题研究》（法律出版社2001年），《世贸组织与金融服务贸易》（人民法院出版社2003年），《WTO金融服务贸易的法律问题研究》（湖南人民出版社2004年）。发表论文近百篇，主持国家社科基金等多项国家和国务院部委项目。撰写本著第一、二、三、四、六、九章。

李金泽　法学博士、国际金融博士后，教授、博士生导师，中国工商银行法律事务部副总经理。主要独著有：《跨国银行市场准入法律制度》（法律出版社2003）、《信用证与贸易融资法律问题》（中国金融出版社2004）、《银行业变革中的新法律问题》（中国金融出版社2004）、《UCP600适用与信用证法律风险防控》（法律出版社2007）。发表论文近百篇，主持国家社科基金等多项国家和国务院部委项目。撰写本著第五章。

张　路　法学博士，代表作包括：《美国1933年证券法》、《美国1934年证券交易法》、《美国证券最新立法与上市公司内部控制实务》、《中美英基金法比较与实务》（中英文对照）和《美国证券监管法基础》（均由法律出版社出版）。发表论文数十篇，多次主持省部级课题项目的研究。撰写本著第七章。

陈　欣　法学博士、博士后，厦门大学法学院教授，代表作有：《衍生金融交易国际监管制度研究》（北京大学出版社2006年）。发表论文数十篇，多次主持省部级课题项目的研究。撰写本著第八章。

前　言

　　金融是现代经济的核心,全球金融一体化是当今国际金融业发展的最突出的特征。全球金融一体化给国际社会带来了一系列新的法律问题,引起国际金融法律制度的诸多变化,并不断地对传统的金融法理论和认知提出挑战和考问。我国在经历入世过渡期5周年后,银行业已全面对外开放,证券业也在逐步地扩大对外开放,我国融入全球金融一体化程度加深,寻求国际金融问题的法律对策是我国在新的条件下面临的重大课题,也是我国金融开放的基本保障。因此,及时、深入研究国际金融法的重大前沿问题和国际金融法律制度的重大变化,科学地对国际金融法的重大理论问题进行创新,对我国的重要性不言自明。然而,我国在此方面的研究总体上还十分滞后,与我国的迫切需要尚不适应。有感于此,不揣冒昧,我们在长期研究的基础上,发挥各自优势,撰写出这部浅作,希望能够尽可能地将国际金融法的重大前沿问题和国际金融法律制度的重大变化呈现些许,并以此抛砖引玉,希望吸引更多的人对重大前沿问题和制度变化给予关注和研究。

　　基于这种考虑,本著包括了两个方面的内容:一是国际金融法的重大前沿问题和国际金融法律制度的重大变化,侧重于国际金融法的实践;二是构建国际金融法的科学理论,并以此为国际金融法的实践提供指导。二者都十分重要,故可归为《国际金融法要论》。国际金融法的重大前沿问题和国际金融法律制度的重大变化体现在国际金融法各领域,因此,我们按照国际金融法体系对这些问题和变化进行整合,使其脉络清晰,彼此承上启下,构成具有密切逻辑和学理联系的整体。

　　具体来说,本著涵盖的重要问题包括:一、国际金融法基本理论问题。国内外对国际金融法基本理论问题的研究较少且存在很多欠缺,妨碍了对国际金融法及其具体制度的科学认识,影响国际金融法制建设,特别是对金融法和国际金融法的性质和任务认识不清,妨碍了对金融风险的有效规制与监管、防范与化解。这可以说是目前肆虐美国、影响世界的美国金融危机在金融法制和国际金融法制上留下的深刻教训。因此,科学地构建金融法和国际金融法理论成为金融法和国际金融法当前所面临的一项重大课题。二、牙买加体系的汇率制度。牙买加体系诞生已经30年,但是,我国对该体系特别是其汇率制度研究十分薄弱,许多问题至今没有破解。2007年6月IMF执行董事会对汇率监督作出了30年来首次重大修改,我国对此研究甚少。在当今人民币汇率的国际货币法问题成为国际争论的焦点的情况下,破解牙买加体系的汇率制度和把握汇率监督制度的最新发展显得愈发迫切。三、人民币汇率的国际法问题。近年来,西方对人民币汇率安排提出咄咄逼人的指责,动辄以提交有关国际和国内机构解决相威胁。如果西方果真对人民币汇率安排采取法律行动,会有什么样的结果?这是我国面临的重大问题。四、国际金融市场的准入与经营制度。1999年生效的WTO金融服务的《第五议定书》和此前达成的《服务贸易总协定》,在近乎全球意义上建立起了统一的金融市场的准入与经营制度,多哈回合对金融服务贸易的规则进行了谈判,预示着此领域的发展态势。这一制度的状况及其发展态势对我国影响极大,需要给予高度关注。五、《跟单信用证统一惯例》(UCP600)及其发展。国际商会于2006年10月25日在巴黎举行的ICC银行委员会会议上通过《跟单信用证统一惯例》(以下简称UCP600),并于2007年7月1日开始实施。修订后的UCP600确立了大量新的标准,内容和形式均有变化,对进出口企业界、银行界、法律、司法、船运和保险界都具有重大影响,值得并已经引起我国相关各界的广泛关注。六、国际银行监管。当前美国金融危机对各国的影响再次凸显国际金融监管,特别是国际银行监管的重要性。对国际银行由哪个国家对其行使监管?按照什么标准进行监管?国家间需要什么样的监管合作机制以确保银行业的安全和稳健?这些都是国际银行监管所需要解决的重要问题。七、美国证券法的晚近发展——《索克斯法》与影响。美国证券法是许多国家证券法的蓝本,对许多国家影响极大。美国2002年《萨班斯·奥克斯利法》是美国自20世纪30年代以来影响最大、最重要的美国证券立法。我国如何借鉴该法加强我国证券法制建设,如何应对该法特别是其404条款对我国的影响,意义重大。八、金融全球化下金融衍生品的国际监管。金融衍生品是一种高风险金融产品,有利有弊。金融衍生品交易从产生伊始,便伴随着金融全球化的浪潮,带有许多跨国因素。最近一二十年,国际金融危机和重大的国际金融事件都有金融衍生交易的魔影。在金融全球化条件下,如何对金融衍生交易进行监管,国际间如何加强监管合作,对于在金融衍生市场兴利除弊,维护国际货币金融体系的问题极为关键。九、离岸金融的法律问题。离岸金融是典型意义上的国际金融,是现代金融市场的重要组成部分。离岸金融无论是对整个国际货币金融体系,还是对于我国投融资体系都具有极为重要的影响。加勒比海的离岸中心构成引发亚洲金融危机的国际游资的来源和去处就是明证。因此,离岸金融的法律问题是国际金融法亟须研究的重大课题。

当然,国际金融法的重大前沿问题和国际金融法律制度的重大变化还有很多,上述内容或许只是冰山一角,但它们对我国和国际社会都极其重要。我们希望这部著作的出版不仅能够促进我国国际金融法的教学和研究,也希望为实务部门和实际工作者提供有益的参考。

韩 龙

2008 年 10 月 6 日

目　　录

1

第一章　国际金融法基本理论

　　任何一门学科或科学，都需要有一定的理论支撑。没有科学理论的支撑，该学科就可能会遁入认识的误区，导致内容和体系的紊乱，误导实践，学科本身也会失去应有的立足点。近些年来，全球金融一体化和经济金融化程度日益加深，国际间的经济交往日益表现为国际金融关系，国际金融活动频繁且影响巨大。在这种情况下，科学地构建国际金融法的理论以适应和满足调整国际金融关系的需要，显得尤为重要。但是，另一方面，我们应当看到，迄今对国际金融法基本理论问题的研究还存在很多欠缺。有关著述对基本理论问题或避而不谈，或轻描淡写，或存在偏颇之处，这些都会妨碍对国际金融法及其具体制度的科学认识，影响国际金融法制建设。目前肆虐美国、影响世界的美国金融危机更加凸显出国际金融法基本理论建设的迫切性和重要性。以金融法和国际金融法的性质和任务这一问题为例，国内外鲜有深入探讨，直接影响到了金融法制和国际金融法制建设和健全，妨碍了对金融风险的有效规制与监管、防范与化解。这可以说是这次金融危机在金融法制和国际金融法制上留下的深刻教训。因此，科学地构建金融法和国际金融法理论是金融法和国际金融法当前所面临的一项重大课题。

第一节　国际金融法的概念与特征

　　科学地构建国际金融法理论应从国际金融法的概念入手。概念反映的是事物的本质属性，而本质属性是决定一类事物之所以成为该类事物并使其与其他类事物相区别的属性。任何概念都有内涵和外延两个逻辑特征。内涵是指反映在概念中的思维对象的本质属性，又叫概念的含义；外延是概念的适用对象。

一、国际金融法的概念

　　那么，国际金融法的概念是什么？概括地说，国际金融法就是调整国际金融关系的法律规范的总称。国际金融法这一概念的本质特征是什么？划分法律部门及其分支的根本依据是调整对象——社会关系，辅助标准是调整方法。因此，国际金融法这一概念的本质特征应当从国际金融法的调整对象——国际金融关系中去寻找。我们认为，国际金融法概念的本质特征就在于其调整对象的金融性与国际性的结合，即国际金融法调整的对象具有金融性和国际性。因此，把握国际金融法概念的本质特征，首先需要考察什么是"金融"，什么是"国际"，什么是"国际金融关系"[①]。

二、国际金融法的金融性与国际性

国际金融法所调整的国际金融关系是具有金融性的国际关系。在当前金融业多向度、纵深发展的情况下，探寻金融的恰当含义尤为重要，这是因为国内外对金融的含义存在的不同认识和理解，直接影响到对国际金融法的概念、调整对象、范围、渊源、理念及社会功能等问题的科学认识，影响到国际金融法科学体系的建立。因此，探讨金融的含义就构成考察国际金融法基本理论的基点和起点。对于金融可以从内涵和外延两个方面进行把握。

（一）金融性

1. 金融的内涵

金融的内涵，即金融的本质属性有哪些，这是认识金融和国际金融法所必须回答且难以回答的问题。对此，我们认为应从以下两个方面来把握：

（1）金融在训诂意义上的基本含义

"金融"是由中国字组成的词，据考证，它并非古已有之。古有"金"和"融"，但未见"金融"连在一起的词。《康熙字典》及其之前的工具书均无"金"与"融"连用的词，即为佐证。将"金"与"融"连起来始于何时，无确切考证。是否直接译自"Finance"亦无任何证明。一个很大的可能是来自明治维新的日本。那一阶段，有许多西方经济学的概念从日本引进——直接把日语翻成汉字搬到中国来。最早列入"金融"条目的工具书是：1908 年开始编纂、1915 年初版的《辞源》和 1905 年即已酝酿编纂、1937 年开始刊行的《辞海》。[②]

《辞源》（1937 年普及本第 11 版）对金融的释义是："今谓金钱之融通状态曰金融，旧称银根。各种银行、票号、钱庄，曰金融机构。"《辞海》（1936 年版）对金融（monetary circulation）的释文是"谓资金融通之形态也，旧称银根。金融市场利率之升降，与普通市场价之涨落，同一原理，俱视供求之关系而定。即供给少需要多，

---

① 对于国际金融关系及其种类详见本章第二节对国际金融法调整对象的阐述。
② 黄达：《金融、金融学及其学科建设》，《当代经济科学》2001 年第 4 期。

则利率上腾,此种形态谓之金融紧迫,亦曰银根短绌;供给多需要少,则利率下降,此种形态谓之金融缓慢,亦曰银根松动。"①

根据以上考证,我们似可以得出以下结论:始于近百年前编纂的《辞源》、《辞海》是最早有据可查的、编入金融条目的辞书,说明这个词在 20 世纪初以前已经使用,并已相当定型。《辞海》注以英文,显示该词有可能来源于海外。《辞源》、《辞海》就其始刊时对金融的定义来看,简单地说,金融就是资金融通,即由资金融通的工具、机构、市场和制度等构成要素相互作用而构成的有机系统。这一含义至今仍然能够体现出金融的初始的和基本的本质特征。

(2)金融在现代意义上是虚拟经济

这是金融含义在现代的体现。虚拟经济是资本以金融市场为主要依托所进行的有关的经济活动,简单明了地说,虚拟经济就是直接以钱生钱的活动。虚拟经济是与实体经济相对应的概念。实体经济活动就是将货币通过交换成劳动力、原料、机器设备、厂房等,然后经过生产产出产品,产品通过流通变成商品,商品再通过交换再变回货币。在实体经济的循环中,资本增值,取得了利润,这是实体经济的过程。虚拟经济的循环是在金融市场上,货币先通过交换成为借据、股票、债券、外汇等,然后在适当的时候,再通过交换将这些金融产品变回货币,直接以钱生钱。

虚拟经济经历了商业信贷、生息资本的社会化、有价证券市场化、金融市场国际化等阶段。金融最初是个人之间的借贷,财富的剩余者将闲置货币借给借款人,这时货币变成了生息资本。由于这样的借贷风险比较大,而且无法优化投资方向,在这样的情况下银行出现。银行把人们手中的闲置货币集中起来,变成生息资本,借给那些需要从事实体经济活动的人。银行在存款人和贷款人之间赚取利差。企业向银行间接融资,因为有利差的存在成本较高,企业如果直接发行债券,不仅融资成本较低,而且投资人也能获得较高的回报,这样就产生了债券。同时,为了使投资者能够共担风险,股票也出现了。债券和股票面对的是社会公众,债券和股票出现后投资品种和选择多样化,但流通性问题妨碍了社会投资。有价证券市场化以后就解决了这个问题。股票和债券都能在市场上随时变现,这样解决了流动性问题。最后是金融市场的国际化和国际集成化,各国国内的金融市场与国际金融市场之间的联系更加紧密,相互间的影响日益增大,虚拟经济的总规模大大超过了实体经济。由于电子技术、信息技术的发展,资金可以在很短的时间内进行调动,国际金融市场已到"牵一发而动全身"的程度。

将金融界定为虚拟经济,接下来的问题是,这种虚拟经济活动包括哪些内容和

---

① 黄达:《金融、金融学及其学科建设》,《当代经济科学》2001 年第 4 期。

形式？这是认识金融的性质所需要进一步解决的问题。如上所述，金融的初始基本含义是资金融通，但是如果仅限于此，那么还不足以反映现代金融的全貌，例如，金融衍生工具和有些保险产品等就不具有资金融通的性质。因此，以金融市场为依托所进行的金融活动，除资金融通外，还应包括非资金融通的活动，如规避风险的金融衍生交易，分散风险和弥补损失的保险活动等。只有这样，金融的概念才能与时俱进，对当今的金融实践具有周延性。

国际金融法调整对象所具有的金融性，将国际金融法与调整国际经济关系其他法律部门或分支区分开来。国际金融法调整对象具有金融性，而调整国际经济关系其他法律部门或分支的调整对象则没有金融性质。以国际金融法与国际投资法的关系为例，国际间资金流动的形式，依投资方式，可分为直接投资和间接投资。国际投资法调整直接投资关系，国际金融法则调整间接投资关系。凡是以金融市场为依托进行的虚拟经济活动都属于国际金融法调整，而不具有以上特征的国际间资金流动关系则由国际投资法来调整。例如，处于国际投资法和国际金融法敏感地带的外资股票购入，如果这种购入是通过证券市场进行的，这种行为本身由国际金融法调整。如果买卖的目的是为了持有能提供一定收入的证券以便在证券市场获利，而不是为了经营管理企业，也不享有控制权，则这类交易始终都应受国际金融法调整。如果购入股票的目的是为了在购入股票后参加企业的经营管理或取得对企业的控制，那么，股票购入行为（通常构成通过证券市场而进行的收购）主要由国际金融法调整，购入后的经营管理或控制行为等由国际投资法来调整。但由于股票的购入与购入后对有关企业的经营管理或控制具有手段与目的的联系，因此，在这种情况下，国际金融法在调整这种证券交易时需要同时考虑国际金融法之外的法律制度，如国家对外资在相关行业的准入制度、反垄断法和国家经济安全审查制度等。相反，如果外资对企业的收购不是通过证券市场而是通过产权市场进行的，且收购后对企业行使了经营管理或控制，那么，整个活动都应受国际投资法的调整。

2. 金融的外延

金融经过多年来的发展，不仅没有使人们对其范围达成共识，反而似乎助长了分歧。对于金融及其外延，国内外存在不同的界定，大体上可以姑且称为一般意义的金融和狭义的金融。以下对金融及其范围的考察从当今对金融的两种主要理解入手，在此基础上找出金融的基本外延。

（1）一般意义的金融

一般意义上的金融包括货币供给，银行与非银行金融机构体系，资金借贷市场，证券市场，保险系统，以及国际金融中所具有的以上内容等。在国内，这种理解多年来存在于党政部门、实际经济部门、经济学界、本土金融学界。这种理解不是始于某种理论界定,而是自然而然形成的。

在国外,对金融也存在类似上述意义上的理解。韦氏词典对金融的理解就与我国对金融的上述理解基本相当。根据《韦伯斯特第三版国际新辞典》(Webster's Third New International Dictionary),金融包括货币流通(circulation of money)、信贷发放(granting of credit)、投资(making of investments)和银行设施的提供(the provision of banking facilities)等。

值得注意的是,西方还有一种对金融的广义的理解:凡是与钱有关系者都可用"金融"(Finance)这个词。《牛津辞典》(Oxford Dictionary)和一些百科全书对 Finance 的解释是:货币事务(monetary affairs)、货币管理(management of money)、货币资源(pecuniary resources)……。有时,它指财政,在与"company、corporation、business"联用或与之有关的上下文中,指公司财务等。这种理解显然比对金融的一般意义理解更广,不仅包括上述一般意义的金融,并且还包括国家财政、企业财务以及个人货币收支等。[①]

(2)狭义的金融

狭义的金融是指有价证券及其衍生产品市场,是指资本市场。持这种理解的人士认为,"金融"就是西文的"Finance","Finance"即指金融市场(Financial Market)、资本市场(Capital Market)。据黄达先生考察,持有这样用法者在国内主要是:80 年代开始关注金融、研究金融的一些中老年理工学者;90 年代中期起,在国外学成回国的中青年学者。其共同特点是:直接或间接地来源于国外,且只将金融覆盖面限于资本市场。持狭义理解的一些人士也承认,在自己的"金融"领域之外还存在一个被更多的人视之为"金融"的领域,可称之为传统领域,但认为这是过时的用法,不能与国际接轨,将来必被取代。

既然对金融的狭义理解来自于西方,因此,西方也就不乏对金融的这种界定。如比较权威的《新帕尔格雷夫经济学大辞典》(The New PalGrave Dictionary of Economics)对"Finance"的解释则是"金融主要关注资本市场的运行,以及资本资产的供给和定价"。

(3)金融的恰当范围

我们认为对金融持一般意义的理解比较合理和得当,对此可以从以下两个向度来考察。

①从金融的起源和现实来看,一般意义的理解比较切合实际。

从历史上看,现代意义上的金融起源于银行。把金融(Finance)限定用于资本市场,在西方也是近些年在特定圈子里的事情。从现实和发展前途看,虽然资本市

---

① 黄达:《金融、金融学及其学科建设》,《当代经济科学》2001 年第 4 期。

场可能成为将来金融的主体,因而未来的金融可能主要指这一领域,但是商业银行在当今仍然具有很大的作用,今后是否必将削弱尚难定论。如果银行、货币趋于泯灭,金融大概也不能独自保存下来。

②从国际组织和有关国家具体使用情况来看,一般都趋于采用一般意义的金融。

第一,联合国和世界贸易组织对金融的理解和使用。

联合国统计署有对金融及相关服务(Financial and Related Service)的统计,该项目大体上包括:金融中介服务,包括中央银行的服务、存贷业务和银行中介业务的服务;投资银行服务;非强制性的保险和养老基金服务、再保险服务;房地产、租借、租赁等服务;为以上各项服务的各种金融中介的服务。

世界贸易组织(简称WTO)出于对WTO成员方影响金融服务的措施进行约束的目的,对金融服务进行了列举和界定(Definitions)。《服务贸易总协定》(简称GATS)的金融服务附件(Annex on Financial Services,简称金融附件)规定,金融服务包括所有的保险和与保险有关的服务、所有的银行和其他金融服务(保险除外)。其中,保险和与保险有关的服务包括以下活动:直接保险(含寿险和非寿险)、再保险和分保、保险中介(如经纪和代理)、保险附属服务(如咨询、精算、风险评估和理赔服务等)。银行和除保险之外的其他金融服务包括以下活动:接受公众存款,发放各类贷款,金融租赁,支付和转移服务,保证和承诺,自营或代理买卖货币市场工具、外汇、衍生产品、汇率和利率工具、可转让证券、其他流通工具和金融资产包括金条等,参加发行各类证券,货币经纪,资产管理,金融资产的清算服务,金融信息的提供转移和金融数据的加工,为以上活动提供的咨询、中介和其他附属金融服务。

第二,有关国家对金融的主要理解和使用。

从有关国家对金融的理解来看,美国1999年通过了《金融服务现代化法》(Financial Services Modernization Act),其金融服务(financial services)的范围包括:银行、证券公司、保险公司、储蓄协会、住宅贷款协会以及经纪人等中介服务。如果说"金融"一词来自日本,考察日本对金融的使用情况是有说服力的。日本中央银行的统计报告,前些年与"金融(日文的汉字)"对应的是货币和银行(Money and Banking),这些年改为货币、银行和证券(Money, Banking and Securities)。日本中央银行的用法在日本具有一定的代表性和权威性。我国从历史和现实来看,对金融普遍采取的是一般意义的理解。

所以,无论是从历史与现实的时间向度,还是从国际组织与各国的空间向度来衡量,对金融作一般意义的理解构成对金融的普遍的理解,采用这种理解既符合历史和现实,也与国际金融实践相吻合。据此,简单粗略地说,金融涵盖货币、银行、

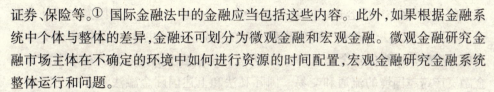

证券、保险等。① 国际金融法中的金融应当包括这些内容。此外,如果根据金融系统中个体与整体的差异,金融还可划分为微观金融和宏观金融。微观金融研究金融市场主体在不确定的环境中如何进行资源的时间配置,宏观金融研究金融系统整体运行和问题。

(二)国际金融法的国际性

国际金融法调整的国际金融关系除了具有金融性外,还具有国际性。以什么作为标志和标准来界定"国际"? 理论和实践都莫衷一是,为此需要进行探讨。

1. 确定"国际"的现有标准

"国际"在许多学科和法律领域中都有使用,但含义有所不同,大体上可以将判断"国际"的标准归为三类:国际公法标准、跨境标准和基于民商法视角的涉外标准。②

国际公法标准体现在国际公法对"国际"的理解。国际公法将"国际"通常限于国家或国际组织之间,即认为只有国家或国际组织间的关系才构成国际关系,这是从主体的角度作出的认定。

跨境标准体现在国际经济法学者和部分国际金融法学者对"国际"的理解和解释。国际经济法调整国际经济关系,一般认为,国际经济关系是指不同国家的个人、法人、国家与国际组织由于从事跨越国境的经济活动所产生的各种关系。③ 而跨越国境的活动,一般是行为或行为的对象、结果涉及了一个以上的国家。所以,从这一定义看,国际经济法上的"国际"是从主体、客体或内容方面认定的。④ 研究国际金融法的学者对于"国际"有不同的表述。有学者认为,国际金融关系就是跨越一国领域的金融关系,不仅包括国家和国际组织间发生的金融关系,而且也包括分属不同国家的自然人、法人之间以及它们与国家和国际组织之间发生的金融关系。这实际上是对国际经济法上述标准的套用。需要指出的是,跨境标准所讲的跨境活动或跨境关系不只是跨境交易这类私法性活动或关系,也包括多边、双边和一国对外的公法活动或关系。

基于民商法视角的涉外标准见诸于国际私法、部分国际金融法学者的表述。国际私法调整涉外或曰国际民商事法律关系,而国际民商事法律关系就是该法律

---

① 对金融含义至此的阐述侧重于金融的简单、粗略的含义和覆盖范围,对金融更实质的理解还需要进一步阅读本章第三节和第四节的论述。

② 韩龙主编:《国际金融法》,法律出版社 2007 年版,第 6—7 页。

③ 余劲松、吴志攀主编:《国际经济法》(第 2 版),北京大学出版社、高等教育出版社 2000 年版,第 4 页。

④ 不过,国际经济法中的一些具体的公约对"国际"进行了具体和明确的定义,如《联合国国际货物买卖合同公约》规定,国际货物买卖合同中的"国际"是指营业地处在公约不同缔约国境内的当事人之间签订的,而不是以当事人的国籍作为划分标准。

关系的主体、客体或内容这三项要素中至少有一个或一个以上的因素与国外有联系。有国际金融法学者将国际金融表述为在金融活动的主体、交易标的或交易行为中含有跨国因素的资金融通;有的认为国际金融法上的国际是各种形态的货币金融资产跨越国境的流通和交易。国际私法和上述国际金融法学者的共同点在于:把"国际"的内容限于民商事流转和交易;强调主体、客体或内容三要素有涉外成分。跨境标准虽然也强调主体、客体或内容的跨境,但它与基于民商法视角的涉外标准不同,前者强调的跨境活动不仅包括跨境交易,而且还包括交易之外的活动,如国际规制与监管等。涉外标准在国际私法中极为正常,因为国际私法调整的就是涉外民商事法律关系,这种关系发生在私法领域,具有私法性质。但是,这一标准以及其他标准是否适用于确定国际金融法中的国际性呢?

2. 国际金融法中"国际"的标准

在以上标准中,国际公法标准,与国际金融交往和活动的现实相悖,因此,是不适用的。众所周知,国际金融交往和活动并不限于国家和国际组织间,有关的法人和自然人也是这种活动的重要参加者,如一国银行向外国借款人发放贷款,本国公司在外国金融市场上发行证券等。同时,各国的法人和自然人还同国家和国际组织发生形形色色的金融法律关系,例如,不少国家的政府将本国外汇储备的一部分以外国商业银行存款的形式存放和经营,形成这些政府与银行的借贷关系。又如,世界银行对发展中国家私人企业的贷款,形成国际组织与一国法人的借贷关系。这些都是现实生活中发生的重要的国际金融活动,不应被排除在外。

基于民商法视角的涉外标准也存在很大的局限性。如前所述,资金融通是金融的初始基本含义。金融发展到今天,既包括资金融通,也包括非资金融通的活动。更为重要的是,金融法在性质上是规制与监管之法,对此本章在第四节将进行论述,故不赘述。因此,把国际金融关系中的国际性限于跨境民商事流转和交易,是不妥的。

在国际经济活动,包括国际金融活动的许多情况下,将国际经济活动的国际性界定为跨越国境,即采用跨境标准是适当的。但是,如果将国际金融法的国际性完全限定在跨越国境的金融活动之内,认为某一金融关系只要在主体、客体或法律关系的内容方面具有涉外性,就具有国际金融法上的国际性或跨国性,也存在不周延的问题。一个重要的依据就是WTO对金融服务的界定。

WTO的金融附件规定,金融服务是由成员方金融服务提供者提供的具有金融性质的任何服务,而金融服务的提供指的是GATS第1条第2款所指跨境提供、境外消费、商业存在和自然人移动四种服务提供方式。在这四种方式中,只有跨境提供与货物贸易的通常形式相当,即交易客体跨越了国境,而其他三种方式中的两种方式即境外消费和自然人移动,虽然都是货物贸易所不具有的,但能够为跨境标准所覆盖。在境外消费方式中,从金融服务接受者的母国角度看,金融服务的提供者、服务交易的客体——金融服务以及法律事实都发生或可能发生在国外。从金融服务提供者的母国来看,交易的主体之一——金融服务接受者构成涉外因素。在自然人移动中,金融服务的提供者——自然人,不论其以自己的身份,还是代表其所在的机构,对金融服务接受者的母国而言构成涉外因素,对该自然人的母国而言,服务接受者以及法律事实构成涉外因素。

但是,金融服务的最重要的方式——商业存在就不同。建立商业存在涉及涉外因素,如建立商业存在的投资者和所需要的投资来自于境外,但是,WTO所说的商业存在是以商业存在这种形式而发生的金融服务。以银行为例,如果在东道国的商业存在采取的是外国银行的分行形式,提供金融服务的该分行可以看作是涉外主体,因为外国分行是外国银行在东道国的延伸,不具有东道国的法人资格。但是,如果设在东道国的商业存在采取子银行的形式提供金融服务,通常就不存在任何的涉外因素,因为子银行是东道国的法人,交易如存贷款的客体——资金完全可能来自于东道国公众的存款,法律事实也通常发生在东道国,所以在主体、客体和法律事实等方面都没有涉外因素,但它确实是WTO项下的金融服务贸易。不止于此,因商业存在而发生的法律关系远不止金融服务的提供和交易,WTO将商业存在界定为服务提供的一种方式,目的是将成员方影响这种服务提供方式的成员方措施(如法律和政策等)纳入其约束和规制的范围,以建立多边贸易秩序和推动金融服务的逐步自由化。因此,商业存在必然涉及WTO对各成员方的金融规制关系以及各成员方对外国金融服务提供者建立商业存在的管理关系等。调整这些关系的法律规范显然都属于国际金融法,但却并不都为跨境标准所覆盖。

这里需要解决一个潜在的疑问:在外国金融服务提供者通过在东道国建立商业存在,特别是注册独立法人的形式提供金融服务时,这种金融服务是国际金融服务本身的应有之义,还是WTO有关金融服务的法律架构对国内金融服务的延伸适用? 换言之,这种金融服务是国内金融服务,还是国际金融服务?

回答这一问题需要从服务和服务贸易的特征入手。服务具有无形性、生产与消费的同步性等性质和特征。以生产与消费的同步性为例,生产与消费的同步性决定了服务交易通常需要服务的提供者和服务的接受者彼此接触,而且外国服务提供者也需要通过商业存在等方式了解当地情况并对情况变化作出反应。从这一意义上讲,通过服务提供者和服务接受者接触而发生的服务贸易都是适应服务的性质和特点而发生的,而不论这种接触是通过服务提供者的移动(自然人移动)或服务接受者的移动(境外消费)而发生的,还是由生产服务的手段跨境转移而发生的(商业存在)。这就导致国际金融服务贸易的发生并不一定总是需要服务本身的跨境转移(跨境提供),通过服务提供者或接受者的移动使二者接触,或通过生产服务的手段的跨境移动而在当地建立商业存在,同样可以发生国际金融服务贸易。同时,由于服务具有上述性质和特征,各国需要借助国内规制的方法来管理国际服务贸易,WTO 为了推行服务贸易的自由化,需要将成员方影响上述所有方式的措施纳入到其约束范围之内。①

因此,因生产服务手段的跨境转移以及由此所导致服务提供者在当地建立商业存在而发生的金融服务贸易,虽然可能没有任何的涉外因素,但确实是适应服务的性质和特点而发生国际交易。然而,依据跨境标准,因商业存在而发生的上述有关金融法律关系显然不具有"国际"性。这就在活生生的国际金融活动面前暴露出了跨境标准的局限性。因此,重新定义国际金融法中的"国际"性就成为现实的需要。

如何重新定义?我们认为,跨境标准在多数情况下是适用于对国际金融关系的判别的,只是存在一定的局限性。在这种情况下,判别金融关系是否具有国际性,一种办法是在跨境标准的基础上将外国商业存在这种情形包括进来即可。因此,在新的历史条件下,国际金融关系不仅包括有关国家的个人、法人、国家与国际组织由于从事跨境的金融活动而产生的各种关系,也包括在外国的商业存在这种形式中没有发生跨境活动而发生的各种关系。简言之,国际金融关系是具有涉外因素或通过外国的商业存在而发生的各类金融关系。一种办法是扩大涉外因素涵盖面,从而将通过外国的商业存在而发生的各类金融关系解读到涉外因素中。②

国际金融法所调整的金融关系所具有的国际性,使国际金融法与国内金融法区别开来。国内金融法所调整的金融关系没有国际性,而国际金融法所调整的金融关系具有国际性。具有国际性的金融关系由国际金融法来调整,而不具有国际性的金融关系由国内金融法调整。虽然对因商业存在而发生的各类金融关系,从表面上讲,很难分清是国内金融关系和国际金融关系,但是,只要生产服务的手段和为此进行的投资发生了跨境转移就构成国际金融关系,从而应由国际金融法来调整。

而金融性与国际性的结合,使国际金融关系成为国际金融法独有和特定的调整对象,也使国际金融法不同于任何其他法律部门或分支,构成整个法律体系中不可取代的重要组成部分。

三、国际金融法对国际金融关系的调整重在规制和监管

规制是通过制定和实施规则而实现对经济生活的调整和管理,隐含着公权力

---

① 韩龙:《金融性与国际性:国际金融法本质特征之所在》,《云南法学》2007 年第 4 期。
② 韩龙主编:《国际金融法》,法律出版社 2007 年版,第 9 页。

对市场的介入和干预,是国家对经济进行管理的结果,在法律上构成国家管理经济的制度。规制(regulation)与监管(supervision)在中外文法律文献中并用的情况比比皆是,表明二者存在一定的区别。经考证,当规制与监管并用时:规制强调规则的制定和实施,监管则强调对规则遵行所进行的监督和控制。规制是对规制对象制定和实施规则以对其进行约束;而监管是对监管对象实行监督、控制等以促进其守规经营的一系列行为和程序,保证规则及其包含的目标、理念能够得到贯彻和实现。因此,二者虽有密切的联系,但侧重有所不同。由于以上区别所在,将规则的制定亦看作是监管,是值得商榷的。虽然在监管过程中监管机构为实施监管不免要制定一定的措施和办法,这些措施和办法的制定需要立法的授权,但通常不能取代立法,监管在本义上还应当是监督和促使有关规范的实施和执行,否则,立法机关也会成为监管机构。不过,规制所强调的立法与监管存在着重要的联系。一方面,立法的制定使监管有法可依,有规可行,有标准和尺度。没有相关立法,监管就会失去依据。监管是要通过监督、管理的方式实现立法的要求和目标,使规制落到实处。因此,规制所强调的立法与监管构成一个密切的整体,二者相辅相成。另一方面,监管实践及其发展能够发现立法的缺陷、盲区和漏洞,有助于完善立法,这反过来又有利于改进和完善监管。

如前所述,金融在本源意义上是资金融通,但金融法和国际金融法对金融关系的调整为何重在规制和监管?

资金融通在人类历史上出现很早,并连绵不断,但较之于当今的情形而言,弱小而非庞大,简单而非复杂,零散而非集约,自发而缺乏专业性和社会化,对其进行法律调整在诸法合一的时代适用一部法律即可,在部门分立的时代主要依靠民商法基本上可以满足调整的需要。但是,经济金融化和金融全球一体化使得这一状况不得不改变。

经济金融化是指全部经济活动总量中使用金融工具的比重。对于经济金融化可以从以下方面来理解:①经济与金融相互渗透融合,密不可分,金融成为现代经济的核心,所以,现代经济可以称为金融经济。②经济关系日益金融关系化。社会的经济关系越来越表现为金融债权债务关系、股权关系和保险关系等。在发达国家,股市总市值占 GDP 的比例(GDP 证券化率)一般都在 130% 上下,美国更是高达 150%,发达国家投资证券市场的人数比例通常在 60% 以上,美国则有 85% 的人直接或间接投资于证券市场,股市对经济运行影响颇大。① ③社会资产日益金融化。一个重要指标是金融相关率,即金融资产总量占国民生产总值的比例。发达国家的这一比例在 20 世纪 90 年代初曾达 3.26—3.62 之间,同期发展中国家一

---

① 袁永君:《中国股市为何不是经济晴雨表》,《人民日报》2005 年 3 月 22 日。

般在0.3—1.5之间,少数发展中国家,如韩国曾高达4.36。而在一个世纪前,美国的金融相关率是0.07,英国是0.03—0.35,德国是0.12—0.15,法国是0.16—0.20,意大利是0.20,日本是0.021。一百年之中金融相关率提高到3.2以上,表明社会资产金融化程度的极大提高。在过去二十多年里,全球金融深化程度不断加深,使得银行业、债券市场、股票市场以及金融衍生品市场的金融资产在数倍地增长。1980年全球金融资产价值只有12万亿美元,与当年全球GDP基本相当,而到2003年全球金融资产价值就达到118万亿美元,约为当年全球GDP的三倍。2006年,全球金融资产总值超过150万亿美元。④融资非中介化、证券化。自20世纪80年代以来,非银行金融迅猛发展,融资非中介化、脱媒化、证券化趋势强劲,直接融资的发展速度大大高于间接融资,直接金融所占的比例日益加大。根据统计,在全球银行贷款、股票和债券三类融资品种中,1990年银行贷款占比为19%,到2000年这个比例下降到14%,到2005年进一步下降到13%。这种融资结构性变化,直接反映出商业银行在国际市场上的间接融资重要性有所下降,金融结构呈现直接融资化。从各国情况来看,以美国为例,1990—2005年,资本市场市值从4万亿美元发展为17万亿美元,占GDP比例从68.96%上升到180%,年均增长10.13%;债券市场市值从7万亿美元发展为24.07万亿美元,占GDP比例从120%上升到191%,年均增长8.5%。而银行资产总额从3.4万亿美元发展为9.32万亿美元,占GDP比例从50.53%上升到75%,年均只增长6.9%。同期,美国商业银行信贷融资所占市场份额由40%左右迅速下降至13.8%。

在经济金融化程度大幅度提高的同时,全球金融一体化的发展异常迅猛。全球金融一体化一般是指各国或地区在金融活动、金融政策等方面互相依赖和影响而成为一个密切联系的整体,主要体现在:①全球统一的金融市场已经形成,由于电信技术的发展,遍布世界各地的金融市场和金融机构已紧密地联系在一起,使全球的资金调拨和融通得以在几秒钟内完成,从而遍及全球的金融中心和金融机构正在形成一个全时区、全方位的一体化国际金融市场。②世界各国的经济联系日益表现为金融联系,国际金融活动在国际经济中日益趋重。证券投资国际化,资本流动自由化、国际化,都是重要的体现。在这种情况下,协调国家间的金融政策和防范金融风险已经成世界各国面临的共同问题。

在经济金融化和全球金融一体化的条件下,金融已不再仅仅是一个产业性、行业性、专业性的局部问题,也不再是一国问题,而成为影响全球各国经济与社会发展稳定的,具有极端战略重要性的、全局性、全球性的问题。这种情况与以往倚重民商法来调整金融关系的时代的情况相比已发生根本性的变化。具体来说,就是由于经济金融化和金融全球一体化程度的加深,金融业关系全社会资源的优化配置和经济增长,银行成为国家货币政策和宏观调控的"传送带",银行支撑的支付清算体系构成经济血脉,因此,金融业具有战略的重要性。此外,金融业具有高风险性和公共信心维系性。如此重要和具有如此特征的金融体系也存在市场失灵。全球金融一体化使以上问题的解决超出一国能力的范围,需要有效的国际协调。这些情况表明,以往所倚重的民商法对于以上问题是无能为力的,需要国家适当、有效地介入,进行规制和监管。① 所以,从 19 世纪末到 20 世纪上半叶以来,随着经济金融化和全球金融一体化程度的加深,各国普遍建立起了中央银行制度和货币制度,加紧货币金融领域的国际协调,建立国际货币金融制度。至此,金融法和国际金融法才获得了独立的地位和特质。

认识金融法和国际金融法对金融关系的调整重在规制和监管,还需要澄清一个问题:金融是资金融通,而资金融通通常是金融交易,那么,为什么说金融法和国际金融法重在规制和监管? 首先,资金融通是金融的初始基本含义,但并不是金融的全部含义,金融是由资金融通的工具、机构、市场和制度等构成要素相互作用而构成的有机系统。这里的制度随着历史的演进、金融业的发展和金融法制的演变而变化。在自由资本主义时期国家不干预经济,金融主要由民商法调整基本上可满足需要,但是,经济金融化使经济活动和社会关系及财富普遍具有金融的性质,全球金融一体化使金融风险得以迅速传播,在这种情况下,除需要用民商法调整金融交易当事方的权利义务关系之外,还需要根据金融业的特性制定专门的立法对金融业进行规制和监管。其次,一个法律部门或其分支名称中用语的含义,并不表明该部门或分支的性质。例如,对于吸收公众存款,民商法可以调整,如存款人与银行的借贷关系;刑法可以处罚的,如非法吸收公众存款罪;金融法和国际金融法也可以调整,强调规制和监管。因此,一类法律制度名称中所具有的含义并不代表该法律制度的性质。

第二节　国际金融法的主体、调整对象和渊源

国际金融法调整的国际金融关系所具有的国际性和金融性,在一定程度上决定和揭示了国际金融法的主体、调整对象和渊源,而对国际金融法主体、调整对象和渊源的具体考察则可以进一步凸显国际金融法的本质特征,深化对国际金融法的认识。

---

① 对于这些因素为什么导致金融规制和监管的普遍采用,详见本章第三节的论述。

一、国际金融法的主体

国际金融法的主体是参与国际金融活动的当事人,是国际金融关系中权利与义务的享有者和承担者。前面对国际金融法的"国际"性特征的考察表明,国际金融法的主体不限于国家和国际组织,也包括有关国家的法人和自然人。

(一)国家

国家是国际金融法的重要主体。国家在国际金融活动中具有多种身份和角色,发挥着不同的作用,主要有:

1. 国家作为国际金融交易的当事方。国家是国际金融交易的重要参加者,例如,国家根据需要可以在国际金融市场上筹措贷款,发行债券,等等。国家作为国际金融交易的当事方依照国际法享有主权及财产豁免。

2. 国家作为对外金融活动的管理者。金融对任何国家都极具战略重要性。随着国际金融交往的增多,特别是全球金融一体化程度的加深,各国都需要对对外金融活动进行管理,以保障金融业的安全稳健,实现国内政策目标。各国管理对外金融活动的机构不一,一般来说,中央银行在对外金融管理中居于主导地位,代表国家对对外金融活动实行管理和监督。

3. 国家作为本国金融利益的国际代表者和维护者。国际金融联系的加强,使各国的国际金融事务增多,国际金融矛盾丛生,在国际社会以政治国家为基本构成单元的情况下,一国及其国民利益的总代表和维护者只能是各国政府。因此,我们可以看到,各国政府在国际舞台上与其他国家进行官方结算,谈判解决国际金融纠纷,为金融市场的开放和本国金融业者的待遇讨价还价,为本国对外金融的总体发展战略进行规划,等等。

4. 国家作为国际金融制度的责任者。随着国际金融联系的加强,为了解决各国间所面临的矛盾和问题,维护国际货币金融体系的稳定,促进国际金融业的发展,各国通过订立国际条约或成立国际组织等方式,在国际货币金融领域建章立制,建立国际货币金融秩序。国际金融制度的建立和确立,意味着各国在享受权利的同时,需要承担相应的义务和责任。例如,牙买加体系虽然规定会员国可选择汇率安排,但也规定了应遵守的义务,如不得操纵汇率等。WTO则把成员方影响金融服务提供的措施纳入其约束范围,成员方的法律和政策措施要受到WTO的制约。

(二)国际组织

有关的国际组织也是国际金融法的重要主体。构成国际金融法主体的国际组织依其功能,大体上可以分为以下几类:

1. 推动金融市场开放的国际组织。这类组织首推WTO,除此之外,还有规范国际金融服务的一些区域性国际组织，如欧盟和北美自由贸易区。众所周知，WTO 及其前身关贸总协定（以下简称 GATT）致力于贸易自由化，在乌拉圭回合之前致力于货物贸易的自由化。乌拉圭回合将服务包括金融服务纳入到多边贸易体制，随着 1995 年 WTO 的成立和 1997 年底有关金融服务的《第五议定书》的达成，由 GATS、金融附件和金融承诺表构成的 WTO 有关金融服务的法律制度建立起来。WTO 将各成员方影响金融服务提供的措施纳入其规制范围，用以上制度约束这些措施，从而达到逐步推行金融服务自由化的目的。

2. 致力于金融监管的国际组织。这类组织主要有巴塞尔银行监管委员会（Basel Committee on Banking Supervision，简称巴塞尔委员会）、国际证券委员会组织（International Organization of Securities Commissions，简称 IOSCO）和国际保险监督官协会（International Association of Insurance Supervisors，简称 IAIS）。这些组织的共同特点在于都致力于金融或特定金融领域的监管标准的制定、协调和统一。

巴塞尔委员会原称银行规制与监管事务委员会，成立于 1974 年。其主要宗旨在于交换各国的监管安排方面的信息、改善国际银行业务监管技术的有效性、建立资本充足率的最低标准及研究在其他领域确立标准的有效性。该委员会不具备凌驾于国家之上的正式监管特权，其文件未意图具备任何法律效力，但是，它制定了许多监管标准和指导原则，提倡最佳监管做法，期望各国根据本国的情况通过具体的立法或其他安排予以实施。巴塞尔委员会鼓励采用共同的方法和共同的标准，但并不强求成员国在监管技术上的一致。委员会的一项重要任务是堵塞国际银行业监管中的漏洞，所遵循的两项基本原则是：没有任何境外银行机构可以逃避监管，而监管应当是充分的。近年来，委员会把主要精力投入在资本充足性上，于 1988 年 7 月公布了著名的"巴塞尔资本协议"，提出了统一的风险加权的资本衡量标准，此后又多次进行补充、修正和完善，逐步将市场风险等纳入资本衡量系统，并为世界各国广泛采用。2004 年，该委员会又发布了新巴塞尔资本协议。

IOSCO 是证券监管领域最重要的国际组织，成立于 1983 年，总部现设在西班牙的马德里，前身为成立于 1974 年的证监会美洲协会。IOSCO 的宗旨包括：维护证券市场的公正、有效和合理发展；相互交流经验、交换信息，促进内部市场的发展；设立国际标准，建立对国际证券与期货交易的有效监督；严格遵守有关准则，有效打击违规行为，相互提供协助，确保市场的完善与发展。IOSCO 制定的最重要的监管文件是《证券监管的目标和原则》。IOSCO 希望其能成为与巴塞尔委员会《银行监管核心原则》相仿，旨在提供一个衡量有效证券监管的标尺。

IAIS 是全球性保险监管合作组织，1994 年成立于瑞士，其宗旨是促进成员国之间的监管合作，宣传和推广监管经验，提升成员国的监管水平，促进世界范围内保险业的效率、公平、安全和稳定发展，维护全球金融稳定。IAIS 的重要作用之一就是,制定国际保险监管规则。IAIS 通常以成员国表决的方式通过保险监管规则和标准。这些规则具有较高的权威性,被当作国际保险监管文件的范本,影响着国际保险业的发展方向。

3. 负责国际货币体系的国际组织。该组织就是国际货币基金组织(International Monetary Fund,简称 IMF)。IMF 是政府间国际金融组织,1945 年 12 月 27 日正式成立,截至 2008 年 9 月有会员国 185 个。该组织宗旨是通过一个常设机构来促进国际货币合作,职责主要有:监督国际货币体系以保证其有效地运行;保证会员国与 IMF 和其他会员国合作,以确保有秩序的汇率安排和促进汇率制度的稳定;建立经常性交易的多边支付制度,消除妨碍世界贸易的外汇管制;在有适当保证的条件下,向会员国临时提供融资,纠正国际收支的失调,而不致采取危害本国或国际繁荣的措施。

汇率监督构成当前 IMF 的核心活动。由于汇率政策不是存在于真空之中,IMF 在监督汇率时,以与宏观经济的相关性作为决定监督范围的标准,广泛地监督汇率政策本身、宏观经济政策、有关经济结构的政策(例如市场政策、私有化、产业政策以及竞争政策等)、金融领域(如资本账户问题、银行监督、存款保险以及其他金融规制)以及许多其他领域(例如环境、军备开销、"千年虫问题")。近来,国际社会又让 IMF 担负起会计、审计、公司治理领域的国际标准的监督职责。

4. 提供国际融资的国际组织。主要代表是国际复兴开发银行(International Bank for Reconstruction and Development,通称"世界银行"),其他还有世界银行集团中的国际开发协会、国际金融公司,各区域性开发银行如亚洲开发银行和非洲开发银行等。世界银行 1945 年 12 月 27 日正式成立,成立初期的宗旨是致力于战后欧洲复兴,后来转向帮助欠发达成员国实现经济发展。世界银行目前主要向发展中国家提供中、长期贷款,贷款利率低于市场利率,其贷款的最重要特点,也是最基本的原则就是,贷款必须用来促进借款国的经济发展和社会进步,贷款投向应当是一国国民经济中最优先考虑和发展的部门。根据这一宗旨和原则,世界银行的项目贷款主要集中于基础设施(能源、交通)、农业、社会发展(教育、卫生等)以及工业开发等部门。世界银行与国际开发协会、国际金融公司、多边投资担保机构、国际投资争端解决中心共同组成世界银行集团。其中,国际开发协会和国际金融公司也是金融性机构,但特点不同。国际开发协会专门向低收入的发展中国家提供长期无息贷款,国际金融公司则负责向发展中国家的私营部门提供贷款或直接参股投资。

世界银行与 IMF 的工作具有互补性,但具体作用却相当不同。世行是一个贷款机构,其目的是帮助成员国融入更广泛的世界经济,促进旨在减少发展中国家贫困的长期经济增长。IMF 负责监督国际货币体系和各国汇率,维护各国支付体系

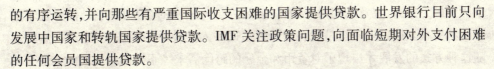

的有序运转,并向那些有严重国际收支困难的国家提供贷款。世界银行目前只向发展中国家和转轨国家提供贷款。IMF 关注政策问题,向面临短期对外支付困难的任何会员国提供贷款。

（三）法人与自然人

法人,包括金融机构和非金融机构,是国际金融活动的重要参与者,是国际金融法的重要主体。法人不仅是国际金融交易的当事方,而且也是一国管理对外金融活动中所形成的金融管理关系中的主体。法人在作为国际金融关系的双方当事方的情况下,既可以是不同国家的,如在国际借贷中,通常一方是一国的银行,另一方是他国的公司法人;也可以是一国的,如在外国金融服务提供者以商业存在这种方式提供的金融服务交易中,外国银行在一国设立的子银行吸收所在国企业的存款,该存款交易的一方就是该国的企业,另一方是具有该国法人资格的外国银行的子银行。

由于国际金融活动涉及金额大且比较复杂,需要具备较高的资质,一些重大复杂的金融活动通常是由法人参加而非自然人参加,但一旦自然人成为国际金融法的主体,该自然人不仅是国际金融交易的当事方,而且也是一国管理对外金融活动中所形成的金融管理关系的主体。

二、国际金融法的调整对象

国际金融法的调整对象是国际金融关系。国际金融关系是人们在国际金融活动中所结成的一种社会关系,国际金融活动包括在货币、银行、证券、保险以及与其有关领域所从事的具有国际性的活动,在这些活动中所结成的社会关系就是国际金融关系。国际金融关系一旦受到法律规范的调整,就形成国际金融法律关系,即由法律规定人们在国际金融活动过程中的权利和义务关系。如前所述,国际金融关系所具有的金融性和国际性,使国际金融法与其他法律部门及其分支区分开来,也使国际金融关系成为国际金融法独有和特定的调整对象。

由于国际金融法的主体包括国家、国际组织、法人和自然人,国际金融法的调整对象必然是上述主体间所结成的各类金融关系。如果对这些关系进行切分,国际金融法的调整对象主要有四类:一是平等主体之间的横向金融交易关系,二是国家在管理国际金融活动中所形成的纵向管理关系,三是有关国家对彼此间金融交往所进行的协调,四是国际组织对国家管理国际金融活动的协调和约束,体现为国际组织对其成员的规则和纪律。

（一）国际金融交易关系

国际金融交易关系特点在于交易者的地位在法律上是平等的,双方平等地享有权利、履行义务,任何一方不具有特殊的权利。这种关系在所有国际金融关系当中历史最为悠久,究竟从何时开始,一般认为是与国家的存在相联系,但要晚于国际贸易关系。历史上应当是先有国际贸易这种人类最早的经济交往方式,然后伴随这种方式的发展才出现了对货币和金融的跨国需求。不同国家之间的金融交易在人类历史上一直连绵不断,并且随着生产力的发展、技术的进步和人类文明的进步而不断地向前发展。由于不同国家之间的金融交易及其发展需要法律的保护、规范,因此,调整这类关系的法律规范相应出现,而这类规范的出现又反过来使这类关系成为国际金融法调整的重要对象。

平等主体之间的横向交易活动不仅促进了国际金融关系的发展,而且也促进了相关法制的产生和发展。它不仅促进了相关私法的发展,同时也为国家对国际金融活动的管理以及国家间金融关系的确立和发展提供了重要的动力,为相关的制度建设和法律创制提供了源泉。民间的国际金融关系往往是形成制度或创设国家间金融关系的重要源泉和先导。

(二)国家对国际金融活动的管理

不同国家之间经济交易的产生和发展,必然会促使相关管理制度的创设,因此,国际金融交易会伴有国家对国际金融活动的管理。国家对国际金融活动的管理,必然会导致一国对国际金融活动的管理关系的产生,而为调整这类关系而建立起的制度就构成国际金融法的来源之一。

国家对国际金融活动的管理在不同时期和不同国家具有不同的情形和特点,主要取决于经济发展的水平和需要,并与对总的国际经济活动的管理基本上保持同步。以西方近代(自资本主义开始)以来对国际经济及金融活动的管理为代表,可以看出,国家对国际经济及金融活动的管理经历了不同的阶段。

从自由竞争的资本主义到 20 世纪初,各国基本上崇尚自由放任的经济政策。这种实践在理论上的体现就是古典经济学和新古典经济学说。1776 年亚当·斯密出版《国富论》,"看不见的手"从此成为市场经济的准则。以此为基础,崇尚自由放任政策的古典经济学得以开创。在亚当·斯密看来,市场在理性经济人的自利行为的推动下并通过竞争,将会自动实现个人利益和社会利益的共同增进,认为市场经济中存在一种如同万有引力般的自然引力——市场机制力,这种市场机制力在价格机制的引导下将会自动地创造市场经济秩序的和谐与永恒。在这种情况下,政府仅仅作为市场经济的"守夜人",不直接介入和干预经济运行。体现在国际金融活动方面,人类历史上第一个国际货币制度——金本位制自发形成和运转,并在第一次世界大战至 20 世纪 30 年代前恢复,各国对对外金融活动没有过多的管制或管理。

从 19 世纪末到 20 世纪初,西方各主要资本主义国家陆续从自由竞争的资本主义阶段进入到垄断阶段,特别是第一次世界大战和 1929—1933 年世界经济危机的爆发,这些国家对经济生活和对外经济活动的态度和做法发生了变化。这种变化反映在理论上就是凯恩斯主义的兴起。凯恩斯主义认为市场经济存在许多缺陷,需要国家干预进来以弥补这些缺陷。在此期间,许多国家放弃了传统的"夜警国家"的思想,不再实行自由放任的经济政策,而是大力加强国家干预,开始加强经济立法。同时,由于各国经济联系日益密切,各国对对外经济活动的干预在不同程度上得到了加强,在1929—1933年世界经济危机期间及其以后达到了顶峰。体现在国际金融活动方面,第一次世界大战爆发,各国禁止黄金自由输出入,国际金本位制因基础动摇而放弃。第一次世界大战后勉强恢复起来的金本位制已经有些残缺不全,又因1929—1933年世界经济危机而引起的货币战和汇率战而不得不退出历史舞台。

自20世纪六七十年代开始,西方各主要资本主义国家先后出现了严重的"滞胀"。许多人指责这是凯恩斯主义经济政策特别是国家过度干预的恶果,认为应重树"看不见手"的威信,复兴自由放任的传统。在此期间创立的新古典经济学在许多方面对古典经济学实行了"扬弃",崇尚自由放任的经济政策,认为市场的自发运动将会实现资源配置的"帕累托最优",反对政府对经济运行的干预。各国对对外经济活动的干预和管制明显减少。体现在国际金融活动方面,1971年8月15日,美国总统尼克松宣布实行"新经济政策",停止美元兑换黄金,布雷顿森林体系的固定汇率崩溃。各国从固定汇率制中解脱出来,可以根据需要选择适合自己的汇率安排,包括实行汇率浮动。各国金融业实行对外开放,国际金融一体化的程度加深。

(三)国家间对金融活动的协调

人类进入到自由竞争的资本主义,随着科学技术的发展及其在各领域的运用,各地方、各民族的相互往来和相互依赖代替了原来的自给自足和闭关自守的状态。虽然当时对国际经济和金融活动进行系统和全面国际协调的主客观条件尚不充分,但是,随着时间的演进,国家间经济和金融联系的密切,矛盾和竞争的加剧,国与国之间对彼此的金融活动包括金融管理活动进行协调就显得十分迫切。

对国际经济活动进行协调在19世纪末和20世纪初已十分显著和突出。当时自由资本主义进入垄断资本主义,国际经济和金融矛盾加剧。资本主义强国受利益驱使开始对国际经济和金融关系进行系统的协调。国家间对金融管理的协调,通常是为解决特定问题和矛盾而进行磋商或达成协议。这些协议可以是双边的,也可以是区域性的和多边的。达成协议的方式可以是为解决特定问题而临时或一次性举行的磋商谈判,也可以是定期或不定期的国际会议或论坛,如定期的首脑会晤或部长会议等。国家间对金融活动的协调产生国家间的金融协调关系,调整这种关系的法律规范构成国际金融法的又一来源。

（四）国际经济组织对国家管理国际金融活动的制约和限制

国际经济和金融协调发展到一定程度就需要成立国际经济组织使协调机构化和定式化。在19世纪末和20世纪初，通过建立国际组织对国际经济和金融活动进行协调就有了长足发展，而国际经济组织大量产生是第二次世界大战后的一个突出特征。为了避免国家间因经济和金融矛盾而再次陷入战火，第二次世界大战结束前夕及结束后，有关国家决心建立国际经济秩序，以经济协调代替战争，维护国际和平。1944年7月在美国新罕布什尔州布雷顿森林召开的国际货币金融会议上，45个与会国签订了《国际货币基金协定》和《国际复兴开发银行协定》，翌年12月分别正式成立了相应的组织。1947年10月，参加"联合国关于贸易和就业的国际会议"的23个与会国在瑞士日内瓦签订了《关税及贸易总协定》，近半个世纪后具有准国际组织性质的GATT为WTO所取代。以该三项协定为契机，国际社会开始进入以多边国际经济组织调整重大国际经济和金融关系的重要阶段。这些组织调整的是国家之间的货币、金融和贸易关系，影响到各国经济生活和国际经济关系的全局和根本，并直接对缔约各国政府具有法律约束力，体现为国际组织对国家管理国际金融活动的协调和约束，构成国际组织对其成员的规则和纪律。国际经济组织的协调由于以参与国共同承认的行为准则为基础，可以避免或解决可能出现的矛盾和冲突，因而具有长期性和稳定性的特征。

三、国际金融法的渊源

法的渊源一词可在多种意义上使用，实质渊源是指法的效力产生的根据，形式渊源指的是法的规范的表现形式，历史渊源是指法的规范第一次出现的处所。这里主要指的是形式渊源。概括地说，国际金融法的渊源既有国际法的渊源，又有国内法的渊源。这是因为国际金融法要调整国家、国际组织、有关法人和自然人之间的不同种类和性质的金融关系，既需要国际法的规范，又需要国内法的规范。如从公法和私法的性质来考察，二者又都包含有公法规范和私法规范。因此，国际金融法是一个既包含国际法规范，又包括国内法规范，既包括公法性规范，又包括私法性规范的综合体。

（一）国际金融法为什么既包含国际法规范，也包含国内法规范？

国际金融法渊源中的国际法渊源包括国际条约和国际惯例。前者如《国际货币基金协定》、1998年中国证监会与法国证券委员会达成的《证券期货监管合作谅解备忘录》等。后者如《跟单信用证统一惯例》和《托收统一规则》。国内法渊源包括国内的相关立法和判例。国内立法并不都构成国际金融法的渊源，只有调整国际金融关系的国内立法才构成国际金融法的渊源。判例在判例法国家构成重要的法律渊源，因此，涉及国际金融法的判例构成这些国家国际金融法的渊源。国际金融法为什么既包含国际法规范,也包含国内法规范?

从金融交易来看,参与国际金融交易的主体既有国家和国际组织,也有自然人、法人。国家之间、国际组织之间以及它们相互间所开展的金融交易需要有相应的国际条约,或遵循国际惯例。金融机构、公司企业和自然人之间的交易则相应地需要相关国家的国内法规范来调整,在有些情况下还需要遵守有关的国际协议和国际惯例。不止于此,在国家、国际组织与金融机构、公司企业和自然人发生金融交易关系的情况下,这时有关国际法规范与国内法规范往往需要相互为用。

从规制和监管来看,国际金融规制和监管既可能发生在一国国内,也可能发生在国际间。无论是何种情况,都可能会既涉及国际法规范,也会涉及国内法规范。首先就发生在一国国内的规制与监管而言,以注册为东道国独立法人的商业存在这种外国金融服务提供者准入形式为例,从形式上看,对这种商业存在的规制和监管看似是国内规制和监管,因此,应受东道国的国内法的支配。但是,东道国对这种准入形式的法律支配,须符合东道国作为 WTO 成员方所承担的国际义务,特别是在东道国对 WTO 项下的金融服务的市场准入作出了承诺的情况下,该国对市场准入的管理就必须遵守有关的国际规则,而不仅仅是国内法的问题。其次,发生在国际间的金融规制与监管自然会涉及有关国家达成的监管协议以及国际通例,但也会涉及有关国家国内法上的规制与监管规范。以影响巨大的资本充足率标准为例,巴塞尔委员会虽然制定了统一的资本衡量标准,但并不强求各国在监管技术上的一致,实施资本充足率监管需要各国通过具体的立法或其他安排予以实施。可见,国际金融规制和监管也会同时涉及国内法规范和国际法规范。

(二)国际金融法为什么既包含公法性规范,也包含私法性规范?

国际金融活动中发生的大量的金融交易,需要法律的调整、规范和保护,因此,必然会促进相关私法规范的产生和发展。这些私法规范调整平等主体之间的国际金融交易关系,无疑构成国际金融法的重要组成部分。

国际金融法中的私法性规范主要有三种体现形式:一是各国民法的规定以及商业银行法、证券法、保险法等法律中的私法性规定。二是国际惯例,如《跟单信用证统一惯例》。三是一些国际金融民间组织具有行规性质的规则和建议。如2005 年 7 月,由国际证券市场协会(International Security Market Association,简称 ISMA)和国际一级市场协会(International Primary Market Association,简称 IPMA)合并成立的国际资本市场协会(International Capital Market Association,简称 IC-MA)的规则。ICMA 的规则涉及一级市场各类证券的发行,具体包括普通离岸债券发行的规则、离岸股票发行的规则、与股权相关联的债券的发行规则、中期票据发行计划的规则,同时对离岸证券交易的主要问题作出了全面、详细的规定。从实践来看,离岸市场上几乎所有的发行和交易,无论是 ICMA 成员之间的交易,还是非 ICMA 成员的交易,都在遵守着 ICMA 制定的规则。

金融体系的健康稳健,离不开必要的规制,特别是审慎监管。这不仅因为金融业存在市场失灵,如垄断、外部效应、信息的不对称性和经济的周期波动等,从而需要政府进行干预以矫正市场失灵,更在于金融业具有其他行业所不具有的一系列特征,如战略的重要性、高风险性和公众信心维系性。[①] 这些特殊性决定了对金融业须进行必要的规制和监管。正因为如此,有关国家及国际组织都十分重视金融规制和监管,力图通过规制和监管来确保金融业对经济发展的促进作用,同时预防和降低风险和其他不利影响。所以,许多国家有关金融的专门立法和有关国际组织的规则在很大程度上是为规制和监管所立,这些立法和规则多是以防范风险为目的的监管性规范,即便是调整平等主体间法律关系的规范,也常常被深深地打上了规制和监管的烙印。在一定意义上可以说,有关金融的法律制度就是规制和监管的制度。规制和监管的规范无疑是公法性规范,构成国际金融法必不可少的组成部分。

国际金融法中的公法性规范主要有两种体现形式:一是国内法规定,如英国的《金融服务和市场法》,美国的《金融服务现代化法》、我国的《银行监管法》、《外资金融机构管理条例》以及《商业银行法》、《证券法》和《保险法》的有关内容等。二是国际法的有关内容,体现为国际条约或国际惯例。前者如 IMF 协定第 8 条有关会员国取消经常项目下国际支付和转移的限制的规定等,后者如国家金融财产豁免等。

(三)国际金融法为什么是一个综合体?

国际金融法是由有关的国际法规范与国内法规范、私法性规范与公法性规范所共同组成的一个综合体,这些规范在调整国际金融关系时相互配合,相互为用,共同调整复杂多样的国际金融关系。也只有这样,国际金融法才能完成好调整国际金融关系的使命。仍以资本充足率为例,资本充足率几乎是世界各国的银行监管法都规定的重要监管标准,旨在用银行资本抵御银行风险,具有显著的公法性质。但是,资本充足率的衡量不是在真空中进行的,需要结合各银行的业务活动,根据每笔交易特别是交易对方的风险状况来确定。在银行资本金既定的情况下,银行为了达到确定的经营目标,如一定的资产规模和资产质量等,就必须根据资本充足率标准对交易对方的风险进行评估,决定是否发放贷款或进行其他交易。此外,银行对对方的风险评估以及需要占用资本的多寡,构成银行确定金融产品价格(如贷款利率)的重要决定因素。可见,公法性规制制约着私法主体间的交易,私法性金融交易要反映和贯彻公法性规范的要求。不止于此,巴塞尔委员会倡导的

---

① 对于这些特征,详见本章第四节的有关论述。

资本充足率标准由于被世界上绝大多数国家所采纳,因此,构成有效的国际惯例。在这种情况下,如果一国银行没有遵守或达到资本充足率标准,其他国家有权拒绝其准入。而一国银行是否满足了资本充足率的要求,要考察该国的相关法律规定与实践,因为巴塞尔委员会鼓励采用其标准,但并不强求成员国在监管技术上的一致。可见,国内法需要反映和满足国际法的标准和要求,而对国际标准的考量有赖于国内法律的规定与实践,二者亦结合紧密。

国际金融法之所以是以上各类规范所组成的综合体,从根本上说是因为在全球金融一体化的条件下,不同性质和类型的国际金融关系已经构成了一个密切联系的有机整体,对其进行调整,需要这些规范相互密切配合,只有这样国际金融活动才能在一个安全稳健的环境中进行,而只有国际金融体系的安全稳定,微观主体的金融利益才能够得到保障。因此,国际金融法作为由以上规范所组成的有机整体,是国际金融关系所存在的内在的密切联系在法律上的诉求和体现。如果强行将这些规范拆开,就会人为地割裂这种联系,在理论上是不科学的,在实际中是极其有害的。

细心的人们在接触国际金融法的综合性时不禁要问:在人类的漫长历史上,国际金融交往源远流长,国际金融关系在传统法律部门的调整中延续和发展。那么,现在为什么需要一个综合性的国际金融法来调整呢?众所周知,法、法的体系的构造不是静止的,而是处在发展之中,其发展是有规律的。其中的一个重要规律就是,法律体系随着社会关系的发展、变化和人类社会文明的进步而演进,大体经历了从诸法合一到部门分立,再到有机结合的发展轨迹。当今,法律体系的发展呈现出两个方面的特征:一方面,各部门和各分支间的结合与渗透日益强化,另一方面,各部门法内部的分支日益细化。虽然自国家之间开始有金融交往,调整国际金融关系的法律规范也就出现,但在国际金融交往尚不密切、矛盾和问题还不突出的情况下,将国际金融关系纳入传统的法律部门中来调整是适宜的,也可以满足国际金融交易的需要。例如,在垄断资本主义形成之前,相对比较简单的国际金融交往政府通常不介入和干预,由各国的民商法调整。但是,随着金融国际化程度的加深,各国已形成一个密切联系的共同体,如果没有一个由多种规范组成的综合性的法律制度,国际金融交往就会遭到极大的破坏。20 世纪 30 年代,各国之间的货币战、汇率战和此后爆发的第二次世界大战充分印证了这一点,表明由传统的民商法等法律部门对已经变化了的国际金融关系进行调整已经难以适应。全球金融一体化使各类国际金融关系形成了一个具有内在密切联系的整体,对其进行调整需要有一个由各类相关规范组成的法律综合体,这就国际金融法。

第三节　国际金融法的范围

如前所述,国际金融法是调整国家、国际组织、有关法人和自然人之间的各类国际金融关系,由有关的国际法规范与国内法规范、公法规范与私法规范所构成的一个综合体。为了更准确和全面地理解和把握国际金融法的覆盖面,以下在上述对国际金融法主体、调整对象和渊源阐述的基础上,从以下向度进一步考察和衡量国际金融法调整的金融规制监管关系和金融交易关系的范围。

一、金融内涵和外延所显现的国际金融法的范围

如上所述,国际金融法对国际金融关系的调整重在规制和监管。根据金融所具有的内涵和外延,国际金融法调整的金融规制监管关系和金融交易关系主要涵盖以下领域:①国际货币关系。货币是金融的基础、手段,构成金融的度量单位、价值尺度和支付媒介,因此,国际金融法应包括国际货币法。国际货币法是调整国际货币关系的原则和规则的总称,主要涉及国际储备制度、国际支付制度、国际汇率制度和国际收支平衡调整制度等。②国际间接融资关系。间接融资关系是国际金融法在调整资金供需双方以金融机构为媒介进行货币资金融通过程中发生的金融关系,主要包括商业银行与存款人、商业银行与贷款人、商业银行与其他金融服务接受者之间的法律关系。③国际直接融资关系。直接融资关系是国际金融法在调整资金供需双方在金融市场上直接融通资金过程中发生的金融关系,主要是证券发行和交易中所产生的各种关系。④国际保险关系。国际保险关系主要包括直接保险、再保险、分保险、保险中介和保险附属服务中的关系。保险具有经济补偿、资金融通和社会管理等功能。分散风险、经济补偿是保险最基本的功能。但随着社会的发展,许多保险公司筹集了大量的资金,且来源稳定、期限长、规模大,内在的投资需求使保险公司不仅为经济发展提供了大量的建设资金,而且成为资本市场的重要机构投资者,这样保险又具有了资金融通功能。从投保人角度来看,由于一些保险产品的保险费收取与保险金的给付之间存在着一定的时间差,且可以获取预期的给付,投保人可以放弃现在的消费而选择在将来享用,这也可以看作是资金的时际融通。而现代保险的社会管理功能是保险业发展到一定程度并深入到社会生活的诸多层面之后产生的一项重要功能。⑤其他金融关系。如中央银行的服务、租赁、金融中介、金融附属服务中的关系等。国际金融法应包括调整以上的所有关系的法律规范。

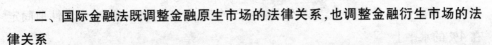

二、国际金融法既调整金融原生市场的法律关系,也调整金融衍生市场的法律关系

如前所述,金融是虚拟经济。依据金融产品的虚拟程度及相互关系,国际金融法所调整的金融关系既包括金融原生市场的法律关系,也包括金融衍生市场的法律关系。金融原生市场和金融衍生市场是交易金融原生产品和金融衍生产品的场所。金融原生产品是构成金融衍生产品基础的金融产品,如债券、股票、利率、汇率、股票指数等。金融衍生产品是在金融原生产品的基础上推衍而生的金融产品,主要有金融期货、期权、互换及远期四种基本类型,其他类型则为该四种类型的适当组合、叠加,如期权期货等。

金融原生市场是整个金融市场的基础,国际金融法无疑应调整金融原生市场上的各种法律关系,与此相适应,调整金融原生市场关系的法律规范是国际金融法的重要组成部分。不过,金融衍生市场由于具有金融原生市场不可取代的功能,因而已经成为现代金融市场的有机组成部分,国际金融法也应调整金融衍生市场关系。

金融衍生市场具有套期保值和价格发现的基本功能。金融衍生市场通过将经济活动风险从风险厌恶者转移给风险偏好者,从而为微观经济主体特别是实体经济的经营者提供一个套期保值和回避风险的场所。同时,金融衍生市场由于汇聚了方方面面的交易者如金融机构、中间商、投机者等,形成的价格是公开、公平竞争的结果,因此,能够比较准确地预期市场供求关系和未来价格,从而有助于企业经营。虽然投机交易在金融衍生市场上占有极大的比重,但如果没有这些风险资本的参与,金融衍生市场就会缺乏流动性,规避风险和发现价格的功能就难以发挥和实现。

此外,金融衍生市场还有助于金融机构实现特定的资产负债结构和调整资产组合,而这在金融原生产品市场上也是难以实现的。以利率互换为例,利率互换是指交易双方约定在未来的一定期限内,交换约定数量本金的利息额的金融合约。利率互换可以有多种形式,最常见的是在固定利率与浮动利率之间进行转换。投资者通过利率互换交易可以将浮动利率形式的资产或负债转换为固定利率形式的资产或负债,从而达到规避利率风险,进行资产负债管理的目的。例如,A公司发行浮动利率人民币债券,期限为10年,每年支付一次利息,票面利率为"一年期定期储蓄存款利率+40个基本点"。A公司预期未来10年人民币利率将呈上升趋势,如果持有浮动利率债务,利息负担会越来越重,因此,A公司希望能将其转换为固定利率债务。此时,A公司可与B银行进行利率互换交易。通过签订利率互换合约,在每个利息支付日,A公司要向B银行支付以固定利率4%计算的利息,而获得以"一年期定期储蓄存款利率+40个基本点"计算的利息额,用于所发行的债券付息。通过利率互换交易,A 公司将自己今后 10 年的债务成本,一次性地固定在 4% 的水平上。

值得注意的是,金融衍生市场自 20 世纪 70 年代兴起,发展十分迅猛。据国际清算银行统计,2003 年仅在交易所交易的金融衍生品交易额为 873 万亿美元,是当年全球 GDP 总量的 24 倍多。2006 年上半年全球所有类型非交易所交易合约的理论价值达 370 万亿美元。金融衍生产品交易具有市场风险、信用风险、利率风险和操作风险,尤其是市场风险极大。金融衍生产品交易具有较强的杠杆交易的特点,其风险性极易扩散,从而使这类交易引发系统性风险。趋利避害,也需要国际金融法调整金融衍生市场关系。

随着我国利率市场化和人民币汇率市场形成机制成熟,利率、汇率风险已经出现并将继续加大。在这种情况下,建立和发展金融衍生市场,是市场主体套期保值、发现价格和管理资产负债结构的迫切需要,调整金融衍生市场关系,特别是对金融衍生市场风险进行规制和监管,是国际金融法的重要任务。

三、国际金融法既包括涉外金融法,也包括离岸金融法

这是按照现代金融市场扩展的范围和结构而对国际金融法范围的探讨。这里所说的现代金融市场的结构是指 20 世纪五六十年代离岸金融市场出现后金融市场所呈现的已经变化了的构成状况。弄清现代金融市场的结构是准确把握现代金融市场脉络的基础,也是正确认识国际金融法的重要条件。

现代金融市场的结构①

金融市场的扩展	国内金融市场	传统国际金融市场	离岸金融市场
归类	纯国内市场	涉外金融市场	真正意义或现代国际金融市场
性质	一国性质,又称在岸市场		纯粹国际性质

如表所示,现代金融市场包括传统的金融市场和离岸金融市场,前者又包括国内金融市场和涉外金融市场或称传统的国际金融市场。由于离岸金融市场的出现,金融市场的结构出现了新的变化,即在一国金融市场即国内金融市场和传统的国际金融市场之外,出现了离岸金融市场,即真正意义上的或现代的国际金融市场。在这种情况下,国际金融法既需要调整涉外或传统的国际金融关

---

① 韩龙:《离岸金融的法律问题研究》,法律出版社 2001 年版,第 2 页。

系,也需要调整离岸金融关系,从而既包括传统的国际金融法,也包括离岸金融法。

（一）传统的国际金融法

传统国际金融市场即涉外金融市场,基本上属于一国性质,与国内金融市场相比较只是渗入了某涉外因素,如在传统的国际借贷中,以某种货币借贷只能到该货币资本出现剩余的国家即货币发行国进行,在货币发行国市场上,该货币资金的供给者、金融媒介所使用的货币与国内金融市场完全相同,涉外因素是资金需求者。从筹资者所属国的金融市场的角度来看,涉外因素则是资金的提供者及其提供的外币资金。在传统的国际证券发行中,该证券的购买人即资金的供给者、所使用的货币等与国内证券相同,唯一的不同是发行人为外国的发行人。在一国的外汇市场上,由于货币的国家属性和主权性质,使得一国债务人若清偿对另一国债权人所负债务,必须将其本国的或国际上通行的支付工具兑换成债权人国家的法定支付工具或约定的其他国际性通货,这种情况下的涉外因素通常是用以兑换的外币和外国的债务人或债权人。

正是由于涉外金融市场基本上是一国性质的,在这个金融市场上发生的金融关系基本上属于具有涉外因素的国内金融关系,通常由市场所在国的法律来调整,上述主体间所发生的金融交易须遵守市场所在地的法律、习惯,例如外国借款人或证券发行人在有关国家从事借贷或发行证券,必须遵守借款地或发行地所在国的规定和限制。基于以上原因,可以说传统的国际金融市场是一国金融市场的延伸,属于一国金融市场的性质。

（二）离岸金融市场与离岸金融法

离岸金融市场是不同于传统的国际金融市场的新型金融市场。按照传统的定义,离岸金融是有关货币游离于货币发行国之外而形成的该货币供给和需求市场。在该市场上,各种金融交易所使用的货币通常不是市场所在地国的货币;无论是资金的提供者,还是资金的需求者,通常都不是市场所在地国的居民,而是众多的国际组织、机构、各国政府、来自各国的金融机构、跨国公司和法人等;市场上的金融媒介以及投资银行等也来自于世界各国;如果说涉外金融市场由于其一国性质是有形的市场并有一定的范围,那么离岸金融市场通过发达先进的资讯系统与世界各地相连,在瞬间即可达成交易,因而是无形的,没有边界的市场;从法律和监管方面看,离岸市场由于众多国际因素的存在,与众多国家相联系,从而使众多国家都能对其产生影响,但没有任何一国能够行使完全控制。所以,无论是以市场所使用的货币、资金的供给者、需求者、供需间的媒介,还是以市场的范围和各国对该市场的影响来看,只有离岸金融市场才是完全意义上的国际金融市场。正因为如此,离岸金融被称作为真正意义或纯粹意义上的国际金融,离岸金融关系构成国际金融法调整的重心。①

第四节　国际金融法的性质问题

当前,由美国次贷引起的肆虐美国、影响世界的金融危机再次表明:金融法和国际金融法的性质问题不仅是一个理论问题,而且是一个事关金融法制的健全和完善的全局问题。如果我们对金融法和国际金融法的性质和任务认识模糊或出现偏差,金融法和国际金融法的研究和法制建设的实践就会舍本求末,偏离主道,难以完成经济金融化和全球金融一体化赋予金融法和国际金融法的重大使命。

对于国际金融法具有何种性质,中外学者分歧较大,概括起来大体上有两种不同的观点,姑且可称之为公法说和私法说。公法说一般认为国际金融法是国际货币金融体系的制度安排,这种国际货币金融制度安排或者由各国通过订立协议达成,或者通过建立国际货币金融组织进行协调,以建立起国际货币金融秩序,为国际经济和金融交往的开展和扩大提供稳定的制度环境和保障。依照这种观点,国际金融法是国家和国际组织之间的事,是国家和国际组织之间的公法。私法说一般认为,国际金融法就是跨境资金融通之法,调整的是各种形态的货币金融资产跨越国境的流通和交易,其中既包括一国货币金融资产向境外流通,也包括外国货币金融资产向境内流通;既包括一国货币在另一国金融市场上的交易,也包括不同国家的货币在国际金融市场之间的交易。国际金融法主要调整国际货币汇兑与国际货币合作关系、国际借贷及担保关系、国际结算支付关系、国际证券融资关系等。以此观点,国际金融法是国际金融交易之法,具有私法性质。虽然在主张私法说的学者中,也有认为国际金融法应当包括国际金融监管合作等内容的,但由于其基点在于国际金融交易,因此,显得突兀和难以自圆其说。

我们认为,国际金融法主要具有规制与监管的性质,国际金融法主要是规制与监管之法。如上所述,规制是指通过制定和实施规则而实现对经济生活的调整和管理,既包含有规则的内涵,也具有调整和管理的含义,特别是隐含有公权力对市场的介入和干预。监管是监管机构对监管对象及其活动是否符合要求所进行的监督、检查、管束和处理等一系列行为的总称,以此来实现法律和政策旨在实现的目标和目的。金融法和国际金融法之所以具有突出的规制与监管的性质,主要有两个方面的原因:市场失灵和金融业的特殊性。此外,国际和各国金融立法也充分印证了这一点。换言之,对金融法和国际金融法的规制与监管的性质,可以从国家干

---

① 韩龙:《离岸金融——国际金融法研究的一个重心》,《国际经济法论丛》2001 年第 4 期。

预经济的一般理论、金融业的特性和国际与各国金融立法的内容等方面考察。以下从国家干预经济的通行理论切入,然后根据金融业所具有的特性和国际与各国金融立法的内容特点,寻求金融法和国际金融法规制与监管的性质之所在。①

一、市场失灵与金融规制监管

国家干预经济的通行理论一般认为,由于市场存在失灵或缺陷,如垄断、外部性和信息的不对称性等,社会生产没有达到帕累托效率,因此,政府需要干预进来,矫正市场失灵,以便实现社会边际效益的最大化。将此理论移植到金融业中,我们发现金融业也存在着严重的市场失灵,从而使得对金融业的监管正当且合理。

（一）垄断与金融规制监管

不完全竞争的市场结构,根据对竞争的限制程度不同,可依次包括垄断竞争、寡头垄断和自然垄断。垄断竞争的特征是存在有许多有产品差别的提供者,即一方面有许多的生产者,另一方面他们生产的产品具有实际的或想象的差别,并不完全相同。寡头垄断是只有几个生产者的垄断,他们或者出售完全相同的产品,或者出售具有某些差别的产品。自然垄断是单一的生产者生产出售独特的没有近似代用品的产品,如电话、电力和煤气等公共行业所通常存在的情形。经济生活中所出现的垄断使垄断者为追求垄断利润而减少产量,使生产无法达到最大的可能性边缘,使社会没有得到足够的它所真正想得到的产品,引起经济上的浪费和社会福利上的损失,且高额的垄断利润导致收入的扭曲。所以,政府作为社会利益代表,为了实现效率目标以及社会公正,需要对经济生活进行干预。

垄断,在许多国家的金融业中都存在,特别是在 20 世纪七八十年代之前更是如此。随着波及全球的金融自由化的开展,金融业的垄断问题有所缓解,但许多国家的金融业仍为国家所拥有和经营,且金融业的准入存在极大的限制,因此,金融业中存在垄断在许多国家是不争的事实。金融业的垄断也同样能够导致对竞争的破坏、金融服务质量的下降和消费者福利的减少,并导致金融产品价格的上涨、交易效率的降低和金融资源配置的扭曲,因此,需要进行必要的干预,以提高效率,促进经济发展。这也正是此前和当今许多国家开展的金融自由化的性质、特征所在。解决金融业存在的垄断需要两种不同的规制:放松规制和加强规制。放松或取消的金融规制主要是影响市场结构和影响经营行为的规制措施②,前者如放开分业经营的限制措施、金融业的准入限制措施和对资本账户实行自由化等,后者如取消

---

① 韩龙主编:《国际金融法》,法律出版社 2007 年版,第 25－38 页。
② 金融规制大体可分为影响市场结构的规制措施、影响经营行为的规制措施、影响审慎监管的措施。韩龙:《世贸组织与金融服务贸易》,人民法院出版社 2003 年版,第 109 页。

对金融机构利率的限制、贷款规模限制和设立分支机构的限制等。放松规制并不是要放松或取消防范和化解风险的审慎监管措施,而是要加强这类措施。同时,要放松管制引入竞争,政府还必须相应地制定相配套的规范与规则,保障竞争的进入。这就意味着,竞争本身需要一些重要的新的制度性补充来保证,政府为引入竞争应以规制的方法来保证放松需要放松的规制。

(二)外部效应与金融规制监管

外部性指在有相互联系、相互作用的经济主体之间,一个主体的活动对其他经济主体产生影响,而该经济主体又没有根据这种影响从其他经济主体获得报酬或向其他经济主体支付赔偿。外部效应既可以是正面的和积极的,也可以是负面的和消极的,其所导致的重要后果是资源不能实现有效配置。为此,政府需要对经济进行调节,控制负面的外部效应,防止或制止外部效应从微小的麻烦发展成为巨大的威胁,提高经济效率。

金融业的外部性在银行业和证券业都有体现,典型的体现是银行业的系统风险,故以下以银行业系统风险为例进行考察。银行业的系统风险往往发端于单个银行的挤兑。挤兑是银行和银行业之大忌,而银行和银行业却易于遭受挤兑之害,主要原因就在于银行在经营过程中对即期存款和少量准备金的过度依赖。

任何一个社会都需要一定的机制把财富从交易的一方转移至另一方来完成经济交易。在货币和银行出现后,通过银行记账实现财富转移的会计制度和方法通常更有效率。通过银行转账完成交易主要是通过借记和贷记买卖双方在银行的账户的形式完成的,需要交易双方在银行开立账户,这些账户通常被称之为即期账户。① 例如,在买卖双方各自银行有账户存款的情况下,完成交易只需要通过银行分别借记和贷记彼此账户,由银行进行资金清算,财富即实现转移,经济交易即告完成。银行具有提供交易服务的功能本身就意味着客户能够在存款之后立即支取或转移存款,因为有效率的交易服务必须能够迅速地转移资金。银行之所以是银行,重要原因之一就在于其能够提供即期账户服务,客户能够立即支取存款或转移资金。这是银行区别于其他金融机构的一个鲜明特性。② 银行为存款人提供的立

---

① 即期账户涵盖的范围很广。在我国,即期账户应包括活期存款、个人结算账户、单位的基本存款账户、一般存款账户、专用存款账户、临时存款账户等。存款人日常经营活动的资金收付和现金的支取等,都通过此类账户办理。在西方发达国家如美国等,人们通过即期账户签发支票实现支付、财产转移和提现。即期账户是典型的银行货币形态,在许多国家中占据货币构成的绝大多数的比例。

② 在此方面,与银行最接近的金融机构是共同基金(mutual fund),然而,二者仍存在差别。首先,共同基金的资产负债表中负债主要是由即期股权而不是即期债务构成,基金是按照净资产值支付投资者,投资者抽回投资不会导致基金在经济上丧失清偿能力。其次,共同基金通常全部投资于具有高流动性的证券,极易变现,因此,不会因投资者集中地抽回投资而使共同基金丧失流动性。这些都决定了发生在银行的挤兑现象难以在其他金融机构出现。

即支取存款或转移资金的便利在客观上为银行的挤兑提供了可能。

然而，提供即期存款便利的银行却是按照少量存款准备金原则经营的。[①] 少量准备金是指银行在通过存款和借贷等手段吸收到资金后，在保留少部分准备金用来支付存款人日常支取的情况下，将大部分资金投放于获利资产。少量准备金原则意味着银行手头上没有足够的现金来同时偿付所有的存款人。由于银行的债务大多体现为即期存款，银行不能确切地知道某一特定日期有多少债务将要到期。当然，银行可以在金库中留足现金以满足所有的即期债务，但是，这样一来，银行就不能将负债所得通过放贷投放于获利资产赚取利差。将所有的资产以现金形式存放，银行既不能向存款人支付任何存款利息，也无任何利润可言。几个世纪之前，银行家们发现了一个秘密：由于众多存款人的存在，所有存款同时被提取的可能性不大，且银行有存有取，因此，银行不必在手头上握有大量的现金，仅需要保留少量的现金用作支付日常可能发生的支付和转移即可，其余的资产可以用于放贷取息。因此，银行通常可以从容地将通过存款和其他负债获得的大量的资金投资于流动性差但收益率高的贷款项目上，获得收益。

从社会角度来看，银行的少量准备金的做法以及银行提供的即期存款便利，将社会财富从剩余者转移给需求者，并在剩余者需要时将财富返还，从而实现了资源在空间和时际的交换和配置，有利于促进社会经济发展。然而，一方面，存款人有权支取和转移即期存款，在金融市场出现波动的情况下，存款人尤其需要行使这种权利；另一方面，按照少量准备金法则，银行手头仅有存款人存入的一小部分现金。如果众多存款人同时到银行支取，银行手头当然不会有那么多的现金，所有存款不会同时被提取的概率就会被打破，处置不当，金融挤兑就会发生。同时，大量的银行资产是长期性资产，不易出售，即便出售，恐慌也会导致出售的那些资产价值下降，挤兑会造成原本具有清偿力的银行失去清偿能力。由于金融市场具有信息不对称性，陷入恐慌之中的存款人在金融机构中难辨良莠，因此，一家清偿能力不足的银行倒闭可能会导致其他银行的存款人提取贷款。同时，银行间的关联性（如在清算系统中彼此拥有头寸、银行间存款等）极深，一家银行的倒闭可以直接地立即导致其他关联银行的损失。"一般商业公司的倒闭所形成的振荡会安顿下来，形成新的均衡，而银行倒闭所形成的连锁反应具有自身加剧的效果，在这二者之间应当进行区分。"[②]

---

① 存款准备金是指金融机构为保证客户支取存款和资金清算需要而准备的在中央银行的存款。在我国，存款准备金包括两部分：法定存款准备金和超额准备金（备付金）。前者是中央银行规定的，后者是超过法定准备金的准备金，由商业银行根据具体情况自行掌握。

② H. Davies，"Financial Regulation：Why Bother？" *Society of Business Economists Lecture*，mimeo，January 1999.

应当看到,防范和对付挤兑和系统性风险,采取市场的办法通常是难以奏效的。例如,采取提高存款利率以便留住和吸收存款,但提高存款利率通常需要与提高贷款利率联系起来,否则,银行在利率上就会因借高贷低而蒙受损失,而且贷款利率的提高会导致违约的增加,从而减少银行资产收益。此外,存款利率的提高还有可能被市场当作是银行经营更加不良的危险信号。因此,为了防范和对付挤兑和系统性风险,需要借助"无形之手",通过有效规制和监管防范和化解风险。

金融业的外部性,如果处置不当,会产生严重后果,并在国际间蔓延,造成巨大的社会成本。例如,阿根廷、智利和科特迪瓦等国的金融危机所造成的损失超过或达到了 GDP 的 25%。[①] 亚洲金融危机从东南亚扩展到了东亚、俄罗斯和南美,具有国际传播的性质。因此,对付外部效应需要各国和国际社会密切合作,防止外部性对各国的经济和国际金融稳定造成严重损害。

(三)信息不对称性与金融规制监管

以银行业为例,信息不对称性在银行业中主要有两方面的原因和体现。首先,包括存款人在内的单个金融服务的购买者和消费者,没有实力和技能对有关信息进行收集和加工。在缺少监管者的情况下,金融服务提供者就可能在垄断信息的基础上不受监督地进行交易。其次,金融产品所具有的特点和性质对消费者的利益构成了特别的挑战。金融产品与非金融产品存在巨大的差别,例如,如果银行在金融服务合同的有效期内倒闭,该合同的价值通常丧失,而在有形货物的情况下,如果卖方破产,购买者手中至少还拥有所购买的产品。许多金融合同的价值取决于购买之后金融服务提供者的行为,如投资者对投资基金的受益有赖于该基金经营管理者的经营。由于金融产品和合同通常具有长期性,因此,金融产品的购买通常有赖于提供者的诚信,而其他产品的买卖通常不依赖这种关系。这就为金融服务提供者见机行事留下了潜在的空间,提供者可能借此为追逐自身利益而损害存款人和投资者的利益,金融服务的消费者则难以通过自助行为进行有效的防范和制止,难以在交易之时获得防范的充分信息。这些差异揭示出,对金融的规制与监管必然要严于货物和其他服务领域。[②]

由于以上信息障碍和交易性质的原因,在金融服务的交易中,消费者通常难以在购买服务时准确地衡量服务的质量、金融服务产品和合约的优劣以及金融机构的安全稳健性,因而可能受到提供者的盘剥和欺诈。这意味着,金融交易的代价和成本十分高昂,在没有监管和监管机构的情况下,这些代价和成本要由消费者承

---

① 韩龙:《世贸组织与金融服务贸易》,人民法院出版社 2003 年版,第 109 页。
② 从世界范围的情况来看,各国对金融业,特别是银行业的规制和监管程度远远重于对其他行业和部门的规制和监管。

受。不仅如此,由于受困于信息不对称,消费者易于受到选择倒置的侵害,即错误地选择不合格或不诚实的金融机构进行投资,或作为交易的代理人。这不仅会侵害消费者的利益,而且会妨碍资源的优化配置。同时,信息不对称性也会产生巨大的负面外部性,在一些情况下会导致对金融服务需求的减少,在极端的情况下可能会导致厌恶风险的消费者一起退出市场,从而导致市场彻底瘫痪。这是因为如果消费者察觉要购买的产品质次价高且代价巨大,消费者可能因此打消购买的念头,包括在鱼龙混杂的市场上可能购买到的高质量产品的念头。H·戴维斯曾经说过:"如果对消费者没有有关契约条款、资产安全、咨询质量的某些独立的保证,那么,储蓄和投资就会受挫,经济会因而遭受严重损害。"①

金融服务特点和性质表明,需要对金融机构的行为进行持续性的监督,为此需要成立专门的监管机构,由其代表消费者和社会公共利益对金融机构进行必要的监管,以降低信息不对称的代价和保护消费者,维护公众的信心。如果存在市场缺陷和市场失灵,但没有监管介入,由于市场结果不是最优的,因此,消费者需要支付相应的成本和代价。监管能够纠正在没有监管的情况下市场缺陷对消费者福利造成的损害,而这也正是解决信息不对称问题需要依靠监管的根基所在。②

二、金融业的特性与金融规制监管

以上考察显示,国家干预经济的一般理论对金融法和国际金融法是适用的,但是,金融法和国际金融法所具有的突出的规制和监管性质,更在于金融业所具有的特性。③ 这些特性主要有:

(一)战略的重要性

金融业具有战略重要性,主要体现在以下方面:

1. 金融业关系全社会资源的优化配置和经济增长

金融市场、金融机构的出现与信息获取成本、交易成本具有密切关系。在减轻信息和交易成本方面,金融体系所具有的主要基本功能是在一个不确定的环境中能够为资源跨时空进行配置和缓解风险提供便利。以流动性风险为例④,流动性风险起因于将资产转化为交换媒介的不确定性。信息的不对称性和交易成本的存

---

① H. Davies, "Financial Regulation：Why Bother？" *Society of Business Economists Lecture*, mimeo, January 1999.

② David Llewellyn, "The Economic Rationale for Financial Regulation", *FSA Occasional Paper*, April 1999, p. 21.

③ 韩龙:《金融法为何是规制与监管之法?》,《甘肃政法学院学报》2008 年第 3 期。

④ 操作风险指标衡量由于内部程序不完善、操作人员差错或舞弊以及外部事件造成的风险,表示为操作风险损失率,即操作造成的损失与前三期净利息收入加上非利息收入平均值之比。流动性是将资产按照约定价格转换成购买力的便利程度和效率。

在会妨碍流动性和加剧流动性风险。而金融市场和金融机构的出现能够增强流动性。以资本市场为例,其流动性极强,金融工具能够低成本地进行交易,且在时间和清算方面不存在太大的不确定性。

流动性与经济增长之所以存在联系,是因为一些高回报项目需要长期的资本投入,但财富所有人通常并不愿意长期放弃对财产的支配。在这种情况下,对高回报项目的投资就会出现不足。有了流动性的资本市场存在,人们可以放心地以股票、债券等形式持有资产,在需要变现时可以方便和迅速地出售。资本市场通过这种方式将流动性的金融工具转换成了对生产过程的非流动的长期资本投资。有人认为资本市场的进步及其所导致的流动性风险的减轻是英国工业革命发生的主要原因,因为工业革命最初几十年所生产的产品远在此之前已经发明出来,许多发明创造需要大量和长期的资本投入,没有金融市场的配合而仅有技术创新并不能引发持续性增长。在18世纪的英国,引发增长的关键性的新要素是资本市场的流动性。因为工业革命需要大量的长期资本投资,没有这种流动性的转换,工业革命可能就不会发生。工业革命不得不等待金融革命。

信息获取成本是金融机构出现的动因。如果没有金融中介,每个投资者都要支付相应的成本。与其这样,倒不如由金融机构一次性地为公众进行评估,公众只需对金融机构提供的这种服务分摊少量的成本,这样,公众借助金融中介就可以节约对投资信息获取和加工的成本,也使社会有更多的资源用于生产。不止于此,许多企业在寻求资本,而金融机构和金融市场更擅长选择生产技术项目,发现最有可能成功实施技术创新的企业,因而会导致资本的更有效的配置,从而实现更快的经济增长。熊比特曾指出:银行家并不主要是中间人,他似乎是在以社会的名义授权人们(去创新)。同样,在证券市场上,证券价格的变动携带和反映着有关信息,证券市场通过公开价格传播有关信息,市场的参与者可以通过观察证券价格来解读其中的信息。这种带有公共利益性质的信息获得,一方面使社会不必投入资源用于获取信息,从而使更多的资源能够用于对生产的投资,另一方面,信息披露改善的本身也可以极大地改善资源的配置,使资源能够真正流向最好的生产技术项目上去。由于信息披露具有公共利益的性质,因此,对虚假陈述、操纵市场、内幕交易等行为的制止和惩治,其意义绝不仅仅在于对具体行为的惩罚,更是为了防止和制止对资本市场和社会经济机制的根基的动摇和侵蚀,是对公众对资本市场信心的维护。

2. 银行是国家货币政策的"传送带"

银行体系在货币供应中具有核心作用,突出的体现是货币创造和削减效应。正是因为银行体系具有这样的功能和作用,因此,国家经常借助银行体系表达和实现所追求的货币政策,从而也导致银行业对整个社会经济生活的巨大的外溢效果。

　　银行之所以能够创造货币,得益于部分准备金制和即期账户的存在和及其作用的发挥。① "……将准备金变成部分的,而不是100%的,其结果是革命性的,……银行不再是中性的了。它们可以说能够创造货币。"②因为银行不必像金匠那样将寄存者寄存的黄金百分之百地储备起来,而是在保留少量准备金的情况下将大部分资金运转起来,从而为在银行间创造货币提供了条件。银行提供的即期账户具有即期支付的特征,存款人可以通过签发票据等方式实现财富的流转。因此,这类账户具有类似货币的功能,经济学也因而将其纳入货币的定义之中。③由于银行在保留少量准备金的情况下,允许即期账户的存款人在银行间进行资金调拨,从而造成货币量在银行间扩展过程中得到放大,银行创造货币的功能得以发挥。

　　由于银行体系能够创造货币,所以,当中央银行向银行系统注入资金时,其产生的效果是以注资额的倍数在银行体系中创造新货币,因而可以称之为"高能"货币;当中央银行从银行体系中回笼资金时,会以回笼额的倍数减少货币。正因为如此,中央银行通常运用"高能"货币来调控银行体系所能够创造和减少的货币量,从而用以实现特定的经济目标,采用的主要机制通常是公开市场业务操作、对银行进行信贷和调整准备金比率。在公开市场上,中央银行买入证券会增加注入银行体系的"高能"货币,从而增加货币量。同样,中央银行卖出证券会从银行体系中削减"高能"货币,从而减少货币供应。中央银行贷款给银行意味着增加"高能"货币的供给,接受还款则减少"高能"货币。中央银行降低准备金率会增加货币供应,提高准备金率会减少货币的供应,借此中央银行通过影响金融机构的信贷扩张能力,从而间接调控货币供应量。所有这些措施及其效果的产生均有赖于银行体系,须臾离不开银行体系。正因为如此,银行通常被称为国家货币政策的"传送带"。

　　银行与货币供应之间所具有的密切关系具有重要影响,即无论由于任何原因而引起的银行体系的问题都会影响货币供应,波及其他部门和整个经济领域④,银行业因而也成为各国政府调控国民经济需要借助的领域和工具。一个不受控制的金融体系可能导致货币的供应量超过实际需要而引发通货膨胀,引起金融秩序的混乱。同时,金融机构经营不善甚至倒闭风潮也会使金融机构派生存款所创造的

---

　　①　Ed. Stevens,"Evolution in Banking Supervision", available at http://ideas. repec. org/a/fip/fed-cec/y2000imar1. html,March 1 2000.

　　②　保罗·A. 萨缪尔森、威廉·D. 诺德豪斯著,高鸿业等译:《经济学》(第12版)(上),中国发展出版社1992年版,第448页。

　　③　经济学一般将活期账户存款与流通的现金一起包括在M1之中。

　　④　WTO Council For Trade in Service,"Economic Effect of Services Liberalization: Overview of Empirical Studies",*Background Note by Secretariat*,S/C/W/26/Add. 1,29 May 1998.

货币供应减少,造成生产紧缩和经济萧条。金融业所具有的影响全社会利益和社会经济发展的"公共产品"的特点和巨大的外溢效果使它不同于其他行业。所以,政府有正当的理由给予关注,进行必要的监管和调控。

3. 银行在支付清算体系中的重要作用

在现代经济生活中,银行在各国支付清算系统中都发挥着特殊和突出的作用。支付清算体系虽然一般由各国的中央银行组织和协调,但商业银行是支撑者。在支付清算中,商业银行通过记账、票据清算、电子资金划拨等金融服务方式实现财富的流转,便利交易。例如,甲向乙签发一张支票支付货款,乙将支票存入其开户银行 A 银行,A 银行再通过清算机制将支票交给甲的开户银行 B 银行,A、B 银行通过清算对冲彼此间所有的票据债务,然后轧差,即把没有轧平的余额借记或贷记彼此的账户或双方在中央银行的账户,随后由各自银行分别贷记或借记甲乙在各自银行的账户。通过这种方式,甲将货款划拨支付给乙。银行提供的支付和清算服务所具有的流动性和广泛接受性,使纷繁复杂的商业交易和经济体系得以便利和高效地运转。

从以上可以看出,由于银行彼此间在清算过程中代表其客户的债权债务,这些债权债务先由银行承受之,然后再在银行内部进行分解记账,因此,银行与其他金融机构的一个关键区别是银行具有通过承担即期债务而在有关当事人之间转移财富的能力。银行这时实际上构成向社会各类机构提供流动性的主要源泉。[1] 然而,银行承担即期债务的能力并不是无条件的,而是要受制于银行的资产状况和实力。如果银行在支付清算系统中承担了大量的即期债务,但没有相应的流动性资产,或资产变现能力很差,那么,银行在支付清算系统运用其清算能力就可能加剧银行资产与负债在期限上原本就具有的不匹配性,而这种情况使银行特别容易在取款吃紧和资金划拨数额巨大的情况下遭受损害,使银行陷入流动性的困境,处置不当会引起金融恐慌和挤兑。如果恐慌使银行体系瘫痪,那么,支撑着支付清算系统的银行的命运就不言而喻。不仅如此,由于银行之间在清算中存在盘根错节的业务往来关系,它们之间存在大量的交叉性的债权债务关系,如果一家银行倒闭会导致其他银行债权的无法实现。因此,银行通过承担即期债务而在有关当事人之间转移财富的能力及其运用所造成的另一个结果是银行大面积的倒闭和造成严重经济损害的潜在可能性。历史上典型的例证是,美国政府在 1933 年针对银行频频倒闭的严峻局面,为了对付危机勒令银行停业一周,使支付清算系统停顿,导致社会经济陷入极大的困境。

---

① Jonathan R. Marcey, Geoffrey P. Milller, Richard S. Carnell, *Banking Law and Regulation*, Aspen Publisher, 2001, p. 85.

对于流动性头寸不足的问题,银行一般可以通过在银行间市场的短期拆借来解决。这种办法在遇到流动性困难的银行数量不多,流动性需求数量不大,流动性困难具有暂时性的情况下通常是有效的。但是,在金融动荡的情况下,被求助的银行很难判断求助银行所面临的问题究竟是流动性问题,还是清偿能力的问题。而且,在金融动荡时,被求助的银行一般倾向于维护和保持自身的流动性,不会轻易地提供流动性贷款给其他银行。因此,依靠市场的办法往往会在最需要解决流动性的时候难以发挥作用。在市场拒绝向健康的银行提供借贷从而可能威胁到金融体系安全的情况下,由中央银行等机构通过提供流动性的最后救助贷款的形式进行公共干预就开始具有正当性,因为这种情况下实施干预所维护和获得的公共利益通常要远远大于干预所花费的成本和代价。但是,央行的救助贷款毕竟会使社会公共财富面临遭受损失的风险,且最后救助贷款制度本身可能引发被救助银行的道德风险,因此干预本身也需要必要的规制和监管。

以上从社会资源的优化配置和经济增长、国家货币政策的传导和贯彻、银行在支付清算体系中的作用等方面的分析表明,金融业具有战略的重要性,金融是"现代经济的脊梁——任何不严重依赖于(无论是直接或不直接)金融部门所提供的服务的经济活动,都很难想象"①。金融构成现代经济发展的基础设施,关乎社会经济生活的全局,对金融业实行必要的规制和监管,维护其安全稳健,是社会公共利益的需要,理所应当地构成作为社会公共利益的代表——政府的应有职责。

(二)金融业具有高风险性和公共信心维系性

金融业的高风险性和公共信心的维系性在银行业中体现得尤为明显,因此,以下以银行业为例进行考察。如上所述,银行在经营过程中对即期存款和少量准备金存在严重依赖。即期存款代表着银行资金的来源,构成银行资产负债表中的负债;而在资产负债表的资产部分,准备金虽然具备高流动性,但在资产中所占比重甚小,银行的大部分资产是长期的获利资产。因此,银行资产期限较长。这就是说,银行是以借短放长的期限变换为杠杆,银行资产期限较长,负债期限多为较短,资产与负债的期限失配。这一问题使银行面临多重风险,如利率风险、系统风险、流动性风险和信用风险等。以利率风险诱发的系统性风险为例,试设想利率从原来的5%猛升到20%,而银行手头持有的抵押贷款仍然维持在10%的利率水平,这就意味着银行在借短放长的情况下,需要以支付20%利率获得的存款来支撑利息仅为10%的贷款,高买低卖,得不偿失。即便将抵押贷款出手,但也只能在遭受损失的情况下才能做到,因为随着利率的上升,固定的利率抵押贷款的市场价格必

---

① Masamichi Kono,"Opening Markets in Financial Service and the Role of the GATS", *WTO Special Studies*,1997.

然下跌。利率变动引起的损失会侵蚀掉银行有限的股本,导致银行倒闭,为系统性风险埋下隐患。此外,保留少量准备金,而把大量资产投放在长期获利资产的银行,是否会出现挤兑,完全取决社会公众存款人的信心。如果公众对银行失去了信心,银行倒闭在所难免。

银行资产负债表的结构也凸显出银行的高杠杆问题。所谓杠杆,简单地说是指资产负债表的负债部分中的债务与股权的比率。债务相对于股权越高,该公司的杠杆率也就越高。杠杆率也显示出债务对利润的影响。银行业的杠杆率远远高于其他企业,这是世界各国的通例。据有关统计,银行的杠杆率一般是10%上下,而其他企业的杠杆率一般为40%左右。① 高杠杆率意味着股本这个用于弥补亏损的防护垫十分薄弱,银行倒闭风险增加。不仅如此,如果债务的利率即吸收存款的成本超过了偿债后的资产收益,银行就会遭受亏损,原本就单薄的股本防护垫会迅速消失。因此,银行的高杠杆性使银行在抵御经营风险方面十分脆弱。不仅如此,由于银行负债远远高于股本,这意味着银行经营失败的代价大多要由存款人和其他债权人承担。这不仅极其不公平,且极易引发社会问题。银行所具有的高杠杆特征使对银行的监管更加必要、合理和正当,也更加加重了监管机构的监管责任。因此,监管机构为审慎之计必须制定和坚定地实施银行资本充足率标准,并密切跟踪银行风险,确保金融体系和整个社会经济生活不被银行杠杆捅破。

总之,银行借短放长的期限变换和高杠杆率必然使银行经营受利率、存款结构的规模、借款人偿债能力等变化的影响,从而使其面临种种风险,特别是系统性风险。正如美国联邦储备委员会的凯里先生(E. W. Kelly)所指出的那样:"……中央银行和其他政策制定者存在相当的共识,即银行的资产负债表的独特结构造成银行体系内在的潜在的不稳定性。如果陷入困境的某家银行规模较大或较为显要,有关该银行财务状况的传言就会扩散,恐慌会波及其他银行,损害整个经济。"②银行的内在不稳定性和系统性风险的高昂代价,客观上要求通过监管使金融机构依法运作,保持合理的资产负债比例、流动性和清偿能力等,以保障金融机构资金运用安全,防范传染效应,保护社会公众利益。

综上所述,如果说国家干预经济的市场失灵理论解决了国家介入金融,对金融业进行规制和监管具有正当、合理根据的问题,那么,金融业所具有的特性则科学地说明了对金融业的规制和监管为什么不同于其他行业和部门,具有严于其他行

---

① James R. Barth, Gerard Caprio, and Ross Levine, "Bank Regulation and Supervision: What Works and What Doesn't", available at http://www.worldbank.org/research/prr_stuff/wwb_122001.pdf, February 2001.

② E. W. Kelly, *Remarks at the Seminar on Banking Soundness and Monetary Policy in a World of Global Capital Markets*, Washington, DC: International Monetary Fund, mimeo, 29 January 1997.

业和部门的性质和特征。

三、全球金融一体化导致国际金融规制监管

全球金融一体化是当今国际金融业发展最突出的趋势。如前所述,全球金融一体化一般是指各国或地区在金融活动、金融政策等方面互相依赖和影响而成为一个密切联系的整体,主要体现在:①全球统一的金融市场已经形成,由于电信技术的发展,遍布世界各地的金融市场和金融机构已紧密地联系在一起,使全球的资金调拨和融通得以在几秒钟内完成,从而遍及全球的金融中心和金融机构正在形成一个全时区、全方位的一体化国际金融市场。②世界各国的经济联系日益表现为金融联系,国际金融活动在国际经济中日益趋重。证券投资国际化,资本流动自由化、国际化,都是重要的体现。

全球金融一体化的条件下,金融已不再仅仅是一个产业性、行业性、专业性的局部问题,也不再是一国问题,而成为影响全球各国经济与社会发展稳定的,具有极端战略重要性的、全局性、全球性的问题。从金融的角度看,人类已经结成一个紧密的金融共同体,国家只是这个共同体中的政治单元。由于全球金融一体化,使各国彼此依存度和相互影响加深,国际金融协调比过去任何时候都显得必要,突出体现在:①金融问题的国际传播迅速而深远。一国发生金融问题会迅速向外扩展,波及他国乃至全球,导致区域性乃至世界性的危机。亚洲金融危机和当前由于美国次级贷款而引起的金融危机就是突出的例证。②各国金融政策的相互影响加深。由于货币金融政策在各国调控经济中的作用日益突出,各国在不同时期面临的形势和任务不同,因此,实行的货币金融政策也会出现差异。这种情况在全球金融一体化的条件下,必然会导致各国货币金融政策之间的掣肘、冲突,影响各国货币金融政策的效果,导致国家间利益的冲突。例如,美国为了避免因次贷危机而使美国经济陷于衰退,大量地向金融体系注入流动性。但是,美元是国际经济交往普遍使用的通货,美国增发的美元多数是在美国之外流通,结果导致传统上以美元计价的石油、大宗原材料和食品等价格猛涨,实际上是美国在向其他各国输出通货膨胀,致使有的国家如越南陷入严重的通货膨胀之中。

在全球一体化的金融缺乏全球统一的治理机构和规则情况下,应对以上问题,国际间的协调比以往任何时候都显得迫切和需要。国际间的协调,不论是为了金融风险和危机的防范和化解,还是为了金融政策矛盾和冲突的解决和缓和,达成的结果不外是相关国家需要信守的协议及其所包含的规则。这些协议和规则构成对相关国家管理其金融事务的约束,实际上是对相关国家规制金融业的一种反规制。例如,《国际货币基金协定》第 8 条规定的经常项目下多边自由兑换的规定,就是对国际货币基金组织的会员国施以国际义务,禁止其在管理对外支付过程中实行

经常项目下的外汇管制。巴塞尔银行监管委员会所倡导的母国并表监管,是要在国家间划清对跨国银行及其分支机构的监管职责,各国接受以母国为主导的监管,母国之外的国家实行必要的自我限制和自我约束。反规制也是一种规制,借此在国际间防范和化解金融风险和危机,协调国际金融政策。所以,全球金融一体化必然使金融规制与监管的链条延伸至国际间,导致国际金融规制监管。

四、国际和各国金融立法系规制与监管之法

正是由于金融业存在市场失灵问题并具有自身特性,因此,国际和各国的金融立法系规制与监管之法。

从国际层面来看,与金融有关的国际组织的相关规则多为规制性质。以影响巨大的 WTO、IMF 和巴塞尔委员会为例,WTO 的金融服务法律制度是规制成员方影响金融服务提供的措施的规制制度,通过对成员方的约束,逐步推行金融服务贸易自由化。WTO 虽然对金融服务的提供即交易方式进行了界定,但这是为了确定WTO 要规制的成员方政府的措施的范围,而不是调整国际金融服务提供者与购买者之间的交易关系,不是规定交易双方的权利义务关系。IMF 负责国际货币事务,无论是其现行的支付制度,还是汇率制度,约束的都是会员国管理对外支付和货币汇率的行为,以维护国际经济交往扩大所需要的货币秩序和环境,而不是调整货币兑换、买卖和支付等商事法律关系。巴塞尔委员会关注国际性商业银行的监管问题,一是监管管辖权的划分,以确保任何国际性商业银行及其附属机构不能逃避监管;二是监管标准的充分性,即通过确立监管标准,如资本充足率等,使国际性商业银行及其附属机构得到充分的监管,以防范国际金融风险。因此,巴塞尔委员会的规则也具有突出的监管和规制的性质。

从各国情况来看,各国有关金融立法多为规制与监管之法。以美国证券法为例,美国很早就有了证券市场,有了证券的发行和交易等民商事活动。但是,由于信息不对称问题的存在,证券市场上出现了欺诈等行为。堪萨斯州 1911 年率先对公募证券进行规制,通过了第一部"蓝天法"(Blue Sky Law),此后其他各州竞相效仿。但各州分别立法的方式不能有效地对付欺诈活动,许多证券发行者利用州与州之间法律的差异和州际竞争,逃避法律的约束。1929 年爆发的席卷整个资本主义世界的大危机导致了美国证券市场的崩溃,并使美国经济陷入瘫痪。证券市场的崩溃使人们认识到,要建立一个统一、高效、公平、有序的证券市场,必须要有统一的联邦立法。1933 年 5 月 27 日,美国总统罗斯福签署了美国联邦层面的第一部规范证券交易的法律《联邦证券法》,要求所有新股的发行必须在联邦证券交易委员会注册登记,而且披露特定的信息。从此,美国证券市场的立法开始了从各州分别立法到联邦政府统一立法的转变。证券法就是通过强制筹资者进行充分、真

实和完整的披露,使投资者克服信息的不对称性,在充分知情的情况下作出理性的投资选择,从而使稀缺的社会资源得到优化配置。美国证券法存在的基本理念和核心任务即在于此。美国1933年证券法和1934年证券交易法所包括的两个基本内容就是强制披露和禁止欺诈,其中强制披露包括公开发行时的初始披露和上市交易后的持续披露。这些制度都是公权力对证券的市场发行和交易的干预和介入,无疑具有公法的性质。

从我国的情况来看,纵观我国商业银行法、银行监督管理法、证券法、外资银行管理条例等金融法规,规制和监管的公法性规范在这些法律和条例中占到了压倒性的优势,而调整交易双方当事人之间权利义务关系的私法性规范甚少。有些法律和条例,如银行监督管理法和外资银行管理条例等,由清一色的规制和监管性规范构成。有些法规中即便含有少量的调整双方当事人在交易中的权利义务关系的私法性规范,这些规范在很大程度上是因规制和监管的原因而设,目的是使有关当事人因违反规制和监管的规定而给交易对方造成损害承担相应的责任,是规制和监管的延伸,带有显著的规制和监管的烙印。

五、国际金融法有机地包含调整交易的规范

金融法和国际金融法具有规制与监管的性质,同时有机地包含了调整金融交易的私法性规范。规制性规范与调整交易的私法性规范是不同的,二者的区别主要体现在:第一,规制性规范是国家介入和干预金融所建立起的管理制度,这类规范是通过在经济生活中塑造和创造一定的法律关系来实现的一定的市场秩序,而这类法律关系在国家介入和干预之前通常是不存在的。而私法性规范所要调整的社会关系通常在现实生活中已经存在,法律只是将这类关系进行提炼和总结。以美国证券发行为例,在堪萨斯州1911年对公募证券的欺诈通过第一部"蓝天法"(Blue Sky Law)进行规制之前,证券发行在美国已经普遍存在,美国普通法以及衡平法在对发行中发生的交易关系进行调整,但当时并没有禁止证券欺诈的法律制度。由于证券欺诈的严重和盛行,堪萨斯州通过"蓝天法"建立禁止证券欺诈的制度,从而使这种行为成为非法。20世纪30年代,美国国会制定了联邦证券法,通过创立强制披露和禁止证券欺诈的制度,对证券发行和交易进行规制。第二,规制性规范的出现主要是解决经济生活中市场自身难以调节的某些问题,而私法性规范的形成则更多的是沿袭传统、习惯以及法律对公平正义在交易中提炼和分配所致。在人类漫长历史中,社会成员之间长期存在经济交易,伴随这种交易必然会出现相应的法律规范。由于在垄断资本主义之前国家基本上不干预经济,经济生活实行当事人意思自治和合同自由,法律在调整社会成员之间的经济交易时,更多的是沿袭传统、习惯,当然也有法律对公平正义在交易中理性提炼和分配。垄断资本

主义的出现,加之金融业在经济生活中作用愈发凸显,经济和金融业中出现市场失灵,矛盾突出,国家需要对经济和金融业进行适当的干预和管理,借助法律创设一定的法律关系,调整经济和金融活动,使经济和金融活动沿着预设的轨道运行。在规制经济和金融过程中,虽然传统、习惯以及法律对公平正义在交易中提炼和分配仍然具有作用,但规制性规范是为了解决现实中面临的市场自身无法解决的问题和矛盾,因此,这类规范在很大程度上取决于国家在权衡利弊的基础上作出的选择和取舍,具有显著的公法性质。

但是,国际金融法在对国际金融业进行规制和监管时,需要与调整国际金融交易的私法性规范密切结合,才能完成调整国际金融关系的任务。首先,这是因为国家规制的主要方式要么是在相关主体之间创设新的法律关系,要么是对原有的法律关系通过注入更多的国家意志而进行改造,从而使当事人之间原来的权利义务发生改变。可见,规制仍然是借助于当事人之间的权利义务关系来实现的,只不过这种权利义务关系根据国家规制的需要进行了重新配置而已,这种重新配置不是消灭了而是创设和改变了有关的法律关系。例如,为了保护远程金融服务的消费者,欧盟于 2002 年 10 月 9 日颁布了《消费者金融服务远程销售指令》。该指令针对远程金融服务的特殊性,明确远程金融服务提供者之义务与责任,以保护消费者权利。指令加重了金融服务提供者的义务,要求其在合同缔结前必须告知消费者的相关信息,在合同缔结后应当通过书面方式或持久的存储媒介将合同条款和前述信息告知消费者。此外,指令还规定,消费者可以在至少 14 个工作日至多 30 个工作日内解除任何金融服务的远程销售合同而无须说明原因且无须承担惩罚性责任。解约权的行使"无须说明原因",对于传统民法理论构成重要挑战。在民法中,当事人一方解除合同需要满足一定的条件,如合同目的不能实现、一方根本违约、预期违约等,然而,远程金融服务指令并不要求具备上述条件。这一例证充分表明国家规制摆脱不了当事人权利义务的范畴,同时也表明国家规制为了达到规制的目的而对当事人权利义务关系进行的"篡改"。

其次,金融规制和监管是公权力介入经济生活和经济活动的体现,违反规制和监管不仅破坏了国家管理经济的相关制度和国家所要建立和维持的秩序,而且也会侵害交易中的利害关系方的权益,为此需要通过私法性规范给予补偿和救济。例如,为了实现证券法规制和监管的目的,各国证券法都规定了发行登记和披露、连续性披露等监管规定,要求披露真实、全面、准确、及时。虚假陈述不仅违反了上述监管规定,而且也严重损害了投资者的权益,因此,许多国家都允许受损害的投资者通过诉讼维护私权。而这种私权的行使通常要取决于监管规范所禁止的虚假陈述成立与否,而禁止虚假陈述正是国家干预和规制经济所创立的一项管理制度。如果国家不创立禁止虚假陈述的证券法制度,不仅虚假陈述这市场行为不属非法,而且也不会在相关市场主体之间派生出损害赔偿关系。相反,当今各国证券法中禁止虚假陈述的制度,不仅使虚假陈述成为非法,同时也派生出受损害投资者的赔偿请求权。可见,规制监管与调整交易密不可分。

再次,规制和监管是对从事金融经营的金融机构的行为的规制与监管。这就是说,金融机构及其金融经营活动构成规制和监管的客体和组成部分,而金融经营活动通常依靠私法性规范运行,规制和监管介入经营和交易必然会导致新的私权的产生或消灭或原有私权内容的变化,这些都意味着调整经营活动的原来的私法性规范会发生改变。至于会发生什么样的改变、如何改变,必须将规制监管与调整交易的规范结合起来分析。

最后,如前所述,金融法和国际金融法是规制和监管之法,加之金融和国际金融十分奥妙,交易十分复杂,独由民商法来调整国际金融关系是难以适应的。暂且抛开金融规制与监管关系不说,就以金融交易而论,我们很难想象,一些民商法人士如何能够运用民商法来调整诸如汇率期权之类交易? 而国际金融法正是适应国际金融活动的奥妙和复杂性而建立起来的,将调整交易的规范公平合理地适用于复杂的国际金融活动是国际金融法的优势所在。

因此,在调整国际金融关系时,规制和监管的公法性规范与调整交易的私法规范需要密切结合,二者共同构成国际金融法的组成部分。但国际金融法绝不仅仅是调整国际金融交易之法,否则,就会像自由资本主义时期那样,只需要涉外或国际金融民商法即可,就不需要金融法和国际金融法了。理论和实践、历史和现实都证明,过去做法在当今是难以适应的。

第五节　金融规制与监管的目标

金融法的性质和核心在于规制和监管,那么,接下来的问题是金融规制和监管的目标是什么? 这对于加强和健全金融法制十分重要。概括地说,金融规制和监管的目标主要有:防范系统风险,保护投资者、存款人、被保险人等,提高效率和其他社会目标。不同金融领域的规制和监管目标有不同的侧重。银行规制和监管通常基于对系统风险的防范,也就是说是主要出于防范金融危机。而证券规制和监管的主要目标在于保护投资者和提高市场效率。

一、防范系统风险

（一）系统风险及其防范

所谓系统风险是指一家银行倒闭引起其他银行连锁倒闭,并进而扩及和损害整个金融体系,引发金融危机的风险。引起银行连锁倒闭的系统风险主要有以下途径:首先是银行间的相互存款。20 世纪 80 年代中期险些倒闭的美国大陆伊利诺斯银行(Continental Illionis Bank)(以下称大陆银行)为此提供了佐证。当时,由于许多银行通过大陆银行办理清算,所以,大陆银行持有其他银行的巨额存款,而且许多银行在大陆银行的存款超出了这些银行的资本额。这意味着,如果大陆银行倒闭,这些存款银行的资本会完全损失掉而随之倒闭。对此,美国在 1991 年 11 月通过的《联邦存款保险公司改进法案》(简称 FDICIA)授权美联储对参加存款保险的存款机构彼此提供的信用实行限制。但是,这种措施对银行间的清算账户适用起来十分困难,因为信用为清算功能所必要的。例如,A 银行通过 B 银行收受电子资金 1000 万美元,B 银行收款后贷记 A 银行账户,这实际上相当于 A 银行向 B 银行提供了 1000 万美元的信用。如果双方在最终清算之前 B 银行倒闭,A 银行将会面临巨大风险。其次,清算体系也能引发连锁倒闭。在差额结算制度下,如果一家银行对其巨额债务头寸无法清算,那么,没有得到支付的其他银行可能随之倒闭。最后,挤提也能引起连锁倒闭。如果一家银行倒闭,其他银行存款人,特别是没有参加存款保险的银行的存款人会认为其存款的银行也可能倒闭,于是对遭质疑的金融机构行使债权和挤提存款就成为维护自身利益的选择,信心的丧失会使这些本来具有正常流动性的银行面临流动性风险,处理不当,流动性困难会演变为清偿力危机,导致银行倒闭。[①] 此外,政治事件也能够引发系统风险,例如重要金融中心受到入侵或实施以外汇管制。

当市场震荡发生时,一个金融机构或金融部门的问题,通过受损失机构或部门的直接传导或因市场信心问题而致,向其他机构或其他部门扩散。这样,系统风险作为一种突如其来的风险,就会给金融系统和经济活动带来广泛的损失和影响。为了防范系统风险以维护金融体系的安全,各国在长期的实践中出台了一系列的规制和监管措施,如资产限制、资本充足率标准、业务操作规则、存款保险制度、适格的准入标准、存款利率上限、流动性要求、资本金要求、对从事生产和提供服务的限制,等等。

然而,研究却表明,有些措施,如设置存款利率上限,其设立的初衷是为了防止"过度竞争",但实际上可能使得金融机构更易受到系统风险的攻击,因为如果存在利率上限的约束,存款人更倾向将银行存款转化为其他能够达到市场利润水平的投资方式以取得相应的回报,这会加剧银行的资金困难。此外,有些措施的功能之间是抵触的。例如,对银行的地域限制,原本是为了保证银行对当地企业和居民提供信用,但可能阻碍银行机构的多元化,在当地市场发生震荡时更加脆弱,进而

---

① 韩龙:《对外国银行准入形式的法律监管分析》,《法学评论》1999 年第 4 期。

会增大爆发系统风险的可能。

（二）系统风险防范之嬗变

银行规制和监管之所以如此强调对系统风险的防范,有其历史根源。追溯历史,中央银行最初是基于一系列目标而建立的。例如,1656 年建立的瑞典银行扮演的一个重要角色是担当结算系统。在瑞典,当时作为储备的硬币是铜币,这使得付款极为不便。为解决这一问题,瑞典银行成为第一家发行银行票据的中央银行。英格兰银行于 1694 年建立时的主要目的是为在与法国的战争中筹集军饷。一些历史学家认为,正是英国超凡的金融实力使得其能够在整个 18 世纪连续战胜法国,尽管当时法国的人口是英国的三倍。进入 19 世纪,中央银行的重点转向维护金融稳定,其在消除危机中的作用也不断增强,英格兰银行在这方面的作用尤其显著。1866 年,英国发生了欧沃伦·格尼银行(Overend and Gurney Bank)危机,英国通过对贴现率及时适当的调整,避免了受严重危机的沉重打击。这种由中央银行采取适当行动避免危机的方法传播到其他欧洲国家并受到效法之后,欧洲在 19 世纪与 20 世纪之交减少了危机的发生。

美国则代表着一种不同的发展路径和历程。约翰·昆西·亚当斯曾指出:"即使是上帝手中的权力不仅可以行善,也可以行恶。"[1]这一格言概括了美国人对任何种类权力集中的不信任。1836 年至 1914 年期间,美国没有中央银行,在此期间美国爆发了多次危机,但仍然获得了较快的发展。[2] 这表明这一时期美国的危机与增长并存。1907 年,美国爆发了一次严重的金融危机并蔓延至其他国家。一位法国银行家在其报告中评论道:"美国是金融界中非常重要的麻烦制造者。"[3]这次危机带来的严重损失和经济衰退,引发了美国是否需要中央银行的再次争论。美联储于 1913 年建立并在 1914 年正式运营,但约翰·昆西·亚当斯所阐述的对权力集中的不信任被继承了下来,其体现就是美联储的组织机构与英格兰银行等传统的中央银行是不同的。美联储具有区域结构,决策权是分散的,自从其建立之后一直没有获得防范危机的能力。始于 1929 年波及资本主义世界的经济大危机之后是 1933 年银行业的恐慌。银行系统的问题催生了 1933 年的《格拉斯—斯蒂尔法》(Glass – Steagall Act),依据该法建立了存款保险制度,该法还规定商业银行与投资银行分业经营。1935 年的银行法扩展了美联储的权力并改变了其运作

① R. Timberlake,*The Origins of Central Banking in the United States*,Cambridge：Harvard University Press,1978,p. 39.

② 1870 年美国的人均 GDP 与法国和德国相当,但比英国低,到 1914 年美国人均 GDP 超过了上述三个国家。

③ P. Studenski and H. Krooss,*Financial History of the United States（second edition）*,New York：McGraw Hill,1963,p. 254.

方式。可见,1933年美国银行业危机和美联储防范风险的失败,导致了规制的采用,尤其是将存款保险和其他谨慎干预作为防范危机的方法。

始于1929年的大危机对包括美国在内的几乎所有国家的银行业都产生了深远的影响,结果银行业在所有国家都受到严格的规制和监管。在有些国家,政府直接干预金融体系来分配资源,取代了市场所扮演的角色。利率被严格控制,银行被保证盈利,系统风险也得以避免,银行业监管的目的就是避免金融危机。金融危机带来的损失被认为是如此之大以至于不论以多大代价也要避免其发生。或许是严格监管的作用,也或许是限制市场力量的结果,在第一次世界大战和第二次世界大战后的相当一段时期,各国政府都消除了与银行有关的系统风险。波尔多和埃肯格林指出,除了1962年的巴西之外,在1945年至1971年期间没有爆发银行业危机。① 随着时间的推移,20世纪70年代以后,金融自由化的开展和市场力量的回归导致了系统风险和金融危机的再现,防范系统风险和金融危机的问题再次凸显。

(三)证券业是否需要防范系统风险?

证券规制发轫于保护证券服务消费者的需要,同时在提高金融市场效率方面发挥重要作用。传统上,证券规制很少重视系统风险的防范。对银行与证券公司在规制上的不同对待,部分原因是人们认为,证券公司不易受到挤提和震荡的传染性扩散的损害,因而不大可能构成系统风险的源泉。银行与证券公司在四个方面存在的重要结构性差别导致了这种规制上的差异。

第一,在证券公司中,客户资金与自有资金是相互分离的,因此,有关证券公司自身资产的不利消息并不必然会造成对公司顾客资产的关注。此外,如果一家证券公司倒闭,该公司资产可以相对容易地转移到另一家公司而极少中断对客户的服务。

第二,证券公司的义务不同于银行存款支付义务,后者是按照先后顺序支付存款的。证券公司的债务一般是有规定日期的债务工具,如商业票据、抵押贷款或根据证券公司的经营状况而偿付的债务。这种债务结构使得证券公司不易受到挤兑之害。

第三,证券公司一般持有流动的、可交易的逐日盯市资产。这种相对透明的资产负债表使证券公司不易受到信息不对称问题之害,而信息不对称问题通常正是由于银行资产负债表的不透明而引起的。一旦证券公司失去来自于社会的信心而无力借款,它可以相对容易地降低资产负债规模,而不会因清算资产引起甩卖的损失。

---

① M. Bordo and B. Eichengreen, "Is the Crisis Problem Growing More Severe", *Working Paper*, Sveriges Riksbank, Stockholm, 2000.

第四,证券公司并不直接进入大额支付系统。尽管证券公司在办理顾客、自己业务过程中会产生巨额支付,但其需要依靠商业银行来对这些支付进行结算和清算。因此,证券公司倒闭充其量会造成代理其结算和清算的银行的倒闭。

总之,传统观念认为,证券公司不易受到市场震荡的影响,即便市场震荡造成证券公司倒闭,但证券公司的倒闭并不太会传染扩散到金融体系和经济体系的其他领域,构成系统风险之源。但最近一二十年国际金融体系发展使以上观念遇到了挑战,主要体现在:

1. 证券公司已越来越多地与商业银行和(或)保险公司结合在一起,形成了金融集团。实行全能银行的国家长期以来一直将证券业务与传统的商业银行业务融合在一起。最近十几年,金融自由化使原先实行银证分离的美国和日本也将这两类业务结合起来。当证券业务与银行业务结合在一起时,银行业的系统风险也就延伸到证券业中。事实上,欧洲大陆的监管机构习惯上是将并表监管适用于其辖域内全能银行的证券活动,正如这些证券活动就像传统的银行活动一样。

2. 在证券公司与银行通过合并形成越来越大的实体的同时,金融业中同一金融领域(如银行、证券)的机构合并步伐更快。十国集团的报告显示,最近十几年银行数目在其成员国中都减少了。这种合并似乎是为了节约成本和提高收益。虽然金融机构越大,就越不容易倒闭,但是,但一旦发生倒闭,就更有可能引起系统风险,因为这样机构的倒闭对金融体系产生的外溢效应会更大。

3. 大型证券公司正越来越多地介入对全球的交易活动,尤其是场外(OTC)衍生交易。在最近十几年中,最大证券公司之间交易活动的集中度在不断增加,全球排名前三位证券公司的交易占最大交易中心交易量的27.2%,前十位的证券公司交易量占到了54.7%。[①] 与此相应,证券交易及其支付的结算和清算风险的集中度也增加了。

4. 近一二十年有关金融机构的倒闭为证券业的系统风险提供了佐证。以巴林银行(Barings Bank)为例,巴林银行的银行业务和证券业务由该银行旗下不同的法人组织分别经营,但巴林银行为巴林证券的巨大损失提供资金。巴林证券损失的外溢效果严重威胁到其进行的交易,最后逼近了启动证券交易损失分担机制的边缘。在这种情形下,当时数家证券公司提出放弃损失分担机制的会员资格,这种

---

① Based on data provided by the national authorities in France, Germany, Italy, Japan, Switzerland, the United Kingdom and the United States reported in Table 1. 6 of Group of Ten (2001). Unfortunately, data are not available for the entire decade, but concentration increased markedly between December 1998 and December 1999.

势头如果发展下去,会造成市场的崩溃,而不仅仅是巴林损失分担的问题。①

总之,全球化、集团化和合并、对场外衍生交易更广泛的介入,也潜伏着或能够带来系统风险问题,而且这一问题未来极有可能更加复杂和严重。因此,防范系统风险也应当是当今证券监管需要密切关注的问题。

二、保护投资者、存款人、被保险人等

在金融相关领域保护投资者、存款人、被保险人等,使其免受金融服务提供者的不良行为之害,是金融监管的第二个基本目标和理念。保护投资者构成证券规制和监管的主要目标,同时,保护存款人和被保险人也构成银行和保险规制和监管的重要任务和目标。为简明起见,以下主要对证券规制和监管中保护投资者的目标、银行规制和监管中保护存款人的目标进行阐述。

(一)保护投资者

证券规制和监管为什么要将主要目标放在保护投资者上? 在现代,资本市场是一国资源配置的主渠道,决定着一国经济发展的活力、效率和结果,事关经济和社会发展的大局。资本市场是通过信息和价格引导资源配置的。资本市场要发挥以上作用是有条件的,其中最基本的条件就是筹资者要进行真实、准确、完整、及时的披露,保证投资者在没有虚假信息干扰和充分知情的情况下作出理性的投资选择,从而使稀缺的社会资源得到优化配置。从对证券业规制最严密和完整的美国来看,美国证券法存在的基本理念和核心任务即在于此。美国 1933 年证券法和1934 年证券交易法所包括的两个基本内容就是强制披露和禁止欺诈,这两项内容的目的都在于保护投资者,而保护投资者就是保护通过资本市场配置资源的这一根基。因此,强制披露和对证券欺诈的禁止与惩处,不仅是对具体行为的惩处,更是为了防止和制止对资本市场和社会资源配置机制的根基的动摇和侵蚀,是对公众对资本市场信心的维护。没有对投资者的保护,没有公开、公平、公正的市场交易,资本市场的大厦必定坍塌。

正因为如此,信息披露成为当今各国证券法的共有内容,虚假陈述成为证券法的公敌。在证券市场上,投资者,尤其是个人投资者,与证券发行者相比,在信息获取中经常处于劣势。尽管机构投资者具有迫使发行者披露相关信息的手段,也具有评估这些信息资料的专业技能,但是一般投资者则缺乏这种手段和专业技能。正因为如此,政府需要使筹资者定期披露有关公司财务及其前景的信息,鼓励信用评级机构的发展,从而使哪怕是小投资者也能够利用数据收集和分析的成果。

---

① Group of Thirty,"International Insolvencies in the Financial Sector", *A Study Group Report*, Washington: Group of Thirty, 1998, p. 95.

除信息披露之外,禁止欺诈也是保护投资者的重要措施,因此,禁止价格操纵和禁止内幕交易构成各国证券法的通常内容。利用各种手段操纵股票价格,操纵者以牺牲一般投资者利益为代价来获取利润。内幕交易是掌握公司财务前景的公司管理层、股东和其他内幕人员以牺牲非内幕人员利益为代价来获取利益的。

保护小股东的收购规则和规制都旨在确保收购的有序进行,保护小股东不被大股东排斥在外和受到大股东盘剥,对小股东的保护是证券规制的重要部分之一。此外,投资管理公司为欺诈与欺骗提供了可能。共同基金和其他形式投资管理公司中存在众多的投资者,这意味着没有哪个个体投资者有动力或能力去监督投资管理公司的经营,因此,政府需要对投资管理公司进行正当规制。

(二)保护存款人

对存款人进行保护的一个主要原因是存款人易于受到金融服务提供者的盘剥。实施反垄断和实施竞争政策是最常见的对付盘剥的方法。① 在过去几十年中,欧共体/欧盟对涉及提供金融产品的重大价格变化给予了高度的关注②,其目的在于提高竞争水平和降低金融服务使用者的价格。

对存款人进行保护的又一通常原因是金融服务的消费者(尤其是普通消费者)很难对提供给他们的金融服务的质量进行评估。这其中部分原因在于消费者现在就要为金融提供者承诺的未来利益付费。即使是在财务结果出来之后,消费者很难确定这样的结果是在金融机构尽职尽责后运气不佳所致,还是由于金融机构不尽职责所致。同时,顾客由于在评估金融服务时面临信息不对称的问题,易于作出逆向选择,即选择不称职或不诚实的金融机构为其交易或进行投资。此外,金融服务消费者也可能受到败德行为的损害,即金融机构将其自身利益凌驾于消费者利益之上,甚至进行欺骗。总之,普通顾客是容易受到不尽责、不称职、疏忽和欺骗带来的损害。

为了解决这些由于信息不对称所带来的问题,监管机构经常在事前对金融公司设置"任职资格审查"要求,以确认其资格,事后通过民事和刑事制裁的方式来严格落实业务规则。严格实施业务规则会促使金融机构采取管理措施,以保证消费者得到称职和诚实的服务。利益冲突规则也具有类似功能。解决普通顾客面临信息不对称问题的另一解决方法是提供保险。存款保险制度设置的理念之一是为了适当地保护一般存款人,对这类存款人而言,监督其存款银行的成本太高。此外,存款准备金要求、资本充足率要求和流动性要求都是旨在确保金融服务机构能够履行对顾客的义务,具有保护消费者的因素,同时也具有防范系统风险、保护金融体系的因素。

---

① 如后所述,反垄断和实施竞争政策不仅是为了保护相关消费者免受垄断价格之害,而且也是为了发挥市场的作用,提高金融业的配置效率,并在金融与其他经济部门之间提高资源配置效率。

② European Commission, *Financial Services: Building a Framework for Action*, Communication of the Commission, 1998.

三、提高效率

尽管证券规制在传统上主要是为了保护投资者,但其在提高证券市场效率方面也发挥了重要作用。首先,信息披露要求确保信息释放到金融市场,反映在市场的价格当中,使价格准确地反映价值。也就是说,这些规制有助于提高市场中的信息效率(informational efficiency)。其次,禁止市场操纵和内幕交易也有助于提高效率。禁止市场操纵能够确保价格准确地反映潜在价值。如果市场操纵盛行,就会产生严重的资源错配和投资扭曲,甚至导致投资者参与市场意愿的降低。内幕交易是知情者以牺牲不知情者利益为代价获利,会降低不知情投资者参与市场的意愿。再次,保护小股东的收购规制和监管同样有助于加强效率。收购规则旨在促进收购尽可能顺利地进行,这就提高了公司控制的市场运作,有助于确保资产被最适合的团队管理。保护小股东的规制确保小股东愿意参与资本市场,如果他们在参与中冒着被大股东剥夺的危险,那么他们会选择从市场一退了之,市场中的投资和流动性会因此而降低。最后,投资管理规则对于提高效率具有重要作用。这些规则通过减少投资管理者滥用权利的机会,减少代理问题,降低管理者的冒险动因,提高投资者参与金融市场的意愿,使更多的投资投向市场并增加其流动性。

银行业规制与监管中的许多措施也具有提高效率的功效。首先,实施竞争政策和反垄断,降低金融服务业准入的门槛,是提高银行系统效率的关键因素。其次,设置保证准入者质量的"任职资格审查",可以缓解准入,加强竞争,但如果门槛过高,会损害效率目标。最后,金融市场的有效运营,关键是要取决于对金融市场和金融机构依照公平、透明和顾客利益至上的规则和程序进行经营的信心。这种信心是一公共产品,能够提高金融市场跨越时空进行资源配置。

四、其他社会目标

各国政府通常利用金融部门在现代经济中的核心地位来实现其他社会目标。许多国家对银行和其他金融机构都施以报告义务,以便更有效地打击贩毒和有组织犯罪中的洗钱行为。在美国,银行要对金额在 1 万美元以上的现金交易进行报告。英国的金融服务局也将"防止金融业务被用于金融犯罪"作为自己的目标。

许多国家的政府通过不同方式引导资金流向其支持的部门或地区。许多国家对出口融资实行补贴,有时通过特殊保证、保险或通过中央银行特殊贴现设施来支持出口。许多国家还要求金融机构向特定地区或部门提供信贷,例如,美国 1977 年实施的《社区再投资法》(Community Reinvestment Act)就要求商业银行和储蓄机构为低收入地区提供信贷。房地产业通常是政府干预金融体系受到惠顾的部门。例如,美国政府通过对以房产为抵押发行的证券给予的暗示担保和允许房贷

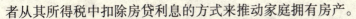

者从其所得税中扣除房贷利息的方式来推动家庭拥有房产。

防止和限制有关利益集团操控金融业也是一些国家进行金融规制和监管所追求的目标。例如,美国利用规制来阻止大的经济和政治势力在金融业、尤其在银行业集中,直到现在美国仍然限制银行机构跨州发展。

此外,值得注意的是,在有些国家,政府预算比较吃紧时经常利用银行系统作为预算外财政资金来源,而不必采取增税等办法。但是,这种做法对金融体系的效率、安全稳健会造成极大的不利影响。

规制措施与其主要对应目标

规制措施	系统风险	金融消费者保护	提高效率	更广的社会目标
1. 银行				
反垄断和竞争政策		√	√	√
资产限制	√			√
资本充足率标准	√	√		
业务操作规则		√	√	
利益冲突规则		√		
客户合适性要求		√		
存款保险	√	√		
准入适当性测试	√	√	√	
存款利率上限	√	√		√
贷款利率上限		√		√
投资要求				√
流动性要求	√	√		
大额交易报告要求				√
准备金要求	√			
地域发展限制				√
对服务和产品的限制	√			√
2. 证券市场				
披露要求与标准		√	√	
登记要求		√	√	
禁止市场操纵		√	√	
禁止内幕交易		√	√	
并购规则		√	√	
对小股东的保护		√		
投资经营规则		√	√	

第六节　国际金融法的体系

体系是对内容所采取的结构形式和安排。任何一门科学或学科确定其体系至关重要。体系确立得当,能够把各方面内容有机地组合在一起,既无重复、遗漏,又相互衔接、相互补充,体现出内容的完整、系统与安排的科学。相反,体系确立不得当,会影响到研究及其内容的完整性、系统性和科学性。

一、国际货币法是否构成国际金融法的组成部分

目前,国际金融法体系所面临的一个突出问题是国际货币法的属性问题。对此有两种不同的看法:一种观点强调国际金融法与国际货币法的不同,认为国际货币法律关系主要是在国家之间、政府之间发生的,相应的法律制度和法律规范具有公法性质;而国际金融法律关系则是在国际金融交往和金融活动中所产生的权利和义务关系,是私法主体之间权利义务关系,其法律制度和法律规范具有私法性质。另一种观点则强调货币法律制度是金融法律制度的基础,认为金融就是货币的流通,资金的借贷,纷繁复杂的金融活动无不涉及货币和资金,因此,国际货币制度是国际金融法制度的重要组成部分,应包含于国际金融法之中。

我们认为,国际货币法构成国际金融法的有机组成部分,根据如下:

第一,货币与金融密不可分,使国际货币法与国际金融法的其他组成部分存在着密切的联系和共性。货币是金融的基础和手段,没有货币就没有金融,哪一天货币消失了,金融也就不复存在了。体现在法律上,国际货币法与国际金融法的其他组成部分你中有我,我中有你,互不分离。例如,在对一家国际商业银行资本充足率的监管中,判断和确定该银行对主权国家贷款的风险和风险权重一个重要指标就是,该贷款是否以当地货币计值并以当地货币提供,如果答案是规定的,由于汇率风险较小,那么,由该贷款所形成的银行资产风险权重就较小,否则,就比较大。可见,银行监管离不开国际货币法中的汇率衡量。同样,国际货币制度运行也离不开国际金融法的其他内容。例如,当前牙买加体系下国际汇率制度的一个重要内容是由 IMF 对各会员国的汇率实行严密监督,而监督采取的方式是与会员国的磋商。在磋商中,金融业,包括银行业及其监管的状况是 IMF 磋商和监督的重要内容,因为汇率作为本国货币对外价值的体现取决于国内的经济和金融状况。此外,如前所述,金融法和国际金融法的性质主要是为规制与监管,而国际货币法中的规制性质十分突出,因此,国际货币法与国际金融法的其他组成部分存在共性,这种共性是二者质的共同性的体现。

第二,认为国际货币法与国际金融法由于主体和性质不同而不能融为一体的观点是站不住脚的。国际货币法与国际金融法的其他组成部分确实存在不同的特点,国际货币法中的公法性规范居多,这是事实,但是,国际金融法的其他组成部分之间,如国际银行法与国际证券法难道就不存在这种特点吗? 以组成规范的性质为标准将二者分离有失妥当。不止于此,国际货币法中也有私法问题,货币就有物权特征,货币更迭能够引起合同履行问题。同样,国际金融法的其他组成部分也存在大量的公法性规范和问题,如国际金融市场的准入和经营,国际银行、证券和衍生工具的规制与监管,等等。国际货币法与国际金融法的其他组成部分都具有突出的规制与监管的性质,同时有机地包括了私法性规范。

二、国际金融法的科学体系

我们认为,国际金融法的体系应按照历史和现实的逻辑,根据各组成部分的内在联系来构建。具体如下:

1. 国际金融法总论。总论对国际金融法的概念、特征、主体、调整对象、渊源、范围、性质、体系等基本问题进行阐述,在总论对国际金融法进行概括和总结,为各分论部分提供总纲并奠定基础。

2. 国际货币制度,内容主要包括国际储备制度、国际支付制度、国际汇率制度、国际收支平衡调整制度以及货币跨国流通所带来的其他问题。国际货币法是国际金融法其他制度的基础和前提。从一国来看,对外开展国际金融活动的广度和深度在很大程度上首先取决于一国和国际货币法律的规定,因此,这一部分应当放在各分论之首。

3. 金融市场的准入与经营制度。市场准入是其他国际金融活动开展的前提,市场准入与经营制度既是有关各国要遵守和实行的制度,也构成对国际金融活动的微观主体的保障和制约。从目前看,这一制度由四个层面组成:以 WTO 金融服务制度为代表的全球性多边制度,以欧盟和北美自由贸易区为代表的区域制度,此外还有双边制度和一国对市场准入与经营的管理制度。

4. 国际商业银行经营中的法律问题。从金融发展的历史脉络来看,间接融资在前,直接融资在后,因此,在市场准入与经营制度之后应是国际商业银行的法律问题的内容。这一部分的潜在内容很多,凡属于国际商业银行经营范围或经营中的问题都可以构成该部分的内容,如跨国存款、贷款、国际支付、外汇买卖、融资租赁、保证等。

5. 国际银行监管制度。有银行,就要有银行监管。国际银行监管主要要解决两个方面的问题,一是监管管辖问题,主要是东道国与母国对国际银行监管的分工,以避免出现遗漏;二是监管标准问题。从目前看,巴塞尔委员会所发布的一系列文件对国际银行监管具有深刻的影响,特别是 1988 年的《统一国际资本衡量与资本标准的协议》,1997 年的《有效银行监管核心原则》和 2004 年的《新巴塞尔资本协议》等。

6. 国际证券制度。这一部分包括国际证券的发行制度和交易制度,其中既涉及发行和交易中的私法问题,也涉及对发行和交易的规制和监管。

7. 国际证券监管制度。有证券发行和交易,就要有证券监管。从目前看,国际证券监管要注重国际证券委员会组织(IOSCO)在国际证券监管中的作用,尤其是 IOSCO 发布的《证券监管目标和原则》、《外国发行人跨国证券发行与首次上市国际披露准则》及《IOSCO 多边谅解备忘录》等核心文件的内容与影响;同时要关注我国与有关国家开展证券监管合作的问题。

8. 国际金融衍生交易的法律问题。金融衍生交易是在金融原生产品基础上推衍出来的金融交易。因此,在对国际银行和证券的法律问题阐述的基础上,考察国际金融衍生交易的法律问题顺理成章,符合逻辑。国际金融衍生交易的法律问题既要解决交易中的法律问题,更要探讨监管问题,以防范金融衍生交易的高风险。

9. 离岸金融的法律问题。离岸金融市场是 20 世纪五六十年代出现的新型金融市场,构成现代国际金融市场的重要组成部分,因此,其法律问题构成国际金融法的重心之一。由于离岸金融是真正意义上的国际金融,因此,其法律问题不同于传统的国际金融法律问题,故需要进行专门探讨。

10. 国际货币金融体系的改革。现有的国际货币金融体系诞生于第二次世界大战之后。半个多世纪以来,国际社会和国际金融实践发生了翻天覆地的变化,国际货币金融体系在国际货币金融危机的屡次冲击之下,其改革成为国际社会的重要议题。为此,需要对国际货币金融体系改革原因、晚近发展、方案和前景进行考察。

第二章 牙买加体系下的汇率 制度与最新发展

牙买加体系是随着1978年4月1日国际货币基金组织协定(以下简称IMF协定)第二次修正案的生效而诞生的一种新的并沿用至今的国际货币制度。IMF协定的第二次修正案对IMF协定的修改涉及汇率制度、黄金问题、扩大国际货币基金组织(以下简称IMF)对发展中国家的资金融通、增加会员国在IMF份额等,其中汇率制度的修改是最重要的修改,具体体现是用新的IMF协定第4条取代原有的第4条。牙买加体系的汇率制度自诞生至今已经30年,但是,我国对此研究十分薄弱,可以说其中的许多问题至今没有破解,在当今人民币汇率的国际货币法问题成为国际争论的焦点的情况下,破解牙买加体系的汇率制度显得愈发迫切。2007年6月,IMF执行董事会对双边汇率监督框架作出了30年来首次重大修改,我国法学界对修改的内容及其影响研究甚少。深入研究和把握汇率监督制度的最新发展及其对我国的影响,意义十分重大。然而,把握牙买加体系的汇率制度及其最新发展,离不开国际货币制度及其发展演变这一基础。

第一节 国际货币制度及其演进

一、国际货币制度的概念与主要内容

国际货币制度是指有关国际间货币安排的原则、规则和措施的总和,是国际货币法的主要内容。

国际货币制度一般包括四方面的内容:

1. 国际储备制度

国际储备是指一国所持有的,为世界各国所普遍接受的,可用于国际支付、平衡国际收支和维持其货币汇率稳定的各种国际储备资产的总和。国际储备制度是确定什么可作为国际储备的制度,主要包括什么可以用作国际间的支付货币,一国为维护国际收支和调节国际收支应持有何种国际储备资产等。储备货币是国际货

币制度的基础。

2. 国际汇率制度

汇率是指不同货币间兑换的比率或比价,即以一种货币表示的另一种货币的价格。汇率制度是确定一国货币与他国货币比价的机制和方法,包括一国货币与其他货币之间的汇率如何确定和维持,是采取固定汇率制度还是浮动汇率制度,本国货币与外国货币的比价等。国际汇率制度是国际货币制度的核心。

3. 国际收支平衡制度

国际收支是在一定时期内,一个经济实体的居民同非居民之间所进行的全部经济交易的系统记录,表示该经济体在一定时段内对外收付的累计结果,是一种流量概念。国际收支状况体现在国际收支平衡表中。国际收支平衡表记录一经济体国际收支内容的统计报表,它反映了一个国家在一定时期内外汇资金的来源及运用的一般情况以及其外汇储备变化的情况。国际收支平衡制度是调整国际收支使之趋于平衡的各种原则、规则和措施的总称。国际收支平衡制度要解决:当出现国际收支不平衡时,各经济体可以采取什么方法弥补这一缺口,各国之间的政策措施如何相互协调等问题。

4. 国际支付制度

国际支付是指国际经济活动的当事人以一定的支付工具和方式,清偿国际债权债务的行为。国际支付制度是一国调整对外支付的各种原则、规则和规章制度的总和,主要是指一国货币是否可以自由兑换,一国对对外支付有无限制等。值得注意的是,对国际支付制度存在不同的理解,一种认为由于国际支付是在不同国家和不同货币之间进行的,故国际支付制度是解决货币兑换以及支付手段的制度。这是对国际支付制度的惯常理解,也是本书所采用的理解。另一种理解是国际支付制度除包括以上内容外,还包括货币兑换比率的确定等,这样就把国际汇率制度吸收了进去。[①]

二、国际货币制度的演进

迄今为止,一般认为国际货币制度经历了三种形态:金本位制、布雷顿森林体系和牙买加体系。考察国际货币制度的历史演进有助于对国际货币制度,特别是目前牙买加体系的理解和把握。

(一)金本位制

金本位制作为一种国际货币制度,大体上经历了金币本位、金块本位和金汇兑本位三种形式。

---

　　① 韩龙主编:《国际金融法》,法律出版社 2007 年版,第 62 页。

1. 金币本位

世界上首次出现的国际货币制度是国际金币本位制度,它大约形成于 19 世纪的 80 年代,到 1914 年第一次世界大战爆发时结束。在金币本位制度下,黄金具有货币的全部职能。从各国国内来看,英国于 1816 年最早实行了金币本位制,用黄金来规定货币所代表的价值。但是,只有英国实行金币本位制,还不能够形成国际金币本位制度。19 世纪 70 年代以后,欧美一些主要资本主义国家都先后在国内实行了金币本位制,国际金币本位制度才得以形成。

国际金币本位制度具有以下特点:

(1)黄金充当了国际货币,是国际货币制度的基础。这一时期的国际金币本位制度是建立在各主要资本主义国家国内都实行金铸币本位制的基础之上,其典型的特征是各国货币均以黄金铸成,金铸币有一定重量和成色,有法定的含金量;金币可以自由铸造、自由流通、自由输出入,具有无限法偿的性质;辅币和银行券可以按其票面价值自由兑换为金币。

由于金币可以自由铸造,金币的面值与黄金含量就能始终保持一致,金币的数量能自发地满足流通中的需要。由于金币可以自由兑换,各种金属辅币和银行券能够稳定地代表一定数量的黄金进行流通,从而保持币值的稳定。由于黄金可以自由进出口,本币汇率能够保持稳定。所以一般认为,金币本位制是一种稳定的货币制度。需要说明的是,虽然国际金币本位制度的基础是黄金,但是,当时英镑实际上代替黄金执行国际货币的各种职能。英镑的持有人可以随时向英格兰银行兑换黄金,且使用英镑比使用黄金具有许多方便和优势。

(2)各国货币之间的汇率由它们各自的含金量比例决定。因为在金币本位条件下,各国货币均以黄金作为币材和价值衡量标准,尽管它们在重量、成色等方面有不同的规定,但在国际结算和国际汇兑领域中都可以按各自的含金量多少加以对比,从而确定出货币之间的比价。两种货币之间含金量之比,即铸币平价(mint par),就成为决定两种货币汇率的基础,即铸币平价决定汇率。

以 1929 年经济危机以前的英镑和美元为例,英国规定 1 英镑含金量为 113.0016 格令,美国规定 1 美元含金量为 23.22 格令。其中,含金量 = 铸币重量×成色。因此,美元与英镑的汇率如下:

$$
\begin{array}{llll}
& \text{重量} & \text{成色} & \text{含金量} \\
£\,1: & 123.27447\ \text{格令} & \times 22/24 & = 113.0016\ \text{格令} \\
& & & = 7.32238\ \text{克} \\
\$\,1: & 25.8\ \text{格令} & \times 90/100 & = 23.22\ \text{格令} \\
& & & = 1.50463\ \text{克}
\end{array}
$$

在这种情况下,美元与英镑的铸币平价是:113.0016/23.22 = 1:4.8665 或

7.32238/1.50463＝1∶4.8665，即 1 英镑金币的含金量等于 1 美元金币含金量的 4.8665 倍。

在金币本位下，虽然铸币平价决定汇率，但汇率是有关货币之间的比价，而通常不是黄金之间的直接交换，因此，外汇市场的汇率水平会发生一定的变化，最为直接的影响因素就是外汇供求关系的变化。而外汇供求关系变化的主要原因在于国际间债权债务关系的变化，尤其是由国际贸易引起的债权债务的清偿。正如供求关系会使商品价格围绕商品价值上下波动一样，在外汇市场上，汇率也是以铸币平价为中心，在外汇供求关系的作用下上下浮动的。当某种货币供不应求时，其汇价会上涨，超过铸币平价；当某种货币供大于求时，其汇价会下跌，低于铸币平价。

但是，值得注意的是，金币本位制度下由供求关系变化造成的外汇市场汇率变化并不是无限制地上涨或下跌，而是被界定在铸币平价上下各一定界限内，这个界限就是黄金输送点（gold point）。黄金输送点是指在金本位制下黄金取代外汇流出与流入一国的界限。

黄金输送点的存在并作为汇率波动的界限，是由金币本位制度的特点所决定的。金币本位制度下黄金可以自由熔化、自由铸造和自由输出入的特点，使得黄金可以代替货币、外汇、汇票等支付手段用于国际间的债务清偿。具体地，一方面，当外汇市场上的汇率上涨达到或超过某一界限时，本国债务人用本币购买外汇的成本会超过黄金直接输出国境用于支付的成本，从而引起黄金输出，引起黄金输出的这一汇率界限就是"黄金输出点"。另一方面，当外汇市场上汇率下跌，达到或低于某一界限时，本国拥有外汇债权者用外汇兑换本币所得会少于用外汇在国外购买黄金再输回国内所得，从而引起黄金输入，引起黄金输入的这一汇率界限就是"黄金输入点"。黄金输出点和黄金输入点共同构成了金币本位制下汇率波动的上下限。

仍然以英国和美国的实例加以说明：假如在金币本位制下，英国向美国出口的商品多于美国向英国出口的商品，英国对美国有贸易顺差，那么外汇市场上对英镑的需求增加，英镑对美元汇率上涨，高出其铸币平价（4.8665）。当市场汇率进一步上涨，超过一定幅度时，便会使美国进口商直接采取向英国运送黄金的方法支付商品货款。假设当时从美国向英国输出黄金的运输费、保险费、包装费以及改铸费等约合黄金价值的 0.6％，支付 1 英镑债务需附加费用 0.0292 美元（4.8665×0.6％）。那么，当英镑对美元汇率超过 4.8957 美元（即铸币平价 4.8665 加黄金运费 0.0292）时，美国人输出黄金显然比在外汇市场上以高价购买英镑更便宜，外汇市场上就不再对对英镑的购买，而代之以直接用黄金支付。这样，1 英镑＝0.8957 美元就成了英镑上涨的上限，这一上限即美国的"黄金输出点"（英国的"黄金输入点"）。相反，假如美国对英国有贸易顺差，英镑对美元汇率下跌，跌至 4.8373 美元(即铸币平价4.8665减黄金运送费用0.0292)以下,持有英镑的美国债权人也就不会再用贬值的英镑在外汇市场上兑换美元,而是将英镑在英国换成黄金运回国内。这样,外汇市场上不再有以高价购买美元的交易而代之以购买黄金,1英镑=4.8373美元就成了英镑下跌的下限,这一下限也就是美国的"黄金输入点"(英国的"黄金输出点")。

(3)金币本位有自动调节国际收支的一面。贸易盈余的国家必然出现黄金流入,国内货币供应增加,收入和价格水平提高,于是出口减少、进口增加;同时金融市场利率下降,资金外流。与此相反,贸易赤字国家必然出现黄金流出,国内货币供应量减少,收入和价格水平下降,于是出口增加,进口减少;同时金融市场利率上升,国外资金流入。

(4)金本位制度下,国际支付自由。金币本位制由于1914年第一次世界大战的爆发而终止。当时,各参战国均实行黄金禁运和禁止纸币兑换黄金。需要指出的是,国际金币本位制的形成并非起因于国际间的协议,而是各国顺应经济发展在当时自愿采取的做法,这是金本位制与后来的国际货币制度相比所具有的显著不同的特点。

2. 金块本位和金汇兑本位

第一次世界大战后,各国着手恢复金币本位制,但此时的金本位制已与战前大不相同。除美国实行完整的金币本位制外,英法两国实行金块本位制,其他国家则多实行金汇兑本位。金块本位制和金汇兑本位制是残缺不全、不稳定的货币制度。

金块本位制的特点是国内没有金币铸造和金币流通,实际流通的是纸币——银行券;纸币等明确规定含金量,但不能自由兑换黄金,只能在规定的数额以上兑换金块,如英格兰银行要求兑换黄金不得少于1 700英镑,法国要求不得少于215 000法郎,故有人称这种货币制度为"富人本位制";黄金集中由政府保管,作为银行券流通的保证金。

金汇兑本位制又称"虚金本位制"。它是指国内没有金币铸造和金币流通;银行券规定含金量,但不能直接兑换黄金,只能兑换外汇;中央银行将黄金和外汇存入另一实行金本位制国家的中央银行,并规定本国货币与该国货币的兑换比率;政府或中央银行通过按固定比价买卖外汇的办法来稳定本国币值和汇率。当时,实行金汇兑本位的德国、意大利等将本国货币与实行金本位的美、英、法的货币保持固定的比价,并在这些国家存放大量的外汇或黄金,以便随时干预外汇市场。在这种货币制度下,如果一国国际收支出现逆差,一般先动用外汇,不足弥补时以黄金作为最后清算手段,金汇兑本位制的建立主要是为了解决多国普遍存在的黄金和外汇储备不足的困难。

第一次世界大战以后各国勉强恢复的国际金本位制,终于在1929年爆发的空前严重的世界性经济危机和 1931 年的国际金融危机中全部瓦解。在 1931 年的金融危机中,各国纷纷向英国兑换黄金,使英国难以应付,终于被迫在同年 9 月 21 日终止实行金本位制。同英镑有联系的一些国家,也相继放弃了金汇兑本位制。美国在大量银行倒闭和黄金外流的情况下于 1933 年 3 月不得不停止兑换黄金,禁止黄金输出,从而放弃了金本位制度。国际金本位制最终彻底崩溃。

国际金本位制彻底崩溃后,30 年代的国际货币制度一片混乱,正常的国际货币秩序遭到破坏。主要的三个国际货币英镑、美元和法郎,各自组成相互对立的货币集团——英镑集团、美元集团和法郎集团。各国货币之间的汇率变为浮动,各货币集团之间普遍存在着严格的外汇管制,货币不能自由兑换。在国际收支调节方面,各国也采取了各种各样的手段。为了解决国内严重的失业,各国实行"汇率战",竞相实行货币贬值以达到扩大出口、抑制进口的目的。

金本位制的崩溃是多种原因造成的。在金本位制度下,货币黄金的供应量要受限于黄金的产量,而黄金的产量要受资源和生产能力的限制,最终难以保持与世界商品生产同步增长,最终导致国际金本位退出历史舞台。各国政治经济发展不平衡,在国际金本位条件下直接体现为货币黄金分配的不平衡,使世界黄金存量的大部分越来越集中于少数国家手中,这不但影响黄金的国际结算职能,也使部分国家失去了金本位制的基础,同时也加剧了资本主义货币信用制度和国际金融领域的混乱。此外,政府干预经济也与金本位制度要求的自由竞争前提是背道而驰的。这些因素结合起来最终导致了金本位制的崩溃。

(二)布雷顿森林体系

第二次世界大战结束前夕,为了重建国际货币金融秩序,从而为战后国际贸易的顺利开展和各国经济恢复提供条件,1944 年 7 月在美国布雷顿森林召开了由 44 国代表参加的国际货币金融会议,通过了以美国怀特方案为基础的《国际货币基金协定》(简称 IMF 协定)和《国际复兴开发银行协定》,从此建立起布雷顿森林体系。

1. 布雷顿森林体系的主要内容

(1)建立国际货币基金组织(IMF)这样一个永久性的国际金融机构,促进国际货币合作。IMF 协定是战后国际货币制度的核心,它的各项规定构成了国际货币金融领域的基本秩序。

(2)实行美元—黄金本位制。美元直接与黄金挂钩,每盎司黄金等于 35 美元,其他国家的货币与美元挂钩,规定与美元的比价,从而间接与黄金挂钩,各国政府或中央银行随时可用美元向美国按官价兑换黄金。各国货币均与美元保持固定汇率,但在出现国际收支不平衡时,经 IMF 批准可以进行汇率调整。

(3)IMF 向国际收支赤字国提供短期资金融通,以协助其解决国际收支困难。

IMF 协定第 3 条规定会员国份额的 25% 以黄金或可换黄金的货币缴纳,其余部分(份额的 75%)则以本国货币缴纳。会员国在需要国际储备时,可用本国货币向 IMF 按规定程序购买一定数额的外汇,将来在规定的期限内以用黄金或外汇购回本币的方式偿还借用的外汇资金。会员国认缴的份额越大,投票权也就越大,同时借款能力也就越强。普通资金账户是 IMF 最基本的贷款,它只限于弥补国际收支赤字。

(4)废除外汇管制。IMF 协定第 8 条规定会员国不得限制经常项目的支付,不得采取歧视性的货币措施。但有三种情况可以例外:①IMF 容许会员国政府对资本移动实施外汇管制。②会员国在战后过渡时期,可以延迟履行经常项目下的货币可兑换性的义务。③会员国有权对"稀缺货币"采取暂时性的兑换限制。

2. 对布雷顿森林体系的国际货币制度分析

(1)可兑换黄金的美元本位

布雷顿森林体系实行的是美元—黄金本位制,美元实际上充当了国际储备货币。美元之所以能代替黄金执行国际货币的职能,是它可以兑换黄金,并且使用美元比使用黄金更为方便有利。

美国对布雷顿森林体系有两个基本的责任:第一是要保证美元按固定官价兑换黄金,维持各国对美元的信心;第二是要提供足够的国际清偿力。然而,二者存在矛盾之处。美元供给太多就会有不能兑换黄金的危险,从而发生信心问题。而美元供给太少就会出现发生国际清偿力不足。美国耶鲁大学教授特里芬(R. Triffin)在 1960 年出版的《黄金与美元危机》一书中,第一次指出了布雷顿森林体系的这一根本缺陷,即通常所说的"特里芬难题"(Triffin Dilemma)。简言之,要满足世界经济和国际贸易增长的需要,各国国际储备必须有相应的增长,而这必须通过储备货币供应国——美国的国际收支赤字才能完成。但是,各国手中持有的美元数量越多,则对美元与黄金之间的兑换关系越缺乏信心,并且越要将美元兑换黄金。这个矛盾终将使布雷顿森林体系无法维持。

(2)可调整的固定汇率

布雷顿森林体系是固定汇率制度,每一会员国都规定其货币与美元的平价汇率,再通过美元间接地与黄金建立联系,进而决定各会员国货币彼此间的平价关系。IMF 规定各会员国货币与美元的汇率如发生波动,范围不得超过平价的 ±1%。若超过,每一会员国的中央银行均有义务在外汇市场买卖美元和本国货币,以维持本国货币同美元汇率的稳定。此外,按照 IMF 的规定,如果一国的对外收支发生基本不平衡,可以向 IMF 申请调整其货币与美元的平价关系,而不必紧缩或膨胀国内经济。

（3）对国际收支平衡的调节

根据 IMF 协定,国际收支的失衡有两种调节方法:一是短期的失衡由 IMF 提供信贷资金解决,二是基本失衡通过调整汇率平价来解决。但是,在实际运行中,两种方法的效用不大。IMF 通过配额筹集的资金规模有限,解决不了巨额的国际收支失衡问题。同时,在布雷顿森林体系下,汇率调整的情况不多见。事实上,在布雷顿森林体系运行的二十多年时间里,国际收支大面积失衡的问题始终没得到真正解决。

（4）废除外汇管制,但有例外

IMF 协定第 8 条规定会员国不得限制经常项目的支付,不得采取歧视性的货币措施,要求建立经常账户下的多边支付制度。但如上所述,这一规定存在一些例外。

3. 布雷顿森林体系的崩溃

历史印证了“特里芬难题”。自 20 世纪 50 年代末,美元逐渐开始过剩,美国的黄金储备大量外流,对外短期债务激增。到 1960 年,美国对外短期债务已经超过其黄金储备额,美元信用基础发生动摇。1960 年 10 月,爆发了战后第一次大规模抛售美元、抢购黄金的美元危机。

为维持黄金价格和美元的地位,美国和 IMF 采取了一系列的挽救措施。例如,1961 年月 10 月美国联合英国、法国、意大利、比利时、荷兰、瑞士和西德,建立黄金总库。总库所需黄金的 50% 由美国承担,其余部分由其他国家承担。1961 年 11 月,美国、英国、法国、意大利、比利时、荷兰、瑞典、西德、日本和加拿大十国在巴黎举行会议,决定成立“十国集团”,也称“巴黎俱乐部”,达成一项“借款总安排”（General Agreement to Borrow）协议。协议规定 IMF 在国际短期资金发生巨额流动可能引起汇率波动时,需从这十个国家借入额度为 60 亿美元的资金,贷给发生货币危机的会员国,以稳定该国货币。但这些措施仍无济于事。到 20 世纪 60 年代末期,美国的经济形势进一步恶化,越南战争的连年庞大军事开支和财政赤字使国内通货膨胀率继续上升,再加上这一时期又出现了二次经济衰退,美国产品的国际竞争能力更加低落。这使国际收支进一步恶化,黄金储备继续下降,短期债务增加,大量资本外流。伦敦等地再次掀起抛售美元挤兑黄金的风潮。

在这样的背景下,1969 年 7 月 28 日,IMF 对 IMF 协定进行了第一次修订,创设了“特别提款权”,规定了四个方面内容:①会员国可以把分得的特别提款权同黄金、外汇一起用作自己的国际储备,特别提款权构成会员国享有普通提款权的补充和 IMF 给予会员国的一项使用 IMF 基金的特别权利。会员国在 IMF 开设特别提款权账户,作为账面资产或记账货币,办理政府间结算。②会员国动用特别提款权不得超过其全部分配额的 70% ,并付利息。③特别提款权以黄金表示,35 单位特别提款权等于 1 盎司黄金。后来特别提款权的计值方法有了几次变化,现以“一篮子货币”计值。④特别提款权由 IMF 根据需要进行分配,分配建议由 IMF 总裁提出,经理事会85%的多数票决定。特别提款权的创设在一定程度上重整了国际货币秩序。在国际储备中,特别提款权具有国际货币的性质,其使用基础在于它能用来换取可以自由兑换的货币。但是,特别提款权仅是一种虚拟的国际清偿能力,没有坚实的物质基础。

1971年,美国一向盈余的经常账户与商品贸易首次出现了巨额赤字。面对巨额的国际收支赤字与各国中央银行兑换黄金的压力,美国总统尼克松被迫于1971年8月15日宣布实行"新经济政策",其主要内容除对内采取冻结工资和物价,并削减政府开支等措施以外,对外还采取了两大措施:第一,停止美元兑换黄金,终止每盎司黄金35美元的官方兑换关系;第二,征收10%的进口附加税,此举的目的是为了扭转贸易赤字的趋势,并迫使其他外国主要货币对美元升值。尼克松新经济政策以及美元与黄金的官方平价兑换的终止,敲响了布雷顿森林体系的丧钟。

为了挽救布雷顿森林体系,1971年12月,十国集团在美国首都华盛顿的史密森学会(Smithsonian Institute)召开会议,并达成了一项具体协议,又称"史密森协议"。内容包括:①美元对黄金贬值7.89%,黄金官价以每盎司35美元提高到38美元,但仍然停止美元兑换黄金。②美国取消10%的进口附加税。③调整各国货币与美元的汇率平价。按照美元贬值幅度,各种货币对美元的汇率都升值。④改变各国货币对美元平价汇率的允许波动范围,从过去的±1%扩大到±2.25%。"史密森协议"虽然没有恢复黄金兑换,但其基本精神仍然是维持固定汇率。但到了1973年初,美元遭受到更大的投机冲击而自行贬值10%,每盎司黄金官价升为42.22美元,"史密森协议"遭到废止,布雷顿森林体系最终崩溃。在这种情况下,修改IMF协定势在必行。

(三)现行的国际货币体系——牙买加体系

布雷顿森林体系崩溃之后,国际金融形势更加动荡不安,各国一方面让其货币自由浮动,另一方面在探寻货币安排的新方案。几经周折,1976年1月,IMF的"国际货币制度临时委员会"在牙买加首都金斯敦召开会议,并达成"牙买加协议"(Jamaica Agreement)。依照《牙买加协议》,基金组织执行董事会于1976年3月完成了基金协定条文的修订草案,4月IMF的理事会通过了IMF协定第二次修正案。1978年4月1日,对IMF协定的第二次修改获得法定的60%以上的会员国和80%以上多数票的通过,从而正式生效,从而形成了沿用至今的新的国际货币制度——牙买加体系。

1. 牙买加体系的主要内容

"牙买加协议"对IMF协定的修改涉及汇率制度、黄金问题、扩大IMF对发展中国家的资金融通、增加会员国在IMF份额等,其要点如下:

(1)浮动汇率合法化。根据修改后的IMF协定第4条,IMF的会员国可以自由选择任何汇率制度,但会员国的汇率政策应受 IMF 的监督。IMF 要求各国在物价稳定的条件下寻求持续的经济增长,维护国内的经济和金融的稳定,避免通过操纵汇率来阻止国际收支的调整或获取不公平的竞争利益。这部分条款是将已经实施多年的有管理的浮动汇率制度予以法律上的认可,但同时又强调了 IMF 在稳定汇率方面的监督和协调作用。

(2)黄金非货币化。废除黄金条款,取消黄金官价,各会员国中央银行可按市价自由进行黄金交易,取消会员国相互之间以及会员国与 IMF 之间须用黄金清算债权债务的义务。IMF 所持有的黄金应逐步加以处理,其中 1/6 按官价由原缴纳的各会员国买回,其余部分约 1 亿盎司,根据总投票权的 85% 作出的决定处理,向市场出售或由各会员国购回。

(3)提高 SDRs 的国际储备地位,修订 SDRs 的有关条款,以使 SDRs 逐步取代黄金和美元而成为国际货币制度的主要储备资产。协议规定各会员国之间可以自由进行 SDRs 交易,而不必征得 IMF 的同意。IMF 与会员国之间的交易以 SDRs 代替黄金,IMF 一般账户中所持有的资产一律以 SDRs 表示。在 IMF 一般业务交易中扩大 SDRs 的使用范围,并尽量扩大 SDRs 的其他业务使用范围。

(4)扩大对发展中国家的资金融通。以出售黄金所得收益设立"信托基金",以优惠条件向最贫穷的发展中国家提供贷款或援助,以解决它们的国际收支的困难。扩大 IMF 信用贷款部分的额度,由占会员国份额的 100% 增加到 145%,并放宽"出口波动补偿贷款"的额度,由占份额的 50% 提高 75%。

(5)增加会员国的 IMF 基金份额。各会员国对 IMF 所缴纳的基本份额,由原来的 292 亿 SDRs 增加到 390 亿 SDRs,增加 33.6%。

2. 对牙买加体系的国际货币制度分析

从国际货币制度所一般包含的国际储备制度、汇率制度和国际收支平衡制度三方面的内容来看,牙买加体系具有自己的特点。

(1)多元化的国际储备体系。自 1973 年美元彻底脱离黄金以来,国际储备资产的构成就出现分散化和多元化的趋势。当今,凡有实力和条件的货币都可以成为或被接受为国际储备。

(2)有义务和监督的自由汇率制。根据 1978 年生效的对 IMF 协议的修改,IMF 会员国可以自行选择汇率安排。从目前各国的实际汇率安排情况看,一般来说,主要发达国家货币的汇率实行单独浮动或联合浮动。多数发展中国家采取钉住汇率制度,把本国货币钉住美元、SDRs 或欧元等货币,还有的国家采取其他多种形式的汇率制度。西方有些学者把目前的这种多种汇率安排的制度叫做"无体制的体系"(Non-System),也有人称它为混合体系(Hybrid System)。

牙买加体系的自由汇率制是有义务和监督的。这是因为各国自由选择汇率安排,如果不受任何约束和监督,会给国际货币体系带来危害。因此,IMF 协定在第二次修改时规定了会员国需承担的义务,同时规定由 IMF 对其会员国的政策实行监督。会员国可以自由选择汇率制度,但其汇率政策受 IMF 的监督。IMF 对其会员国行使汇率义务的监督权,随着国际货币制度和体系的演进,在 IMF 的职能中显得愈加突出,并且有加强和改革的趋向。IMF 进行监督的依据和标准主要体现在 IMF 协定第 4 条第 1 节对会员国汇率义务的规定中,除此之外还体现在 IMF 根据该条第 3 节的规定而制定的有关汇率政策和汇率监督的指导原则中。①

(3)国际收支平衡调节形式多样。牙买加体系下,对经常账户的收支不平衡的调节,主要是通过汇率机制、国际金融市场和利率机制、国际金融机构的调节以及动用国际储备资产等方式进行的。其中,汇率机制是国际收支调节的主要方式,除此之外,国际市场和国际金融机构等也对国际收支调节发挥着重要作用。

(4)未变的国际支付制度。牙买加体系的国际支付制度与布雷顿森林体系相同,主要内容体现在 IMF 协定第 8 条和第 14 条之中。

第二节　牙买加体系的汇率权利与义务

一、牙买加体系下汇率制度根植的理念与解读面临的挑战

现行的国际货币 IMF 协定第 4 条在 1978 年对 IMF 协定第二次修改时被收入 IMF 协定,这一规定作为牙买加体系的核心内容取代了原有的第 4 条,标志着第二次世界大战后调整国际汇率关系长达近 30 载之久的布雷顿森林体系的寿终正寝。新的第 4 条在布雷顿森林体系的平价体系崩溃之后,确立了有关外汇安排的新的行为准则。在当初的布雷顿森林体系下,一会员国货币与其他会员国货币的定值受到极大的约束:一国货币的价值或直接通过黄金,或通过美元体现。会员国背离这一共同标准而修改其本国货币价值的能力十分有限:会员国在没有取得 IMF 同意的情况下不能超出规定的限度改变其货币平价,否则,就违背了布雷顿森林体系的汇率制度,丧失使用 IMF 资源的资格;而 IMF 也只会在为纠正"基本失衡"(fundamental imbalance)所必要的情况下作出同意改变平价。IMF 资金援助的一个重要目的,是在会员国面临收支的支付压力时,使会员国维持其货

---

① 韩龙:《一国汇率义务与 IMF 职能:国际货币法视角下的人民币汇率问题》,《现代法学》2006年第 1 期。

币平价。

IMF 协定的第二次修改，使会员国自由选择汇率安排合法化，与作为原 IMF 协定核心特征的平价体系完全分离。虽然根据现行第 4 条，一国的汇率政策仍然为国际社会所关注，但现行第 4 条采取的方法具有根本不同的性质。现行第 4 条有关各会员国汇率权利和义务根植的理念主要有：

首先，当时修改所形成一种共识是，如果一会员国的基本状况需要对汇率进行调整，那么，该国就不应阻止这种调整。布雷顿森林的平价体系的痼疾就在于僵化，会员国即便是在严重失衡的情况下仍然不能调整汇率或不能及时调整汇率。这种僵化被认为是阻碍了许多会员对国际收支的调整，妨碍了整个国际货币体系持久均衡的实现。第二次修正案所基于的设定就是，如果汇率能够反映各国基本状况，那么，整个国际货币体系就会更稳定，即便汇率反映基本状况会造成会员国汇率的波动，国际货币体系亦会更稳定。基于这种看法，原第 4 条中的一项关键义务，即为了促进"汇率稳定"（exchange stability）而进行合作的要求，在第二次修正案中被改为合作以促进"汇率体系的稳定"（stable system of exchange rates）。新规定的目标是实现汇率体系的稳定，而不是汇率的稳定，而实现汇率体系稳定的最好方法就是允许汇率随着各会员国基本状况的变化而变动。

其次，由于会员国国内政策和汇率之间存在重要的联系，如果国内政策导致经济和金融稳定的基本状况的实现，那么，整个汇率体系的稳定就会得到加强。虽然汇率波动不可避免，尤其是在一些会员国选择使其货币浮动的情况下更是如此，但若会员国采取适当的经济政策，汇率无常变动和无序变化就会受到遏制。由于国内政策和汇率体系具有这种关系，第二次修正案增加了有关会员国国内政策义务的规定。然而，如后所述，这些义务具有"柔"性，国内政策虽然具有国际影响，但会员国不愿大幅度地放弃国内政策的主权。

最后，会员国应该避免采取干涉国际收支调整或取得对其他会员国不公平竞争优势的汇率政策。第 4 条第 1 节有一项特别的义务，要求会员国"避免为了阻止国际收支的有效调整或取得不公平的竞争优势而操纵汇率或国际货币体系。"该项义务十分广泛，包括了高估和低估汇率。不止于此，与对国内政策的义务不同，会员国的汇率义务具有"刚"性，反映出这些政策的国际性质。如后所述，避免汇率操纵义务的适用也受到了确定操纵意图的限制。然而，意图是由 IMF 确定的，并不完全依赖于会员国对其动机的陈述。

现行第 4 条在给会员国规定义务的同时，也给 IMF 创设了义务。第 4 条第 3 节（a）项要求 IMF 监督国际货币体系以确保其有效运营，监督各会员国遵守第 4 条中的义务。由于会员国的汇率义务特别重要，IMF 协定第 4 条第 3 节（a）项要求

IMF 对会员国的汇率政策实行严密监督,并对这些政策制定指导会员国的具体原则。为了实现这一要求,IMF 制定了 1977 年汇率政策监督决定(以下简称《1977年决议》)。2007 年 6 月 15 日,IMF 执行董事会通过了新的《对会员国政策双边监督的决议》(以下简称《新决议》),这一决议废止和取代了《1977 年决议》,是 30 年来 IMF 对汇率监督框架的首次重大修改,也是 IMF 首次对汇率的双边监督作出的全面的政策声明。① 为使 IMF 履行监督义务,第 4 条第 3 节(b)项要求会员国向IMF 提供所需的信息,并与 IMF 磋商。

以下考察 IMF 协定第 4 条中相关规定和问题。在对 IMF 协定第 4 条进行考察之前,必须承认对其中的规定进行解读所面临的挑战。与第二次修正案的其他规定不同的是,第 4 条的实质内容是少数会员国在 IMF 执行董事会之外谈判制定的,代表了它们之间的复杂的政治妥协。当该文本提交到执行董事会时,尽管执行董事会的不少董事和工作人员对其中大量用语的模糊和模棱两可提出了关注,但对其进行实质性修改的空间受到了限制。因此,这些规定的含义缺乏立法史的指引。正如起草该文本的会员国之一的执行董事所指出的那样,当时设想更大的精确性会随着时间的推移而出现:

"由于涉及妥协,语言的精确和明确虽然是想要达到的目标,但却极难实现。用语模糊具有一定的优势,这些用语根据在使用中所取得的经验会获得精确的意义。布雷顿森林体系策划者们所使用的一些用语在 1944 年当时也被认为是模糊的,但是随着时间的推移,这些用语明确了,并获得了精确性……"②

自第二次修正案和《1977 年决议》通过后,IMF 一直没有为实行双边监督之目的对会员国在第 4 条下的义务进行明确,直到 2007 年 6 月 15 日 IMF 执行董事会通过《新决议》,IMF 方才对有关义务尝试进行明确,但《新决议》仍然保持灵活性和维护 IMF 监督的合作性质。

二、第 4 条第 2 节的外汇安排

(一)"外汇安排"究竟何意?

在考察各会员国自由选择"外汇安排"的范围之前,理解"外汇安排"这一术语十分重要。尽管对"外汇安排"这一术语 IMF 协定没有作出具体的界定,但这一术

---

① 《新决议》仅适用于双边监督,不适用于多边监督。双边监督是指 IMF 对会员国履行 IMF 协定第 4 条第 1 款义务进行的监督。多边监督是 IMF 根据第 4 条第 3 款(a)项对国际货币体系的监督,目前多边监督主要通过 IMF 的《国际经济展望》(World Economic Outlook)的形式进行。

② Statement of Mr. Wahl,EBM/75/203,December 22,1975,p. 17.

语在第4条第2节①中的使用显示它是指一会员国确定本国货币对其他货币的价值的方法。例如,决定将本国货币钉住另一会员国货币代表着一类外汇安排;决定让本国货币自由浮动又是另一种外汇安排。因此,第4条第2节中的外汇安排实际上就是IMF会员国在牙买加体系下可以采取的汇率安排。②

然而,由于第4条第3节有关IMF的监督活动出现了"汇率政策"一词,因此,分析第4条的一个核心问题是"外汇安排"和"汇率政策"的差别。虽然"汇率政策"这一用语也没有确切的定义,法律解释的原则要求给予二者彼此不同的含义。③就此而言,值得注意的是:"外汇安排是指会员国外汇制度(实际上是汇率制度)的大的分类或架构,而汇率政策是指会员国在其外汇安排操作中的行动或不行动。"④然而,二者区分的界限取决于会员国采取的外汇安排。例如,会员国通知IMF其在第4条第2节中的汇率或外汇安排是允许其货币浮动,但要定期干预,干预的数量要根据经济状况的发展变化确定。在这种情况下,一般认为,会员国如何作出干预决定的政策构成其汇率政策,而不是外汇安排。⑤然而,当一会员国选择实行将其货币钉住其他会员国货币(或一篮子货币)的外汇安排时,一般认为该外汇安排不仅包括所使用的货币,而且还包括为此目的所使用的汇率。⑥但是,如后所述,在这种情况下汇率构成外汇安排组成部分这一事实,并没有剥夺IMF在确定该会员国是否在履行其有关汇率政策义务时在汇率问题上的管辖权。

(二)IMF会员国的权利

第4条第2节给了会员国选择外汇安排的相当大的自由。对于会员国可以选择的外汇安排的类型,第4条第2节明确规定,会员国可以将本国货币钉住特别提款权,可以钉住另一种定值标准,或者采取合作安排,即将本国货币价值维持在

---

① 第4条第2节有关外汇安排规定的内容主要是:(a)各会员国应在本协定第二次修改日之后30天内把它在履行本条第1节规定的义务方面打算采用的外汇安排通知IMF,在外汇安排方面如有任何改变应及时通知IMF。(b)根据1976年1月1日当时通行的国际货币制度,外汇安排可以包括:(i)一个会员国以特别提款权或选定的黄金之外的另一种共同标准,来确定本国货币的价值;(ii)通过合作安排,会员国使本国货币同其他会员国的货币保持比价关系;(iii)会员国选择的其他外汇安排。(c)为适应国际货币制度的发展,IMF可以总投票权85%的多数规定总的外汇安排,不限制各会员国根据IMF的目的和本条第1节规定的义务选择外汇安排的权利。

② 韩龙:《论人民币汇率义务的管辖归属和衡量依据》,《法学家》2006年第2期。

③ 辛格(N. J. Singer)指出:"当立法在法律的一部分使用某一用语,而在其他部分使用不同用语,法院认定二者意在表达不同的含义。"N. J. Singer, Statutes and Statutory Construction, 6th Edition 2000, p. 194.

④ Sir Joseph Gold, *Exchange Rates in International Law and Organization*, American Bar Association, 1988, p. 113.

⑤ Implementation of The Second Amendment-Notification of Exchange Arrangements under Article IV, Section 2, SM/77/277, November 28, 1977, p. 2.

⑥ Implementation of The Second Amendment-Notification of Exchange Arrangements under Article IV, Section 2, SM/77/277, November 28, 1977, p. 2.

相对于另一国或一组货币的货币价值上。当然,第 4 条第 2 节的列举只是例示性列举,而非穷尽性列举,该节还特别规定会员国可以选择其他外汇安排。第 4 条第 2 节特别禁止的唯一一类外汇安排是以黄金定值。这反映出了第二修正案的一个主要目标,即削弱黄金在国际货币体系中的作用。

第 4 条第 2 节还规定,会员国应将其外汇安排以及对外汇安排的修改准确地通知 IMF。不过,这种通知是为了向 IMF 提供信息。无论 IMF 会员国最初选择外汇安排,还是后来改变外汇安排,都无须 IMF 的同意。对外汇安排的改变必须"迅速"通知,执行董事会对此的解释是在改变之后 3 日内通知。① 第二修正案通过后不久,执行董事会就制定了需要通知的外汇安排变动的种类。②

尽管会员国在外汇安排选择上具有广泛的自由,但这些选择必须符合 IMF 协定所规定的义务。也就是说,会员国采取的外汇安排不能违背其在 IMF 协定下义务。例如,一会员国的外汇安排不能引起与第 8 条第 3 节不一致的多重汇率。会员国采用的外汇安排尤其不得违背第 4 条第 1 节中的义务。实际上,这个限制在第 4 条中多次提到,包括:①第 4 条第 2 节(a)项规定,每一会员国应将其履行第 4 条第 1 节中的义务,将其打算采用的外汇安排通知 IMF;②第 4 条第 2 节(c)项规定,会员国自由选择外汇安排必须与 IMF 的目的和其第 4 条第 1 节中的义务相一致;③第 4 条第 3 节中的其他符合 IMF 目的和第 4 条第 1 节外汇安排的规定。会员国在第 4 条第 1 节中的义务会限制和制约其在 IMF 协定项下所拥有的权利。此外,IMF 协定承认会员国对资本账户进行管制的权力。③ 然而,这种管制如果构成第 4 条第 1 节意义上的"为了妨碍国际收支的调整或取得不公平的竞争优势"而操纵会员国汇率的话,会员国就不得实施管制。④

三、会员国在第 4 条第 17 节中的义务

会员国在第 4 条第 1 节中的义务也许是 IMF 协定中最复杂的规定。为了便于分析起见,可将第 4 条第 1 节可分成两个部分。第 1 部分是一般合作义务的规定。第 2 部分是有关具体义务的规定,规定了四项具体的义务,这些义务的履行与一般合作义务密切相关。

---

① Chairman's Summing Up, *Annual Review of the Implementation of Surveillance* (EBM/82/44), April 9,1982,p. 13.

② Notification of Exchange Arrangements under Article IV, Section 2, Decision No. 5712 – (78/41), adopted March 23,1978.

③ Article VI, Section 3.

④ 根据《1977 年决议》和《新决议》,会员国是否遵守有关禁止汇率操纵原则的一个重要指标是:出于国际收支目的,实行或大幅修改对资本流入或流出的限制性或鼓励性措施。

（一）一般合作义务

一般合作义务包括第 4 条一般义务的序言（但序言内容本身并没有构成义务）和一般义务规定本身，即要求每一会员国承担义务"与 IMF 和其他会员国合作，以保证有序的外汇安排和汇率体系的稳定"。

1. 序言

序言通过规定了国际货币体系的"实质目的"和"主要目标"，指出会员国遵守其第 4 条第 1 节中的义务可以带来的更广泛的经济利益。国际货币体系的"实质目的"是"为方便国家间货物、服务、资本交换和维持健康的经济增长而提供一个框架"，国际货币体系的主要目标是"不断地发展金融和经济稳定所需要的基本条件"。序言的基本设定是，会员国遵守其第 4 条第 1 节中的一般义务会增强国际货币体系的有效运行，从而有助于以上所提到的更广泛经济利益的实现。

序言虽然提到了更广的经济利益，但并不是说实现这些利益已成为 IMF 的目的。序言只是规定了国际货币体系的目的，而非 IMF 的目的。在对 IMF 协定进行第二次修改时，虽然实现这些更广泛的利益本可以写入 IMF 协定的第 1 条中，但这样做会被认为是极大地扩充了 IMF 的权限，而这是 IMF 协定的制定者当初所希望避免的。同时，这么做还会加大与 IMF 协定中其他条文的冲突。例如，如果便利资本交易成为 IMF 的目的，那么，该目的很难与会员国在第 4 条第 3 节中实行资本管制的权利相协调。

序言虽然不包含也不会引起法律义务，但它可以作为解释第 4 条第 1 节义务的工具。同时，序言也提供了一个理解 IMF 在第 4 条第 3 节中监督责任范围的有用工具。尤其是，对国际货币体系的界定，对于考察 IMF"监督国际货币体系"的责任即通常所说的"多边监督"具有密切的联系。

2. 一般合作义务规定

如前所述，第 4 条的一般义务是"与 IMF 及其他会员国合作，以确保有序的外汇安排和促进汇率体系的稳定"，即通常所称的进行合作的义务。在详细分析这一义务的具体内容之前，有必要先考察该义务与后面的四项具体义务的关系。在四项具体义务中，两项是有关国内政策的，另两项是有关对外政策的。重要的是，连接一般义务与具体义务那句话规定"每个会员国特别应当"（In particular, each member shall）。根据这句话中的"特别"一词的使用，可以认为四项具体义务虽然代表着会员国为履行进行合作的一般义务而必须采取的"特别"重要的措施，但它们并不是必须采取的所有措施，即进行合作的一般义务的范围要广于四项具体义务之和。[1] 从逻辑上讲，要求会员国进行合作的一般义务的潜在的涵盖面十分广泛，它可以囊括除具

---

① Sir Joseph Gold, *Exchange Rates in International Law and Organization*, American Bar Association, 1988, p. 104.

体义务之外的任何其他要求,只要是为保证有序的外汇安排和促进汇率体系的稳定所需要。相反的解释,即认为具体义务穷尽了一般义务的内容,将会导致一般义务的多余,而这是违背立法解释的一般原则的。①

以上结论,对理解"合作"这一概念,特别是对这一用语在第二修正案之前理解和使用的方法,极为相关。在第二修正案前,第4条第4节(a)项的规定是:"每一会员国承担义务与 IMF 合作,促进外汇稳定,维持与其他会员国有序的外汇安排,避免竞争性的外汇改变。"这一合作义务构成 IMF 吁请会员国采取具体行动或避免采取具体行动的依据。尽管 IMF 的吁请能够且在有的时候确实构成要求,即会员国如果置 IMF 的呼声于不顾,会违背合作义务,但 IMF 经常通过建议的方式来行使这一规定中的权力,即倾向于用"软"的方法指导会员国履行在 IMF 协定项下的义务。一般认为,不遵守这些建议不构成对合作义务的违背。② IMF 在平价体系崩溃后到第二次修正案期间,大量地使用合作义务作为限制汇率不稳定和竞争贬值的手段。③

---

① 辛格指出:"对一部法律作出的解释应当赋予其所有规定以效果,应当不会导致任何部分无效或多余。"Norman J. Singer, *Statutes and Statutory Construction*, pp. 185 – 186.

② IMF 前总顾问(General Council)戈尔德(Sir Joseph Gold)指出,如果会员国不遵守建议,IMF 会对问题进行再次关注,确定是否需要采取更强硬的方法。他说,虽然进行合作义务的规定是以命令的语言来表达的,但 IMF 认为这一规定所授权的严格管理允许采取不是那么强硬的方法,同时在需要采取更强硬的管理时不会损害 IMF 的权威。Sir Joseph Gold, "Exchange Rates in International Law and Organization", *Kluwer Law International*, 1996, p. 337.

③ IMF 协定第二次修改前的第4条第4节(a)项规定:"每一会员国承担义务与 IMF 合作,促进外汇稳定,维持与其他会员国有序的外汇安排,避免竞争性的外汇改变。"IMF 在许多场合依靠这一规定要求或建议会员国采取或避免采取行动,以实现规定中的目标。例如:1. 1947 年有关多种货币做法的决议(1947 Decision on Multiple Currency Practices)。尽管 IMF 协定第 14 条第 2 节明确允许会员国维持或适应情况的变化而调整对经常项目交易项下的支付和转移的限制,但 IMF 决定会员国在实行或调整多种货币做法之前,要按照以上进行合作义务的规定取得 IMF 的同意。特别值得注意的是,作出这一决议的会议指出,IMF 协定第 14 条第 2 节有关过渡性安排的规定并没有修改各会员国在第 4 条第 4 节项下的义务,而无论会员国采取的具体外汇办法是什么(See EBM/47/237, December 18, 1947.)。执行董事会通过了一项决议,向所有会员国就实行多种货币的做法发出通知,要求由 IMF 决定会员国拟采取的行动是否符合第 4 条第 4 节的规定,并指出与 IMF 进行磋商和取得 IMF 的批准暗含在第 4 条第 4 节和第 14 条第 2 节之中。EBM/47/237, December 18, 1947 and Executive Board Document No. 235, Revision 2, Attachment 8. 2、1971—1974 年间有关汇率政策的建议(Recommendations Regarding Exchange Rate Policies)。1971—1974 年间,执行董事会通过了一系列的决议,旨在在平价体系瘫痪的条件下就如何实施汇率政策向会员国提供指导。例如,1971 年 IMF 通过并在 1973 年修改了目的在于确立与平价体系相对应但具有更大灵活度的制度的决议,指出会员国希望以与第 4 条第 4 节相符的方式行事。决议没有对会员国施加义务,但指出如果会员国遵守决议所规定的做法,那么,汇率波动幅度更大的会员国就会被认为是符合第 4 条第 4 节的规定。Decision No. 3463 – (71/126)on Central Rates and Wider Margins—Temporary Regime and Decision No. 4083 – (73/104), adopted respectively December 18, 1971 and November 7, 1973. 又如,1974 年 6 月 13 日,执行董事会通过一项决议及所附备忘录[即管理浮动汇率的指导原则(Guidelines for the Management of Floating Exchange Rates)],聚焦实行浮动汇率的会员国所采取的干预政策。该决议根据第 4 条第 4 节建议会员国尽最大努力,遵守备忘录规定和阐释的指导原则。Decision No. 4232 – (74/67), adopted June 13, 1974, and Annex I attached to Executive Board Decision No 4232 – (74/67).

IMF 第 4 条第 1 节采用类似的方法,以规定的合作义务作为依据,可以要求或建议会员国采取或避免采取行动。这些要求或建议虽然没有包括在 IMF 协定第 4 条第 1 节规定的具体义务之中,但 IMF 在认为为保证有序的外汇安排和促进汇率体系的稳定之必要的情况下,可以以进行合作的义务为依据对会员国提出要求或建议。值得注意的是,现行的 IMF 协定第 4 条第 1 节中的进行合作的义务比第二修正案前的规定更为广泛。第二修正案前的规定只要求会员国与 IMF 合作,而现在的第 4 条还要求会员国之间的相互合作。尽管立法史没有对这个扩展的用意提供什么指引,但在第二次修正案之前,会员国之间在执行政策方面的相互合作日显必要。需要指出的是,虽然这一规定特别规定了会员国之间的合作,但确定合作是否符合第 4 条第 1 节要求的权力专属 IMF,而非各会员国。

各会员国为了满足合作义务而必须采取行动的性质,只能借助合作的目标来确定,这些目标就是"促进有序的外汇安排和汇率体系的稳定"。进行汇率合作追求的目标之一是稳定的汇率体系。如前所述,在 IMF 协定第二次修正案之前,当时实行的平价体系的主要问题是该体系的僵化及其所造成的国际货币体系的不稳定,各会员国无法调整或无法及时调整其汇率,甚至在"基本失衡"的情况下亦是如此。当时人们认为,如果汇率能够被允许随着基本条件而变动,尤其这些基本条件的形成得益于国内采取适当经济政策的结果,那么,从中期来说,整个国际货币体系的运行将更加有效,更有助于实现国际货币体系的目标。由于这一原因,IMF 协定原来第 4 条规定的合作目标——要求各会员国进行合作以促进"外汇稳定"(exchange stability)——在第二修正案中被修改,要求进行合作以促进"汇率体系的稳定"(stable system of exchange rates)。现在的目标是要达到汇率体系的稳定(而非汇率的稳定),其基本的设定是,如果汇率能够反映基本条件,而基本条件又趋向于经济和金融的稳定,那么,汇率体系的稳定则得到最佳实现。因此,IMF 及其会员国为了实现汇率体系的稳定,可以要求某会员国在国内和对外相关政策领域进行合作,采取行动或不采取行动。如下所述,一国国内外相关政策对国际货币体系有效运行具有重要影响,IMF 协定第 4 条第 1 节在具体义务中对此作出了明确的规定。

要求会员国进行合作的一般义务还体现在对会员国外汇安排权利的限制上。即使会员国根据第 4 条第 2 节规定的权利而采取的外汇安排包括具体的汇率,会员国选择汇率的权利也必须受到其在第 4 条第 1 节项下与 IMF 合作以促进汇率体系稳定的义务的限制。这是因为,IMF 协定第二次修正案所创立的牙买加体系实行的是有义务和监督的自由汇率制,会员国虽然有权选择外汇安排,但是这一权利受到第 4 条第 1 节规定的汇率义务的限制,并接受 IMF 将根据第 4 条第 3 节(b)项所进行的监督,而第 4 条第 1 节规定的汇率义务就包括了要求会员国进行合作的一般义务。

进行汇率合作所追求的另一个目标是有序的外汇安排。如前所述,外汇安排通常是指会员国用来决定其货币相对于其他会员国货币的价值的总的框架。在第二次修正案之前,会员国承担义务进行合作以"维持同其他会员国之间有序的外汇安排"。对这一规定的通常理解是为了支持货币平价制度的维系,该制度仅允许会员国直接以黄金或间接地通过美元给本国货币定值。由于第二修正案赋予了各国选择外汇安排的自由,在对第4条的修改中仍然将"有序的外汇安排"作为合作义务的目标之一保留下来,似乎有些令人惊讶。尽管立法背景对于将这一目标保留的问题没有作出回答,但可以肯定的是,这一目标的基本含义,由于合作义务的其他目标发生了变化(如从"外汇稳定"到"汇率体系的稳定"的变化,给予会员国广泛的自由实施所选择的外汇安排等),已经以某种方式发生了改变。①如上所述,即使在外汇安排事实上包括了某种具体汇率的情况下,会员国选择其中汇率的权利亦受到"汇率体系稳定"义务的限制。然而,问题是选择用来计算某会员国货币价值(而非具体汇率)的总的方法(即外汇安排)是否会导致一项外汇安排构成第4条第1节的意思上的"无序"。一个例子是由于市场分割而导致的复汇率会违背(not inconsistent)会员国在第8条第3节项下的义务。

最后,需要指出的是,虽然要求会员国进行合作的一般义务的潜在的涵盖面十分广泛,但这些义务具有极大的弹性,例如,"承担"什么样的义务,如何进行"合作"缺乏具体内容,再加上"促进"这类只重主观能动性而不要求客观效果的措辞的使用,因此,IMF协定对一般义务的规定十分空泛。"第4条第1节开头的一句听起来像是联合国大会决议的序言,与该条其他规定的用语不甚协调。"②相比较而言,该节所列举的具体义务则规定了IMF的会员国需要遵守的要求。

(二)具体义务

第4条第1节规定了四项具体的义务,这四项具体义务的履行与进行合作的一般义务有着特殊的关系。如果会员国违反了某项具体义务,就会违反进行合作的一般义务。但是,遵守这些具体义务并不必然意味着会员国在遵守一般义务。对此四项义务细加解读就会发现,它们实际上包括了国内政策和对外政策两方面、具有不同特征的具体义务。

1. 国内相关政策的具体义务

IMF协定第4条第1节规定的前两项具体义务,事实上是会员国在国内相关

---

①　IMF,*Article IV of the Fund's Articles of Agreement: An Overview of the Legal Framework*,June 28 2006,p. 13.

②　韩龙:《一国汇率义务与IMF职能:国际货币法视角下的人民币汇率问题》,《现代法学》2006年第1期。

政策问题上的汇率义务。

(1)经济和金融政策的导向

第4条第1节的第1项具体义务是有关国内经济和金融政策的导向的规定,要求每一个会员国"努力将其经济和金融政策引向有助于有序的经济增长的目标上,这种经济增长伴随合理的价格稳定,适当照顾会员国自身的状况"。

如前所述,这一具体义务反映了这样一个观点,即尽管汇率应当被允许随着基本条件而变动,但是,实行适当的经济政策能够加强汇率体系的稳定性及其可预见性。因此,这项义务规定了为加强汇率体系的稳定而应采取什么样的国内相关政策。国内经济和金融政策只有引向有序且伴随合理价格稳定的经济增长,汇率体系才能在持续的基础上保持稳定。与第二次修正案之前的规定相比,现有的规定意义重大,因为之前的规定仅仅关注与汇率和外汇安排相关的政策(即对外政策),而修改之后的这一规定将会员国的义务扩充到国内政策,同时也把 IMF 的权限扩展到国内政策。然而,需要强调的是该项义务具有很大的"柔"性,原因就是因为其涉及国内政策。如前所述,会员国仅被要求"努力"将国内政策引向有助于经济有序增长并且"适当照顾会员国自身的状况"的目标上。

相关立法背景对于"培育伴随合理价格稳定的有序的经济增长"这一措辞的意思提供了一些指引。早期的有关此规定的草案更强调价格的稳定,其措辞为"在合理的价格稳定环境下的有序经济增长"。现在的措辞"伴随合理价格稳定的有序经济增长",则更强调了增长。①

(2)促进稳定

第4条第1节的第2项具体义务是有关促进稳定的规定,要求各会员国"通过培育有序的基本经济及金融条件和不会产生异常混乱的货币体系,寻求促进稳定"。

这一规定的措辞尽管并不明确,但是其起草历史表明该项规定中的政策是指国内政策,而非对外政策。尤其是,执行董事会曾试图将"外汇"插入"稳定"之前的努力遭到了拒绝,就是例证。② 不止于此,第4条第1节第2项中"货币体系"的措辞,也与该节导言中的"国际货币体系"形成鲜明对比。

从规定的措辞来看,会员国仅被要求"寻求"通过"培育"有序的基本经济和金融条件以促进稳定。其基于的基本设定是,会员国通过培育国内的有序的基本经济条件和稳定的货币体系,有助于确保有序的外汇安排和汇率体系的稳定。对于"不会产生异常混乱的货币体系"的中的"异常混乱"(erratic disruptions),究竟仅

---

① Sir Joseph Gold, *Exchange Rates in International Law and Organization*, p.106.
② Sir Joseph Gold, *Exchange Rates in International Law and Organization*, p.107.

是指汇率的混乱,还是有更广泛的含义,尚不明确。但根据孕育和决定第 4 条第 1 节的基本理念,"异常混乱"至少要包括不是由于有序的基本经济和金融条件所产生的汇率的异常混乱。

(3)国内相关政策义务规定的特征及原因

从以上可以看出,IMF 协定第 4 条第 1 节前两项具体义务的规定,具有以下两大特征:

第一,第 4 条第 1 节第 1 项具体义务和第 2 项具体义务都是有关国内政策的义务规定。第 1 项规定的是经济和金融政策导向的义务,第 2 项规定的是寻求稳定的义务。

第二,这具体义务使用了诸如"努力"(endeavor)、"引向"(direct)、"寻求"(seek)和"促进"(promote)等并非具有严格规束性质的措辞,听起来更似劝告,而不是强制,具有很大的"柔"性。这种带有劝告色彩的措辞所具有的效果是,IMF 的会员国要力争实现,而不是必须达到具体的结果。这就足以使 IMF 会员国在具有采取国内政策措施的自由的同时,又能够遵守 IMF 协定的义务,并使 IMF 和其他会员国难以指控这些义务没有得到履行。

将以上两方面的特征叠加起来,新的问题便会油然而生:IMF 协定既然将国内相关政策纳入会员国义务的范围,为什么又作出缺乏严格规束、不必达到具体结果的规定? 原因在于:一国货币汇率作为该货币币值的对外体现,是由该国国内的综合状况和基本要素决定的,一国汇率的稳定需要国内经济和货币金融的稳定,而国内经济和货币金融的稳定需要有相关政策的保障。牙买加体系的汇率制度的一个主要目标是汇率体系的稳定,而如果没有各会员国国内的稳定及其所决定的汇率的稳定,汇率体系的稳定就无法实现。因此,由于国内相关政策对汇率和汇率体系具有重要影响,IMF 协定第 4 条第 1 节需要以规则和义务的形式将其包含进来,以实现 IMF 的目的和目标。此外,从 IMF 协定第二次修正案制定中的情况来看,IMF 的监督被看作是旨在形成汇率政策的纪律以取代布雷顿森林体系下的僵化的平价体系,而宏观经济政策从一开始就处于 IMF 第 4 条监督的核心。汇率监督虽然是执行 IMF 对会员国汇率政策纪律的手段,在监督中对汇率政策不可能进行孤立分析,IMF 对会员国汇率政策的评估需要全面评价经济发展和宏观经济政策。[①]

但是,另一方面,国内经济和货币金融的稳定是各种复杂因素作用的结果,任何一个国家都不能保证其通过国内政策就能够在任何时期实现国内经济和货币金融的稳定,程度不同的货币金融和经济危机频繁光顾各国就是极好的佐证。在这

---

① 韩龙:《一国汇率义务与 IMF 职能:国际货币法视角下的人民币汇率问题》,《现代法学》2006 年第 1 期。

种情况下,将国内经济和货币金融稳定规定为会员国国内相关政策的刚性义务,缺乏可行性。若强行作出这样的规定,则会导致会员国会动辄违背,且难以或无法追究责任。此外,IMF 会员国对于在国内政策问题上过分让权给 IMF 存在担忧。正如 1987 年 7 月,美国在 IMF 的执行董事达纳诺(Charles H. Dallara)反问的那样:"又有谁能够想象到由 IMF 向美国宣布财政政策?"① IMF 协定在进行第二次修改时若过分夺占了各会员国在国内政策上的权利,其是否能够为各会员国接受和通过就是很大的疑问。

2. 对外政策的具体义务

IMF 协定第 4 条第 1 节规定的后两项具体义务,是会员国的对外义务。

(1)禁止汇率操纵

第 4 条第 1 节的第 3 项具体义务是有关禁止汇率操纵的义务规定,要求每一个会员国应当"避免操纵汇率或国际货币体系来妨碍国际收支有效的调整或取得对其他会员国不公平的竞争优势"。值得注意的是,第 1 节第 3 项把汇率操纵与对国际货币体系的操纵区分开来,同时明确指出了操纵汇率的两个禁止性的目的和结果:妨碍国际收支有效的调整或取得对其他成员的不公平的竞争优势。

禁止汇率操纵的义务规定比较复杂,对其中一些术语的理解或运用亦十分艰难。尤其是,什么样的行为属于"操纵国际货币体系",且不同于其他被禁止的行为如汇率操纵,并不清楚。此外,确定某个会员国通过操纵所获得的竞争优势是否是"不公平"的,也需要作出相当的判断。

尽管如此,对汇率操纵的把握可以从两个层面来进行,一是这项具体义务本身的规定和 IMF 的执行董事会根据 IMF 协定第 4 条第 2 项的规定和授权于 1977 年通过的《汇率政策监督的决议》(以下简称《1977 年决议》)②,二是 2007 年 6 月 15日,IMF 执行董事会通过的、废止和取代《1977 年决议》的《对会员国政策双边监督的决议》(以下简称《新决议》),《新决议》对汇率操纵进行了明确。但出于密切联系考虑,对《2007 年决议》的阐述将在后面的汇率监督中进行,故在此仅根据前者进行阐述。需要指出的是,虽然现今后者取代了前者,但是前者的内容被后者所继受并发展,因此,根据《1977 年决议》仍然能够发现解读这一义务规定的重要指引。此外,需要预先说明的是,虽然《2007 年决议》对汇率操纵进行了明确,但是,如后所述,确定会员国在该项规定下的义务仍然有模糊和不确定之处。

---

① IMF, Silent Revolution: The IMF 1979 – 1989, http://www. imf. org/external/pubs/ft/history/2001/ch02. pdf, October 1, 2001.

② 1976 年根据牙买加协议制定《IMF 协定第二修正案》之后,虽然该修正案尚未生效,但 IMF 执行董事会在 1977 年已按照修正案的要求和授权,制定和通过了指导各会员国汇率政策的原则——《汇率政策监督的决议》,该决议随着 1978 年《IMF 协定第二修正案》生效而生效。

第 4 条第 1 节禁止汇率操纵的义务规定中的一些重要因素,为这一规定应如何运用提供了指引。此外,在准备《1977 年决议》时,执行董事会考虑了该规定的适用问题,这也为该规定的解释提供了便利。从《1977 年决议》和《2007 年决议》内容来看,可以得出以下有关结论:

首先,会员国可以操纵汇率的多种不同手段都可能属于第 4 条第 1 节规定意义上的"操纵汇率"。例如,会员国可能通过对外汇市场的过度干预,或通过资本管制的实施来操纵汇率。而且,操纵也并非都要求政府的干预(无论其形式如何)导致汇率的变动。在某些情况下,操纵的目的可能是阻止汇率的变动。

其次,"为了妨碍国际收支的调整"非常广地涵盖了这样一些情形,即会员国以使汇率被高估或低估的方式来操纵汇率。

再次,可能也是最重要的一点,只有在确定某一会员国是为了妨碍国际收支的有效调整或为了取得对其他会员国不公平的竞争优势而操纵汇率时,才能认为其违反了第 4 条第 1 节第 3 项的规定。有关措施仅有妨碍收支调整或取得对其他会员国不公平竞争优势的效果的事实是不够的,使用"为了"(in order to)这一措辞就意味着还需要确定意图。然而,这并不意味着 IMF 要接受会员国自己对其动机的陈述。正如《1977 年决议》所规定的那样,某些发展变化被看作是需要与各国当局磋商的标志,比如"在外汇市场上进行延续的、大规模的、单一方向的干涉"。如果出现这种情况,IMF 会要求会员国解释其行为背后的动机。IMF 将给予会员国陈述行为动机的机会,并且在对陈述存在合理怀疑的情况下不作出不利于会员国的判定。但最终还是要由 IMF 通过考虑与会员国的汇率政策相关的所有情况,而对会员国的陈述是否正确作出自己独立的评估。在此基础上,IMF 将决定相关行为是否是出于该项规定的目的而采取的。

(2)外汇政策与所承担的义务相一致

第 4 条第 1 节的第 4 项具体义务是外汇政策与所承担的义务相一致的规定,要求每个会员国采取同第 4 条第 1 节所承担的义务相一致的外汇政策。

从该义务的含义看,这一规定是第 4 条第 1 节确立的所有义务中最不具体的一项义务,立法背景资料显示在这一规定通过的时候,其含义就有一些不确定性。①

首先面临的一个问题就是"外汇政策"(exchange policies)的含义。由于此项规定中的"外汇政策"不同于"汇率政策",其涵盖面是广于还是窄于"汇率政策",需细加研判。参考第 4 条第 2 节有关"外汇安排"的含义及其与汇率的关系,可以

---

① IMF, *Article IV of the Fund's Articles of Agreement: An Overview of the Legal Framework*, June 28 2006, p. 16.

推定同条规定中的"外汇政策"涵盖较"汇率政策"更宽泛的一类对外政策。一种可能是旨在确保会员国采取的外汇管制与其在本节项下承担的义务相一致。这样的一种解释有助于确认:尽管当会员国有权维持与第 8 条规定的义务相一致的外汇管制,但这些管制不能以与第 4 条项下的义务不符的方式而采取。然而,尽管对该条款的含义有一些议论(见下文),但并没有证据证明外汇政策意在包括外汇管制。①

尽管"外汇政策"这一措辞十分广泛,足以涵盖汇率政策,但这一规定与第 4 条第 1 节的其他具体义务是怎样的关系,它如何补充了其他具体义务,仍有待研究。

对于这一规定与会员国国内政策的义务的关系,一种解释是会员国采取的汇率政策应当支持其能够采取的以上规定所明确的国内政策。然而,这种解释会导致这样一种结果,即会员国为了满足国内政策的"柔"性义务而不得不遵守对外政策的"刚"性义务。而且,在讨论这一规定草案的执行董事会会议上②,IMF 的经济顾问(Economic Counsellor)关切地指出,这种解释很可能会导致与第 4 条第 1 节的要旨相反的结果。也就是说,这种解释很可能会使国内政策优先,而将汇率体系的稳定屈从于国内政策。他还特别地指出,第 4 条第 1 节根植的理念在于通过遵守采取适当的国内经济政策的义务,汇率体系会更加稳定。然而,他担心地指出,第 4 条第 1 节第 4 项可能会被解释为诸如要求会员国采取促进国内价格稳定的汇率政策,即使该汇率被高估。尽管这一规定的约文保留了下来,但是,参加修正案起草的一个重要会员国的执行董事承认,对这一规定应作"宽松"的解释,无论如何,都不能用来为维持不切实际的汇率提供辩解。

对于这一规定与会员国汇率政策的关系,即在该规定适用到汇率政策时,这一规定或许最易于解释为要求会员国奉行支持第 4 条第 1 节中的一般义务的汇率政策,即支持"同 IMF 和其他会员国进行合作,以保证有序的外汇安排,并促进汇率体系的稳定"这一义务的汇率政策。与关于汇率操纵的禁止性义务形成对照的是,第 4 条第 1 节第 4 项规定的义务要求会员国在该领域积极采取措施。这种解释似乎有《1977 年决议》提供的支持。特别是,在《1977 年决议》的第 1 项原则旨在对汇率操纵义务提供指导的同时③,其他两项原则都是关于干预政策的规定,告诫会员国:(a)"对外汇市场进行干涉以对付混乱情况"(与促进汇率体系的稳定一般义务相一致);(b)"在干涉时考虑其他会员国的利益"(与和其他会员国进行合作的一般义务相一致)。如果这一解释成立,那么,"奉行同本节所规定的义务不相抵触的外汇政策"意味着,比如一国当其基本状况、国际收支状况或国际货币体

① See EBM/75/205,December 23,1975,pp. 17 – 20.
② EBM/75/205,December 23,1975,p. 17.
③ 事实上,该项原则简单地重申了第 4 条第 1 节第 3 项规定的内容。

系状况,需要其与 IMF 和其他会员国进行合作采取汇率行动时,该国所选择的汇率安排不得与之相矛盾。

不管对第 4 条第 1 节第 4 项规定作何解释,如果 IMF 希望对会员国就第 4 条第 1 节项下除避免操纵汇率之外的其他汇率义务提供进一步的指导,那么,IMF 可以直接依靠合作以促进汇率体系的稳定——一般义务的规定。IMF 如果认为会员国采取某种汇率政策为实现汇率体系稳定之目标所必需,那么,它可以要求会员国采取这样的汇率政策。从这方面来说,第 4 条第 1 节第 1 项到第 4 项具体义务规定,尽管对确定 IMF 在第 4 条项下的管辖十分重要,但这些具体义务规定并没有穷尽 IMF 的管辖。

(3)对外政策的具体义务规定的特征及原因

从以上可以看出,IMF 协定第 4 条第 1 节后两项具体义务的规定,也呈现出两大特征:

第一,二者都是会员国有关对外政策的具体义务规定。具体来说,第 4 条第 1 节第 3 项具体义务是禁止汇率操纵,第 4 项具体义务则要求会员国采取与其承担的在第 1 节项下的义务相一致的外汇政策。

第二,与国内相关政策义务规定形成鲜明对照的是,对外政策的具体义务规定使用了诸如"避免"(avoid)和"奉行"(follow)等强制性的措辞,从文字规定上没有为 IMF 会员国挣脱这些义务留下任何余地,因此,这些规定呈现出"刚"性的特征。具体来说,第 4 条第 1 节第 3 项在规定禁止汇率操纵的义务时使用了"避免"(avoid),确立了一项禁止具体行为的"刚"性义务,反映了这些政策更为国际社会关切。第 4 项具体义务规定使用了"奉行"(follow),对会员国规定了又一项"刚"性义务。由于这些措辞和规定所致,会员国承担第 4 条第 1 节第 3 项和第 4 项具体义务,根据约文规定,是要达到一定的结果,而不像在国内相关政策义务规定上那样,仅仅是"尽量"或"寻求"达到一定的结果。

将以上两方面的特征以及这些特征与第 4 条第 1 节前两项具体义务规定的特征叠加起来,新的问题也便会油然而生:第 4 条第 1 节在规定会员国国内相关政策义务时具有鲜明的"柔"性,而在规定意在适用于国际环境和条件的对外政策的具体义务时,为什么却体现出"刚"性? 这是因为,由于第 4 项具体义务存在范围难以确定等问题,后两项义务的重心在于避免操纵汇率和操纵国际货币体系。而 IMF 在牙买加体系下的主要目标和任务就是要对国际货币体系和国际汇率体系的稳定负责。如果说 IMF 会员国的国内政策尚需通过会员国汇率这一中间环节的传导而影响国际货币体系和国际汇率体系的话,那么,后两项的重心所在——汇率和国际货币体系,则是 IMF 的直接责任对象。如果对这些方面的规定仍然是"柔"性的,那么,IMF 就无法履行其职责,无法完成其应实现的目标和任务,加之对国内相关政策义务若作出"刚"性规定面临前述的现实可行性问题,这就导致了 IMF 协定第 4 条第 1 节对会员国国内政策义务的规定与对外政策的规定一柔一刚,一软一硬的局面。[①]

需要指出的是,尽管第 4 条第 1 节后两项规定的措辞十分强硬,虽然 IMF 在《1977 年决议》和《新决议》中规定了诸如"在外汇市场上长期、大规模、朝单一方向的干预"等诸项指标,但是,如何认定会员国是否违背后两项义务规定仍然缺乏具有可操作性的标准和方法。例如,对究竟何为"操纵",什么是"国际收支有效的调整"和对"其他成员的不公平的竞争优势"? IMF 也没有给出认定的标准和方法。由于这种状况的存在,加之 IMF 执行规则一向不倚重制裁,因此,IMF 协定第 4 条第 1 节后两项义务规定仍然被认为具有"软法"的特征。

第三节　牙买加体系下的汇率监督

一、汇率监督概述

如上所述,牙买加体系规定的是有义务的自由汇率制,然而,汇率义务如果缺乏监督,就会有沦为空谈之虞。因此,IMF 协定在第二次修改时添加了一项内容,即由 IMF 对会员国的政策实行监督,这一内容体现在修改后的 IMF 协定第 4 条第 3 节中。第 3 节(a)项为 IMF 规定了两项明确的义务。第一项义务要求 IMF"监督国际货币体系,以保证其有效运行"。这一规定为 IMF 的多边监督活动提供了基础。IMF 的多边监督包括"世界经济展望"和近来开始的多边磋商程序。第二项义务要求 IMF"监督各会员国遵守第 4 条第 1 节规定的义务"。这一一般性的监督义务不仅适用于进行合作的一般义务,而且也适用于第 4 条第 1 节第 1 项到第 4 项列明的所有具体义务,包括关于国内政策的义务。

然而,由于会员国有关其汇率政策的义务极其重要,因此,第 4 条第 3 节(b)项规定 IMF 应对各会员国的汇率政策行使严密的监督,并应制定具体原则,以对会员国的汇率政策提供指导。[②] 作为能够使 IMF 履行该职责的手段,各会员国应

[①] 韩龙:《IMF 与 WTO 在人民币汇率问题上的管辖关系》,《国际经济法学刊》2007 年第 1 期。

[②] 第 4 条第 3 节(b)项规定,为了履行上述(a)款规定的职责,IMF 应对各会员国的汇率政策行使严密的监督,并应制定具体原则,以在汇率政策上指导所有会员国。各会员国应该向 IMF 提供为进行这种监督所必要的资料,并且,在 IMF 提出要求时,就会员国的汇率政策问题同 IMF 进行磋商。IMF 制定的原则应该符合各会员国用以确定本国货币对其他会员国货币比价的合作安排,并符合一个会员国根据 IMF 协定的目的和本条第 1 节规定选择的其他外汇安排。这些原则应该尊重各会员国国内的社会和政治政策,在执行这些原则时,IMF 应该对各会员国的状况给予适当的注意。

向 IMF 提供为进行监督所必要的资料,在基金提出要求时就会员国的汇率政策问题同 IMF 进行磋商。IMF 协定第二次修正案之后,监督的支柱就是 IMF 与每个会员国举行定期的磋商。

　　根据以上要求和授权,IMF 的执行董事会于 1977 年通过了《汇率政策监督的决议》。该决议由三部分组成。第一部分是一般原则,它实际上是对 IMF 协定第 4 条,特别是该条第 3 节的重述和说明。第二部分是指导会员国汇率政策的原则,包括了三项内容:第一项是对第 4 条第 1 节第 3 项规定的重申,即要求会员国应避免为妨碍国际收支有效的调整或取得对其他会员国不公平的竞争优势而操纵汇率或国际货币制度。第二项规定会员国在必要时应干预外汇市场,对付失序状况。第三项要求会员国在采取干预政策时应考虑其他会员国的利益,其中应顾及本币被干预的国家的利益。第三部分是 IMF 监督汇率政策的原则,规定如果出现以下变化,IMF 应视为需与会员国讨论:①在外汇市场进行持续、大规模的单向干预。②以国际收支为目的的、不可持续的官方或准官方借款,或过度的、长时间的短期官方或准官方放贷。③(a)出于国际收支目的,实行、大幅强化或长期维持对经常交易或支付的限制或鼓励措施;(b)出于国际收支目的,实行或大幅修改对资本流入或流出的限制或鼓励措施。④出于国际收支目的,实行异常鼓励或阻止资本流动的货币和其他国内金融政策。⑤汇率的表现与包括影响竞争和长期资本流动的要素在内的基本经济和金融状况无关。

　　1977 年决议虽然是适应牙买加体系的运转而制定的,但在决议制定时牙买加体系尚未生效,新的汇率体系将如何运转,如何进行汇率监督,存在很大的不确定性。在这种情况下,决议不可避免地带有不完备之处。首先,1977 年决议无法应对其诞生后的 30 年间对国际货币体系稳定构成重大挑战的一些变化。这一决议反映了布雷顿森林体系崩溃之后,牙买加体系运转之前的现实,主要关注出于国际收支目的的汇率操纵和短期汇率变动。而 1977 年以来与汇率有关的最普遍的问题是:由于国内原因而维持低估汇率,各国财政和货币政策的不一致,近来出现的由于国内收支不平衡而常常引起的资本账户的脆弱性等。其次,尽管修改后的 IMF 协定的第 4 条确立了会员国在汇率与国内政策两个方面的义务,但是,1977 年决议仅覆盖了前者。之所以出现这种情形,是因为决议是根据第 4 条第 3 节第 2 项的规定而制定的,而该规定要求 IMF 制定指导会员国汇率政策的原则。决议覆盖面的狭窄也反映了 1977 年当时对于在国内政策领域如何进行监督处于一种不确定状态。然而,汇率作为一国状况在其货币对外币值上的体现,无疑受到国内政策和国内发展变化的影响。维护汇率体系的稳定,除需要关注汇率政策之外,还需要将国内政策包括进来。此外,这一决议对于 IMF 如何实施监督提供的指导甚少,它既没有规定监督的范围和方式,也缺乏对有效监督至关重要的方面(如监督的重点等)的规定。这些因素导致了新决议的出台。①

二、新决议的主要修改

新决议由三个部分和一个附件组成。第一部分规定了 IMF 对会员国履行第 4 条第 1 节义务进行监督的范围和形式。第二部分根据第 4 条第 3 节(b)项,规定了指导会员国实施汇率政策的原则,并确定了 IMF 在评估会员国遵守这些原则过程中需要审查并可能需要与会员国讨论的某些情况。其中,指导会员国实施汇率政策的原则从《1977 年决议》中的 3 项增加到了 4 项,增加了第 4 项原则。这四项原则是:①成员国应避免为阻止有效的国际收支调整或取得对其他成员国不公平的竞争优势而操纵汇率或国际货币体系。②成员国在必要时应干预外汇市场,对付失序状况,例如对付本币汇率破坏性的短期变动等。③成员国在采取干预政策时应考虑其他成员国的利益,其中应顾及本币被干预的国家的利益。④成员国应避免采用导致外部不稳定的汇率政策。

新决议规定 IMF 在评估会员国遵守这些原则过程中需要审查并可能需要与会员国讨论的情况包括了 7 种情形:①在外汇市场进行持续、大规模的单向干预。②以国际收支为目的的不可持续的或带来过高流动性风险的官方或准官方借款,或过度的、长时间的官方或准官方外国资产积累。③(a)出于国际收支目的,实行、大幅强化或长期维持对经常交易或支付的限制性或鼓励性措施;(b)出于国际收支目的,实行或大幅修改对资本流入或流出的限制性或鼓励性措施。④出于国际收支目的,实行非正常鼓励或阻止资本流动的货币和其他国内金融政策。⑤根本性汇率失调。⑥大量和持续的经常账户逆差或顺差。⑦私人资本流动导致的对外部门显著脆弱性,包括流动性风险。第三部分规定了监督程序。附件对汇率操纵的含义给予了明确。

纵观新决议,它主要作出了以下修改:

(一)引入外部稳定的概念并作为统领原则

如前所述,IMF 协定第 4 条第 1 节规定了各会员国应与 IMF 和其他会员国合作,目标是确保有序的外汇安排并促进汇率体系的稳定。而根据该节的规定,最有效地实现汇率体系稳定的途径是每个会员国都实施能够促进本国外部稳定的政策,即与第 4 条第 1 节规定的会员国义务、特别是该节 1 至 4 项规定的具体义务相一致的政策。由此可见,外部稳定和影响外部稳定的政策处于 IMF 监督授权的核心地位。为此,新决议在第一部分对监督范围的规定中,明确规定监督的重点是会员国采取的对目前或未来的外部稳定可能产生重要影响的政策,IMF 在监督

---

① 韩龙:《IMF 近来对汇率监督框架的重大修改与影响》,《法商研究》2008 年第 2 期。

中评估这些政策是否有利于外部稳定,并就实现此目标所需的政策调整向会员国提出建议。因此,外部稳定构成了汇率监督最为重要的统领原则,IMF 在监督中以此为中心,以对外部稳定可能具有的重要影响为半径,确定汇率监督要审视的各会员国的政策范围和重心。不止于此,新决议还在 1977 年决议指导会员国汇率政策的三项原则之外增加了第四项原则,即"会员国应避免采用导致外部不稳定的政策",对外部稳定给予突出的强调。

那么,什么是外部稳定呢? 外部稳定是指不会或不太可能导致破坏性汇率变动的国际收支状况。IMF 的监督旨在通过鼓励各国采用不破坏或不损害外部稳定的政策而促进汇率体系稳定。因此,监督既涉及一国国际收支的稳定,也涉及该国国际收支状况对其他国家国际收支稳定的影响。当国际收支状况不会或不太可能导致破坏性的汇率变动时,就实现了外部稳定。这要求:①基本经常账户(即剔除周期性波动、临时冲击、调整时滞等暂时性因素后的经常账户)大体保持平衡。在这种情况下,一国净对外资产头寸的变化与该国经济结构和基本面相一致。②资本和金融账户不造成资本流动急剧变化的风险,这种风险可能因融资约束而产生,也可能通过积累或维持脆弱的对外资产负债结构而产生。换言之,基本经常账户与资本和金融账户都会造成外部不稳定。

基本经常账户的不平衡对外部稳定影响极大。这种不平衡既可能是汇率政策导致的,也可能是不可持续的国内政策或市场不完善等因素造成的。如果基本经常账户处于不平衡状态,汇率就发生了"严重偏差"(fundamental misalignment)。汇率严重偏差是指实际有效汇率偏离均衡水平,而均衡水平是指符合经济基本面的经常账户所对应的汇率水平。严重偏差在新决议中构成外部不稳定的重要指标。

外部稳定在新决议中具有重要的意义。它设定了 IMF 双边监督的范围,客观上预防了 IMF 在行使监督职责时由于触及面过宽而无法深入的问题。从外部稳定出发,IMF 在对各会员国进行双边监督时,汇率政策构成监督所必不可少的内容,货币、财政和金融部门政策(既包括这些政策的宏观经济方面,也包括与宏观经济有关的结构方面)由于显然会影响外部稳定,也在监督之列。对于其他政策,只有当它们显著影响目前或未来的外部稳定时,才予以考察。①

为维护外部稳定而纳入 IMF 监督范围的以上政策,既有国内政策,又有对外政策。一个不可回避的问题是外部稳定与会员国的政策特别是国内政策的关系问题。对此新决议明确指出,会员国实施的国内经济和金融政策如果在促进国内稳定,则 IMF 认为这些政策也在促进外部稳定。而促进国内稳定是指:①根据本国

---

①　韩龙:《IMF 新决议的重大突破:双边汇率监督范围之厘定》,《上海财经大学学报》2007 年第 6 期。

的境况,努力将本国经济和金融政策引向促成伴有合理价格稳定的有序经济增长的目标上来。②通过促成有序的基本经济、货币条件和不会造成无常破坏的货币制度,寻求促进稳定。IMF 在监督中评估会员国的国内政策是否以促进国内稳定为目标。可见,在新决议中,国内政策是通过促进国内稳定而促进外部稳定的。IMF 不要求遵守 IMF 协定第 4 条第 1 节第 1 项和第 2 项的会员国为了外部稳定而改变其国内政策。

(二)对于汇率操纵进行明确

禁止操纵汇率是 IMF 协定第 4 条第 1 节第 3 项的规定,1977 年决议在指导会员国汇率政策的原则中对此作了重申。但是,这一规定十分概括,可操作性差。例如,如何认定特定汇率是否存在操纵以及操纵的幅度是多少,如何认定操纵就是为了取得对其他会员国的不公平的竞争优势,如何认定所获得的竞争优势是不公平的,还是公平的,都需要有衡量的标准或模型等。然而,1977 年决议对此没有提供任何指导,致使汇率操纵的认定遭遇技术上和操纵上的难题。除此之外,1977 年决议只是反映了当时的情况,关注的是出于国际收支原因而进行的汇率操纵,然而,1977 年以来最普遍的汇率问题是,出于国内原因维持高估或低估的钉住汇率。基于以上情况,IMF 的执行董事会决定在新决议中对汇率操纵的含义进行明确,并力图对操纵作出符合现实需要的诠释。

1977 年决议和新决议都规定了出于两种目的的两类操纵,一类是操纵汇率,另一类是操纵国际货币体系,二者要么是为了阻止有效的国际收支调整,要么是为了取得对其他会员国不公平的竞争优势。尽管如此,新决议事实上仅对避免为取得对其他会员国不公平的竞争优势而操纵汇率作出了解释。这是因为对于一个会员国如何能够操纵国际货币体系,从 IMF 到 IMF 协定第 4 条的规定及解释,都不明确;同时,"为阻止有效的国际收支调整"也存在不确定性。因此,新决议对为阻止有效的国际收支调整而操纵国际货币体系的规定并没有作出解释。

新决议对于避免为取得对其他会员国不公平的竞争优势而操纵汇率主要作出了以下明确①:

1. 汇率操纵必须同时具备主客观要件。构成汇率操纵,一会员国必须有汇率操纵行为,即该会员国在操纵或操纵了汇率,同时还要有操纵的目的。

2. 汇率操纵行为是通过旨在影响汇率水平并且实际影响了汇率水平的政策而实施的,既可能造成汇率变动,也可能阻止这种变动。特别值得注意的是,新决议将汇率操纵与汇率严重偏差联系起来。对于什么是为了取得对其他会员国不公平的竞争优势而实施的操纵,新决议规定:①一会员国是为了造成汇率低估的严重

---

① 韩龙:《IMF 近来对汇率监督框架的重大修改与影响》,《法商研究》2008 年第 2 期。

偏差而实施旨在影响汇率水平并且实际影响了汇率水平的政策；②并且造成这种偏差的目的在于扩大净出口。只有在这种情况下，该会员国才会被认为是为取得对其他会员国不公平的竞争优势而操纵汇率。这就是说，汇率操纵通过实施旨在影响汇率水平并且实际影响了汇率水平的政策，造成构成严重偏差的汇率低估，并以此扩大净出口。

3. 操纵必须具有规定的主观意图。根据新决议的规定，只有在 IMF 认定一会员国在操纵其汇率，且这种操纵是出于第 4 条第 1 节第 3 项规定的目的时，该会员国才违反了第 4 条第 1 节第 3 项的规定。这就是说，对于操纵汇率的某个会员国，只有在 IMF 认定这种操纵是"为阻止有效的国际收支调整或取得对其他会员国不公平的竞争优势"而实施时，才违反了第 4 条第 1 节第 3 项的规定。有关措施仅有妨碍国际收支调整或取得竞争优势的效果的事实是不够的，IMF 协定使用"为了"（in order to）这一措辞就意味着还需要确定意图。然而，在确定操纵的意图时，重要的是要有造成汇率严重偏差的用意，而不在于这种偏差是否已经实现。例如，如果有关国家竞相贬值名义汇率，只要其国内价格具有充分的灵活性，那么，就不能有效影响实际汇率，但这种情况仍然可以看作是违背了不得操纵汇率的指导原则。同时，确定操纵意图并不意味着 IMF 要接受会员国自己对其动机的陈述，IMF 对于以上意图是否存在需要作出独立的评估和判断。

4. IMF 对汇率操纵进行评估要依据证据，并在存在合理怀疑的情况下不作出不利于会员国的判定。新决议规定，IMF 有责任根据所有可获得的证据，包括通过与有关会员国进行磋商，客观地评价会员国是否在履行第 4 条第 1 节规定的义务。对于会员国就其政策目的所作的任何陈述，在存在合理怀疑的情况下，IMF 不作出不利于会员国的判定。

（三）对需要审查和商讨的情形的修改

1977 年决议在第三部分中规定，如果出现 5 种情形①，IMF 应视为需与会员国商讨。新决议将此规定放在了第二部分，即与指导会员国汇率政策的原则合并在一起，紧随指导会员国汇率政策的四项原则之后，并将需要商讨的情形扩大到 7 种。新决议规定，IMF 在对会员国遵守指导会员国汇率政策的原则的情况进行监督时，将 7 种情形视为需彻底审查并可能有必要与会员国商讨的情况，这 7 种情形又称 7 项指标。

新决议列举 7 项指标，意在对在什么时候需要对会员国遵守汇率政策的指导

---

① 1977 年决议最初只有 5 个指标，1995 年 4 月，IMF 的执行董事会对指导会员国汇率政策的原则进行了修订，增加了第 6 个指标，要求 IMF 在出现与"不可持续的私人国际资本流动"有关的问题时需进行监督磋商。

原则作进一步审查,提供判断上的指导。这些指标具有过滤器的作用,表明在什么时候和什么情况下需要彻底的审查和与会员国进行商讨。根据这些指标启动审查和商讨本身并不等于一会员国没有遵守指导汇率政策的原则。而且,新决议的列举也并没有将 IMF 需要行使监督的所有的情形都囊括完毕。

新决议对 1977 年决议规定的指标的修改主要有两个目标:一是增加新指标以弥补遗漏了的重要政策和结果;二是对现有指标进行修改。①

1. 增补遗漏了的重要政策和结果指标

新决议增补的遗漏了的重要政策是:伴有对冲操作的,在外汇市场进行持续、大规模的单向干预。在外汇市场进行持续、大规模的单向干预是新决议 7 项指标中的第一项,决议在制定过程中还对这种干预特别加上了"特别是伴有对冲"(particularly accompanied by sterilation)的措辞。虽然决议最后文本取消了这一措辞,但这一指标仍然强调 IMF 在监督中需要重点关注伴有对冲的持续、大规模的单向外汇市场干预。伴随着对冲的汇率干预是指采取措施,减少市场的流动性以抵消因外汇储备增长而带来的流动性增加,或向市场注入流动性以抵消因外汇储备减少而带来的流动性减少。伴有对冲的汇率干预阻止了国内价格的调整,不仅妨碍了名义汇率的调整,而且也妨碍了实际汇率的调整。所以,持续、大规模的对冲操作妨碍了国际收支的必要调整,需要给予特别关注。然而,值得注意的是,给予对冲以特别的关注,并不意味着所有的对冲都是有问题的,或都应当受到特别的关注。有些对冲,如一国随着外汇储备的正常增长或为了对付暂时的或周期性的资本流动而采取的对冲措施②,就是正当的。只有伴有持续、大规模的单向外汇市场干预的对冲才需要给予特别关注。不仅如此,在关注对冲时,至关重要的是要判断有对冲的干预是否发生在存在汇率偏差的情形之中。

新决议增补的遗漏了的重要结果是经常项目平衡,即大量和持续的经常账户逆差或顺差。这一遗漏反映了 1977 年决议的当时制定者这样的观点:汇率(作为价格)与经常账户(作为数量)是一个硬币的两面,所以,在对前者规定了指标的情况下,对后者就不必另作规定。然而,由于经常账户在评估一国外部发展变化中具有核心作用,且指标列举中的某些重复也是可以接受的,甚至是有益的,所以,新决议添加了经常账户平衡这一指标,规定出现大量和持续的经常账户逆差或顺差,IMF 需要给予关注。同时,这一指标也与反映资本账户的指标形成对称。

---

① 韩龙:《IMF 近来对汇率监督框架的重大修改与影响》,《法商研究》2008 年第 2 期。
② 当然,有对冲的干预实际效果和可取性取决于资本流动与利差的弹性,也取决于对冲干预的成本。

2. 对现有指标进行修改

新决议对现有指标的修改主要包括:用对外资产的积累取代官方的短期贷款,增加了与官方借款和私人资本流动有关的流动性风险,对汇率偏差给予明确。

(1)用对外资产的积累取代官方的短期贷款。1977 年决议的第 2 项指标是:以国际收支为目的的、不可持续的官方或准官方借款,或过度的、长时间的短期官方或准官方放贷。新协议的第 2 项将之修改为:以国际收支为目的的、不可持续的或带来过高流动性风险的官方或准官方借款,或过度的、长时间的官方或准官方外国资产积累。这一修改体现在两个方面:一是在官方或准官方借款之前增加了"高流动性风险",二是用官方或准官方的对外资产积累取代了 1977 年决议中的官方或准官方放贷(lending)。对于前者,下文将进行阐述,此处仅考察后一方面的修改。新决议之所以用官方或准官方的对外资产积累取代 1977 年决议中的官方或准官方放贷,是因为一国为了避免对国际收支进行有效调整,可以将国际收支的盈余循环运用。用官方或准官方的对外资产积累取代官方或准官方贷款旨在摆脱官方或准官方贷款所限定的有限范围,把不为官方或准官方贷款所涵盖的情形包括进来。然而,在对这一指标进行解释时,需要对"过度的、长期的官方或准官方外国资产积累"中的"过度"和"长期"作慎重解释,考虑诸如一国国内对国际收支盈余的吸收能力、临时性经常账户盈余的谨慎存款和根据一国基本条件(如可用竭资源的减少、老龄人口的增多等)需要对资产进行的审慎管理等。

(2)增加了与官方或准官方借款和私人资本流动有关的流动性风险。如上所述,官方或准官方借款体现在 1977 年决议的第 2 个指标中,而私人资本流动则体现在 1995 年对 1977 年决议修改时增加的第 6 个指标中。从规定内容来看,1977 年决议及 1995 年对其的修改仅关注了这两个指标中可持续性和清偿风险问题。[1]然而,即便在清偿能力有合理保证的情况下,流动性风险也能够引发危机,而且官方或准官方借款和私人资本流动在当今世界扮演着十分重要的角色,对其流动性风险需要给予应有的关注。有鉴于此,新决议对这两项指标进行了扩充,使之明确地覆盖流动性风险。具体来说,新决议在第 2 项指标中,对官方或准官方借款在原有的"以国际收支为目的的、不可持续的"的限制性规定的基础上加入了一个新的成分,将"带来过高流动性风险的官方或准官方借款"包含进来。对私人资本流动的流动性风险的规定体现在新决议的第 7 项指标中,具体内容是"私人资本流动导致的对外部门显著脆弱性,包括流动性风险"。

---

① 1977 年决议第 2 项的规定是:以国际收支为目的的、不可持续的官方或准官方借款,或过度的、长时间的短期官方或准官方放贷。1995 年对 1977 年决议的修改所设立的第 6 项指标是:不可持续的私人国际资本流动。

(3)对汇率偏差给予明确。这一修改体现在新决议的第5项指标中。1977年决议的相应规定也体现在第5项指标中,内容是:汇率表现显得与基本经济和金融条件,包括影响竞争和长期资本流动的因素无关。新决议第5项指标将之修改为严重汇率偏差,即新决议将汇率偏差厘定为与经济基本状况不符的汇率表现的标志,而基本经济状况等同于影响均衡汇率(进而影响汇率偏差)的基本要素(fundamentals)。此外,基本经济状况还应当包括可持续(实际上并不一定是可持续)的政策,因此,不可持续的政策不能作为基本经济状况的一部分。① 这一指标旨在比对为基本经济因素所决定的均衡汇率来跟踪汇率表现,而将原指标修改为严重汇率偏差会使这一解释明朗化。同时,为了使这一指标与指导会员国汇率原则的侧重点相一致,新决议在汇率偏差之前加上了"严重的"(fundamental)限定,从而避免由于周期性或其他暂时性因素而援引这一指标对各会员国进行监督磋商。

三、对新决议的评价

新决议是在西方对人民币汇率的异议甚嚣之际通过的,其影响令人关注。虽然 IMF 总裁罗德里戈·拉托发表声明指出,新框架不是旨在针对任何特定国家,但他也直言不讳地指出,IMF 之所以对监督框架作出更新和修改,是因为1977年的决议没有处理过去三十年来对于国际货币体系稳定构成最大挑战的诸多发展变化,其中主要是会员国为了国内目的而保持过高或过低的钉住汇率以及资本账户的脆弱性。因此,新决议的影响是一个需要关注的问题,尤其是以下几个方面②:

(一)新决议没有改变会员国义务的范围和性质

新决议是 IMF 第一份关于汇率监督的全面的政策说明,更加明确地阐述了汇率监督的有关内容,从而增强了公平性和问责制。新决议澄清了对汇率监督最佳做法的理解,能够确保 IMF 与会员国之间的政策对话更有重点,更加有效。此外,新决议更加明确和具体地阐述了各国应采取什么汇率政策,以及在什么情况下会引起国际社会的关注。

然而,新决议与《1977年决议》一样,都是根据第4条第3节(b)项的授权而制定的。没有改变会员国义务的范围和性质。首先,新决议是根据第4条第3节(b)项授权而制定的,只与第4条第1节规定的"汇率政策"义务有关。根据前面的分析,这些义务包括:会员国在第4条第1节第3项和第4项规定的义务,IMF根据第4条第1节项下为汇率体系稳定进行合作的一般义务而要求会员国采取的

---

① 例如,IMF 在20世纪80年代初在与美国的监督磋商中就明确,不可持续的财政政策不能看作是基本经济状况的构成部分。James Boughton, *Silent Revolution—The International Monetary Fund 1979—1989*, International Monetary Fund, 1998, pp. 71 – 72.

② 韩龙:《IMF 新决议的重大突破:双边汇率监督范围之厘定》,《上海财经大学学报》2007年第6期。

任何汇率行为。尽管 IMF 可以制定原则以指导会员国遵守第 4 条第 1 节第 1 项和第 2 项项下的国内政策义务,或者 IMF 根据合作的一般义务确定其他必要的国内政策义务,尽管新决议明确承认汇率政策和国内政策之间有着密切的关系,新决议关注的仍然是会员国的汇率政策。

其次,由于新决议是根据第 4 条第 3 节(b)项制定的,其包含的原则意在为会员国的汇率政策符合其在第 4 条第 1 节项下的义务提供"指导",因此,不遵守这些原则也并不必然意味着会员国违反了其义务。新决议将指导会员国实施汇率政策的原则从原来的 3 项扩大到 4 项。如前所述,执行董事会制定指导原则的法律依据是 1978 年生效的对 IMF 协定第二次修改后的第 4 条第 3 节,这次 IMF 执行董事会通过的新决议,其依据也在于此。由于执行董事会制定的是指导原则,无论是 1977 年决议,还是新决议,对会员国只具有指导作用,因而仅具有建议的性质。正因为如此,新决议明确指出,IMF 作出的某会员国没有遵守其中某项建议的认定,并不能导致推定该会员国违反了其承担的 IMF 协定第 4 条第 1 节的义务。但是,由于新决议指导会员国实施汇率政策的原则中的第 1 项原则,即避免操纵汇率或国际货币体系,规定和重申了第 4 条第 1 节第 3 项所包含的义务,因此,这一规定不仅仅是指导性的建议,而构成对会员国的义务和义务判断。这也是新决议之所以将这一指导原则与其他指导原则区分开来的原因所在①,规定关于汇率操纵的原则重了第 4 条规定的会员国义务,而其他原则是建议。根据《1977 年决议》和新决议的措辞和"指导"在实践中的发展情况,"指导"是指同会员国进行商讨的必要性。所以,没有证据显示,其余的原则(原则 2、3、4)被看作是构成第 4 条第 1 节项下的义务,无论是该规定中的一般合作义务,还是第 4 条第 1 节第 4 项义务(即要求会员国奉行同第 4 条第 1 节所规定的义务相一致的外汇政策)。所以,新决议中的第 2、3、4 项原则具有建议的性质。对于具有建议性质的指导原则,即便 IMF 通过决议将建议会员国采取的行动强制化,但是这种做法仍然没有在 IMF 协定项下创设新的义务,因为协定第 4 条规定 IMF 的各会员国有义务"同 IMF 和其他会员国进行合作,以保证有秩序的外汇安排,并促进汇率体系的稳定",即 IMF 可以根据同 IMF 和其他会员国进行合作的义务,要求各会员国采取或避免采取不在第 4 条第 1 节之列的行动。所以,新决议明确指出,决议没有、亦不能被解释为或运用于直接或间接地扩大或拓宽会员国根据第 4 条承担的义务的范围,或改变会员国根据第 4 条承担的义务的性质,新决议的重点仍然是汇率政策。

---

① 新决议第 14 段规定:"原则 A 规定了第 4 条第 1 节(iii)项中包含的义务……原则 B 至 D 为建议,而非会员国的义务。基金组织作出的某会员国没有遵守其中某项建议的认定并不能导致推定该会员国违反了其承担的第 4 条第 1 节的义务。"

（二）新决议不影响会员国选择汇率安排的自由

如前所述,IMF 协定第 4 条第 2 节规定的会员国外汇安排的权利,实际上是指汇率安排的总方法和分类,而第 4 条第 3 节有关 IMF 的监督活动出现了"汇率政策"一词则是指会员国在其外汇安排操作中的行动或不行动。新决议是根据第 4 条第 3 节(b)项制定的,必须与会员国的外汇安排相一致,无意对会员国的外汇安排提供指导。虽然会员国选择外汇安排的权利受到第 4 条第 1 节所规定义务的制约,只要会员国的外汇安排包含具体的汇率,根据会员国"促进汇率体系稳定"的义务而对其汇率进行监督就是第 4 条第 3 节(b)项所规定原则的固有主题,然而,实践中也不排除存在 IMF 认为会员国对其货币(而不是汇率本身)估值所依据的基本方法构成第 4 条第 1 节意义上的"异常混乱的货币制度"的情形。虽然 IMF 可以就什么样的外汇安排被认为是无序的外汇安排为会员国提供指导,但这种指导作出的依据是第 4 条第 1 节,而非第 4 条第 3 节(b)项。新决议明确指出,新决议所包含的指导原则与 IMF 协定第 4 条规定的会员国汇率选择自由是一致的。

（三）汇率操纵有所明确,但仍有很大的不确定性

如前所述,新决议为了克服 1977 年决议的模糊性和可操作性差的问题,将汇率操纵界定为通过实施旨在影响汇率水平并且实际影响了汇率水平的政策,造成构成严重偏差的汇率低估,并以此扩大净出口,取得持续的经常账户盈余。这种解释意味着持续的双边贸易顺差和外汇储备的持续大量增长具有汇率操纵之嫌。一旦 IMF 根据新决议认定有关国家符合这种解释的汇率操纵,那么,就会违背 IMF 协定第 4 条所规定的义务。这对于衡量人民币汇率是否操纵十分不利。

但是,应当看到,由于新决议将汇率操纵与汇率严重偏差挂起钩来,这也就为根据新决议衡量汇率操纵设置了新的技术难题。衡量是否存在汇率偏差,必须首先确定均衡汇率这一基准,否则,就会缺乏标准。均衡汇率如何确定,世界上币值决定理论多达几十种,而且没有任何一种理论被普遍接受为唯一的圭臬;IMF 倾其数十年之人力、财力和物力,也没有建立起被各会员国普遍接受的标准或模型。在这种情况下,汇率操纵和汇率偏差虽然概念明确,但在衡量上却存在很大的不确定性。"的确,在缺乏汇率和资本自由的情况下,没有人知道均衡汇率是多少。也没有一个中央计划者或 IMF 的经济学家拥有能够准确计算出'严重偏差'是多少的信息。所以,新决议缺乏实施机制。"[1]2007 年 6 月 15 日,IMF 总裁在对执行董事会的讨论进行总结时也指出,执行董事们强调,需适当谨慎地对汇率严重偏差加以运用。他们特别强调在运用这一概念时,应对所涉及的衡量方面的显著不确定性

---

[1] James A. Dorn, *The IMFs Fuzzy New Principle*, at http://www. cato. org/pub_display. php? pub_id =8491,July 9,2007.

给予应有的承认,并指出评估汇率偏差需要作出谨慎的判断。在实践中,只有当汇率显著偏差时,才认为是严重偏差。① 不止于此,新决议在第 13 段中明确指出,指导会员国政策的原则尊重会员国的国内社会和政治政策。在运用这些原则时,IMF 将对会员国的国情给予应有的注意。IMF 推定会员国在实施与这些原则相一致的政策。IMF 在监督中,如果对某会员国是否在实施符合 IMF 的指导原则的政策产生疑问,在有合理怀疑情况下不作出不利于该会员国的判定,这包括对汇率严重偏差的评估。

(四)符合指导原则可以安全无事

能够对汇率的外部稳定产生影响的政策有很多,IMF 执行董事会在新决议中仅规定了四项指导会员国政策的原则,这四项原则显然不能涵盖与促进外部稳定有关的所有政策。尽管如此,一会员国如果遵守这些原则,就会被认为是遵守了 IMF 协定第 4 条第 1 节项下的义务,因为 IMF 制定每一项具体的指导原则都是意在指导会员国实施什么政策能够确保其遵守 IMF 协定第 4 条第 1 节的义务。因此,遵守执行董事会制定的指导原则就构成会员国满足第 4 条第 1 节义务的安全港,IMF 就会排除该会员国违反其义务的可能。

---

① International Monetary Fund,"Review of the 1977 Decision—Proposal for a New Decision", *Companion Paper*, at http://www.imf.org/external/np/pp/2007/eng/ndexc.pdf, June 21,2007.

第三章　人民币汇率的国际法问题

汇率和人民币汇率安排涉及微妙和复杂的国际法问题。近几年来,西方对人民币汇率的咄咄逼人的指责使得对这一问题的研究显得更加迫切,而我国在这一领域研究的滞后与现实中的迫切要求显然不相匹配。以下将我们对这一问题研究的多年成果进行整合、提炼和总结,希望对维护我国的合法权益有所裨益。

第一节　西方对人民币汇率的主要
指控和行动的渠道

近年来,随着我国外汇储备的大量增加和中国产品在国际市场竞争力的增强,西方把目光集中到人民币汇率问题上。对人民币汇率率先发难的是日本。2000年,日本中央银行的理事松本就撰文声称人民币估值过低,应当大幅度升值。随后,日本在国内外许多场合宣扬人民币低估论。之后,美国取代日本成为要求人民币汇率升值的先锋。2003年9月,美国参议院议员查尔斯·舒默(Charles Schumer)等提出了针对人民币的第一个法案,声称如果人民币价值不能有效重估,那么,就对所有来自中国的产品征收27.5%的附加关税。[①] 从此以后,美国国会参众两院提出了几十项有关人民币汇率的法案[②],仅2007年就达十几份之多。其中由马克斯·鲍卡斯(Max Baucus)、查尔斯·格拉斯利(Charles Grassley)等提出的参议院财政委员会法案(参议院1607号法案),由参议员谢尔比(Richard Shelby)和多德(Christopher Dodd)提出的参议院银行委员会法案(参议院1677号法案),由众议员蒂姆·莱恩(Tim Ryan)和邓肯·亨特(Duncan Hunter)提出的众议院法案(众

---

① 27.5%是舒默等对当时人民币两种低估估测40%与15%的算术平均值。

② Gary Hufbauer,Claire Brunel,"The US Congress and the Chinese Yuan,Papers of the Conference on China's Exchange Rate Policy",*Peterson Institute for International Economics*,19 October 2007.

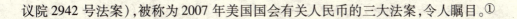

议院 2942 号法案），被称为 2007 年美国国会有关人民币的三大法案，令人瞩目。①

一、西方对人民币汇率安排的指控

西方对人民币汇率安排的指控可以大致分为国际货币法的指控和国际贸易法的指控，但二者具有密切的联系。②

（一）国际货币法的指控

西方对人民币汇率安排的国际货币法的指控主要有两个方面：

第一，所谓中国操纵了人民币汇率，使中国获得了不公平的竞争优势，并对它国货物和服务的出口造成了歧视，因此，违反了 IMF 协定的规定。例如，2005 年 4 月 6 日，民主党众议员蒂姆·瑞安和共和党众议员邓肯·亨特在提出的众议院第 1498 号议案——《中国货币法案》，指出中国对汇率进行了操纵，并构成出口补贴，损害了美国的制造业。《中国货币法案》拟在对《1930年关税法》和《1974 年贸易法》的修改中，将"汇率操纵"定义为"一国货币当局长期、大规模地干预汇率市场，通过低估其货币，妨碍国际收支的有效调整或取得对任何其他国家贸易的不公平竞争优势"。关于"汇率操纵"的衡量标准，法案规定"在衡量是否构成汇率操纵时，应当考虑：①中美双边贸易盈余或赤字；②中国与其他贸易伙伴单独或总体贸易盈余或赤字；③外国在华直接投资额；④特定货币和外汇储备总量；⑤中国为维持相对另一国货币的固定汇率所采取的做法，尤其是这种做法的性质、期限和货币支出；⑥其他相关的经济因素"。③又如，2005 年 6 月 30 日，国会众议院提出的《货币操纵预防法案》，规定"货币操纵"是指：①《IMF 协定》第 4 条规定的一国操纵汇率来取得不公平竞争优势。②一国通过指令中央银行以固定汇率卖出外汇，维持单一方向上的货币干预。③一国通过在全球货币市场上买卖美元来削弱或坚挺一种货币，进行长期、大规模、单一方向上的干预。④一国通过其他方法维持其货币相对于另一国货币的固定汇率。④

第二，中国货币或汇率严重偏差。2007 年，民主党众议员蒂姆·瑞安和共和党众议员邓肯·亨特，在众议院提出"公平贸易货币改革法"（Currency Reform for Fair Trade Act of 2007），主要依据是汇率严重偏差，认为人民币价值被严重低估了

---

① US – China Business Council, *List of all China related legislation introduced in the first session of the 110th congress*, http://www.uschina.org/public/documents/2007/110th – congresslegislation – related – to – china.pdf, 28 September 2007.

② 韩龙：《论人民币汇率义务的管辖归属和衡量依据》，《法学家》2006 年第 2 期。

③ Section 3, (b) of the "Chinese Currency Act of 2005", H. R. 1498.

④ Section 6, (1) of the "Currency Manipulation Prevention Act", H. R. 3157.

40%。这一法案摒弃了美国国会传统上倚重的"货币操纵"（currency manipula-tion），代之以"货币偏差"（currency misalignment）。汇率偏差删除了人民币构成汇率操纵所需要具备的目的因素或要求。新法案的另一个重要特征是：把货币偏差（currency misalignment）和贸易补贴直接联系起来，把货币偏差解释为非法的出口补贴。法案认为，人为压低货币币值，等于为产品出口提供了补贴，为进口设置了非关税性壁垒，给美国的制造业等造成严重的损失。法案要求美国政府迅速采取措施，促使中国改变不公平的汇率政策，否则应该征收惩罚性关税。

（二）国际贸易法的指控

西方对人民币汇率安排的国际贸易法的指控也突出地体现在两个方面：一是依据《关贸总协定》（以下简称 GATT）第 15 条第 4 款，指控人民币汇率的低估妨碍了 GATT 各项规定的意图的实现。[①] 二是与国际货币法的指控密切相联系，认为受到操纵或存在严重偏差的人民币汇率为中国的出口产品提供了出口补贴，或造成中国出口产品的倾销。

第一，所谓人民币汇率的低估妨碍 GATT 规定的意图的实现。

美国依据 GATT 第 15 条第 4 款指控人民币汇率的低估妨碍了 GATT 各项规定的意图的实现，体现在上述 2007 年美国国会有关人民币的三大法案中。根据 GATT 第 15 条第 4 款对人民币汇率指控的要点在于，所谓人民币币值的低估使中国的企业得以以人为的低价向美国出口产品，造成了中美双边贸易和全球多边贸易的失衡，并造成了美国就业的损失，违背了 GATT 第 15 条第 4 款不得以外汇行动妨碍 GATT 各项规定的意图实现的规定。[②]

第二，所谓人民币汇率构成对中国产品的出口补贴或造成中国出口产品的倾销。

2007 年美国国会有关人民币的三大法案具有以下共同特征：①指责人民币汇率低估违背了 WTO 有关协定的规定，特别是构成对中国出口产品的补贴或造成中国产品对美出口的倾销，指示美国行政当局在中国没有对人民币进行重估的情况下，采取单边的或多边贸易措施，通过国际或国内的渠道尤其是以反补贴或反倾销的办法解决人民币汇率问题。②尽管这些法案在人民币哪些做法所谓违法的问题上涵盖范围不一，但它们在确定人民币是否构成汇率操纵或汇率偏差时，都删除

---

① GATT 第 15 条第 4 款规定："缔约各方不得以外汇行动，妨碍本协定各项规定的意图的实现，也不得以贸易行动，妨碍国际货币基金协定的各项规定的意图实现。"

② China Currency Coalition, press release, China's Record Foreign Currency Reserves No Surprise to U. S. Coalition, available at http://www.tradealert.us/view_art.asp? Prod_ID=2195, January 18, 2006.

了目的因素或要求。① ③这些法案都指示财政部在国际货币基金组织(简称 IMF)采取更有力的措施。④这些法案都拟定了采取行动的最后期限,最长的是 360 天。⑤有些法案还规定总统放弃否决权。

以蒂姆·莱恩和邓肯·亨特提出的 2942 号法案为例,该法案可谓为对付所谓人民币币值的严重偏差提供了全面的解决方法。根据 2942 号法案,对于因货币估价而获得竞争优势的产品,美国可以将反补贴规则适用于非市场经济国家;严重的货币失衡在反补贴案中可以作为禁止性出口补贴;如果美国公司赢得了反倾销令或是现有的反倾销令的受益者,禁止出口补贴的数量可以加到倾销幅度中去;确定货币是否严重偏差要依据客观标准,不要求财政部对一国的意图作出判断。2942 号法案的关键因素是它允许美国的生产者向美国的行政当局申请征收反补贴税,以惩罚从货币严重偏差中受益的外国的生产者或出口商。如果 2942 号法案成为法律且美国的一家公司或产业在反补贴案中胜诉,这会创造一个先例,之后几乎所有的产业都会效仿,该法案企图以此迫使汇率低估的国家对汇率进行重估。②

二、西方对人民币汇率拟采取行动的渠道

综而观之,西方特别是美国拟对人民币汇率采取行动的渠道主要有两个:国内渠道和国际渠道,但二者存在着密切的联系。

国内渠道是指试图单方面地通过国内法的办法解决人民币汇率的问题。以美国的舒默法案为例,2003 年 9 月,美国参议院舒默等参议员提出了针对人民币汇率的法案(又称舒默法案)。舒默法案指责中国长期压低人民币汇率,违背了中国在 WTO 和 IMF 项下不得对出口进行补贴或操纵汇率的义务,要求美国商务部确定是否存在货币操纵,如果存在,对中国出口产品进行制裁。舒默法案要求一旦确定中国违背上述义务,美国即对中国的出口产品征收 27% 的反补贴关税。根据舒默法案,美国可以单方面地对中国出口到美国的产品的通过征收反补贴税的办法,抵消所谓中国操纵人民币汇率而给中国产品提供的出口补贴。③ 该法案几度推迟表决,2006 年秋由于美国行政当局的劝说等原因,舒默等撤销了该法案。

国际渠道主要是依据有关国际义务的规定,试图借助多边机制所提供的救济途径解决人民币汇率问题。格拉斯利—鲍克斯法案是这一解决渠道的代表。2006

---

① 根据《国际货币基金协定》第 4 条第 1 节第 3 项的规定,构成汇率操纵需要有目的因素,即要么是为了妨碍国际收支有效的调整,要么是为了取得对其他会员国不公平的竞争优势。美国财政部在 2007 年 6 月发表的上半年的货币报告中,在确定货币是否构成操纵时加上了目的标准,认为难以证实中国具有这样的目的。

② 韩龙:《人民币汇率构成对中国出口产品的财政资助吗?》,《河北法学》2008 年第 9 期。

③ 韩龙:《论人民币汇率义务的管辖归属和衡量依据》,《法学家》2006 年第 2 期。

年 3 月 29 日,美国议员格拉斯利、鲍克斯提出了格拉斯利—鲍克斯法案(Grassley & Baucus Bill),又称《美国 2006 贸易加强法》。该法案要求美国财政部确定有关国家的货币是否存在损害了美国经济利益的汇率严重偏差问题。如果美国财政部认定人民币汇率存在严重偏差,并且这种状况在损害美国经济,那么给予中国 180 天的时间解决分歧,否则将面临一系列制裁措施。其中包括:美国将向 IMF 的总裁提出中国没有解决其货币严重失衡的申诉,要求 IMF 总裁就中国是否遵守了 IMF 协定第 4 条的问题与中国磋商,包括特别磋商,并将磋商结果在 180 天内报告 IMF 执行董事会。又如,2006 年 11 月 17 日,"美中经济与安全评估委员会"发布年度报告,声称中国通过操纵人民币汇率获取国际贸易的优势,对海外贸易给予大量补贴,导致中国对美国的贸易顺差不断创出新高。报告建议美国国会对白宫施压,就中国操纵汇率问题向 WTO 和 IMF 提出申诉。以上例证表明,美国拟采取的国际渠道主要是将人民币汇率问题交 IMF 或/和 WTO 来解决,但无论交付任何一家机构解决,都是国际多边解决模式,而不是单边主义的做法。

在美国提出的解决方法中,国内渠道和国际渠道是为了便于考察而作出的相对划分。实际上,美国提出的许多解决方案是将国内渠道和国际渠道交织在一起的。以 2007 年美国国会提出的数项针对人民币汇率的法案为例,其中的一个突出内容是将货币或汇率争端直接或间接地提交 WTO 来解决。直接的方法就是将与人民币汇率有关的争端径直交由 WTO 解决,依据 GATT 第 15 条第 4 款,指控中国低估的人民币汇率妨碍了 GATT 各项规定的意图的实现,或依据 WTO 的反补贴协定或反倾销协定向 WTO 提出申诉,指控人民币汇率低估构成禁止性出口补贴,或造成中国出口产品的倾销。间接方法是依据美国受 WTO 约束的国内反补贴法或反倾销法来解决人民币汇率问题。这种方法将低估的人民币币值作为中国对出口产品的补贴,适用美国的反补贴法;或适用美国的反倾销法,使用"矫正过"的人民币币值计算倾销幅度。根据美国反补贴法和反倾销法所提供的救济,受影响的美国产业可以向美国的商务部(以确定补贴或倾销)和国际贸易委员会(以确定损害)提起诉讼。如果这两个部门作出了肯定的结论,那么,中国出口到美国的产品就会被征收相应的反补贴税或反倾销税,以此来抵消人民币被低估的程度。

三、西方的指控和行动渠道折射出的国际法问题

从以上指控和拟采取的行动渠道来看,西方时而指责中国违反了 IMF 协定的有关规定,时而指责中国违反了 WTO 有关协定的规定;有人主张通过 IMF 来解决人民币汇率问题,有人主张将这一问题交付 WTO 解决,还有人提出径直采取国内法的解决办法。

众所周知,由不同的机构按照各自不同的规则来审视和衡量同一问题会得出

不同的裁定和结果,同一个经济体在同时为不同机构的成员的情况下,当其在同一问题上面临不同甚至相互矛盾的裁决和结果时,会陷入顾此失彼,难以适从的困境。同时,目前的国际经济格局和国际经济秩序是第二次世界大战结束前夕国际社会有意识创建而成的,并延续至今。IMF 与 WTO 及其前身 GATT 是有意识创建的国际经济格局和国际经济秩序的重要支柱,彼此间有明确的国际分工。一个问题究竟属于哪个国际组织统辖的范围,要由国际社会建立该国际组织的法律文件来确定,不能以一个国家、一家机构或某些人的个人愿望和个人意志来决定,否则,不仅会违背现有国际经济格局下的国际分工,同时也会造成国际经济关系和国际经济秩序的混乱。

因此,针对西方的指控和拟采取的行动渠道,科学的方法应当是首先确定对人民币汇率指控在现有国际经济格局下的管辖归属和衡量依据。具体来说,人民币汇率义务问题究竟是由 IMF 来管辖和衡量,还是由 WTO 来管辖和衡量。这是科学地解决人民币汇率义务的国际法问题的前提,否则,就会出现张冠李戴,管辖归属错置,进而导致衡量依据的错误,出现"葫芦僧错判葫芦案"的局面。在解决这一前提的基础上,再分别依据 IMF 协定或/和 WTO 有关协定的规定,对人民币汇率安排是否违背相关协定的义务进行考察和衡量,并最后得出相关结论。所以,人民币汇率安排及其义务的国际法问题需要研究解决的问题主要包括:首先,人民币汇率安排及其义务是由 IMF,还是由 WTO 来管辖和衡量,为此需要确定 IMF 与 WTO 在人民币汇率问题上的关系。其次,根据 IMF 协定和/或 WTO 规则分别衡量人民币汇率安排及其义务。由于对人民币汇率提出指控的西方国家都是 WTO 的成员方,其拟对人民币汇率问题采取国内反补贴或反倾销措施也要受到 WTO 反补贴协定和反倾销协定的约束。因此,对西方拟对人民币汇率采取的国内法的办法可以放到 WTO 规则中进行衡量。

第二节　IMF 与 WTO 对人民币汇率义务的管辖关系

IMF 与 WTO 在人民币汇率义务问题上的管辖关系目前主要涉及三方面问题:一是根据 GATT 第 15 条第 4 款向 WTO 申诉的问题;二是按照 GATT 第 15 条处理 IMF 与 WTO 在人民币汇率义务上的关系;三是 WTO 反补贴协定和反倾销协定是否授予 WTO 在人民币汇率问题上的管辖权。以下分别对此三方面的问题进行考察。

一、根据 GATT 第 15 条第 4 款向 WTO 申诉的问题

根据 GATT 第 15 条第 4 款向 WTO 就人民币汇率问题提出申诉的要点在于，所谓人民币币值的低估使中国的企业得以以人为的低价向美国出口产品，造成了中美双边贸易和全球多边贸易的失衡，并造成了美国就业的损失，违背了 GATT 第 15 条第 4 款不得以外汇行动妨碍 GATT 各项规定的意图实现的规定。①

从法律上考察，美国若根据 GATT 第 15 条第 4 款就人民币汇率问题向 WTO 提出申诉，存在相当大的难度。虽然美国可以声称一种主要货币的长期低估威胁到世界贸易体系，但是，IMF 和 GATT 作为为第二次世界大战后规划的国际经济秩序的有机组成部分，是有分工的，汇率问题归于 IMF，贸易问题归于 GATT 和当今的 WTO。虽然这两个机构在业务上存在一定的重叠，但这种重叠仅发生在边缘领域，在核心领域并没有重叠，这也是任何一种有意识的秩序设计所具备的基本常识和基本功能。② 如果 WTO 在 IMF 没有确定人民币币值威胁到世界贸易体系的情况下，就宣布中国的汇率做法违背了 GATT 的规定和意图，那么，IMF 的相当一部分职权就会转移至当今的 WTO 手中，这有悖于国际经济秩序的安排和 IMF 与 WTO 的国际分工。不仅如此，GATT 第 15 条第 9 款规定，GATT 不妨碍缔约方实施与国际货币基金协定（简称 IMF 协定）相符的外汇管制或外汇限制。IMF 协定允许各会员国采用不同的汇率体制，包括固定汇率制。③ 这就意味着人民币汇率，无论是 2005 年 7 月 21 日之前实行的人民币事实上的钉住美元汇率制，还是当今的有管理的浮动汇率制，都在 IMF 协定允许范围之列。在没有被 IMF 认定违反 IMF 协定的情况下，我国的汇率安排就难以构成对 GATT 第 15 条第 4 款的违反。同时，这一规定也无异于是 IMF 对付 WTO 插手汇率问题的一扇铁闸，如果 IMF 反对，WTO 在人民币汇率问题上就难以施展拳脚。

即便 IMF 认定人民币汇率安排存在问题，美国根据 GATT 第 15 条第 4 款提出的申诉的结果，也要取决于我国的汇率体制是否妨碍了 GATT 规定的目的的实现。不通晓 GATT 和 WTO 的人们，通常将双边贸易平衡看作是 GATT 和 WTO 的目标，人民币汇率的一些批评者们也将中美之间巨大的国际收支失衡当作是对 GATT 的

---

① China Currency Coalition, press release, China's Record Foreign Currency Reserves No Surprise to U. S. Coalition, available at http://www. tradealert. us/view_art. asp? Prod_ID = 2195, January 18, 2006.

② 韩龙：《GATT 第 15 条：汇率义务衡量需提防的陷阱——基于人民币汇率义务问题的探讨》，《法律科学》2007 年第 2 期。

③ 见 IMF 协定第 4 条的规定。此外，美国前贸易代表罗伯特·佐里克（Robert Zoellick）也承认，WTO 不反对实行固定汇率，指出美国直到 1971 年还在实行固定汇率。Edward Alden, "Zoellick Snubs Calls for WTO Criticism", *Financial Times*, February 26, 2004.

违反和侵害。但是,GATT 的历史却充分证明其目标并不是要确保双边贸易的平衡。在 GATT 缔结时,美国对出于双边贸易平衡目的而采取歧视性配额和关税的做法,就极力地予以限制,并给 GATT 打下了鲜明的烙印。典型的体现就是在美国的坚持下,GATT 一些普遍适用的多边规则所具有的例外被从严限制,以减少双边优惠。① 经济学家也普遍认为,多边贸易由于能够使各国专注于最有效率的生产,因而具有巨大的优势。所以,第二次世界大战后,多边贸易并没有因双边贸易失衡的存在而受到限制。可见,双边贸易平衡与否,不能作为 GATT 的目标和目的是否实现的标准。

　　那么,WTO 是否寻求在多边基础上的贸易平衡,即多边贸易平衡呢? 也不是。首先,被 GATT 1994 继受的 GATT 1947 在序言中指出,贸易和经济活动领域的关系应以提高生活水平,保证充分就业,保证实际收入和有效需求的巨大持续增长,扩大世界资源的充分利用以及发展商品的生产与交换为目的。据此,虽然美国可以主张多边基础上的贸易平衡能够促进生活水平的提高、充分就业、资源的充分利用、发展生产和交换,但是,GATT 之所以这么措辞而没有将多边贸易平衡纳入进来,表明 GATT 并不推崇在多边基础上实行贸易平衡。如果说这种平衡被 GATT 1947 和 GATT 1994 遗漏了的话,那么,也理应在《建立世界贸易组织的马拉喀什协定》(简称《马拉喀什协定》)中得到弥补,但是,该协定在规定各成员方处理贸易和经济领域关系的目标时,除了对 GATT 上述序言的目标进行重申之外,添加的内容有:以扩大货物和服务的生产和贸易为目的,同时应依照可持续发展的目标,考虑对世界资源的最佳利用,寻求既保护和维护环境,又以与它们各自在不同经济发展水平的需要和关注相一致的方式,加强为此采取的措施。《马拉喀什协定》同样没有提及成员方需要在多边基础上实现贸易平衡。作为常规,无论是 WTO 成立前的专家组,还是 WTO 成立后的争端解决机构,在对 WTO 的各项协定进行解释时都应忠实于协定的规定,而不能将各项协定没有明确要求的义务强加给各成员方。在 WTO 各项协定没有对成员方规定多边贸易平衡义务的情况下,期待 WTO 的争端解决机构作出这种义务解读或将多边贸易平衡解读为 GATT 的意图或目标,是不现实和不可能的。

　　其次,在 WTO 法律体系中与 GATT 形成双轨制的服务贸易总协定(简称 GATS),在汇率问题上并没有相当于 GATT 第 15 条第 4 款的并行规定。由于这一原因,从法律上来看,就不能认为多边贸易平衡义务共存于 GATT 和 GATS 之中,不能主张 WTO 在货物和服务领域都以多边贸易平衡为目标。作为经济学常识,

---

① 这些规则如第 1 条最惠国待遇、第 12 条为保障国际收支而实施的限制和第 14 条非歧视原则的例外。

只有货物和服务领域都实现了平衡,多边平衡才具有意义,而仅有货物贸易的多边平衡是没有意义的。有些国家如我国是服务的进口大国,同时又是货物的出口大国;而另一些国家如美国则相反,是服务的出口大国和货物的进口大国。但是,GATT 第 15 条第 4 款仅适用于有关货物贸易的条款受到妨碍的情形,因而不构成对服务贸易领域多边平衡的要求。在这种情况下,若要对货物和服务作出共同的多边贸易平衡的规定,只能是在《马拉喀什协定》中作出规定,但如上所述,该协定并没有这一规定。

对于将多边贸易平衡解读为 GATT 目标和意图同样具有致命性的,是 GATT 第 15 条第 4 款条文用语和补充规定。GATT 第 15 条第 4 款要求,WTO 各成员方不要采取汇率行动来"妨碍*本协定各项规定的意图的实现"。规定中的星号(*)是指补充规定,根据补充规定,若要援用第 15 条第 4 款的约束,必须存在严重妨碍 GATT 第 15 条第 4 款以外的另一条文或使另一条文无效的情形,但是,在 GATT 中,无论如何也找不出规定了多边贸易平衡这一目标的另一条文。

贸易的不平衡反映在国际收支上必然体现为国际收支的不平衡。但"WTO 之父"约翰·H·杰克逊教授指出,就收支不平衡而言,GATT 的规定限于一国遭受国际收支困难的情形,而不包括一国具有国际收支盈余的情形。GATT 第 18 条授权只能维持生活水平和处在发展初级阶段的缔约方,可不受相关贸易义务的约束采取暂时的收支平衡措施,而其他缔约方如 OECD 国家和美国,在采取国际收支平衡的限制措施之前则需要得到许可。[①] 根据 GATT 的规定,一国可采取的恢复国际收支平衡的贸易措施限于配额,此外,GATT 1994 关于收支平衡规定的谅解,也授权 WTO 成员方采取关税附加税的方法。但是,美国已不是只能维持生活水平且处在发展初级阶段的 WTO 成员方,所以,美国若通过法案,以遭受国际收支平衡的困难为由而对所有的进口产品(而不仅仅是来自我国的产品)征收进口附加税,这需要其他 WTO 成员方的事先同意,而美国获得这种同意的可能性并不大。

总之,从法律上来看,我国在双边、多边贸易中所拥有的顺差以及发生这种顺差的汇率体制,并没有违背 GATT 第 15 条第 4 款项下的义务规定,更谈不上使 GATT 的目的受挫。如果美国以 GATT 第 15 条第 4 款为据向 WTO 争端解决机构提出申诉,美国的请求则注定难以被接受。

二、GATT 第 15 条与 IMF 和 WTO 在人民币汇率义务上的关系

国内外论著在涉及人民币汇率义务的衡量时,或明或暗地指向了关税与

---

① John H. Jackson, *World Trade and the Law of GATT*, The Bobbs‑Merrill Company, Inc. ,1969, p. 163.

贸易总协定(以下简称 GATT)第 15 条的规定,认为确定 IMF 与 WTO 在人民币汇率义务问题上的管辖归属和衡量依据需依照此规定。然而,这种观点忽视了外汇措施与汇率安排在 GATT 和 IMF 协定中的差异,从而导致 GATT 第 15 条不适当地扩展适用于汇率义务问题。外汇措施是一国限制将当地货币兑换成另一国货币(通常是国际通货)用以进行国际支付的措施,而汇率安排是一国确定本国货币对外价值的机制和方法。以下拟在澄清 GATT 第 15 条的基础上,对 GATT 第 15 条与 IMF 协定有关规定的对应关系进行分辨,力求廓清对 IMF 与 WTO 在外汇措施和汇率安排问题上的关系。

(一)GATT 第 15 条引起的 IMF 与 WTO 的关系

从业务上看,主管国际贸易事务的 WTO 与主管国际货币事务的 IMF 发生关系的基础,在于外汇措施与贸易措施具有交叉重叠的效果,即贸易的目的可以通过外汇的手段来达到,而外汇的目的可以通过贸易的手段来达到。在这种情况下,能够产生外汇效果的贸易措施和能够影响贸易效果的外汇措施究竟由谁来衡量? 这就为双方从法律上协调彼此的关系提出了客观要求。从法律上看,IMF 和 WTO 作为两个国际组织,彼此间所具有的法律关系取决于各自的法律规定和双方所达成的协议。

1. IMF 与 WTO 关系的法律基础

从 WTO 方面来看,GATT 第 15 条是关于 WTO 及其前身 GATT 与 IMF 关系的重要规定。该条第 1 款要求 WTO 应谋求与 IMF 合作,以便在 IMF 所主管的外汇问题和 WTO 所主管的贸易措施方面,双方可以执行一个协调的政策。第 2 款进一步要求 WTO 就有关货币储备、国际收支或外汇安排的问题与 IMF 进行充分的磋商,并应当接受 IMF 提供的一切统计或其他调查结果;对于成员方在外汇问题上采取的行动是否符合 IMF 协定,WTO 应接受 IMF 的判定。"应当"(shall)和"充分磋商"等措辞的使用及其所具有的明确含义,确立了 WTO 在货币储备、国际收支或外汇安排等具体问题上与 IMF 进行磋商的义务,表明磋商是强制性的,也表明 WTO 在处理相关问题时要注意 IMF 的规则和作用,考虑有关措施是否与 IMF 的规定相一致。

GATT 第 15 条的规定对 IMF 与 WTO 的关系十分重要,它奠定了当今二者关系的基石。在乌拉圭回合之前,货物贸易基本上是多边贸易体制的唯一内容,GATT 的这一规定构成当时 IMF 与 GATT 这一准国际机构之间的关系的基础。乌拉圭回合所达成的"关于 IMF 与 WTO 关系的声明""注意到 GATT 1947 缔约方全体与 IMF 之间的密切关系,及 GATT 1947 适用于此关系的规定,特别是 GATT 1947 第 15 条",规定除非最后文本另有规定,否则,在附件 1A 所涵盖的领域内,GATT 1947 缔约方全体与 IMF 的关系的规定作为 IMF 与 WTO 的关系的依据。这一声明的意义就在于确认了 IMF 与 GATT 的原有关系为 WTO 所继受,GATT 1947 第 15 条所确立的关系延伸适用于附件 1A 所包含的其他货物贸易协定。

从 IMF 方面来看,IMF 协定订立在 GATT 之前,因此,没有就其与 GATT(更不用说 WTO)的关系问题作出规定,但是,IMF 协定第 10 条规定:"IMF 应在本协定规定的范围内,与一般的国际组织和在有关领域内负有专门责任的公共国际组织进行合作。"这一一般性的授权规定为 IMF 与 GATT 以及后来的 WTO 进行合作提供了基础。

如上所述,GATT 第 15 条第 2 款要求 WTO 在货币储备、国际收支或外汇安排方面与 IMF 磋商,但是,如果仅有 GATT 第 15 条的磋商要求,而没有 IMF 协定的相应规定或其他规定,是不能对 IMF 施以协作和答复的义务,因为 WTO 不能强制另一个国际组织——IMF 对其磋商请求作出答复。追溯历史,IMF 同意承担此项义务源于 1947 年的一个换文,据此当 GATT 缔约方全体提出磋商请求时 IMF 给予答复。长期以来,许多磋商据此展开,并从中育化出了有关通例。[1] 1996 年 IMF 与 WTO 所达成的合作协议已经取代换文,构成 IMF 答复义务的新的法源。合作协议第 4 节规定:"IMF 同意参加 WTO 收支平衡限制委员会所提出的有关 WTO 成员方为保障收支平衡而采取的措施的磋商。对于此类磋商,IMF 参与的现存程序应继续并可以作适当调整……。"此外,协议第 8 节还规定:"……IMF 对于其管辖范围内的外汇措施是否符合 IMF 协定,应以书面形式通知 WTO 的有关机构(包括争端解决专家组)。"[2]

2. GATT 第 15 条解析

由于第二次世界大战以来所形成的国际经济格局一直是,IMF 负责国际货币事务,而 WTO 及其前身 GATT 负责国际贸易事务[3],为了厘清 IMF 与 WTO 在 GATT 第 15 条基础上进行分工和合作的确切范围,明确二者的关系,有必要对 GATT 第 15 条相关规定的含义进行辨析。GATT 第 15 条所使用的、涉及 IMF 与 WTO 关系的术语主要有外汇事项(exchange matters),外汇行动(exchange action),外汇管制(exchange controls)和外汇限制(exchange restrictions)、外汇安排(exchange arrangements)等。与此密切相关的术语有货币储备(monetary reserves)和收支平衡(balances of payments)。问题是:这里使用的"外汇"(exchange)是仅指货

---

① Ugochukwu Chima Ukpabi, "Juridical Substance or Myth over Balance of payment: Developing Countries and the Role of International Monetary Fund in the World Trade Organization", *Michigan Journal of International Law*, Vol. 26, Winter 2005, pp. 721 - 722.

② Agreement Between the International Monetary Fund and the World Trade Organization, 9 Dec. 1996, at http://www.imf.org/external/pubs/ft/sd.

③ 见《关税与贸易总协定》(GATT)第 15 条第 1 款之规定。

币兑换支付,还是兼指货币之间兑换的比率和比价?

从 GATT 第 15 条的规定来看,以上术语所含"外汇"一词指的是国际兑换支付方面的内容。例如,GATT 第 15 条第 4 款规定:"各缔约方不得以外汇行动,来妨碍本协定各项规定意图的实现;也不得以贸易行动,妨碍 IMF 协定所规定的各项规定意图的实现。"关于第 15 条的解释,在对妨碍 GATT 之意图的外汇行动进行举例阐述时①,直接使用以本国货币或 IMF 其他成员货币进行国际结算来诠释。再如,GATT 第 15 条第 5 款规定:"如缔约方全体认为,一缔约方采用的有关进口货物的支付和转移的外汇限制与本协定对数量限制所规定的例外规定不符,则缔约方全体应将这一情况向 IMF 报告。"此款也明确地将外汇限制限定于对有关进口货物的支付和转移。可见,GATT 第 15 条所使用的外汇行动和外汇管制等用语,指的是国际贸易中的国际兑付方面的内容,即以本国货币或 IMF 其他成员货币进行国际支付。②

如前所述,由于货币措施与贸易措施在效果上具有交叉重叠的性质,贸易措施和货币措施都可能同时落入 WTO 和 IMF 的范围。GATT 第 15 条在很大程度上是为了避免这一管辖重叠而制定的。因此,"货币储备"和"收支平衡"应当与国际贸易的支付密切相关。在此语境中,"货币储备"的恰当解释应当是指一国的外汇储备,即一个国家货币当局持有并可以随时兑换外国货币的资产,它是衡量一个国家国际支付能力和国际清偿力的重要组成部分。"收支平衡"应当是指国际收支平衡,是一国在一定时段内对外收付的状态和结果,是在一定时期内一个经济实体的居民同非居民之间所进行经济交易的结果。这一解释与上述"外汇"的含义相通,使货币储备和收支平衡构成一国对外支付能力的重要决定因素和衡量标准,关系到一国采取的贸易限制措施和外汇限制措施的正当性。

GATT 第 15 条的规定对应的是 IMF 协定的第 8 条以及第 14 条,还是 IMF 协定的第 4 条? 这一问题十分重要,它直接关系到 GATT 第 15 条所涵盖的范围,也关系到 IMF 与 WTO 分工合作的范围和领域。

(二)GATT 第 15 条与 IMF 协定相关条款的对应关系

IMF 协定中与 GATT 第 15 条的目的和内容有关的规定主要有 3 项:IMF 协定

---

①　GATT 1994 关于第 15 条的解释(Ad Article XV)对于该条第 4 款的有关解释是:"妨碍"(frustrate)旨在表明,例如,侵犯本协定任何规定外汇行动,如实际上不存在明显偏离本协定的意图,则不被视为违反本协定。因此,一缔约方作为依据 IMF 协定实施的其外汇管制的一部分,要求出口结算使用本国货币或 IMF 一个或多个会员国的货币,该缔约方不因此被视为违反了第 11 条或第 13 条。李仲周、易小准、何宁主编:《乌拉圭回合多边贸易谈判法律文本》,法律出版社 2000 年版,第 483 页。

②　韩龙:《GATT 第 15 条:汇率义务衡量需提防的陷阱——基于人民币汇率义务问题的探讨》,《法律科学》2007 年第 2 期。

的第8条、第14条和第4条。找出这3条与GATT第15条的对应关系,可以确定GATT第15条及WTO其他有关协定的适用范围,回答GATT第15条是否适用于汇率义务问题。

1. GATT第15条与IMF协定第8条及第14条中的"外汇"比较

IMF协定第8条是对IMF会员国施以义务,避免其对经常性的国际支付施加限制,主要是为了建立多边国际支付制度,便利国际贸易的开展。该条涉及"外汇"(exchange)的用语主要有:外汇合同(exchange contracts)、外汇管制(exchange control)、外汇管制条例(exchange control regulations)和外汇交易(exchange transactions)等。

什么是外汇合同? IMF协定第8条第2节(b)项规定,涉及任何会员国货币的外汇合同(exchange contract),如与该国按本协定所施行的外汇管理条例相抵触,在任何会员国境内均属无效。美洲号案(American Accord)为外汇合同提供了注脚。该案涉及一项国际货物买卖合同,进口方为一秘鲁公司,出口方为一家在美国佛罗里达州注册的公司,交易金额为30多万美元。当时,秘鲁政府对外汇实行管制,不允许秘鲁个人或公司将秘鲁货币兑换成其他货币。但该交易的双方约定,出口方将进口方支付价金的50%记入进口方在美国佛罗里达的账户,从而使进口方套汇16万多美元。这一案件上诉到英国上院后,英国上院认为,由于本案买卖双方事实上谎报了货物价格,使进口商可以不通过法定程序取得外汇,因此,合同与外汇相关,为无效、非法合同。① 由此可见,与会员国外汇管理条例相抵触的外汇合同是违反会员国外汇管理规定,涉及货币兑换的合同,这里的"外汇"是指用一国货币兑换取得另一国的货币。

什么是外汇管制、外汇管制条例和外汇交易? IMF协定第8条第2节开宗明义,将标题定为"避免对经常性支付的限制"(avoidance of restrictions on current payments)。该节(a)项规定:"任何会员国未经IMF批准,均不得对经常性国际交易的支付或资金转移实行限制。"据此,IMF会员国对本国居民承担相应的义务,不得限制其为经常性国际交易而取得所需要的外汇。由此可见,IMF协定第8条中的外汇交易是指获得外汇以对外支付的交易,而外汇管制和外汇管理条例是管制取得外汇对外支付的做法和规定。

IMF协定第14条是过渡性安排。它为还没有条件或意愿接受IMF协定第8条义务的会员国,提供了继续保留对经常性国际支付实行限制的途径。据此,采用该条规定的会员国可以保留其在加入IMF时对国际支付的既存限制,也可以根据情况的变化修改限制。IMF协定第14条的相关用语是外汇限制(exchange restric-

---

① 王贵国:《国际货币金融法》,北京大学出版社2002年版,第130页。

tions)和外汇政策(foreign exchange policies)等。由于 IMF 协定第 8 条规定的是取消对经常性国际支付和转移的外汇限制,而第 14 条相对于第 8 条规定了会员国可以保留有关的外汇限制,因此,IMF 协定第 14 条中的外汇限制和外汇政策中的"外汇"与第 8 条相同。

将 IMF 协定第 8 条以及第 14 条中的"外汇"的含义与 GATT 第 15 条的相关用语进行比较,可以发现二者所包含的"外汇"用语的含义是一致的、吻合的,都是指货币兑换、支付和转移。更有甚者的是,GATT 第 15 条中的有关措辞甚至与 IMF 协定第 8 条完全相同,例如,GATT 第 15 条第 5 款和 IMF 协定第 8 条第 2 节都使用了共同的"支付与转移"之措辞。GATT 第 15 条第 5 款之所以规定缔约方全体要把与 GATT 数量限制例外不符的有关进口货物支付和转移的外汇限制报告给 IMF,是因为此类限制不仅影响国际贸易,而且也关系到 IMF 的有关会员国是否违背了其在 IMF 协定第 8 条项下所负有的经常账户下的自由兑换义务,关乎 IMF 在其协定第 8 条项下的职能。[①]

2. GATT 第 15 条与 IMF 协定第 4 条中的"外汇"比较及意义

IMF 协定第 4 条中的用语也有包含"外汇"(exchange)成分的,其中使用最多的是外汇安排(exchange arrangements)。这里的"外汇"(exchange)与 IMF 协定第 8 条、第 14 条以及 GATT 第 15 条是否相同呢?

众所周知,当前的 IMF 协定第 4 条经 1978 年对 IMF 协定的第二次修改而来,但是,无论是过去的第 4 条,还是现今的第 4 条,都是 IMF 协定对汇率制度的专门规定。过去的第 4 条规定会员国之间实行平价汇率,而今的第 4 条规定各国可以采取除以黄金定值之外的任何汇率制度。

不止于此,IMF 协定第 4 条第 2 节是对总的外汇安排(general exchange arrangements)的规定。该节(a)项要求各会员国自 IMF 协定第二次修改日之后 30 天内,把打算采用的外汇安排通知 IMF,在外汇安排方面如有任何改变应及时通知 IMF。这里的"外汇安排"又是指什么呢? 该节(b)项明确规定,外汇安排可以包括:(i)一个会员国以特别提款权或选定的黄金之外的另一种共同标准,来确定本国货币的价值;(ii)通过合作安排,会员国使本国货币同其他会员国的货币保持比价关系;(iii)会员国选择的其他外汇安排。由此可见,IMF 协定第 4 条中的所谓外汇安排,实为一国确定本国货币对外价值即汇价和比率的机制和方法。

IMF 协定第 4 条中的"外汇"的含义表明,IMF 协定第 4 条中的"外汇"含义与 GATT 第 15 条绝非一致,前者指的是汇价和汇率方面的内容,是一国确定本国货

---

① 韩龙:《论两类不同性质的矛盾:外汇措施与汇率安排——寻求 IMF 和 WTO 对人民币汇率的管辖关系》,《上海财经大学学报》2007 年第 1 期。

币对外价值的方法，后者是指能否以本国货币兑换其他货币以对外进行支付与转移。因此，准确地说，IMF 协定第 4 条中的外汇安排应对译为汇率安排①。

GATT 第 15 条中所含"外汇"的用语，与 IMF 协定第 8 条及第 14 条一致，而与 IMF 协定第 4 条绝非一致的结论具有重要意义，表明 GATT 第 15 条关于 WTO 和 IMF 关系的规定只适用于经常性的国际兑换、支付和转移，即主要是由于货物或服务的国际交易而发生的国际资金流动，而不是解决 IMF 与 WTO 在汇率问题的管辖归属及衡量依据问题，GATT 缺乏对汇率的直接规定。因此，将 GATT 第 15 条套用过来，确定 IMF 与 WTO 在汇率义务问题上的关系是不妥的。②

（三）GATT 第 15 条所涉及的 IMF 与 WTO 分工合作的确切领域

那么，根据 GATT 第 15 条，WTO 和 IMF 分工合作主要体现在哪些方面和领域呢？这是衡量人民币汇率义务所需要进一步考察和解决的问题，否则，WTO 和 IMF 在 GATT 第 15 条中不涉及汇率分工的结论就不彻底。从 GATT 第 15 条的规定来看，WTO 和 IMF 在国际兑付方面的关系主要发生在两个方面：一是因 GATT 1994 所规定的国际收支平衡例外而涉及的外汇措施问题，二是有关外汇措施是否与 IMF 条款一致的问题。③

1. IMF 与 WTO 在外汇措施界定问题上的关系

GATT 第 12 条规定了国际收支平衡的例外，据此一国基于国际收支平衡的原因可以限制准许进口的商品数量或价值。这类限制措施可以被认为是超出了外汇措施的范围，但却会对外汇平衡产生影响。这种能够产生国际收支平衡共振的措施，是否应当被看作是外汇措施，从而由 IMF 取得管辖？还是仍然作为贸易措施而由 WTO 管辖？或者既作为外汇措施，也作为贸易措施，但在 IMF 和 WTO 对于国际收支平衡具有不同职能的情况下，同为两个组织的成员如何履行可能出现的不一致的裁定呢？

IMF 与 GATT 在长期实践磨合中形成了彼此的管辖范围，二者将分工建立在有关政府措施的技术性质的基础上，而不是基于这些措施对国际贸易和金融的影响上。④ IMF 在确定一项措施是否构成 IMF 协定第 8 条第 2 节项下的外汇限制时采用技术方法，即考察该措施是否涉及政府对外汇取得和使用的直接限制。⑤ 技

---

① 但是，我国的中文译本和著作普遍采用了"汇率安排"的对译，这是值得注意的。

② 韩龙：《GATT 第 15 条：汇率义务衡量需提防的陷阱——基于人民币汇率义务问题的探讨》，《法律科学》2007 年第 2 期。

③ 韩龙：《IMF 与 WTO 在人民币汇率问题上的管辖关系》，《国际经济法学刊》2007 年第 1 期。

④ GATT, *Analytical Index*, vol. I, 1989, p. 435.

⑤ Ugochukwu Chima Ukpabi, "Juridical Substance or Myth over Balance of payment: Developing Countries and the Role of International Monetary Fund in the World Trade Organization", *Michigan Journal of International Law*, Vol. 26, Winter 2005, p. 713.

术方法中的一个关键因素是"直接",即如果政府采取的措施直接影响了外汇的取得和使用,IMF 具有对该措施的管辖权。反之,如果政府措施隐含地限制了外汇的使用,尽管该措施对外汇具有影响,IMF 也不具有管辖权。也就是说,在外汇措施与贸易措施的区分问题上,如果一项措施直接影响到了外汇的取得和使用,就构成外汇措施,由 IMF 遵循技术方法管辖。如果一项措施属于是对货物和服务的限制则构成贸易措施,由过去的 GATT 和当今的 WTO 来处理。这样一来,经常项目下的基础交易作为贸易措施来对待,不应被看作是 IMF 管辖的外汇限制措施。此分工也清楚表明,IMF 协定以及 GATT 有关规定中的外汇限制是指影响到经常项目下的外汇取得和使用的限制措施。

IMF 和 WTO 基于外汇措施的界定而确定的分工为双方进行有效的合作提供了基础。有了这个基础,IMF 和 WTO 就可以在 GATT 第 12 条和第 18 条所规定的国际收支例外问题上理顺彼此的关系。① 虽然 WTO 成员方援引国际收支例外而采取贸易限制措施是否正当,贸易限制措施是否确实基于国际收支平衡的原因和目的,取决于对有关成员方潜在经济状况和国际收支平衡问题的事实认定和有关结论,但是,依国际收支平衡例外而采取的贸易限制措施属于贸易措施,应由 WTO 管辖,而该措施所依据的国际收支平衡状况则属于 IMF 的统辖范围。进而言之,一成员能否有效地实施贸易数量限制取决于其货币储备和国际收支的真实状态,或者说一成员方之所以有权实施数量限制,主要是因为该成员方存在货币或支付问题。如果不对成员方货币储备和国际收支状况作出评判,要决定该成员方能否实施数量限制是难以想象的。而成员方货币储备状况只能由 IMF 作出评判。② 因此,GATT 第 15 条第 2 款要求 WTO 在涉及国际收支平衡问题的磋商中须接受 IMF 提供的一切统计和其他事实的调查结果。

2. IMF 与 WTO 在与 IMF 条款相符的外汇措施问题上的关系

由于根据以上国际收支平衡例外而采取的贸易限制措施属于 WTO 所管辖的贸易措施的范畴,而此类贸易限制措施是否适当又取决于属于 IMF 所辖的国际收支平衡状况,在这种情况下,IMF 只对 WTO 提供有关统计和其他事实的调查结果以供 WTO 作出裁决。因此,在国际收支平衡问题上,只需划分贸易限制措施及其

---

① GATT 第 12 条和第 18 条授权 WTO 成员方在特定情况下基于国际收支平衡的原因和目的实施在一般情况下不允许实施的贸易限制措施。第 12 条第 2 款(a)项允许成员方实施第 11 条所禁止的数量限制措施,以保障其对外金融地位和国际收支,但这些限制必须是为了预防货币储备严重下降的迫切威胁或制止货币储备严重下降,或使货币储备很低的成员方的储备取得合理增长。第 18 条包含对发展中成员方的规定,明确规定了成员方援用这一例外所需存在的收支平衡问题,但要求标准相对宽松。

② Frieder Roessler, "Selective Balance of Payments Adjustment Measures Affecting Trade: The Roles of the GATT and the IMF", *Journal of World Trade Law*, Vol. 9, 1975, p. 622.

与外汇限制措施的界限,就可以确定 IMF 与 WTO 分工与合作的界限。然而,如果一国采取的是外汇措施而不是贸易措施,但同时对贸易产生了影响,在这种情况下仅有以上界定是无法厘清 IMF 与 WTO 二者之间关系的。由于货币措施与贸易措施具有交叉重叠的效果,如果一国采取的措施仅由于是外汇措施就可以逃避 WTO 的约束的话,那么,贸易自由化的目标就难以实现。同时,IMF 成立的宗旨之一就是为国际贸易的扩大与平衡发展提供便利①,IMF 协定也禁止各会员国在经常项目下对国际支付的限制。因此,在一国采取影响贸易的外汇措施时,GATT 进一步要求 WTO 成员方所采取的外汇措施必须是与 IMF 协定条款相一致。不过,在这种情况下,有关外汇措施是否与 IMF 协定条款一致,GATT 第 15 条第 2 款要求 WTO 接受 IMF 的判定。此外,IMF 与 WTO 合作协议的第 8 节也规定:"……IMF 对于其管辖范围内的外汇措施是否符合 IMF 协定,应以书面形式通知 WTO 的有关机构(包括争端解决专家组)。"②

与因国际收支平衡例外而采取的贸易限制措施的情形不同,IMF 对于有关外汇措施是否符合 IMF 协定而作出的决定构成法律裁决。之所以如此,原因就在于:根据双方的前述分工,直接影响外汇的取得和使用的外汇措施或外汇行动由 IMF 管辖和作出裁决,可以有效地避免对于同属于 IMF 和 WTO 的成员作出不一致的裁决。GATT 第 15 条第 9 款对此给予了充分的肯定,规定 GATT 不妨碍成员方实施与 IMF 协定条款相符的外汇管制或外汇限制。因此,在 WTO 遇到这类问题时,应当与 IMF 磋商,在 IMF 认为该措施构成与 IMF 协定一致的外汇措施时,WTO 不得以外汇措施所产生的贸易效果为由,裁定成员方违反 WTO 的义务,也不得对其实行制裁。在这种情况下,辨别有关措施与 IMF 协定条款相符的标准,能够为廓清 IMF 与 WTO 之间的界线提供一个有用的基准。

IMF 对外汇限制措施的规定主要体现在 IMF 协定的第 8 条中,该条第 2 节禁止各成员国未经 IMF 批准或第 14 条豁免实施外汇限制,因此,衡量有关措施是否与 IMF 协定条款相符应当考察 IMF 第 8 条第 2 节的要求。

根据 IMF 协定第 8 条第 2 节(a)项的规定,IMF 的成员未经 IMF 的批准,不得对经常项目的国际交易实施支付和转移限制。这一规定构成 IMF 成员的一项重要义务,是衡量有关措施是否与 IMF 的规定相一致的重要依据。据此,外汇限制措施除非经由 IMF 批准或按照第 14 条所规定的过渡办法得以维持,否则,则违背 IMF 协定项下的义务。从辨别有关措施是否与 IMF 协定相一致的角度审视,第 8

① 见 IMF 协定第 1 条对宗旨的规定。

② Agreement Between the International Monetary Fund and the World Trade Organization, 9 Dec. 1996, at http://www.imf.org/external/pubs/ft/sd.

条第 2 节(a)项主要有以下方面需要注意:第一,该项所规定的国际支付和转移指的是对外支付,即资金的外流,如对进口货物或服务的支付。尽管出口收汇也构成经常项目的国际交易,但并不适用这一规定。例如,IMF 成员对外汇收入要求在规定时间内必须结汇的强制性规定,并不需要 IMF 的批准。第二,支付与转移既包括从居民向非居民在经常项目下的支付,也包括非居民将交易所得从该领土内转移出去的能力。第三,IMF 协定所界定的经常项目下所发生的支付除包括与贸易和服务有关的支付外,还包括通常归类于资本项目项下的一些交易,如第 30 条所界定的经常项目的交易就包括数额不大的贷款本金的分期偿还和直接投资折旧的支付。不过,以上外汇限制措施,如经 IMF 批准或得到第 14 条的豁免,仍然可以与 IMF 的规定相符的方式得以适用。

从以上探讨可以看出,无论是在因 GATT 国际收支平衡例外而涉及的外汇措施的问题上,还是在有关外汇措施是否与 IMF 条款一致的问题上,GATT 第 15 条仅涉及 IMF 与 WTO 在国际支付和转移方面的分工与合作,而不涉及汇率问题。①

(四)GATT 对汇率缺乏规定的原因

IMF 与 WTO 在国际兑付问题上似乎显得难解难分,而在汇率问题上 IMF 则基本上独享管辖权。造成这种反差的原因在哪里呢?

1. 汇率问题是 IMF 的核心问题

汇率代表着一国货币与另一国货币的比价,影响着跨国流动的货物、资本和服务的成本。著名的 IMF 法律专家约瑟夫·戈尔德(Joseph Gold)对此曾经指出,对多数国家来说,没有任何价格能够像汇率那样既对金融世界——资产价值和收益率,又对实物世界——生产、贸易和就业,产生如此重要的影响。②

由于这一原因,第二次世界大战结束前夕,参加布雷顿森林会议的各国代表对战前的国际货币状况进行了深刻反思,这种反思极大地影响了布雷顿森林体系的构筑和建立。③ 许多代表认为,20 世纪 30 年代各国汇率的竞相贬值和汇率战、货币战构成第二次世界大战的重要经济原因,认为战后各国须放弃战前以邻为壑的货币做法,建立牢靠的货币安排,以维护世界和平和促进全球经济的发展。与会代表认为,要寻求建立一种机制,既要能够有足够的约束力,以制止各国不遵守汇率

---

① 关于 GATT 第 8 条的解释,虽然认为 GATT 第 8 条第 1 款和第 4 款反对使用货币兑换税费作为实施多种货币措施即复汇率的手段,但同时指出 GATT 第 8 条本身不涵盖多种货币措施。

② Stephen Zamora,"Sir Joseph Gold and the Development of International Monetary Law",*23 International Law*,Vol. 35,1989,pp. 1482 - 1483.

③ IMF,*People's Republic of China: 2005 Article IV Consultation*,at http://www. imf. org/external/pubs/ft/scr/2005/cr04351. pdf/ November 2005.

承诺和汇率义务,又要有足够的灵活性,使各国能够追求独立的国内货币和财政目标。① 当时美国代表凯恩斯(John Maynard Keynes)在建议中指出:"我们需要一个有序的和彼此同意的方法,来确定各国货币单位兑换的相对价值,以防范单边行动和外汇的竞相贬值。"②由此可见,汇率安排是各国关注的焦点,在当时国际货币制度的构建过程中具有核心的地位。

布雷顿森林会议所建立的布雷顿森林体系的核心特征体现在汇率安排上,即 IMF 协定第 4 条的货币平价制度。根据第 4 条的规定,每一个会员国经与 IMF 磋商,以黄金或美元确定其货币平价。平价制度使各国货币之间建立起比价关系,各会员国有义务对外汇市场进行干预,将其汇率维持在该平价上下 1% 的幅度范围之内。各会员国除非为了解决严重失衡问题,否则,不得通过贬值或重估来改变其货币评价。IMF 协定对各国货币主权所施加的重要限制,就是 IMF 的会员国为解决国际收支严重失衡,在调整其货币平价之前须取得 IMF 的同意,且会员国汇率的变动不得超过矫正现存不平衡的必要幅度。通过创立这样固定而又可以调整的汇率评价,IMF 协定旨在促进汇率稳定,同时又不会造成硬化。所以,虽然 IMF 协定为建立国际货币秩序而创立的法律制度包括了国际支付的规定、为解决会员国国际收支失衡由 IMF 提供借款的安排等内容,但 IMF 对各国汇率政策的管理和管辖权构成该法律制度的本质特征。

布雷顿森林体系崩溃后,IMF 协定经过第二次修改,形成适用至今的牙买加体系。据此,IMF 成员不必维持和实行固定汇率,可以选择符合有序经济增长和合理价格稳定的任何汇率安排,可以钉住某一货币或一篮子货币,IMF 无权对其成员选择的汇率安排给予同意或反对,但 IMF 的会员国要遵守 IMF 协定所规定汇率安排的义务,特别是不得操纵汇率或国际货币制度来妨碍国际收支的有效调整或取得对其他成员的不公平竞争优势。为此,IMF 有权对会员国的汇率实行监督,IMF 会员国在 IMF 进行监督时必须与 IMF 合作,在 IMF 提出请求时必须定期地就汇率政策与 IMF 磋商,并向 IMF 提供监督汇率政策所需要的信息,IMF 有权决定其成员实施的汇率安排是否与 IMF 协定的规定相符。

IMF 协定虽经第二次修改,但 IMF 仍然对国际货币体系和国际间汇率的稳定负责,且随着国际货币制度和体系的演进,IMF 对其成员履行汇率义务的监督权在 IMF 的职能中显得愈加突出。IMF 在创立之初,其职责主要是维护各国间的货币

---

① Richard Myrus, "From Bretton Woods to Brussels: A Legal Analysis of the Exchange - Rate Arrangements of the International Monetary Fund and the European Community", *Fordham Law Review*, Vol. 66, May 1994, p. 2099.

② John Maynard Keynes, *Proposals for an International Clearing Union*, J. Keith Horsefield ed., The International Monetary Fund, 1945-1965: Twenty Years of International Monetary Cooperation, 1969, p. 586.

平价制度,只有在会员国国际收支出现基本失衡并与 IMF 磋商后,才能对汇率进行调整。IMF 协定经第二次修改后,IMF 依然是国际货币体制的基石,但作用发生了相应调整,对汇率的监督职能得到了加强。原因就在于各国选择汇率安排的自由,如果不受任何限制和监督,会给国际货币体系带来危害。因此,IMF 协定在第二次修改时添加了一项内容,由 IMF 对其成员的政策实行监督。所以,到了 20 世纪 70 年代,IMF 的职能从最初的国际货币制度的守护者转变为国际货币体系的监督者。监督职能的加强主要体现在,会员国可以自由选择汇率制度,但其汇率政策受 IMF 的监督。因此,开放的货币汇率制度不仅没有削弱 IMF 的作用,反而增加了它对会员国经济政策的影响。为了保证现行汇率体制的稳定性和灵活性,IMF 不仅要跟踪会员国汇率政策的变化,而且需要监督所有影响汇率变化的经济政策。此外,IMF 还通过向会员国提供资金、技术援助等手段直接或间接地影响会员国的宏观经济政策,使其符合 IMF 的要求。

由于 IMF 对汇率监督的加强,汇率监督已经取代和吞并了 IMF 对各国货币可自由兑换性的监督,IMF 以 IMF 协定第 4 条项下的磋商监督为重心,将在 IMF 协定第 8 条和第 14 条项下的磋商纳入进来,使之构成汇率监督的一部分。汇率监督也成为当今 IMF 活动的核心内容。

正是由于汇率安排构成 IMF 所管辖的国际货币领域的核心,因此,第二次世界大战前后所建立起来的国际经济秩序和格局为了避免管辖冲突,就不可能将这一问题交由其他国际组织或机构共管,就像当时的国际经济秩序的策划者们不可能将 GATT 的核心任务——削减关税交由 IMF 共管一样。[①] 如上所述,虽然国际汇率制度发生了巨大变化,但汇率问题仍然构成 IMF 的核心任务和独有的管辖领域,这一点仍然没有改变。

2. 外汇限制与外汇对国际贸易的影响不同

GATT 有关 IMF 与 WTO 关系的规定之所以没有扩展到外汇安排,还在于外汇限制与汇率安排对国际贸易的影响及其性质不同,导致 IMF 与 WTO 在 IMF 协定第 8 条所规定国际支付问题上容易出现管辖重叠,而在 IMF 协定第 4 条所规定的汇率问题上能够保持泾渭分明。

如前所述,国际贸易伴随着国际支付资金的跨国流动,虽然一国为达到贸易的目的,既可以采用贸易限制措施,也可以采取货币措施的办法,然而,在任何情况下,通过货币措施的方法来达到贸易目的都必须借助于对支付手段和支付工具的限制,因此,为实现贸易目的而需要采取的货币措施就体现为一国对货币兑换和外

---

① 韩龙:《GATT 第 15 条:汇率义务衡量需提防的陷阱——基于人民币汇率义务问题的探讨》,《法律科学》2007 年第 2 期。

汇取得的限制。这就导致 IMF 协定需要在货币兑换和外汇取得问题上对会员国进行一定的约束,以便利国际贸易的扩大。同时,由于支付限制措施直接影响到国际贸易,从过去的 GATT 到现今的 WTO,都不可能对此置之不顾,因此,IMF 与 WTO 的管辖难免出现重叠。

汇率则不同,它代表着一国货币与另一国货币的比价,汇率的低估或高估虽然影响着跨国流动的货物和服务的成本,但相对于外汇限制,汇率对国际贸易的影响是间接的。只要有关国家不限制外汇的取得,无论汇率是高估,还是低估,无论汇率稳定,还是波动,国际支付就能够进行,国际贸易也能够开展下去。由于汇率不构成对国际贸易的直接限制,且汇率安排构成 IMF 的核心内容,主管国际贸易的 WTO 显然不适宜对汇率问题作出规定。因此,WTO 各项协定中缺乏这类规定,IMF 与 WTO 也不需要进行管辖协调。

（五）对人民币汇率义务衡量依据的思考

当下探讨 IMF 与 WTO 围绕 GATT 第 15 条规定而发生的关系问题具有特别的意义,这不仅是因为这一问题在我国尚未得到深入探讨,而且更因为有关人民币汇率的争议使这一关系问题到了亟须廓清的地步。以美国为首的一些西方国家试图舍弃 IMF 而借助 WTO 争端解决机制来解决人民币汇率问题,原因就在于:IMF 执行措施的力度远没有 WTO 的争端解决机制强硬。IMF 从成立伊始就采取尽量减少使用救济措施的政策。虽然 IMF 依其协定,可以强制性地要求不遵守 IMF 规则的成员退出 IMF,但 IMF 从来没有驱逐过任何一个成员。因此,依靠 IMF 来对人民币汇率施压可能收效甚微。诚然,在汇率问题上,无论是过去的布雷顿森林体系,还是当今的牙买加体系,都对一国汇率安排规定了一定的义务。然而,人民币汇率安排是否符合这些义务要求,需要以恰当的规定为衡量依据,合理确定管辖权的归属。这是确定人民币汇率安排在国际法上的正当性的前提。

那么,将以上研究应用于对人民币汇率的指责,我们能够得出什么样的结论呢?

首先,汇率义务问题不同于经常项目下可兑换问题,不同于因国际收支平衡而采取的贸易限制措施,也不同于有关外汇措施是否与 IMF 协定条款一致的问题,因此,GATT 第 15 条有关 WTO 与 IMF 关系的规定不应适用于人民币汇率义务问题,任何试图援用 GATT 第 15 条来挑战他国汇率安排的做法都是置 IMF 协定的规定和 IMF 的管辖权于不顾,既有违于 IMF 和 WTO 在现有国际经济格局下的分工,也不符合 WTO 本身的规定。

其次,廓清 GATT 第 15 条在 IMF 与 WTO 关系问题的覆盖范围,关系重大。尽管 IMF 与 WTO 在外汇措施问题上存在复杂关系,但无论是在因国际收支平衡例外而采取的贸易限制措施的问题上,还是在与 IMF 协定条款相符的外汇措施问题上,GATT 第 15 条在吸收和兼容 IMF 的有限管辖权的同时,也反映出 WTO 在这些问题上管辖的普遍性和近似本位的色彩,即除由 IMF 作出结论的特定情形外,WTO 在外汇措施问题上一概具有管辖权。这是 GATT 第 15 条对 IMF 与 WTO 关系所体现出的总的特征和态势。如果我们不廓清 GATT 第 15 条的覆盖范围及其与 GATT 和 IMF 协定相关规定的关系,就会不适当地将 IMF 与 WTO 在外汇措施问题上的关系扩大到汇率安排上,而将 GATT 第 15 条以 WTO 管辖为本位的规定适用于人民币汇率问题,就会为西方将人民币汇率问题提交 WTO 争端解决机制奠定基础和铺平道路。而坚持 IMF 与 WTO 在汇率安排上的不同的管辖关系会有助于阻止这种企图的实现。

但是,需要强调指出的是,以上对 IMF 与 WTO 在人民币汇率问题上的关系的结论是根据 GATT 第 15 条作出的分析,即根据 GATT 第 15 条 WTO 对汇率问题没有管辖权,但超出了 GATT 第 15 条的范围,如根据 WTO 反补贴协定和反倾销协定来考察 IMF 与 WTO 在所谓汇率补贴和汇率倾销问题上的管辖权,以上结论并不一定成立。在这种情况下,IMF 与 WTO 在汇率问题上的关系需要重新进行审视。

三、WTO 反补贴协定和反倾销协定是否授予 WTO 在人民币汇率问题上的管辖权

汇率对国际贸易具有重要影响,所以,第二次世界大战后,GATT 的制定者们从贸易方面关注了汇率的复杂性质和效果[1],这样 GATT 以及后来的 WTO《反补贴协定》就有了外汇或汇率安排构成补贴的规定。追溯历史,GATT 关注汇率始于 1947 年 7 月,当时澳大利亚的代表在日内瓦对多种货币措施即复汇率的做法在一定情况下构成出口补贴[2],或导致一国货币贬值应当作为倾销措施来对待的问题表示关注,结果导致了对 GATT 第 6 条作出相应补充。[3]《关于 GATT 第 6 条第 2、3 款注释和补充规定》指出:"多种货币措施在某些情况下构成出口补贴,对此可根据第 3 款征收反补贴税予以抵消。多种货币措施还可通过对一国货币部分贬值的办法构成一种倾销,对此可根据第 2 款采取行动予以抵消。"1960 年,GATT 关于第 26 条第 5 款的报告指出:"……(各缔约方)负有明确的义务将具有补贴效果的复

---

[1]　H. D. White, "The Monetary Fund: Some Criticisms Examined", *23 Foreign Affairs*, 1944 – 1945, p. 195.

[2]　复汇率,又称多种货币措施,是指一种货币(或一个国家)有两种或两种以上汇率,不同的汇率用于不同的国际经贸活动,复汇率是外汇管制的一种产物。

[3]　United Nations Conference on Trade and Employment, *Second Session of the Preparatory Committee of the UN Conference on Trade and Employment Verbatim Report*, E/PC/T/A/PV/32, 23 July 1947, pp. 2 – 3.

汇率通知缔约方全体。"乌拉圭回合所达成的 WTO《反补贴协定》对出口补贴进行的例示性列举,也涉及了外汇或汇率安排,如(b)项的货币留存方案和(j)项的不足以弥补长期经营成本和损失的外汇风险计划等。①

从以上可以看出,GATT 和 WTO《反补贴协定》的确将涉嫌汇率补贴或汇率倾销的特定汇率安排纳入到反补贴和反倾销的范围之列,因此,在 WTO 一成员方的特定汇率安排涉嫌汇率补贴或汇率倾销时,其他成员方可以向 WTO 提出申诉,WTO 的争端解决机构对此具有管辖权。当然,在以上情况下,其他 WTO 成员方也可以根据 GATT 和 WTO《反补贴协定》的规定采取反补贴和反倾销措施,被采取反补贴和反倾销措施的 WTO 成员方如有争议也可以将之交付 WTO 解决。但是,需要强调指出的是,WTO 有权受理成员方之间因汇率补贴或汇率倾销而发生的争议,并不意味着有关成员方的汇率安排就一定构成汇率补贴或汇率倾销,从而违背WTO 的义务,因为,如后所述,WTO 对补贴和倾销的构成具有严格的条件限制②。此外,GATT 和 WTO《反补贴协定》的上述规定也清楚表明,构成汇率补贴或汇率倾销的汇率安排是特定类型的汇率安排,其范围是极其有限的,也就是说,构成汇率补贴或汇率倾销的汇率安排是少见的。

第三节　人民币汇率安排是否违背 IMF 协定的义务

如前所述,国际货币事务包括汇率安排在当前国际经济格局下由 IMF 统辖,除少数情况外,WTO 不应介入各经济体的外汇安排问题。因此,对人民币汇率安排是否符合中国承担的国际义务,首先应根据 IMF 协定的规定来考察。

一、牙买加体系的汇率制度与人民币汇率义务衡量

如上所述,牙买加体系的汇率制度是有义务和监督的自由汇率制,因此,对人民币汇率安排是否符合该项制度可以从会员国的权利、义务及其监督方面进行考察和分析。

（一）从会员国权利进行的考察

如前所述,在牙买加体系下,成员国有权选择外汇安排即汇率安排。第 4 条第 2 节给予了会员国选择外汇安排的相当大的自由,IMF 的会员国可以采取除以黄金定值之外的任何外汇安排,可以采取浮动汇率制、钉住汇率制或其他汇率制度。

---

① 详见 WTO《反补贴协定》附件 1"出口补贴例示清单"。
② 详见本章第四节的阐述。

会员国应将其外汇安排以及对外汇安排的修改准确地通知 IMF。不过,这种通知是为了向 IMF 提供信息。无论 IMF 会员国最初选择外汇安排,还是后来改变外汇安排,都无须 IMF 的同意。从实践来看,主要发达国家货币的汇率普遍实行浮动汇率制。一些发展中国家采取钉住汇率制度,把本国货币钉住美元、欧元、SDRs 等,或钉住一篮子货币。还有的国家采取其他多种形式的汇率制度。

我国作为 IMF 的会员国,也有权根据自身情况选择适宜自己的汇率安排。无论是过去我们事实上实行的钉住美元的汇率安排,还是现在的以市场供求为基础的、有管理的浮动汇率制度,从 IMF 协定为会员国规定的权利的角度来看,均属我国应有的权利。

(二)从会员国义务进行的考察

IMF 协定规定的会员国的权利是有义务的权利,亦即会员国行使自由选择汇率安排不得违背 IMF 协定规定的义务。如前所述,IMF 会员国的汇率义务包括与 IMF 及其他会员国进行合作的一般义务和具体义务两个方面。

从进行合作的一般义务来看,虽然 IMF 可以以规定的合作义务作为依据,可以要求或建议会员国采取或避免采取行动,但是,从实践来看,IMF 在汇率问题上一直强调与会员国的合作和对话的性质,极少根据一般合作义务要求会员国采取行动或避免采取行动。即便 IMF 根据这一义务要求采取或避免采取行动,但仍然面临一定的限制和不确定性。首当其冲的限制便是,要求采取或避免采取行动的目的和目标必须是为促进有序的外汇安排和汇率体系的稳定。也就是说,IMF 只有在认为为保证有序的外汇安排和促进汇率体系的稳定之必要的情况下,才可以对会员国提出进行合作的要求或建议,而什么是促进有序的外汇安排和汇率体系的稳定,采取或避免采取行动是否出自促进有序的外汇安排和汇率体系的稳定的目的或目标,是需要细加斟酌的问题。其次,在进行合作的一般义务的规定中,会员国具体需"承担"什么样的义务,如何进行"合作"缺乏具体内容,再加上"促进"这类只重主观能动性而不要求客观效果的措辞的使用,因此,IMF 协定对一般义务的规定十分空泛。在这种情况下,IMF 不会,至少是不太可能作出人民币汇率安排违反一般合作义务的认定,或为此要求中国改变汇率安排以促进有序的外汇安排和汇率体系的稳定。

从 IMF 协定第 4 条第 1 节规定的具体义务来看,如前所述,该节前两项有关国内政策的具体义务规定,不是要求成员国必须达到某一特定目标的义务,而是要求成员国为实现目标的努力义务,具有显著的"柔"性。后两项有关会员国对外方面的具体义务,虽然在用词上较前两款要明确,如避免、奉行等措辞的使用,但其仍然存在着适用上的不确定性,使其仍表现出软法特征。以第 3 项具体义务规定为例,第 3 项具体义务是避免操纵汇率或国际货币制度来妨碍国际收支有效的调整或取得对其他会员国不公平的竞争优势。什么是操纵,汇率特别是国际货币制度是如何操纵的?什么是国际收支有效的调整和取得的不公平竞争优势?IMF 协定本身和 IMF 后来的实践都没有作出明确的和确定的回答。不仅如此,IMF 协定也不是一概禁止汇率操纵,其要禁止的操纵是"妨碍国际收支有效的调整或取得对其他会员国不公平的竞争优势"的操纵,目的要素是必不可少的。但如何确定这些目的要素,IMF 亦没有明确的标准。在这种情况下,不仅根据国内政策的具体义务规定认定人民币汇率安排违反 IMF 协定缺乏可行性,而且即便根据对外方面的义务规定,包括禁止汇率操纵的规定,认定人民币汇率安排违反 IMF 协定也缺乏可操作性。可见,根据 IMF 协定第 4 条第 1 节具体义务的规定,认定人民币汇率安排违反 IMF 协定难以行得通。

(三)新决议没有使汇率义务的确定有根本性的改观

如前所述,IMF 协定第 4 条第 3 节规定了 IMF 对各会员国遵守上述义务的情况进行监督的权责,并特别规定 IMF 应对各会员国的汇率政策行使严密的监督,为此应制定具体的指导原则。根据以上要求和授权,IMF 的执行董事会于 1977 年通过了《汇率政策监督的决议》(以下简称《1977 年决议》)。时隔 30 年后,为了适应牙买加体系诞生后的 30 年间国际货币体系发生的重大变化,2007 年 6 月 15 日,IMF 执行董事会通过了《对会员国政策双边监督的决议》(以下简称新决议),这一决议废止和取代了《1977 年决议》,构成 30 年来 IMF 对汇率监督框架的首次重大修改,也是 IMF 首次对汇率的双边监督作出的全面的政策声明。

无论是《1977 年决议》,还是 2007 年新决议,都是以第 4 条第 3 节为依据被授权制定原则,以对所有成员国的汇率政策予以"指导"(guidance),而"指导"并无约束力。因此,成员国如果没有遵守 IMF 的指导原则,并不自动导致违反其相关义务。新决议明确指出,IMF 作出的某会员国没有遵守新决议某项指导原则的认定,并不能导致推定该会员国违反了其承担的 IMF 协定第 1 节项下的义务,只有新决议中的第 1 项指导原则即避免操纵汇率或国际货币体系不同,因为它重申了第 4 条第 1 节第 3 项所包含的义务,而其他原则是建议。

新决议还明确指出,决议没有、亦不能被解释为直接或间接地扩大了会员国根据第 4 条承担的义务的范围,或改变会员国根据第 4 条承担的义务的性质。所以,新决议并没有从根本上改变牙买加体系的汇率制度的"软"法特征。在这种情况下,新决议的效果有限,由 IMF 采取对人民币汇率强制措施,可能性不大。

二、义务衡量和实施监督都缺乏衡量标准

IMF 在衡量和监督会员国是否履行义务过程中存在的一个普遍性难题就是对汇率政策缺乏普遍承认的衡量标准和模型。外部稳定和汇率操纵都是新决议的主要修改,但二者都与汇率偏差挂起钩来。也就是说,衡量外部稳定和汇率操纵,需确定汇率严重偏差,而衡量是否存在汇率严重偏差,必须首先确定均衡汇率这一基准,否则,就会缺乏标准。均衡汇率如何确定?世界上币值决定理论多达几十种,而且没有任何一种理论被普遍接受为唯一的圭臬。IMF倾其数十年之人力、财力和物力,也没有建立起被各会员国普遍接受的标准或模型。以下有关学者用数十种理论和方法中的两种理论和方法——宏观经济平衡方法和扩展的购买力平价方法对人民币汇率研究的结果,表明人民币汇率的均衡汇率是难以甚至是无法确定的。

宏观经济平衡方法主要用来测算为达到对外收支均衡,实际汇率需要作出的变动。收支均衡通常通过以下两种方法来界定:①"常规的净资本流入"(normal net capital inflow)等于基本经常账户(underlying current account)差额①,好比说一国外资净流入刚好填补其经常账户赤字;或者②经常账户的变动等于国内储蓄—投资的结构性差额,或等于其他结构性标准,如将对外净资产维持在适当水平需在GDP中占有的比率。这一方法相比而言需要大量的数据,在测算实际汇率变动而需要确定的关键要素方面需要作出主观的决断。

扩展的购买力平价方法在某种意义上是宏观经济平衡方法的一种简化形式,直接通过单一等式测算均衡实际汇率。这一方法是建立在如下假定的基础上的:虽然购买力平价从长期来看是有效的,但是,在中短期有诸多要素相互作用,妨碍现实汇率达到合乎购买力平价所决定的汇率水平。运用跨国数据找出这些要素所产生的预期影响并进行考虑,即可测算出均衡汇率。无独有偶,这一方法也存在着一些经济关系的稳定性的问题,也存在测算中使用哪些要素以及如何对这些要素进行衡量的问题。②

对人民币均衡汇率有代表性的测算③

宏观经济平衡法			扩展的购买力平价法		
研究者	低估程度	评估年份	研究者	低估程度	评估年份
Goldstein	15%—30%	2004	Lee 等	轻微低估	2004
Wang	轻微高估	2003	Coudert & Couharde	18%—49%	2002
Wang	轻微低估	2003	Wang	5%	2004
Coudert & Couharde	23%	2003	Frankel	36%	2000

---

①　基本经常账户是剔除周期性波动、临时冲击、调整时滞等暂时性因素后的经常账户。

②　韩龙:《评西方对人民币均衡汇率的评估》,《上海金融》2008 年第 8 期。

③　Steven Dunaway and Xiangming Li, "Estimating China's 'Equilibrium' Real Exchange Rate", *IMF Working Paper*, No. 2005/202, October 2005.

在以上测算中,有 10 人次的学者分别使用了宏观经济平衡法和扩展的购买力平价法,进行了共计 8 项研究。在使用宏观经济平衡法测算人民币均衡汇率时,四位学者得出了截然不同的结论,有人认为人民币低估,但也有人认为人民币高估。在认为人民币低估的学者中,有人认为人民币低估了许多,如著名国际金融学家 Goldstein 就认为人民币最大的低估程度可能是 30% ,有人认为人民币只是轻微低估;有人给出了确定的低估程度,如 Coudert and Couharde 就认为人民币低估了 23% ,有人只是提出了一个弹性的区间,而无法给出具体比例,如 Goldstein 提出人民币低估了 15%—30% 。更有趣的是,同一个学者用同一方法,只是调整了一个参数,就得出了人民币低估和高估两种不同结论。

在使用扩展的购买力平价法测算人民币均衡汇率时,情况又出现了不同,这些学者的研究清一色地认为人民币币值出现了低估。与使用宏观经济平衡法所进行的测算相似的是,有人认为人民币低估了许多,如 Coudert and Couharde 认为人民币最大的低估程度可能达到了 49% ,而有人认为人民币只是轻微低估;有人给出了确定的低估程度,如著名国际金融学家 Frankel 就认为人民币低估了 36% ,有人只是提出了一个弹性的区间,如 Coudert and Couharde 提出人民币低估了 18%—49% 。值得注意的是,使用扩展的购买力平价法和宏观经济平衡法进行研究的 5 位学者中,有 3 位学者是重叠的,即他们分别使用了两种方法进行了研究,但得出的结论却是不同的。Coudert and Couharde 使用宏观经济平衡法认为人民币低估了 23% ,而使用扩展的购买力平价法却给出了 18%—49% 的弹性区间;Wang 使用宏观经济平衡法认为人民币轻微高估或轻微低估,但在使用扩展的购买力平价法时人民币低估了 5% 。

仅用数十种币值决定理论中的两种理论就得出如此差异的结论,同一学者用不同的理论得出不同的结论,同一学者用同一理论竟然得出不同的结论,有的学者甚至不敢给出确定的结果。在这种情况下,怎么推断人民币的均衡汇率或人民币公平价格? 又怎能轻言人民币被低估? 由于均衡汇率或人民币公平价格难以确定,无论是 IMF 协定规定汇率操纵,还是新决议规定的汇率严重偏差,都难以甚至无法确定。"的确,在缺乏汇率和资本自由的情况下,没有人知道均衡汇率是多少。也没有一个中心规划者或 IMF 的经济学家拥有能够准确计算出'严重偏差'是多少的信息。所以,新决议缺乏实施机制。"①由于衡量均衡汇率存在难以逾越的技术难题,因此,根据 IMF 协定和新决议衡量汇率操纵、外部稳定和汇率严重偏

---

① James A. Dorn, *The IMFs Fuzzy New Principle*, at http://www.cato.org/pub_display.php? pub_id =8491, July 9, 2007.

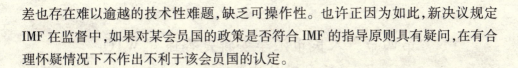

差也存在难以逾越的技术性难题,缺乏可操作性。也许正因为如此,新决议规定IMF 在监督中,如果对某会员国的政策是否符合 IMF 的指导原则具有疑问,在有合理怀疑情况下不作出不利于该会员国的认定。

三、实证不支持对人民币汇率作出不利的裁定

从实证来看,无论是 IMF,还是美国财政部都没有认定人民币汇率构成操纵或违背国际义务。

我国自恢复在 IMF 的席位之后,IMF 就一直年复一年地与我国磋商,评估我国的内外经济政策,但从没有正式提出人民币汇率存在被操纵或低估。以近两年 IMF 与我国磋商情况为例,IMF 所发表的磋商报告说难以找到有说服力的证据证明人民币被严重低估,充其量是希望人民币汇率具有更大的灵活性。

根据 1988 年《综合贸易及竞争法》[①],美国财政部每半年要向国会提交《国际经济与汇率政策报告》。美国财政部近年来向美国国会提交的报告,也从来没有认定中国操纵了人民币汇率。以 2008 年 5 月 15 日美国财政部公布的2007 年下半年《国际经济与汇率政策报告》为例,报告赞赏中国已经允许汇率升值和更加灵活,虽然指责中国“在继续控制人民币对美元的汇率”,“在继续支持国内大规模的流动性创造”,拖了金融改革的后腿,并阻碍了经济开放,使政府调控宏观经济的价格信号失灵,但报告并未将中国认定为“汇率操纵国”。

纵而观之,近几年来,特别是自新决议通过以来,西方在一系列场合对人民币汇率的指责似乎有恃无恐,更加咄咄逼人,然而,以上分析表明,西方的指责其实是缺乏牢靠的标准及依据的,我们不必为此惊慌失措。认识和把握好这一点十分重要。在我们这样一个大国,汇率安排必须自主,汇率改革需要坚持主动性、可控性和渐进性原则,汇率改革要根据我国经济的承受能力,按照自己的节奏进行,否则,被西方牵着鼻子走,就可能酿成灾难。要做到自主而不是失控地改革人民币汇率,关键是要以相关的法律制度作保障。为此,我们应把握和用好牙买加体系汇率制度和新决议的性质和特点,据理力争,为推进人民币汇率改革和维护我国的合法权益提供法律保障和宽松的环境。

---

① 该项制度制定的背景是,当时美国对亚洲国家的贸易赤字不断扩大。

第四节　人民币汇率安排是否违背WTO《反补贴协定》

如前所述,近年来,以美国为代表的西方对人民币汇率的一项主要指责,是所谓人民币汇率操纵或低估构成对中国产品的出口补贴,或造成中国出口产品的倾销,违反了 WTO 的《补贴与反补贴措施协定》(以下简称《反补贴协定》)或反倾销协定,并以提交国际或国内解决相威胁。以 2007 年为例,美国国会针对人民币汇率安排提出的法案就达十几份之多①,其中由马克斯·鲍卡斯(Max Baucus)、查尔斯·格拉斯利(Charles Grassley)等提出的参议院财政委员会法案(参议院编号 1607 号法案),由参议员谢尔比(Richard Shelby)和多德(Christopher Dodd)提出的参议院银行委员会法案(参议院编号 1677 号法案),由众议员蒂姆·莱恩(Tim Ryan)和邓肯·亨特(Duncan Hunter)提出的众议院法案(众议院编号 2942 号法案),被称为 2007 年美国国会有关人民币的三大法案,尤其令人瞩目。②

美国国会近来提出的上述法案所具有的共同特征之一,是指责人民币汇率低估违背了 WTO 有关协定的规定,指示美国行政当局在中国没有对人民币进行重估的情况下,或根据 WTO 的《反补贴协定》,指控人民币汇率低估构成对中国产品的禁止性出口补贴③,向 WTO 申诉;或依据美国受 WTO 约束的国内反补贴法或反倾销法,将低估的人民币币值作为中国对出口产品的补贴,适用美国的反补贴法。以蒂姆·莱恩和邓肯·亨特提出的 2942 号法案为例,对于因货币估价而获得竞争

---

① US – China Business Council, List of all China related legislation introduced in the first session of the 110th congress, http://www. uschina. org/public/documents/2007/110th – congresslegislation – related – to – china. pdf, 28 September 2007.

② US – China Business Council, List of all China related legislation introduced in the first session of the 110th congress, http://www. uschina. org/public/documents/2007/110th – congresslegislation – related – to – china. pdf, 28 September 2007.

③ WTO《反补贴协定》本来规定了三类补贴:禁止性补贴(包括出口补贴和进口替代补贴)、可诉补贴和非可诉补贴。根据 WTO《反补贴协定》第 31 条的规定,不可诉补贴自《建立 WTO 的马拉喀什协定》生效之日起适用 5 年,即临时适用至 1999 年 12 月 31 日。WTO 反补贴委员会在该期限结束前 180 天确定是否延长适用。在 1999 年 11 月为此召开的补贴与反补贴措施委员会会议上,未就延长此类补贴的法律地位作出协商一致的决定。这意味着 WTO《反补贴协定》中的不可诉补贴,只要满足补贴和反补贴的条件,可以作为实施反补贴措施的对象,成员方就有权就此类补贴措施通过反补贴措施或 WTO 多边争端解决程序获得补偿。

优势的产品,该法案规定:美国可以将反补贴规则适用于非市场经济国家①;严重的货币偏差②在反补贴案中可以作为禁止性出口补贴;如果美国公司赢得了反倾销令或是现有的反倾销令的受益者,出口补贴的数量可以计算到倾销幅度中去;确定货币是否严重偏差要依据客观标准,不需要对一国的意图作出判断。③ 2942 号法案的关键因素是允许美国的生产者向美国的行政当局申请征收反补贴税,以惩罚从货币严重偏差中受益的外国的生产者或出口商。

在美国国会有关人民币汇率构成补贴的论调风声鹤唳之时,我们需要思考:如果美国把人民币汇率问题,无论是依据 WTO《反补贴协定》中禁止性补贴的规定提交 WTO,或依据其国内反补贴法径直采取反补贴措施,会有什么结果? 这无疑是摆在我国面前亟待研究解决的重大问题。根据 WTO《反补贴协定》,认定存在补贴需要满足三方面的条件和要求,即需要有政府的财政资助或收入或价格支持(简称价格支持)④,需要授予接受者某种利益,需要具有专向性。由于本人和国内外在此领域的研究进展以及本著的篇幅所限,以下仅以 WTO 的反补贴协定为例,考察人民币汇率安排是否违背反补贴协定的规定和义务。同时亦由于篇幅所限,本文以 WTO《反补贴协定》为依据,仅从构成补贴的首要条件——财政资助的向度对人民币汇率是否构成对中国产品的财政资助,进而是否形成对中国产品的出口补贴问题进行考察。

一、所谓人民币汇率构成财政资助的形式

根据 WTO《反补贴协定》第 1 条第 1 款的规定,补贴需要有财政资助或价格支持的存在。《反补贴协定》对财政资助作出了较为详细的列举,指出财政资助是由

---

① 事实上,这一主张已经收到效果。2007 年 7 月 27 日,美国众议院议长宣布,旨在对中国商品征收反补贴税的《美国贸易权利执行法案》获得通过。该法案要求将美现行反补贴法的适用范围扩大至中国等"非市场经济国家"。

② 货币或汇率偏差(disequilibrium),是指货币的汇率偏离了货币的币值,没能反映货币的真实价值。根据 2007 年 6 月 15 日 IMF 执行董事会通过的《对会员国政策双边监督的决议》,汇率严重偏差是指实际有效汇率偏离均衡水平,而均衡水平是指符合经济基本面的经常账户所对应的汇率水平。

③ 《IMF 协定》第 4 条规定,汇率操纵需要具有妨碍国际收支有效调整或取得对其他会员国不公平竞争优势的用意。美国《1988 年综合贸易法》贯彻这一规定,要求美国财政部每 6 个月向国会提交一份关于国际经济和汇率政策的报告,由于构成汇率操纵需要具备以上主观用意要求,美国财政部的报告一直认为,人民币汇率不符合被认定为操纵汇率的技术要求。蒂姆·莱恩和邓肯·亨特提出的 2942 号法案是要绕过以上主观用意要求,运用 WTO 的《反补贴协定》,指责人民币汇率低估构成补贴,不受《IMF 协定》所规定的汇率操纵的主观意图因素的限制。

④ 需要指出的是,我国大量的论著在论及补贴存在的形式仅提到了财政资助,而将收入或价格支持遗漏了,这是片面的和错误的。根据 WTO 反补贴协定第 1 条第 1 款,补贴存在的形式涵盖了以上两者。

WTO 成员方政府、公共机构或政府委托私营机构从事资金的直接转移(如赠与、贷款、股权注入)或资金或债务潜在的转移(如贷款担保),豁免或不征收政府本应征收的收入,提供一般基础设施之外的商品或服务,或收购产品。对于作为补贴的一种独立形式的价格支持,《反补贴协定》并没有作类似于财政资助的规定或列举,但它通常是指政府通过一定的措施使价格维持在或高于特定的水平,或维持在一定的区间。① 政府在国内实行的价格支持,由于为生产商提供了补贴,因此,生产商在出口时可以以刨去补贴的价格出口。此外,政府在国内实行价格支持,会促使国内生产出现过剩,迫使生产商将产品出口,而产品出口由于国内人为的价格高于国际市场价格而出现困难,这就可能导致政府另外再提供出口补贴。

美国前述法案在补贴形式问题上主要指责人民币汇率低估构成财政资助,而没有在价格支持上做文章。有关财政资助的指责,概括起来主要有以下方面:

(一)人民币汇率低估构成 WTO《反补贴协定》第 1 条第 1 款(a)项第(1)目中第①、③、④种情形②

这些法案和一些人士认为,中国出口商在出口获得美元后,以低估的人民币对美元的汇率将美元卖给中国政府,取得人民币,中国政府通过直接提供资金的方法提供了财政资助。在他们看来,中国出口商将每一美元按照低估的汇率兑换为相应的人民币,这可以看作是涉及资金直接转移政府做法。有些人士还提出,低估的人民币汇率使进口商为进口支付了更多的人民币,也就是说低估的汇率将货币从进口商那里拿来,给予了出口商,汇率低估为出口商提供了财政资助,对进口商构成财政惩罚,因而这一政策像是对进口的征税和对出口的补贴③,符合 WTO《反补贴协定》第 1 条第 1 款(a)项第(1)目中的第①种情形。

同时,也有一些法案和人士认为,人民币汇率低估构成 WTO《反补贴协定》第 1 条第 1 款(a)项第(1)目中的第③种情形,即政府提供服务。在他们看来,只要出

① Raj Bhala,"World Agricultural Trade in Purgatory:The Uruguay Round Agricultural Agreement and its Implications for the Doha Round",*North Dakota Law Review*,2003.

② WTO《反补贴协定》第 1 条第 1 款规定:"为本协议之目的,以下情况应视为存在补贴:(a)(1)在某一成员的领土内由政府或任何公共机构提供的财政资助,即:①涉及资金直接转移的政府行为(如赠与、贷款、股权注入)、资金或债务潜在的转移(如贷款担保);②政府本应征收收入的豁免或未予征收(如税额减免之类的财政鼓励);③政府不是提供一般基础设施而是提供商品或服务,或收购产品;④政府通过向基金机构支付或向私人机构担保或指示后者行使上述所列举的一种或多种通常应由政府执行的功能,这种行为与通常的政府从事的行为没有实质性差别……"

③ John R. Magnus,Chinese Subsidies and US Response,Testimony before the U. S. – China Economic and Security Review Commission,http://www. worldtradelaw. net/articles/magnuschinesesubsidies. pdf,5 April 2006.

口商把美元卖给中央银行兑换了人民币,然后中央银行又对人民币进行"对冲"①,以避免通货膨胀,这些都是伴随人民币汇率低估通过提供服务的方式而给予的财政资助。在这一过程中,政府是在卖出人民币,还是在买进美元并不重要。② 也有人认为,我国存在结汇制度,结汇的人民币汇率牌价由政府公布并被低估,因此,政府提供了基础设施之外的服务和事实上的补贴。这使得中国产品在外国市场上显得廉价并具有吸引力,也使中国的出口商能够获得在人民币没有低估的情况下所不能获得的额外回报。政府对汇率的这种管理方式刺激了中国对外出口。③

此外,还有一些法案和人士认为,即便政府不亲自开展货币兑换,即把从出口商手中买入美元的机构不看作是中央银行,而是商业银行,那么,商业银行是受中央银行支付的委托或指示办理汇兑交易,符合WTO《反补贴协定》第 1 条第 1 款(a)项第(1)目规定的第(ⅳ)种情形的方式④,即政府委托或指示私营机构代为提供资金或服务。

(二)人民币汇率符合 WTO《反补贴协定》例示性清单的列举

美国的一些法案和人士提出,人民币汇率安排构成 WTO《反补贴协定》例示性清单中的(b)项和(j)项。(b)项列举的出口补贴是"涉及出口奖励的货币留存方案或任何类似做法"。这种方案允许出口商保留一定数量的所挣外汇,留存的外汇与其他外汇汇率不同,享有优惠,从而在这个国家形成复汇率,构成禁止性出口补贴。在他们看来,中国存在外汇留存制度,因此,符合(b)项的规定。

(j)项列举的出口补贴是,政府或政府控制的特殊机构提供出口信用保证或保险计划,对出口成本增加或汇率风险增加提供保险或保证计划,其保险费用不足以弥补长期经营成本和计划的损失。人民币汇率安排构成(j)项补贴的支持者认为,中国政府严格地控制汇率或将汇率限定在一个狭窄范围之内,免除了中国出口商对汇率风险可能造成的损失进行规避和保值而发生的费用。政府在这种情况下无

---

① "对冲"是指采取措施,减少市场的流动性以抵消因外汇储备增长而带来的流动性增加,或向市场注入流动性以抵消因外汇储备减少而带来的流动性减少。例如,一国外汇储备的大量增加必然导致该国基础货币投放的增加,而这样做会引起通货膨胀。为了防范和避免外汇储备增加而给国内货币政策带来的不利影响,该国通过发行票据等方法对冲或抵消原本需要增加投放的货币,即构成较为典型的对冲。

② WTO, A Survey of Views Regarding Whether Exchange – Rate Misalignment Is a Countervailable, Prohibited Export Subsidy Under the Agreements of the World Trade Organization, http://www. chinacurrencycoalition. org/presscenter/survey_of_views0407. pdf, April 2007.

③ C. Fred Bergsten, *Reform of the International Monetary Fund*, http://www. iie. com/publications/papers, 7 June 2005.

④ John R. Magnus, Chinese Subsidies and US Response, Testimony before the U. S. – China Economic and Security Review Commission, http://www. worldtradelaw. net/articles/magnuschinesesubsidies. pdf, 5 April 2006.

偿地提供一种货币避险服务,出口商没有对这项服务支付任何费用,显然构成政府收取的费用或报酬不足,构成间接的财政资助,明显地授予了出口商以利益。而在其他一些国家,出口商需要对外汇风险进行规避,并支付相应的费用,否则,就有可能遭受损失。虽然中国的货币制度没有被贴上汇率风险计划的标签,但其功能相对于这样的计划。①

二、WTO 及其前身 GATT 在汇率补贴问题上的相关规定

汇率与国际贸易具有密切的联系。国际货币基金组织(以下简称 IMF)的主要设计师美国人怀特(Harry Dexter White)曾指出,降低国际贸易的壁垒,除非有有序的汇率和为贸易目的的外汇交易,否则就没有保障。汇率贬值是提高关税税率的一种变相方法,外汇限制是变相地适用进口配额。② 他还说,世界需保证汇率贬值不会被用作取得国际贸易竞争优势的工具,因为这种汇率贬值从来就不是真正的解决办法,而会导致报复措施,最终减少国际贸易总量。③ 20 世纪 30 年代,竞争性的货币贬值和外汇管制极大地妨碍、扭曲和损害了国际贸易,在建立第二次世界大战之后国际经济秩序过程中,《国际货币基金协定》(以下简称《IMF 协定》)和《关税与贸易总协定》(以下简称 GATT)的制定者对此教训记忆犹新,在两项协定中关注了汇率对国际贸易的影响。④

《IMF 协定》的一个重要目的是建立有序的外汇安排以恢复和便利国际贸易的开展,它的许多规定是有关汇率问题的,如该协定第 1 条第 3 节将促进汇兑稳定、维护有序的外汇安排和避免竞相性的外汇贬值规定为 IMF 的宗旨之一;第 4 条第 1 节第 2 项强调会员国努力创造有序的基本经济和金融条件和不会产生反常混乱的货币制度去促进稳定;第 4 条第 1 节第 3 项规定,会员国应避免操纵汇率或国际货币制度来妨碍国际收支有效的调整或取得对其他会员国不公平的竞争优势等。

GATT 的制定者们当时也从贸易方面关注了汇率的复杂性质和效果,所以,GATT 以及后来的 WTO《反补贴协定》就有了外汇或汇率安排构成补贴的规定。GATT 关注汇率可能构成补贴有较长的历史。1947 年 7 月,澳大利亚的代表在日

---

① John R. Magnus, Chinese Subsidies and US Response, Testimony before the U. S. – China Economic and Security Review Commission, http://www. worldtradelaw. net/articles/magnuschinesesubsidies. pdf, 5 April 2006.

② H. D. White, *The Monetary Fund: Some Criticisms Examined*, 23 Foreign Affairs, 1944 – 1945, p. 195.

③ H. D. White, *The Monetary Fund: Some Criticisms Examined*, 23 Foreign Affairs, 1944 – 1945, p. 195.

④ Skip Hartquist, *Testimony before the Subcommittee on Trade of the House Committee on Ways and Means*, http://waysandmeans. house. gov/hearings. asp? formmode = view&id = 6305, 2 August 2007.

内瓦对多种货币措施即复汇率的做法在一定情况下构成出口补贴,或导致一国货币贬值应当作为倾销措施来对待的问题表示关注,结果导致了对 GATT 第 6 条作出相应补充。① 《关于 GATT 第 6 条第 2、3 款注释和补充规定》指出:"多种货币措施在某些情况下构成出口补贴,对此可根据第 3 款征收反补贴税予以抵消……。"1960 年关于第 26 条第 5 款的 GATT 报告指出:"……(各缔约方)负有明确的义务将具有补贴效果的复汇率通知缔约方全体。"乌拉圭回合所达成的 WTO《反补贴协定》对出口补贴进行的例示性列举,也涉及了外汇或汇率安排,如(b)项的货币留存方案和(j)项的不足以弥补长期经营成本和损失的外汇风险计划等。然而,上述禁止利用汇率开展不公平国际贸易竞争的规定,近些年来却被西方转而用作指责人民币汇率的工具。② 如后所述,这种指责是站不住脚的。③

三、人民币汇率不构成财政资助

汇率低估(假设存在)是否构成我国政府提供的财政资助? 在已有的 WTO 的案例中,财政资助的提供包括了给予资金、以低于市场的利率提供贷款、提供税收优惠、开采自然资源的优惠条件和以极低的费率为出口产品提供运输等。但就汇率而言,很难将所谓人民币汇率低估与财政资助联系起来。④

首先,汇率低估不构成资金的直接或间接提供和转移。从 WTO 相关判例来看,构成资金直接或间接提供和转移的财政资助,根据传统的衡量方法,等同于有据可查的财政预算支出或目标明确的财税减让,但各国公共财政从来没有过将汇率低估作为财政支出项目列支,也从来没有将汇率变化作为财政支出或收入的一种形式,WTO《反补贴协定》第 1 条第 1 款在规定财政资助的方式时,也没有提到货币币值低估或汇率低估。⑤ 从财税减让的角度来看,即便汇率存在低估,它针对

---

① United Nations Conference on Trade and Employment, *Second Session of the Preparatory Committee of the UN Conference on Trade and Employment Verbatim Report*, E/PC/T/A/PV/32, 23 July 1947, pp. 2 – 3.

② 实际上,人民币汇率是否构成对中国出口商的财政资助问题,潜在地取决于 IMF 与 WTO 在汇率补贴问题上的关系。对于这一关系的探讨,详见韩龙:《GATT 第 15 条:汇率义务衡量需提防的陷阱——基于人民币汇率义务问题的探讨》,《法律科学》2007 年第 2 期;韩龙:《论人民币汇率义务的管辖归属和衡量依据》,《法学家》2006 年第 2 期。

③ 韩龙:《人民币汇率构成对中国出口产品的财政资助吗?》,《河北法学》2008 年第 9 期。

④ 韩龙:《人民币汇率构成对中国出口产品的财政资助吗?》,《河北法学》2008 年第 9 期。

⑤ 麦格拉斯(John R. Magnus)提出,政府低估人民币是有成本发生的,如为避免因外汇兑换引起的基础货币投放过多而实行"对冲"的成本,包括为了满足外汇兑换而需印制本币的成本等。此外,政府提供经济资源要构成财政资助,并不一定需要政府有成本或有公共财政支出。见 John R. Magnus, Chinese Subsidies and US Response, Testimony before the U. S. – China Economic and Security Review Commission, http://www.worldtradelaw.net/articles/magnuschinesesubsidies.pdf, 5 April 2006.

的不是特定企业,所有出口产品都会因该汇率而获益,因此,这一汇率并不构成目标明确的财税减让。如果说WTO《反补贴协定》有意使财税减让涵盖汇率低估,那么,该协定的制定者应当在协定中进行了规定,然而,在《反补贴协定》第1条所列举的补贴措施中并没有汇率低估。可见,汇率低估不构成财政预算支出和财税减让,因而不构成《反补贴协定》中的资金直接或间接的提供和转移。美国上述法案和人士将不在财政预算支出和财税减让之列的公共政策如汇率,类推作为财政预算中的补贴,从WTO法的角度来看是不妥的。

其次,人民币汇率即便低估,也不构成政府提供的服务和补贴。这是因为:第一,任何一个设施先进、信息灵通、交易便利的外汇市场的建立和维持,都离不开政府的参与和管理,凡西方发达国家也概莫能外。综观世界各国,无论是发达国家,还是发展中国家和经济转型国家,都存在对外汇市场和汇率的管理和干预。①这种管理在当前国际汇率体系下是政府职能的正常发挥。如果政府履行职能的行为在性质上是服务的话,那么,凡是有政府的地方,都存在政府提供的服务,这显然不是《反补贴协定》所禁止的内容。WTO《反补贴协定》禁止的是政府提供的一般基础设施之外的商品或服务,而中国的外汇市场是中国政府建立、维持和管理的供外汇交易的平台和场所,是一般基础设施,我国中央银行发布或授权发布人民币对其他货币的牌价、实行结汇制度和对汇率进行相关的管理是在履行政府的正常职能,不属于WTO《反补贴协定》所禁止的服务提供。第二,我国中央银行根据需要通过发行票据等方式,对包括由于外汇储备增加而造成的基础货币投放过多进行对冲或其他市场操作,属于宏观货币政策调控的范畴,这与当今各国政府运用货币政策调控经济没有区别。如果这种调控也被当作政府以提供服务的方式提供的财政资助的话,那么,所有在金融市场和外汇市场进行调控和操作的中央银行都在为其出口商提供财政资助。在WTO《反补贴协定》缺乏相关规定的情况下,如此大胆的结论是难以成立的,也注定难以为WTO争端解决机构所接受。

再次,由于人民币汇率不构成政府的直接或间接的资金转移,也不构成政府提供的一般基础设施之外的服务,因此,指责中国政府委托或指示商业银行通过办理汇兑交易,从事了政府从事的活动,也不能成立,所谓人民币汇率符合《反补贴协定》第1条第1款(a)项第(1)目规定的第(iv)种情形的指责也就失去了根基。

最后,作为《反补贴协定》附件1的出口补贴例示性列举,也不支持将汇率低估看作财政资助。《反补贴协定》的例示性列举仅有1处即(b)项提到了汇率做

---

① Jorge Evan Canales – Krilgenko, "Foreign Exchange Intervention In Developing And Transition Economies: Result of Survey", *IMF Working Paper*, No. 2003/95, May 2003, p. 12.

法,它规定"涉及出口奖励的货币留存方案或任何类似做法"在禁止的出口补贴之列。然而,货币留存方案是允许出口商保留一定数量的所挣外汇,以用于进口支付或溢价卖给其他进口商的做法,其特征反映了汇率的高估,而不是低估。况且,货币留存方案构成补贴,主要是因为留存的外汇与其他外汇汇率不同,构成复汇率,因而构成补贴。但是,西方指责人民币汇率构成低估而不是高估,与货币留存方案的特征正好相反,而且我国早在1996年就实现了汇率的统一,不存在复汇率的货币留存做法。此外,GATT和WTO也没有有关低估但却统一的汇率构成出口补贴的判例。诚然,出口补贴例示性列举为非穷尽性的,但无论是过去的GATT缔约方,还是当今的WTO成员方,显然都无意将汇率低估作为禁止的出口补贴。如果它们有这种意图,理应在《反补贴协定》或例示性清单中写明,但汇率低估并不在《反补贴协定》或例示性清单之列。或许正是由于认识到依据《反补贴协定》提起申诉存在难以逾越的障碍,蒂姆·莱恩和邓肯·亨特才在2942号法案中主张,美国可以单方面地宣布汇率低估构成禁止性出口补贴,对来自汇率低估国家的产品征收反补贴税。果真如此,美国无疑会违背其受约束的WTO《反补贴协定》。

同时,人民币汇率制度也不构成《反补贴协定》例示性列举中的(j)项。诚然,WTO《反补贴协定》将政府针对出口产品或外汇风险而提供的特殊保险或担保项目规定为补贴,然而,我国的人民币汇率在参考一篮子货币的基础上,按照市场需求浮动,有升有降,企业要为不利的汇率变动承担风险和损失。因此,我国政府或其他机构没有为人民币提供汇率风险的保险或担保,更没有政府的经营汇率保险和担保的成本和损失可言。因此,试图以(j)项来挑战人民币汇率,是与上述例示性列举的规定格格不入的。

此外,在牙买加体系下,IMF的成员国有权选择汇率安排,也有权干预和管理汇率,当然也可以不进行干预,让汇率自由浮动。[①] 这些都是WTO及其所包含的协定所承认的。GATT第15条允许WTO成员方采取与IMF规定相一致的外汇管理措施,GATS第11条支持IMF成员采取与IMF的规定相一致的外汇行动的权利。部长会议关于IMF与WTO关系的宣言将GATT 1947缔约方全体与IMF的关系的规定作为IMF与WTO的关系的依据。由于这些规定的存在,WTO在有

---

① 布雷顿森林体系在1973年终结后,为了推动国际货币体系的改革,1976年各国在牙买加首都金斯顿举行会议,达成了"牙买加协定",由此导致了IMF对其协定的第二次修改,形成牙买加体系,并沿用至今。牙买加体系的主要内容包括:①取消原来的货币平价制度,确认各成员国有权自行决定其汇率安排,从而也将当时现实中所采用的浮动汇率合法化。②减少黄金在国际货币制度中的作用,废除了黄金官价制度,各国确定汇率时不得将黄金作为货币定值的标准。③增强特别提款权的作用,使其成为国际货币制度的主要储备资产。④扩大对发展中国家的资金融通。

关外汇和汇率安排的问题上必须承认 IMF 的规则，接受 IMF 的管辖权和据此所作出的决定。因此，我国确定人民币汇率和对外汇市场进行管理是我国在《IMF 协定》项下的权利，理应为 WTO 所承认和接受，而非上述出口补贴例示性列举中的汇率风险计划。WTO 争端解决机构如果接受美国的主张，会使 WTO 侵入 IMF 的传统领地，破坏 IMF 与 WTO 及其前身 GATT 的传统分工，为未来 WTO 一成员方对另一 WTO 成员方的汇率不满时向 WTO 提出申诉大开方便之门，这是违背 IMF 与 WTO 及其前身 GATT 的历史分工和国际经济秩序的。因此，WTO 的争端解决机构注定难以接受美国关于人民币汇率构成"财政资助"的主张。

综上所述，以美国为代表的西方目前的一个主要呼声是将人民币汇率与中国对出口产品的补贴挂钩，指责人民币汇率构成 WTO 法上的补贴。但从以上分析来看，人民币汇率既不构成 WTO《反补贴协定》第 1 条第 1 款（a）项规定的财政资助，也不符合《反补贴协定》例示性清单的列举。由于财政资助是构成补贴的首要条件，因此，人民币汇率在不构成对出口产品的财政资助的情况下，出口补贴就不成立。所以，无论美国依据 WTO《反补贴协定》中禁止性出口补贴的规定，把人民币汇率问题提交 WTO，还是径直由美国采取反补贴措施，都会遭遇无法克服的法律障碍，美国最终的胜算并不大。因此，美国这些举动不排除是通过造势向我国施加压力，收到不战而胜的效果，或为通过其他方式解决问题创造条件。

但是，对我国来说，我国应跟踪深入研究美国这些立法动向及其所主张的解决途径和法律依据，只有这样才能做到有备无患，不为其咄咄逼人的气焰所蒙蔽，同时也为平息国际间就人民币汇率问题引起的纷争提供强有力的支持和依据。这是因为西方国家在人民币汇率问题上的重要用意是用 WTO 争端解决机制来取代 IMF，同时欲借助《IMF 协定》的有关规定由 IMF 作出不利于中国的结论，最终由 WTO 裁决[①]，而 WTO 是通过争端解决机制来适用规则的。如果我们对美国的立法动向不给予足够重视，那么，就可能为西方提供可乘之机。值得注意的是，美国前述法案中有的主张已经初步实现。美国的执法部门一改对非市场经济国家不适用反补贴的传统，转而对来自于包括中国在内的非市场经济国家的产品采取反补贴措施。不止于此，2007 年 7 月 27 日，美国众议院通过了旨在对中国商品征收反补贴税的《美国贸易权利执行法案》，拟在成文法中明确地将反补贴法的适用范围

---

① 韩龙：《论人民币汇率义务的管辖归属和衡量依据》，《法学家》2006 年第 2 期。

扩大至中国等"非市场经济国家"。① 可见,我国做好相应的充分准备十分重要,唯其如此,我们才能够主动、可控和渐进地对人民币汇率进行改革,使人民币升值的幅度和频率维持在我国经济能够承受的范围之内。

---

① 美国《1988 年综合贸易和竞争法》的早期文本曾规定,当补贴可被合理认定和计算的情况下,反补贴法适用于非市场经济国家。但是,该条款后被删除,所以,在成文法上反补贴法是否适用于非市场经济国家是不明确的,而判例得出的结论是反补贴法不适用于非市场经济国家,但可以适用于市场经济导向的行业。

第四章 国际金融市场的准入
经营制度与发展态势

迄今为止,国际金融市场的准入与经营制度①在国际金融法的著述中多被忽略,推其原因可能在于认为统一的国际金融市场的准入与经营制度并不存在。其实不然,《服务贸易总协定》(简称 GATS)的达成和有关金融服务的《第五议定书》的生效,已在近乎全球意义上建立起了统一的金融市场的准入与经营制度。此外,还有大量的区域性、双边和各国相关制度的存在,因此,国际金融市场的准入与经营制度的内容到目前已经十分丰富。国际金融市场的准入与经营制度十分重要,从逻辑和事实上讲,如果不允许对金融市场的准入及经营,那么,就不会有国际金融交易的发生,也就不需要相应的规制和监管。因此,国际金融的交易制度和规制监管制度等,在理论和实践上都以国际金融市场的准入及经营制度为隐含前提。自全球多边意义上的国际金融市场的准入与经营制度建立以来,对这一制度就存在激烈的争论和要求进行改革的呼声,多哈回合对金融服务贸易的规则进行了谈判,预示着全球多边意义上的国际金融市场的准入与经营制度的发展态势。

第一节 国际金融市场准入与经营制度的构成

国际金融市场的准入与经营制度由哪几部分构成,彼此间是什么关系,这些是涉及国际金融市场的准入与经营制度全貌的基础问题,需要首先进行考察。

一、国际金融市场准入与经营制度的构成

国际金融市场的准入与经营制度由四个层面组成:全球多边的准入与经营制度,区域的准入与经营制度,双边的准入与经营制度和一国的准入与经营制度。在

---

① 这里所说的国际金融市场的经营制度是指能够影响外国金融服务提供和提供者的制度,如国民待遇和透明度等。

1995 年 GATS,特别是 1997 年底 WTO 成员方达成的有关金融服务的《第五议定书》生效之前,全球多边意义上的准入与经营制度并没有建立起来,换言之,1999年生效的关于金融服务的《第五议定书》与之前生效 GATS 一起,第一次在全球多边范围内建立起了国际金融市场准入与经营的制度。区域经济一体化是当代国际经济发展的一个突出特征,许多区域经济一体化协议都规定了金融服务制度,这些制度结合起来构成国际金融市场准入与经营的区域制度。除此之外,不少经济体之间还就彼此间的金融市场准入和经营达成了协议,这些都构成国际金融市场准入与经营的双边制度。当然,在以上各类制度之外,各国还有对外国金融服务和服务提供者的金融市场准入与经营的管理制度,这些制度也构成国际金融市场准入与经营制度重要组成部分。

根据国际金融市场的准入与经营制度的构成,本章第二节将重点对 WTO 有关金融市场准入与经营制度进行阐述,第三节阐述我国对外国金融服务和服务提供者的金融市场准入与经营的管理制度。在目前 WTO 覆盖范围极其广泛,且区域一体化协定或安排众多的情况下,本章对区域性的和双边的金融市场准入与经营制度不作阐述。

二、国际金融市场的准入与经营制度各构成部分的关系

国际金融市场的准入与经营制度各组成部分的关系问题,特别是 WTO 有关金融市场的准入与经营制度和其他组成部分之间的关系问题,是一个值得明确的问题。WTO 截至目前已有 140 多个成员方,且覆盖了世界上的主要经济体,还有一些经济体正在申请加入,因此,WTO 有关金融市场的准入与经营制度具有多边、甚至全球意义。WTO 这方面的制度对各成员方具有拘束力,各成员方根据 WTO的规定享受权利,履行义务。

WTO 允许区域一体化协议的存在,同时尽量避免或减少其对 WTO 多边贸易体制造成损害。为此,WTO 建立了对成员方之间的区域经济一体化安排的约束,主要包括区域一体化成员之间要尽可能广泛地取消贸易限制措施,对外不得提高贸易壁垒的总体水平,区域经济一体化要有合理的过渡期。符合这些要求的区域一体化协议构成 WTO 最惠国待遇原则的例外,不受 WTO 最惠国待遇义务的约束,因此,区域一体化是对 WTO 规则的"套利"。WTO 成员方可以将这种区域范围内的互惠合作及其优惠、利益限于区域一体化的范围之内,而拒绝将其适用于WTO 的其他成员方。① WTO 的成员方如果要订立区域经济一体化协议,建立区域性的金融市场准入与经营制度,开展区域经济和金融一体化,就需要遵守 WTO 要

---

① 韩龙:《论 WTO 与区域经济一体化》,《中外法学》2003 年第 2 期。

求,使区域经济和金融一体化的安排与在 WTO 项下承担的义务保持一致。

双边的金融市场准入与经营制度是否和能否适用 WTO 区域经济一体化的例外,主要取决于其是否构成 WTO 所要求的区域经济一体化的协议安排。GATS 第5 条要求服务贸易领域(涵盖金融服务)的区域一体化需要涵盖众多的服务部门。而服务贸易区域一体化涵盖众多的服务部门应根据部门数量、受影响的贸易量和提供方式来理解,且服务贸易区域一体化协定不应规定预先排除任何服务提供方式。此外,在服务贸易区域一体化协定生效或一段合理的时间框架内,在该协定所涵盖的部门,在协定的成员之间通过取消与国民待遇不一致的现有歧视性措施和/或禁止新的或更多的与国民待遇不一致的歧视性措施,达到取消或不实行对国民待遇的实质上的所有歧视。这些都是衡量双边的金融市场准入与经营制度是否符合 WTO 区域经济一体化要求的重要标准。依据这些标准,仅限于金融领域的双边协议安排似难符合 GATS 的要求。双边的服务(包括金融服务)市场准入与经营制度如果符合 WTO 区域经济一体化要求,则构成 WTO 区域经济一体化的例外,否则,则需要遵守 WTO 最惠国待遇原则和其他义务规定,将双边达成的优惠、利益等适用于其他WTO 的成员方。此外,达成区域一体化协议安排的经济体,在订立双边的金融市场准入与经营制度时,还需要顾及和遵守区域一体化协议安排的要求和义务,使其在协议安排中承担的义务与在区域一体化协议安排中所承担的义务相一致。

一国如果既不是 WTO 的成员方,又不是区域经济一体化协议安排的参加方,也没有缔结有关金融市场准入与经营的双边协议,那么,该国就不需要遵守上述金融市场的多边、区域和双边的准入与经营制度。在这种情况下,一国对于是否允许外国的金融服务和金融服务提供者准入和经营,由该国根据自己的主权来决定,是该国按照自身的利益需要进行考量和定夺的结果,不存在国际义务。但是,在全球经济和金融一体化的今天,这样的国家已不多见。相反,大量的国家往往同时是多边、区域和双边协议安排或组织的成员方、参加方或缔结方。在这种情况下,一国确定外国金融服务和金融服务提供者准入和经营制度,就需要遵守在 WTO 项下和在区域、双边协议中的义务要求,使本国对外国金融服务和金融服务提供者的准入和经营的规定与上述义务要求保持一致。

第二节　WTO 有关金融市场准入与经营制度

在 WTO 有关金融服务市场准入与经营制度确立之前,有关金融市场准入与经营的全球性多边制度事实上是不存在的,GATS 的达成和有关金融服务的《第五议定书》的生效是 WTO 法对国际金融法的重大贡献,填补了全球性金融市场准入与经营制度的空缺。WTO 有关金融服务市场准入与经营制度主要由三部分构成：GATS、金融服务附件(Annex on Financial Services)(简称金融附件)和金融承诺表。GATS 是关于服务贸易的一般性规定,由于金融服务贸易属于服务贸易的组成部分,因此,GATS 的规定适用于金融服务,适用于外国金融服务和金融服务提供者的市场准入和经营。金融附件是针对金融业的特定和需要而制定的,它对 GATS 的一般性规定适用于金融服务部门时进行了必要的澄清,或作出了符合该部门特点和需要的解释或变通,使 GATS 的有关规定具体化。GATS 通过金融服务附件而具体适用于金融服务领域,金融附件将 GATS 适用于服务贸易的一般性、通用性规定适应于金融领域的特点和需要。① 因此,金融服务附件构成 GATS 的特别法,在金融服务附件有不同或更具体规定的情况下,金融附件的规定优先适用。金融服务承诺表记载的是 WTO 各成员方对市场准入和国民待遇的承诺以及附加承诺。

WTO 是如何建立起全球性的金融市场准入与经营制度的？ 总的来说,WTO 通过规制和约束成员方影响金融服务提供的措施来逐步推行金融服务自由化和建立金融服务贸易的秩序的。就 WTO 项下的国际金融市场的准入与经营而言,WTO 也是通过规制和约束成员方影响金融服务市场准入和经营的措施来建立金融服务市场准入和经营秩序的。WTO 为建立这样的秩序又是如何规制和约束成员方的措施的呢？ 概括地来说,这一机制就是通过将成员方影响金融服务提供的措施,包括影响金融服务市场准入和经营的措施纳入到 WTO 多边规制范围之内,以 GATS 的规则进行基本约束,以金融附件作为补充,以各成员方对金融服务的承诺来确定其在市场准入和国民待遇上所承担的具体义务,以 WTO 的争端解决机制作为实施的保障。本节以下根据 GATS、金融服务附件并适当结合金融服务承诺表对 WTO 推行金融服务市场准入和经营的法律机制进行阐述。

一、WTO 约束和规制成员方措施的范围

"欧共体——香蕉案"(European Communities – Regime for the Importation, Sale and Distribution of Bananas)②的上诉机构在报告中强调,GATS 第 1 条第 1 款本身

---

① 韩龙:《金融服务贸易规制与监管研究——基于入世过渡期后银行业局势的探讨》,北京大学出版社 2006 年版,第 39 页。

② "欧共体——香蕉案"是由于欧共体有关香蕉的进口、销售和分销体制而引起的争端。1989 年 12 月,欧共体与 70 个非洲、加勒比海和太平洋地区的发展中国家(简称非加太国家)签订了第四个洛美协定,其中包含有关香蕉的议定书,并被豁免适用最惠国待遇。1993 年,欧共体建立了香蕉共同市场,建立了三类香蕉进口制度:第一类是从传统的 12 个非加太国家进口的香蕉;第二类是上述国家超出供应量的非传统进口和从非传统的非加太国家的香蕉进口;第三类是从非加太国家之外的第三国的香蕉进口。欧共体对三者规定了不同的进口待遇,引起了厄瓜多尔、危地马拉、洪都拉斯、墨西哥等国与欧共体的争端。

的基本结构、逻辑以及该款与 GATS 其他条文之间的关系,要求先要判断一项措施是否受 GATS 的调整,然后才是该措施是否与 GATS 规定的成员方实体义务相一致的问题。① 可见,要确定一国的有关措施是否违背 WTO 有关金融服务的义务,首先要确定该措施是否在 WTO 约束的范围之内。那么,WTO 约束和规制的成员方影响金融服务提供的措施范围有多大呢? GATS 第 1 条规定 GATS 适用于 WTO 成员方影响服务提供的所有措施。金融附件规定,附件适用于影响金融服务提供的所有措施。金融服务是由成员方金融服务提供者提供的具有金融性质的任何服务,包括所有保险和与保险有关的服务,所有银行和其他金融服务(不包括保险)。而金融服务的提供指的是 GATS 第 1 条第 2 款所规定的所有四种服务提供方式。因此,探讨 WTO 在金融服务部门中约束和规制的范围需要以 GATS 第 1 条的规定为基点。

(一)金融服务提供的四种方式

GATS 第 1 条对服务贸易提供的四种方式进行了全面的定义,从而也指明了金融服务提供的方式。GATS 所列举这四种方式是:

1. 第一种方式:跨境提供(cross - border supply)。跨境提供是指自一成员方境内向另一成员方境内提供服务,服务贸易的提供者或接受者不发生位移。跨境提供与货物贸易的通常形式基本相当,这种方式是服务贸易中最直接的方式。

2. 第二种方式:境外消费(consumption abroad)。境外消费是指在一成员方领土内向另一成员方的服务消费者提供服务。这种方式通常需要服务的接受者发生位移,而提供者不移动,如旅游或留学等。境外消费存在的另外一种情况是有关资产而不是消费者移动到服务提供国,接受服务,如飞机、船舶等在国外进行修理。与跨境提供相同,这种直接的贸易方式并不需要服务的提供者进入消费者本国。

3. 第三种方式:商业存在(commercial establishment)。商业存在是指外国服务提供者在 WTO 另一成员方境内以商业存在的方式提供的服务,如外国银行在东道国境内设立分支机构提供金融服务等。这种方式是最为重要的服务提供方式,同时也为东道国提出了相当大的挑战。服务交易中的相当大一部分需要服务的提供者和消费者接触,但管理商业存在的规则与影响货物贸易的关税措施和其他边境措施截然不同。GATT 在经过多年发展之后才逐步介入敏感的国内政策问题,而 GATS 从一开始就不得不解决国内政策问题,如外国服务提供者在东道国建立商业存在所内含的开业权问题。

4. 第四种方式:自然人移动(movement of natural persons)。自然人移动是指一成员方的服务提供者通过自然人在另一成员方境内提供服务,在这种提供方式

---

① "欧共体——香蕉案"上诉机构报告,第 151 - 152 段。

中,作为服务提供者的自然人发生移动,而服务接受者不移动。外国服务提供者的商业存在并不一定要求外国人存在,它可以全部雇佣当地员工。然而,当服务提供者需要使用外国经理或专家时,商业存在就与自然人移动结合到了一起。自然人移动也可以脱离在东道国设立的商业存在而独立存在,来到东道国的自然人可以是外国服务提供者的雇员,也可以作为独立的个人提供服务。然而,GATS 关于自然人移动的附件规定,GATS 与在另一国寻求工作没有关系,与公民身份、居住权和雇佣要求亦没有关系。即便成员方承诺允许自然人进入其领土提供服务,成员方只要不阻止承诺的实施仍然有权对有关人员的进入和居留进行管理,如实行签证要求等。①

结合 WTO 在金融服务领域约束的成员方措施的范围来看,成员方影响以上四种服务提供方式下所发生的金融服务的所有措施均受 WTO 的约束。

(二)"影响"服务贸易的措施中的"影响"(affecting)

GATS 第 1 条规定,GATS 适用于 WTO 成员方影响服务提供的所有措施。GATS 在规定其适用范围时使用了"影响"(affecting),而不是"调整"(governing)或"规制"(regulating)。什么是"影响"服务贸易的措施? 这种措施与成员方"调整"或"规制"服务贸易的措施是什么关系? 对此 WTO 争端解决机构的专家组和上诉机构在"欧共体——香蕉案"中给出了回答。

专家组针对欧共体关于被指控的措施只调整香蕉这种货物进口,而非服务贸易问题,因而不应适用 GATS 的规定的主张,认为 GATS 适用于对服务提供的竞争条件产生影响的任何措施,而不论这些措施是直接支配,还是间接影响服务的提供,并认为欧盟的香蕉进口许可制度应受到 GATS 的约束。上诉机构指出,GATS 第 1 条第 1 款中对"影响"一词的使用,反映了起草者对 GATS 给予广泛适用范围的意图。"影响"一词的普通含义意味着一项措施对某事产生影响(an effect on),其适用范围是很广的,……"影响"比"规制"(regulating)和"调整"(governing)的范围要更广泛。②

由此可见,"影响"所涉及的成员方的措施要远远大于"规制"和"调整"所包括的范围。一般来说,"规制"或"调整"某一类社会关系的法律是专门为此类社会关系制定的,也就是说,"规制"或"调整"主要限于专门适用于这一领域的法律措施。例如,调整我国银行业的法律体现在《中国人民银行法》、《中华人民共和国银行业监督管理法》、《中华人民共和国商业银行法》、《外资银行监管管理条例》等专门性的规定之中。对服务贸易能够产生"影响"的措施当然包括用来"规制"或"调

---

① Annex on Movement of Natural Persons Supplying Services under GATS.
② "欧共体——香蕉案"上诉机构报告,第 217–220 段。

整"该领域的法律措施,但也包括不是专门用来"调整"该领域,但能够对该领域发生影响的法律措施。例如,一国有关会计制度的规定并不是专门用来"调整"金融业的,但它确实会"影响"金融机构的经营管理活动。此外,从上诉机构以上阐述来看,一项措施究竟是否会"影响"服务提供,主要考察其对服务提供的竞争条件所具有的影响。总之,GATS 所约束的范围包括所有能够"影响"服务贸易的成员方措施,"影响"这一措辞大大扩充了 GATS 的约束范围。

值得注意的是,"影响"服务贸易的措施不仅包括中央政府采取的措施,也包括地方政府和经政府授权行使权力的非政府机构所采取的措施,GATS 要求成员方政府尽最大努力保证地方政府遵守 GATS 的义务和承诺。

(三)GATS 的适用范围是否有例外存在?

答案是肯定的。GATS 第 1 条第 3 款第(2)项将服务界定为除政府当局为履行职能所提供的服务外的所有部门的一切服务,而政府为履行职能所提供的服务是指既不是商业性质的,又不与任何一个或多个服务提供者相竞争所提供的服务。因此,GATS 不适用于政府为履行职能所提供的服务而采取的措施。金融附件还对 GATS 第 1 条第 3 款规定的行使政府权力提供的服务进行了列举和界定,指出此类服务在金融领域里指:①成员方中央银行及其他执行货币或汇率的政府机构的活动;②构成法定社会保障或公共退休金计划组成部分的服务活动;③由公共机构代表政府或利用政府资金进行的服务活动。这三项活动均属于"行使政府职能方面的服务",因此,不受 GATS 的约束,但是,附件又规定,如果成员允许其国内商业性金融服务提供者参与后两项服务活动,则后两项服务应受 GATS 的约束。

总之,WTO 在金融领域约束成员方除行使政府权力提供服务的措施之外的,影响四种服务提供方式下金融服务提供的所有措施。WTO 将这些措施纳入到其约束和规制范围之内只是第一步,对这些措施进行约束和规制才是目的。具体来说,WTO 通过以下方式和方法实现对成员方的措施的约束。

二、市场准入和国民待遇制度

GATS 共有 6 个部分。第一部分即 GATS 第 1 条,界定 GATS 的适用范围。GATS 第二部分是关于一般义务和纪律的规定。GATS 第三部分是对成员方就市场准入、国民待遇以及附加承诺的规定,适用于经谈判作出承诺的领域。GATS 第四、五、六部分为其他规定。WTO 有关金融市场准入与经营的制度主要就体现 GATS 的第三部分和与之相联系的金融服务承诺表中,同时受 GATS 其他部分和金融附件规定的约束。

(一)GATS 有关市场准入和国民待遇的规定

影响服务和金融服务提供的主要和核心问题,是一国的服务和服务提供者能否进入他国市场以及能否享受平等的待遇,即市场准入和国民待遇问题。然而,市场准入和国民待遇在 GATS 框架内不构成普遍性义务,不能自动在所有成员方的各个服务部门中适用,而是由各成员方进行承诺的结果。GATS 第三部分所规定的市场准入、国民待遇、附加承诺与第 1 条所规定的服务贸易四种提供方式相结合,构筑起 WTO 各成员方的服务承诺表。这些承诺决定了服务贸易的自由化程度。至于选择作出什么样的金融服务的市场准入和国民待遇承诺,WTO 允许各成员方享有自由裁量权。之所以如此,原因就在于在金融等服务领域各国发展水平差距巨大,一些部门涉及经济安全和国家安全,国家对这些领域存在严密的规制。在这种情况下,各国需要灵活性,按照自己的时间表开放市场。由于这一原因,我们可以看到金融服务承诺表包含有大量的保留和限制。GATS 第 16 条和第 17 条主要对成员方就市场准入和国民待遇进行承诺,规定了应遵守的义务和规则。

1. 市场准入

GATS 推动金融服务的开展的主要手段之一,是由各成员方对市场准入作出接受一定约束的承诺。首先,GATS 第 16 条规定每一成员方在就市场准入作出承诺时,它给予任何其他成员方的服务和服务提供者的待遇不得低于承诺表规定的条件和限制所包含的待遇。也就是说,各成员方在承诺表中确定了承担市场准入义务的最低标准,代表着开放市场的最低限度,实践中采取的措施不得削弱已经取得的自由化成果。例如,承诺每年允许 5 家外国银行准入的成员方不得将符合条件的准入银行限制在这个数字以下。当然,这并不阻止各成员方在实践中提供更好的待遇,如可以自由地允许 5 家以上的外国银行进入。

其次,第 16 条规定影响市场准入的 6 种方式除非在承诺表中列明,否则不得适用于外国服务或服务提供者。也就是说,如果一个成员方承诺开放某一服务部门,而又没有在承诺表的市场准入栏目中明确列出这些限制条件,以后实践中就不得维持或采取这类性质的措施。这 6 种方式是:①限制服务提供者的数量,不论是以数量配额、垄断、专营服务提供者的方式,还是以要求经济需求测试的方式;②以数量配额或要求经济需求测试的方式,限制服务交易或资产的总金额;③以配额或要求经济需求测试的方式,限制服务业务的总量;④以数量配额或要求经济需求测试的方式,限制某一特定服务部门可雇佣的或一服务提供者可雇佣的、对一具体服务的提供所必需或直接有关的自然人的总数;⑤限制或要求一服务提供者通过特定类型的法律实体或合营企业提供服务的措施;⑥通过对外国持股的最高比例或单个或总体外国投资总额的限制来限制外国资本的参与。

各成员方在服务承诺表中作出承诺时,一般来说是作出了承诺,才承担义务,不进行承诺就不承担义务。对影响市场准入的上述 6 种方式进行承诺的方法则不然,主要是因为这 6 种方式构成对服务贸易市场准入限制的主要方式,通过上述特殊的承诺办法有助于约束成员方对市场准入的限制,并且在一定程度上使各成员方有关市场准入的限制措施具有透明度。①

2. 国民待遇

WTO 项下国际金融市场的经营制度主要是国民待遇问题,但不限于国民待遇,还包括诸如最惠国待遇、法律与政策的透明度等。此处仅对国民待遇问题进行考察,经营制度中其他内容将在稍后阐述。

GATS 第 17 条是有关国民待遇的规定,要求成员方在其服务承诺表涵盖的部门和分部门,以承诺表列举的条件和要求,在影响服务提供的措施方面给予外国服务和服务提供者的待遇不应低于其给予本国服务或服务提供者的待遇。与市场准入一样,服务承诺表中所列举的对国民待遇的限制只是表明给予外国服务或服务提供者的最低待遇,但不妨碍成员方在实践中提供更好的待遇。

国民待遇在服务贸易中限于已经承担承诺义务的服务部门和分部门,取决于成员方的承诺。这主要是服务贸易的性质所致。在货物贸易中,给予货物以普遍的国民待遇并不构成自由贸易,因为外国货物进入一国市场受进口关税等边界措施的控制。服务具有无形性等特征,且外国服务提供者提供的许多服务是通过商业存在或自然人移动的方式在进口国市场上进行的,各国无法有效地征收关税或采取其他边界措施。而无条件的国民待遇能够有效地消除本国服务提供者享有的在国内规制方面的优待,相当于对进入本国市场的外国服务和服务提供者从一开始就一律同等适用国内规制措施。不经过多轮谈判,从一开始就把国民待遇在服务贸易中当作普遍义务来适用,就相当于在货物贸易中从一开始就实行零关税。②在各国服务业的发展水平相当悬殊的情况下,这是不现实的,且有悖于国际贸易中公平合理的原则。因此,GATS 将国民待遇规定为以谈判内容为基础的具体承诺的结果,各成员方在承诺中确定在哪些服务部门以什么样的条件给予外国服务和服务提供者以不低于本国相同服务和服务提供者的待遇。但成员方对国民待遇的限制也必须根据四种服务提供模式即跨境交付、境外消费、商业存在和自然人移动列明。

怎么判断成员方的措施是否符合国民待遇? 与 GATS 第 16 条不同,GATS 第 17 条没有对与国民待遇不符的措施进行列举。然而,GATS 第 17 条第 3 款明确规定,各成员方所承诺的国民待遇并非必须是完全一致的待遇,但是,如果形式上相同或形式上不同的待遇改变了竞争条件而有利于本国的服务或服务提供者,则该待遇应被认为对其他成员方的相同服务或服务提供者不利。也就是说,GATS 所确定的国民待遇的标准是事实上的(de facto),而非仅法律形式上的(de jure)。因为一些国内措施,

---

即使表面上是非歧视的,也可能在事实上在本国服务或服务提供者与外国服务或服务提供者之间造成不公平的竞争。①

在"欧共体——香蕉案"中,为了将经营拉美香蕉的部分利益转移给经营欧共体和非加太国家香蕉的经销商,欧共体将对拉美香蕉配额许可证中的30%保留给那些从事欧共体和非加太香蕉批发的经销商。这一规则显然具有奖励对来自欧共体和非加太香蕉的交易,而歧视来源于申诉方国家的香蕉经营商的效果。从表面上看,这一措施符合"来源中性"的标准,因为在欧共体市场上从事香蕉贸易的经营商无论国籍,都可以通过经营来自欧共体和非加太的香蕉而平等地获得有关利益。但是,由于长期的市场份额划分及各自竞争地位不同,拉美香蕉的经销商的优势仍然体现在对拉美香蕉的经营方面,尽管在法律上它们可以去从事来自欧共体和非加太香蕉的经营。而且,对于所保留的30%的配额,拉美香蕉的经营商还要花代价从竞争者手中购买许可证。因此,"来源中性"的方式在真正的市场状况和经营商身份面前体现出其潜在的歧视性的一面。② 因此,该案的专家组和上诉机构认为,欧共体的这一措施虽然体现为形式上的相同待遇,但因其改变了竞争条件,支持了来自于欧共体的经销商,故裁定为歧视性措施,并指出"国民待遇"是使外国服务和服务提供者享受的待遇在竞争条件上不低于本国相同服务和服务提供者。

(二)金融服务承诺表及其构造与解读

由于市场准入和国民待遇属于WTO成员方承诺的范围,因此,金融服务承诺表是确认成员方所承担的具体的市场准入和国民待遇义务的重要文件,只有借助金融服务承诺表,才能确定成员方的市场准入和国民待遇的义务及其适用条件和限制。因此,GATS第20条第3款规定:"具体承诺表应附在本协定之后,构成本协定的组成部分。"同时,由于承诺缺乏标准化,各成员方进行承诺的方式有很大差异,因此,对各成员方承担的具体义务进行比较及解读十分困难。正因为如此,通过承诺表来确定成员方市场准入和国民待遇的义务与最惠国待遇义务免除清单一起被看作是服务贸易的结构性缺陷(structural weakness)。③ 以下以我国对银行服务所作出的承诺为样板,阐述服务承诺表及其构造与解读方法。④

---

① 韩龙:《世贸组织与金融服务贸易》,人民法院出版社2003年版,第163页。

② 石静霞、陈卫东:《WTO国际服务贸易成案研究》,北京大学出版社2005年版,第204-205页。

③ J. Steven Jarreau, "Interpreting the General Agreement on Trade in Services and WTO Instruments Relevant to the International Trade of Financial Services", *North Carolina Journal of International Law and Commercial Regulation*, Fall 1999.

④ 韩龙:《世贸组织与金融服务贸易》,人民法院出版社2003年版,第221-232页。

我国所作出的金融服务承诺（示意表）

Modes of supply：（1）Cross-border supply （2）Consumption abroad （3）Commercial presence （4）Presence of natural persons

Sector or subsector	Limitations on market access	Limitations on national treatment	Additional commitment
I. HORIZONTAL COMMITMENT			
All sectors included in thisschedule	（3）The establishment of branches by foreign enterprises is unbound, unless otherwise indicated in specific sub－sectors, as the laws and regulations on the branches of foreign enterprises are under formulation.	（3）unbound for all existing subsidies to domestic services suppliers in the sectors of audio－visual, aviation and medical services.	
II. SPECIFIC COMMITMENTS			
Financial Services			
B. Banking and other financial services （excluding insurance and securities） Banking services as listed below： a. Acceptance of deposits and other repayable funds from the public； b. Lending of all types, including consumer credit, mortgage credit, factoring and financing of commercial transaction； c. Financial leasing； d. All payment and money transmission services, etc； e. Guarantees and commitments； f. Trading for own account or for account of customers：foreign exchange.	（1）Unbound except for the following： － Provision and transfer of financial information, and financial data processing and related software by suppliers of other financial services； － Advisory, intermediation and other auxiliary financial services on all activities listed in subparagraphs （a）through （k）, including credit reference and analysis, investment and portfolio research and advice, advice on acquisitions and on corporate restructuring and strategy. （2）None. （3）A. Geographic coverage For foreign currency business, there will be no geographic restriction upon accession. For local currency business, the geographic restriction will be phased out as follows： Upon accession, Shanghai, Shenzhen, Tianjin and Dalian; within one year after accession, Guangzhou, Zhuhai, Qingdao, Nanjing and Wuhan; within two years after accession, Jinan, Fuzhou, Chengdu and Chongqing; within three years after accession, Kunming, Beijing and Xiamen; within four years after accession, Shantou, Ningbo, Sehnyang and Xi'an. Within five years after accession, all geographic restrictions will be removed. ⋯⋯ （4）Unbound except as indicated in Horizontal Commitment.	（1）None. （2）None. （3）Except for geographic restrictions and client limitations on local currency business （listed in the market access column）, foreign financial institution may do business, without restrictions or need for case-by-case approval, with foreign invested enterprises, non-Chinese natural persons, Chinese natural persons and Chinese enterprises. Otherwise, none. （4）Unbound except as indicated in Horizontal Commitment.	For financial leasing services, foreign financial leasing corporations will be permitted to provide financial leasing service at the same time as domestic corporations.

1. 服务承诺表的构成要素

GATS 第 1 条中所规定的四种服务贸易提供方式(跨境提供、境外消费、商业存在和自然人移动)与 GATS 第 16 条、第 17 条、第 18 条规定的内容相结合,构成服务承诺表的骨干和框架。GATS 第 20 条规定,承诺表应当列明如下内容:市场准入的规定、限制和条件,国民待遇的条件和资格,与附加承诺有关的承诺,适当情况下实施承诺的时限和承诺生效的日期。具体来说,对市场准入(表中的第二栏)和国民待遇(表中的第三栏)的承诺、限制和条件要按照跨境提供、境外消费、商业存在和自然人移动[如示意表所示,在服务承诺表中分别标以(1)、(2)、(3)、(4)]四种方式标明。除市场准入和国民待遇的措施外,成员方可以将特定领域里不属于 GATS 第 16 条和第 17 条所列举的内容列入附加承诺(表中的第四栏),如对资格要求、技术标准和特许要求所作出的承诺等。附加承诺栏目仅用来列举积极的义务承担,而不用来列举附加限制。只有参照具有上述构造的服务承诺表,才能确定市场准入和国民待遇义务在各部门或分部门的分布状况和适用条件及限制,才能确定某一成员方承担了哪些具体的义务。

2. 服务承诺表的结构

服务承诺表包含两大组成部分:水平承诺(horizontal commitments)和具体承诺(specific commitments)。水平承诺所列举的承诺及有关限制和条件等适用于承诺表中所有部门和分部门,将这类承诺列入水平承诺之中主要是为了避免重复。例如,我国对市场准入的水平承诺规定,由于关于外国企业分支机构的法律法规正在制定之中,因此,对外国企业在中国设立分支机构不作承诺,除非在具体分部门中另有标明;对国民待遇,我国承诺对于给予视听、空运和医疗服务部门中的国内服务提供者的所有现有补贴不作承诺。这些承诺适用于包括金融服务在内的所有服务部门。水平承诺通常指向特定的提供方式,特别是商业存在和自然人存在。由于水平承诺适用于所有部门和分部门,因此,确定一成员方对服务贸易所承担的义务必须将水平承诺的内容考虑进来。由于篇幅所限,以下结合示意表对我国承诺的内容的阐述仅限于具体承诺。具体承诺仅适用于所列举的特定部门、分部门或具体的服务贸易活动,超出此范围,相关承诺就失去效力。上述示意表是对 WTO 的第 7 个服务部门即金融服务项下的银行及其他金融服务分项中的银行服务所作出的承诺,超出了银行服务所列举的范围,所作承诺不予适用。

为了尽可能地便于比较,服务承诺表有一定的格式。对于提出报价的每一部门或分部门,承诺表必须按照四种服务提供方式的每一种方式列举对市场准入或国民待遇所要维持的任何限制。

（1）第一栏——承诺对象

承诺表第一栏的内容是作为承诺对象的部门、分部门或业务活动,是对承诺对象的界定。除在水平承诺项下各成员方要在第一栏中标明适用于所有的部门之外,在具体承诺中,成员方根据其与其他成员方谈判的结果确定将把哪些部门、分部门或业务项目列入承诺表中,也只有在这些部门、分部门或业务项目中所作承诺才得以适用。例如,金融服务部门有两个分部门:所有保险及其相关服务和银行及其他金融服务。成员方可以在承诺时可以对分部门项下的金融活动作进一步的分解,使服务承诺更加细化。示意表中的承诺对象是银行服务,具体包括以下内容:a. 接受公众存款或其他应付资金;b. 所有类型的贷款,包括消费信贷、抵押信贷、商业交易的保理和融资;c. 金融租赁;d. 所有支付和货币转移服务;e. 保证和承诺;f. 自营或代客外汇交易,等等。

在许多情况下,各服务部门项下的项目通常伴有一定的代号,指向联合国的分类方法——中心产品分类(Central Product Classification,简称 CPC),以便对有关的部门或分部门所包含的服务活动给予详细的解释;或者对列举进行详细的界定以消除承诺范围的模糊性。①

（2）第二栏——市场准入限制

当成员方对某一部门或分部门承担了市场准入义务时,如果该成员方对市场准入维持有任何限制,那么,该成员方必须对每一种提供方式下所施加的限制作出明确的规定。特别值得注意的是,GATS 第 16 条第 2 款列举的 6 类市场准入限制方式,除非在承诺表中列明,否则不得采用或维持。

在我国对银行服务所作出的承诺中,对于第一种服务提供方式——跨境提供的市场准入,我国承诺允许提供和转让金融信息、金融数据处理以及与其他金融服务提供有关的软件;允许对有关活动进行咨询、中介和提供其他附属服务,包括资信调查和分析、投资和证券的研究和建议、有关收购的建议和关于公司重组和战略制定的建议。除此之外,对跨境提供的市场准入不作承诺。对于境外消费,我国没有市场准入的限制。对于商业存在方式下的市场准入,在覆盖的地域方面,我国承诺外汇业务自加入时起无地域限制。对于本币业务的地域限制将逐步取消,具体时间表是自加入时起开放上海、深圳、天津和大连,加入后 1 年内开放广州、珠海、青岛、南京和武汉,加入后 2 年内开放济南、福州、成都和重庆,加入后 3 年内开放昆明、北京和厦门,加入后 4 年内开放汕头、宁波、沈阳和西安,加入后 5 年内取消

---

① UN. WTO, A Survey of Views Regarding Whether Exchange – Rate Misalignment Is a Countervailable, Prohibited Export Subsidy Under the Agreements of the World Trade Organization, Central Product Classification CPC Version 1.1, March 2002, available at http://www. WTO. org/english/tratop_e/serv_e/mtn_gns_w_120_e. doc.

所有地域限制。在客户方面,我国承诺自加入时起允许外国金融机构在中国提供外汇业务服务,无客户限制。① 对于第四种服务提供方式——自然人移动方式下的市场准入,我国除水平承诺的内容外,没有作出承诺。

(3)第三栏——国民待遇限制

GATS 第 17 条所规定的国民待遇义务是给予其他成员方服务或服务提供者的待遇不能低于给予国内服务或服务提供者的待遇。如果成员方拟对国民待遇实施任何限制,该成员方必须将此类限制措施在承诺表的第三栏中标明。

值得注意的是,GATS 第 20 条第 2 款规定,既与第 16 条市场准入不一致、又与第 17 条国民待遇不一致的措施应当列入与第 16 条即市场准入的有关的栏目中。在这种情况下,所列内容亦被视为对国民待遇规定了条件和资格。因此,考察一成员方对国民待遇的承诺及其限制不仅要看第三栏中列举的内容,而且还应考察第二栏中列举的有关条件。但是,这一做法也为确定成员方的有关义务及其范围埋下了隐患。②

仍以以上我国对银行服务所作出的承诺为例,我国对承诺的银行服务的跨境提供没有国民待遇限制,对于境外消费我国没有国民待遇限制。对于商业存在方式下的国民待遇,我国承诺除以上关于本币业务的地域限制和客户限制外,外国金融机构可以同外商投资企业、非中国自然人、中国自然人和中国企业进行业务往来,无个案批准的限制或需要。除此之外,无其他限制。对于自然人移动方式下的市场准入和国民待遇,我国除水平承诺的内容外,没有作出承诺。

(4)第四栏——附加承诺

在第四栏中,各成员方可以列入不属于市场准入和国民待遇承诺的附加承诺,如对资格要求、技术标准和特许要求所作出的承诺等。该栏目仅用以列举积极的义务承担,而不用来列举附加限制。例如,在以上金融服务承诺中,我国所作出的附加承诺是:对金融租赁服务允许外国金融租赁公司与国内公司在相同时间提供金融租赁服务。

3. 承诺的方式

服务承诺的表述方式大体上有两类:标准术语和文字描述。

(1)标准术语

在以下情况下,承诺表的相关内容使用统一的术语:对特定的部门、分部门和提供方式如果不存在限制,填入的内容是"无"(NONE)。如果成员方在特定的部

---

① 除币种和地域限制外,我国对银行服务还存在客户限制和营业许可要求等,由于篇幅所限,以上示意表没有详细列举。但随着我国入世 5 年过渡期的结束,这些限制已经取消。

② Aaditya Mattoo,"National Treatment in the GATS:Cornerstone or Pandora's Box?", *Journal of World Trade Law*,(1997) 311,p.107.

门或分部门中对特定的提供方式可以自由地实施或维持与市场准入或国民待遇不一致的措施,该成员方应在承诺表中的恰当位置填入"不作承诺"(UNBOUND)。在有些情况下,特定提供方式是不可能的或不可行的,如跨境提供桥梁建筑服务等,在此情况下,所使用的术语是"不作承诺*"(UNBOUND*),并通常带有解释性用语如"因缺乏技术可行性而不受约束"等。

(2)文字描述

在很多情况下,承诺采用文字描述,用以表明对市场准入和国民待遇的限制,有人称之为带有限制的承诺(commitment with limitation)。限制的内容长度不等,也不使用统一的用语,但以下两种方法为基础:一是在适当位置用文字描述限制的性质,说明使该限制措施与 GATS 第 16 条和第 17 条不一致的因素。二是在有些情况下,成员方通过描述其报价,显示承诺系有限承诺,而不采用显示其所维持的限制措施的办法。这种方法经常被用以显示对提供服务的某些种类的外国服务提供者的市场准入机会。

三、有关约束

除市场准入和国民待遇的规定之外,GATS 以及金融附件还有其他的规定。这些规定既构成对成员方采取的影响金融服务提供的所有措施,包括影响市场准入和国民待遇的措施的约束,同时,也构成 WTO 项下金融经营制度的组成部分。例如,根据 GATS 第二部分规定的最惠国待遇和透明度的规定,成员方采取的影响金融服务提供的所有措施应当符合最惠国待遇原则,不得造成成员方间的歧视,成员方承诺给予其他任何国家的金融市场准入和国民待遇的优惠和利益也应给予其他 WTO 的成员方;一国对普遍适用的所有相关措施都应当及时公布、通报和答复。

(一)一般义务与纪律的约束

一般义务和纪律(General Obligations and Disciplines)体现在 GATS 的第二部分,十分重要。这些规定的性质不尽相同,有些规定,如最惠国待遇与透明度等,适用于 GATS 所涵盖的所有范围,而不论成员方是否作出了承诺;有些仅适用于成员方已承诺的部门或分部门,如有关国内规制的多数规定等;还有一些是 GATS 所允许的特定情形下的例外。GATS 第二部分中的规定的共同特点是:这些义务和纪律的适用不需要成员方就这些规则的适用像市场准入和国民待遇那样,需另行谈判或另经承诺。这也是 GATS 第二部分与第三部分界限所在。GATS 第二部分的主要规定有:

1. 最惠国待遇原则

最惠国待遇是各成员方必须遵守的普遍义务。GATS 第 2 条第 1 款规定:"每一个成员方应立即并无条件地给予其他任何成员方的服务和服务提供者不低于该成员方给予任何其他国家的相同服务和服务提供者的待遇。"这里所包含的"不低于待遇"标准是什么？是只适用于法律上或形式上的歧视，还是也适用于事实上的歧视？对此"欧共体——香蕉案"的上诉机构从 GATS 制定者的意图方面进行了分析，认为 GATS 第 2 条所施加的义务是不受限制的，该规定的通常含义不排除事实上的歧视。因此，GATS 的最惠国待遇原则既适用于法律上的歧视，也适用于事实上的歧视。"任何其他国家"应理解为包括非协定成员方。这样一来，该条款实际上不允许对来自不同国家的服务和服务提供者予以区别对待。最惠国待遇是多边贸易体系的基石，没有它，WTO 只不过是一系列特殊的双边和区域贸易安排的监督者而已。

GATS 框架内的最惠国待遇条款的独特之处在于它允许成员方对此进行保留。这是因为最惠国待遇，特别是无条件的最惠国待遇并不一定就是一个贸易自由的概念。根据最惠国待遇，不希望开放市场的国家只要它对所有的贸易伙伴都不开放市场，就不违背最惠国待遇。但是，该国可以从市场开放的国家的开放中受益，因为根据最惠国待遇实行市场开放的国家不得对不开放市场的国家关闭市场。这就导致了"免费搭车"现象的产生，并给服务贸易的谈判带来了许多问题。

各国受其发展水平和贸易实力的限制，在服务市场的开放程度方面存在着很大差距。以金融业为例，美国和欧盟等发达国家的金融服务非常发达，金融市场相当开放。而在大多数发展中国家，金融市场长期在政府的严格控制之下，金融机构缺乏独立性，金融服务发展水平低。这一差距的存在使最惠国待遇成为服务贸易多边谈判中最困难的问题，也使许多国家存在"免费搭车"的可能，即由于最惠国待遇原则的适用，许多国家不需要在开放金融市场方面作出让步却可以享受其他国家给予的优惠。在乌拉圭回合谈判中，美国对许多国家金融服务自由化程度不满，曾拒绝以最惠国待遇原则作为它作出金融服务具体承诺的基础，而主张适用对等原则，以迫使其他国家开放金融市场。美国的态度一度使谈判陷入僵局。为避免把金融服务排斥在多边贸易体制之外，作为一种妥协，GATS 允许成员方在一定期限内维持与最惠国待遇不符的措施，并将其列入"第 2 条义务免除清单"中。从结果来看，许多成员方提出了最惠国待遇的例外，使其在服务承诺表中的承诺受到最惠国待遇免除清单的限制。例如，加拿大就规定对建立商业存在所给予的许可需要有来自于申请者母国的互惠。①

---

① 除最惠国待遇免除清单提出的豁免外，允许背离最惠国待遇的另一条途径是区域经济一体化的协议安排。

2. 透明度原则

GATS 第二部分所包含的另一项普遍适用的原则是透明度原则。GATS 第 3 条规定,每一个成员方应及时公布它在服务贸易领域普遍适用的所有相关措施以及它签订或参加的有关国际协定;对于成员方制定或修改会对其具体承诺的服务贸易产生重要影响的法律法规、行政指令的情况,该成员方应及时并至少每年向服务贸易理事会通报;每一成员方应建立咨询机构,及时答复其他成员方提出的有关信息要求。

透明度问题对于服务贸易十分重要。在服务贸易领域,不存在关税壁垒,限制性措施主要体现为各国以法规形式所作出的限制性规定。最惠国待遇和国民待遇原则都是从自由贸易的角度出发,实际上是承认国内法律制度的独立性,允许国家之间不同法律规范的存在。而各国国内法之间的差异如果存在透明度问题从而无法为外国服务提供者所知晓,或信息获取成本过高,就会构成对服务贸易的严重障碍。"外国服务提供者在另一个国家的市场成功经营的基础是充分理解影响服务贸易的法规措施。"[1]因此,透明度原则构成国际金融市场的重要经营制度。

3. 国内规制

一般来说,国内规制通常是指一国为了一定的政策目标,对进入国内市场的所有相关产品不问来源而采取的措施,是与边界措施(border measures)或市场准入措施相对应的一类措施。[2] 国内规制措施一般是根据产品的性质、特征,而不是来源所采取的措施,因此,具有来源中性和非歧视的特点。保证各成员方国内规制措施不具有歧视性的一项重要约束措施是国民待遇,然而,国民待遇在服务和金融服务贸易中是各成员方承诺的结果。这样一来,服务贸易领域的国内规制纪律实际上被分割在 GATS 的两个部分:GATS 第二部分有关国内规制纪律的一般规定和第三部分中有关国民待遇具体承诺的规定。对国民待遇前面已作阐述,在此仅对国内规制纪律的一般规定进行分析。

GATS 第 6 条体现了 GATS 有关国内规制纪律的一般规定。从该条的内容来看,该条的多数规定适用于 WTO 成员方已承诺的部门或分部门,目的是确保GATS 项下的有关利益不被国内规制措施所妨碍。[3] GATS 要求各成员方确保影响

---

① Roger Kamp,"Liberalization in Financial Service in GATS and Domestic Regulation",*International Trade Law and Regulation* No. 5,1997,p. 157.

② 边界措施(border measures)或市场准入措施是进口国在进口时或进口地对外国产品所采取的限制或禁止进口的措施,如关税和数量限制等。

③ 但值得注意的是,GATS 第 6 条第 4 款下所要制定的多边纪律的性质和范围问题存在争议。一种意见认为 GATS 第 6 条第 4 款仅适用于成员方承诺实行自由化的服务,因此,不影响 GATS 所包含的自愿性质。另一种意见认为,第 6 条第 4 款项下的纪律不应仅限于作出具体承诺的服务,该条其他4 款明确规定仅适用于作出承诺的服务,而第 4 款却缺乏这一限制,所以,该纪律应适用于所有服务部门,而不论成员方是否作出了自由化的承诺。WTO 秘书处就持后一种观点。

服务贸易的普遍适用的措施均应以合理、公正和客观的方式实施。各成员方管理当局对在其承诺范围内提交的提供服务的申请应当在合理期限内作出决定，并通知申请人。在受影响的服务提供者的请求下，成员方应提供司法、行政或仲裁手段或程序，对影响服务贸易的有关行政决定进行审查。GATS 还要求服务贸易理事会制定有关规则以避免对服务提供者的资格要求、技术标准和许可等不构成对贸易的不必要障碍。在这样的多边纪律生效之前，不得采取损害或取消其承担具体义务的许可、资格要求和技术标准。

GATS 对国内规制的重视与服务及服务贸易的特征具有密切的关系。服务具有无形性、提供与消费同步性等特征。当货物进行国际交易时，货物由于具有一定的形体，在从生产国运送到购买者所在国时是可以被察觉的，但服务由于具有无形性因而难以被发现。此外，服务所具有的生产和消费的同步性特征需要提供者和消费者彼此接触，因此，服务的国际交易通常需要由服务的提供者在当地建立商业存在或服务接受者的移动，而不是服务本身的移动。这就意味着大量的服务贸易并不跨越国境，而是发生在各经济体内部。① 由于服务贸易所具有的这些特征，国内服务提供者与国内货物的生产者会面临不同的外国竞争。国内货物的生产行业可以通过更多的方法在与外国的竞争中受到保护，如边界措施中的关税和数量限制。但是，由于服务在边境上通常是看不到的或不通过边境，因此，关税等措施难以为国内服务的提供者提供保护。在这种情况下，为了实现一定的规制目的，只能采取边境措施之外的国内规制的办法，如对国民待遇实现限制，实行许可、技术和资格要求等。服务的这些性质和特征决定了国际金融服务提供的主要障碍来自于各成员方的国内规制措施。因此，对国内规制建立必要的多边纪律是 WTO 项下金融经营制度的重要内容。

4. 一般例外②

一般例外体现在 GATS 第 14 条之中，意为成员方采取的措施如果符合一般例外所规定的条件，可以背离 GATS 的规定，不承担相关的责任。一般例外实际上包括两个部分：总括性规定（chapeau）和对符合一般例外的政策目标的列举。前者要求成员方采取或实施的措施不得在情况相同的成员方之间构成武断的或不公正的

---

① 现代科学技术特别是通信技术的发展使服务的提供者和接受者彼此接触的观念有所淡化，但应当看到，服务所具有的同时生产同时消费从而需要服务的生产者和消费者接触的特点仍然具有普遍意义。以金融服务为例，外国金融服务提供者提供金融服务在许多方面需要了解当地情况并对情况的变化作出反应。因此，外国金融服务提供者也十分倾向于通过在当地而不是在外国设立的机构提供服务。

② 除一般例外之外，GATS 还包括了国际收支平衡例外和国家安全例外。这些例外具有同样的性质，由于篇幅有限，本节仅对一般例外作代表性阐述。

歧视,不得构成对国际服务贸易的变相限制。后者所允许追求的目标包括为保护公共道德或维护公共秩序,保护人类、动植物的生命和健康等所必要的措施。

对一般例外首先面临着适用的顺序问题,即在处理有关争端中,是先以总括性规定来审查,还是先以列举的具体目标来审查受争议的措施是否构成例外。"美国——赌博案"(U.S.—Gambling Case)上诉机构指出,GATS 第 14 条对成员方援用该条的措施规定了两分法,首先应确定受挑战的措施是否在第 14 条所列举的政策目标之内,如果答案是肯定的,则其次需要考虑该措施是否满足了第 14 条一开始的总括性规定。①

(1)一般例外所允许的政策目标

根据 GATS 第 14 条的规定,WTO 成员方的措施构成一般例外的政策目标包括保护公共道德,保护人类、动植物的生命和健康,防止欺骗和欺诈性行为,在处理个人资料时保护个人隐私,公正和有效地征税等。

一项措施要构成例外,除需要符合第 14 条所规定的政策目标外,还需要满足必要性标准(necessity test),即该措施系为实现该目标所必要。那么,如何把握必要性标准?上诉机构在"美国——赌博案"中认为"必要性"是一个客观标准,指出尽管一个成员方可以用法律的规定、立法史和政府及其官员的言论来说明有关措施的目标和规制方法的有效性,这种说明对于确定有关措施在客观上是否"必要"是相关的,但是,专家组不受这些说明的束缚,可以从有关措施的结构、运行以及申诉方提供的反证中找到指引。

上诉机构还对"韩国——牛肉案"(Korea—Various Measures on Beef)所涉及的这一标准进行了解释。在"韩国——牛肉案"中,上诉机构针对 GATT 1994 第 20 条(d)项的规定提出,一项措施是否是必要的,应当通过权衡和平衡一系列因素的过程来确定。该案的上诉机构将这一过程概括为"包括确定是否存在有关成员方可以合理采取的与 WTO 一致的措施,或是否可以有与 WTO 不一致的、对贸易限制较轻的措施"的过程。② 在考虑这些因素的时候,上诉机构在"美国——赌博案"中指出权衡和平衡的过程是从评估受到挑战的措施所追求的利益和价值的"相对重要性"开始的,其中需要考虑的两个因素是:该措施对于其追求的目标的贡献和对国际贸易所具有的限制性影响。然后比较受到挑战的措施和可能采取的其他措施。只有在权衡和平衡以及对措施进行比较的基础上,考虑面临侵害的利益和价值,专家组才能确定有关措施是否必要,或是否存在可以合理获得的与

---

① Appellate Body Report, U.S.—Gambling Case, pp. 291 - 292.
② Appellate Body Report, Korea—Various Measures on Beef, pp. 162 - 166.

WTO 一致的其他措施。①

对于可以合理获得的其他措施,上诉机构在论证中指出,受争议措施以外的其他措施,由于其可能仅仅在理论上存在,或被诉方不能采取,或对被诉方构成过分的负担等,因此,可能并不能合理地获得。不仅如此,上诉机构还认为,可合理获得的其他措施必须是为被诉方保留一定的权力,使之能够为追求 GATS 第 14 条(a)项下的目标而取得期望的保护水平。② 上诉机构还进一步明确指出,被诉方不必一开始就举证证明不存在可以合理获得的能够实现其目标的其他措施,特别是无须悉数找出对贸易限制较轻的其他措施并证明这些措施都不能达到期待的目标,被诉方只需要通过提出证据和主张初步证明其措施确系必要即可,被诉方当然可以证明为什么其他措施不能如同被挑战的措施一样取得相同的目标,但是,它一开始并没有此等义务以确定其措施是必要的。然而,如果申诉方提出了被诉方本应采取与 WTO 一致的其他措施,那么,被诉方就要证明其受到挑战的措施为什么仍然是必要的,申诉方提议的措施为什么在事实上不能合理地获得。据此,上诉机构认为,由于安提瓜没有提出美国可以合理采取的禁止跨境提供赌博服务的其他措施,因此美国不需要进一步证明受挑战的措施为什么仍然必要③,其措施符合必要性标准。

上诉机构的这一裁决对于必要性标准的界定和适用具有相当的突破,即被诉方一开始只需初步证明不存在可以获得的与 WTO 一致的其他措施即可,只有在申诉方提出被诉方能够采取但没有采取与 WTO 一致的其他措施的情况下,被诉方才需要进一步证明其受到挑战的措施为什么仍然是必要的。④

(2)总括性规定

在确定有关措施符合一般例外所规定的目标及条件的前提下,接下来应审查这些措施是否满足总括性的要求,即有关措施的实施是否在情况相同的国家间构成武断的、或不公正的歧视,或构成对服务贸易的变相限制。

在"美国——赌博案"中,上诉机构指出美国三部联邦法律没有在表面上对本国和外国服务提供者进行区分,但是,表面中性的措施也可能存在因人而异的适用情形,从而导致歧视的发生。在上诉机构看来,在确定歧视性时应注重有关法律实施的总体情况、环境和努力,在当事方所提供的有关法律实施的证据有限的情况下,应当把焦点集中于有关法律措施的措辞上面。上诉机构通过对有关措辞进行审查,认为这些措施从表面上看并未在美国和外国的远端赌博服务提供者之间进

---

① Appellate Body Report,U. S. —Gambling Case, pp. 304 – 307.

② Appellate Body Report,U. S. —Gambling Case,p. 308.

③ Appellate Body Report,U. S. —Gambling Case,p. 356.

④ 韩龙:《GATS 第一案——美国赌博案评析》,《甘肃政法学院学报》2005 年第 4 期。

行歧视,但上诉机构认为美国并没有证明这三部法律是以与 GATS 第 14 条总括性规定一致的方式实施的。

一般例外十分重要。尽管一般例外的规定和实践从政策目标、措施的程度和方式等方面对成员方援用一般例外的措施进行了条件限制,但符合这些条件的成员方的措施可以背离 WTO 规制金融服务的其他规定,包括市场准入和国民待遇的规定和承诺。因此,一般例外给各成员方提供了较大的自由度。

(二)其他约束及规定

除第二部分之外,GATS 还有第四、五部分。二者分别是有关制度条款和最后条款的规定,其中主要有:

1. 逐步自由化义务

逐步自由化义务是 GATS 第四部分第 19 条的规定,是 WTO 成员方在 GATS 项下所承担的一项普遍性义务。该规定要求,自建立 WTO 的协议生效起 5 年内,各成员方连续举行服务贸易回合谈判,以不断提高服务贸易自由化程度。据此各成员方承担义务,不断致力于服务贸易包括金融服务贸易的扩大。因此,这一义务有时又被称作为未来谈判的"既定议程"(built - in agenda)。这样的规定在 WTO 诸多货物贸易协议中,除农业协定有有限的内容外,没有相应的规定。尽管各成员方在货物贸易领域实际上也从事相似回合的谈判以实现货物贸易的自由化,但这些国家并不是在义务的驱使下才这么做的。GATS 第 19 条是 WTO 各成员方所共同承担的一项共同保证,意味着当前 GATS 只是一项持续性计划的初步成果,也意味着各成员方彼此承担了提高服务市场开放的水平的义务。

2. 金融服务的争端解决

GATS 要求服务贸易领域的争端要在 WTO 争端规则和争端机制下解决,这为 WTO 的金融服务法律制度,包括金融市场的准入与经营制度提供了有力的保障。一项例外是将有关成员方因避免双重征税协议而引起的争端排除适用争端解决的规定。值得注意的是,1994 年部长级会议通过的决定,要求解决服务争端的专家组必须是具备专业知识的专家,金融附件规定有关审慎问题和其他金融问题的专家组要具备相关的专业知识。

四、金融服务贸易中的审慎监管问题

WTO 通过约束和规制成员方影响金融服务提供的措施,以推动各成员方开放金融市场,实现金融服务的逐步自由化。然而,由于金融业和金融服务的性质使然,金融离不开审慎监管。为此,金融附件第 2 项规定:"尽管有本协定(GATS)的任何其他规定,但是不得阻碍一成员为审慎原因而采取措施,包括为保护投资者、存款人、保单持有人或金融服务提供者对其负有诚信义务的人而采取的措施,或为保证金融体系完整和稳定而采取的任何措施。如此类措施不符合本协定的规定，则不得用作逃避该成员在本协定项下的承诺或义务的手段。"这一规定就是著名的"审慎例外"(prudential carve－out)。这一规定无疑会对 WTO 上述市场准入和经营制度具有重要影响，提供适用的例外。

什么是"审慎"，WTO 没有给出定义，也没有列举清单，其他一些从事监管标准的研究制定的国际组织，如巴塞尔委员会等，也没有具体的定义，而是推出上述领域的最佳实践(the best practices)，供各国采用。然而，审慎的含义和审慎例外的范围决定了"审慎例外"在多大程度上变更和平衡了 WTO 上述的市场准入和经营制度。因此，辨别审慎措施十分重要。纵观金融附件及 GATS 有关规定，可以看出，其中蕴涵构成审慎措施的某些标准。

（一）辨别监管措施的依据是其目的性

金融附件规定，不阻止成员方为审慎原因(for prudential reasons)而采取措施。这实际上已经揭示监管的某些内涵，即审慎监管措施须出于审慎之目的，包括保障金融体系的稳定和保护存款人等。这一规定表明 WTO 框架内辨别审慎监管措施的主要标准是其目的性，而不是其客观效果，即一项措施是不是审慎措施主要应看其是否出自审慎监管之需要和原因，而不是看它是否对 GATS 下的承诺和义务造成了损害。此外，金融附件的措辞还表明，审慎措施并不限于保障金融体系的稳定和保护存款人等具体目的。金融附件使用"包括"(including)这一措辞，就意味着在上述两类目的之外还存在其他的审慎目的和为这些目的而采取的其他监管措施。① 这对于确定审慎措施所涵盖的范围具有重要意义。

（二）审慎目的和审慎措施应根据有关国家的具体情况来认定

对于某项措施是否出于审慎目的从而是否构成审慎措施，通常应根据采取措施的国家的情况来认定，且采取措施的国家应当具有相当大的发言权，这是现实的需要。首先，从横向来看，各国金融市场结构、发展水平、传统等不尽相同，情况千差万别。对于一国来说构成审慎措施的东西，对于其他国家来说未必尽然，可能并不构成审慎措施，甚至是贸易保护主义的伪装；反之亦然。例如，一些国家在金融业中采用混业经营，即金融机构可以兼营银行业和证券业等。对于实行这一制度的这些国家来说，这一制度不会具有非审慎性。然而，在实行分业经营国家看来，混业经营可能具有非审慎的成分。②

其次，从纵向来看，金融业在不断发展，金融创新在不断涌现，有效的审慎监管

---

① 韩龙：《论世贸组织金融服务贸易自由化中的金融监管问题》，《国外社会科学》2002 年第 1 期。

② 韩龙：《论世贸组织金融服务贸易自由化中的金融监管问题》，《国外社会科学》2002 年第 1 期。

措施只能是在当时的条件下对当时的金融状况行之有效的措施,金融状况发生了变化,监管措施亦应随之改变。例如,许多国家包括目前对金融自由化呼声极高的欧盟国家传统上对金融机构的贷款分配实行数量控制,现在包括欧盟国家在内的不少国家在从传统的数量控制转向采用审慎人规则(prudent person rules),允许金融机构在作出投资决策时享有灵活性,但这并不意味着传统规则构成对金融服务的限制。因此,对审慎措施只能根据不同的金融制度来解释,从而满足维护金融稳定和保护投资者的各自需要。这说明即便是在同一个国家的不同的阶段,也存在着监管措施的不同标准。可见,对审慎目的和审慎措施的判断应根据不同国家的金融制度和金融状况来作出,否则,规制和监管就很难发挥维护金融稳定和保护存款人的作用,甚至会动摇金融服务贸易自由化的基础。而对具体金融制度和金融状况最了解的莫过于采取措施的有关国家。因此,在进行上述认定时,采取措施的国家应当具有很大的发言权。①

(三)对审慎措施的必要约束

金融附件将审慎措施纳入 WTO 多边纪律之中,就不可能不对各国的规制和监管权力和自由产生一定的约束。没有约束或限定得过于宽松,会导致"审慎例外"被滥用;限定过严,又不能适应各国的不同情况。对成员方采取审慎措施的必要约束需要在二者之间找到一个恰当的平衡点。平衡点在哪里?从金融附件来看主要有两点:禁止用作逃避金融服务贸易自由化承诺、义务的手段和目的的直接性。前者是金融附件对审慎措施所施加一项明确限制,禁止在审慎措施不符合GATS 规定时被用作规避该成员方在 GATS 项下承诺和义务的手段。后者是指监管措施须直接地、主要地出于审慎之目的。因为世界的各种事物之间都存在着联系,法律上的联系通常须是直接的联系。就各国规制金融业的法规和政策的内容来看,多数法规和政策都不能排除不具有直接和间接的审慎成分,如果不分方式而将所有含有审慎成分的措施都作为审慎措施,审慎措施与金融法规政策几乎等同,WTO 通过规制各国法规政策来推行的金融服务贸易自由化将会落空。

一方面采取措施的国家对审慎目的和审慎措施的认定具有很大发言权,另一方面又要对之进行上述约束,一个不可避免产生的问题是如何进行约束。首先,任何目的总能通过一定的客观因素如各国的金融体系、传统、发展水平、采取措施时的金融态势、措施与目的的对应性等来衡量。这就为对采取措施的国家进行必要的约束提供了条件。其次,WTO 争端解决机制提供了具体的解决办法。如果一项措施的目的是贸易限制而不是审慎,就会不属于"审慎例外"范围,那么,该措施就会被控违反了该成员方在 GATS 下承诺和义务,就会被交付到 WTO 争端解决机构

---

　　　① 韩龙、周茂荣:《论 WTO 框架下金融自由化与金融监管的关系》,《世界经济》2002 年第 4 期。

由专家组进行裁决。①

WTO 与其他国际组织的不同就在于通过争端解决机制来适用规则。因此,其他国家提出异议从而通过争议解决程序来确定有关审慎措施是否违反了必要的约束的权利不应被剥夺。否则,如果其他国家感到审慎措施不具有审慎的目的或具有用于逃避义务之嫌,却又无法在多边法律框架里解决,那么它们特别是那些强国会自行采取措施,"没有争议解决制度,国际贸易关系会很快退化为强权政治"。②需要指出的是,WTO 的争端解决机制在解决审慎措施的争端时仍然要坚持有关审慎措施的标准。为此,金融附件规定解决审慎问题和其他金融问题争端的专家组需具备与争议的特定金融服务的必要的专业知识。

(四)发展中国家的审慎措施标准具有更大的灵活性

发展中国家与发达国家不同,其审慎措施标准具有更大的灵活性。众所周知,发展中国家金融发展水平低,监管体系不完善,缺乏经验,在金融服务贸易自由化过程中尤其需要监管的灵活性以满足特殊需要。马来西亚曾指出:"关于审慎措施的国际标准,对其他国家有效的措施并不一定对马来西亚有效。"③实际上,GATS 第 19 条已经注意到并承认发展中国家在服务贸易自由化过程中的特殊需要,规定自由化的进程要反映各国的发展水平和政策目标,明确规定应给予发展中国家适当的灵活性。所以,无论从金融业的实际情况,还是从 GATS 的有关规定所提供的依据来看,发展中国家与发达国家应当具有不同的标准,获得不同的对待,对在实践中就发展中国家的审慎措施提出异议要考虑发展中国家对监管灵活性的特殊需要。

综上所述,"审慎例外"赋予了各成员方根据自身情况采取审慎规制和监管措施的广泛自由。"审慎例外"使成员方采取的审慎监管措施摆脱了 WTO 有关金融服务贸易规则的约束,包括 GATS 一般例外所包含的约束和限制,满足了成员方审慎监管的需要。如果说 WTO 有关金融服务的其他规则对成员方影响金融服务的措施趋于实行限制的话,"审慎例外"则授予成员方采取审慎监管措施的自由,据此,成员方出于审慎目的,可以对外国金融服务和金融服务提供者进行限制,包括进行市场准入和经营的限制。"审慎例外"会为构成金融服务部门争端的几乎所

---

①　韩龙:《WTO 条件下审慎措施之标准问题初探》,《国际金融研究》2001 年第 8 期。

②　WTO NEWS:WTO Secretariat hits false attacks against GATS,Speech by David Hartridge,Director of Trade in Services Division WTO Secretariat,Background Note by the Secretariat ,27 November 2000,p. 10.

③　WTO Committee on Financial Service,Report of The Meeting Held On 25 May 2000,9 June 2000,Note by Secretariat.

有行动提供保护的依据。① 因此，"审慎例外"在 WTO 有关金融市场开放和经营制度中，构成平衡其他规则的重要内容。

五、对 WTO 金融服务市场准入与经营制度的评价

对 WTO 金融服务市场准入与经营制度的评价可以从该制度的目前特点和贡献两个方面进行。

（一）WTO 金融服务市场准入与经营制度的特点

WTO 有关金融市场的准入与经营制度具有灵活性、渐进性、框架性的特点。灵活性主要是针对 WTO 推行金融服务市场准入和经营的法律制度和机制对成员方承担的义务水平的约束程度而言的，WTO 允许成员方决定义务承担的水平。灵活性主要体现如下：成员方可以选择作出承诺的部门、分部门和具体业务活动；对于作出承诺的服务，成员方政府可以实施限制，规定其所要维持的市场准入水平和国民待遇程度，还可以对服务贸易的方式进行选择，将承诺限于金融服务贸易四种提供方式的一种或几种方式，甚至可以撤销承诺②；成员方对 WTO 有关金融市场的准入与经营规则与承诺有权适用最惠国待遇的豁免、一般例外和"审慎例外"。任何一项多边法律安排都不能没有一定的灵活性，相比之下，WTO 推行金融服务贸易市场准入和经营的法律制度和机制的灵活性十分突出。

渐进性主要是就 WTO 推行金融服务市场准入和经营的方式而言的。金融对于任何一个经济体来说都至关重要，由于各国金融发展水平差距巨大，服务的无形性等特征使各国无法对外国服务采取边境措施，因此，WTO 推进金融服务自由化的现实方法只能是逐步自由化。GATS 在序言中和第 19 条中明确提出要逐步自由化。渐进性的特征主要体现于各成员方可以根据其国内的政策目标决定自由化的进程。GATS 第 19 条规定，自由化的进程应考虑各成员方的国家政策目标及其整体和各个服务部门的发展水平，对发展中成员方给予适当的灵活性。

框架性特征主要是针对 WTO 推行金融服务市场准入和经营的法律制度和机制的内容特征而言的。由于金融服务所具有的重要性，且是初次被纳入多边贸易体制，WTO 推行金融服务市场准入和经营的法律制度和机制，只能是框架性的，即 WTO 对金融服务贸易以及其他服务贸易在很多问题上所制定的规则只能是提供一个粗放性的框架，其中的具体内容需要不断地完善，而不可能一开始就十分完备。框架性意味着许多规定只要经过进一步发展和具体化才能具备可操作性。框

---

① Jeffrey Simser, "GATS And Financial Services: Redifining Borders", *Buffalo Journal of International-al Law*, Summer 1996.

② 但是，撤销承诺需要遵守 GATS 规定的程序，如与有关成员方协商谈判、提供补偿等。

架性还体现在,该法律架构对有些问题甚至缺乏原则性的规定,仅要求对这些问题进行进一步谈判以确立规则。因此,从一定意义上讲,WTO 推行金融服务市场准入和经营的法律制度和机制的健全,取决于这些谈判的完成及其所确立的规则。框架性的再一体现是 WTO 的这一制度还存在一些不完善之处,特别是立法技术问题。GATS 第 20 条第 2 款规定:与第 16 条(市场准入)和第 17 条(国民待遇)不一致的措施应列入第 16 条有关的栏目。在这种情况下,所列内容将被视为也对第 17 条规定了条件和要求。这一近似记账指示式的简单规定事实上为造成潜在的模糊埋下了种子。承诺表的市场准入栏包含仅与第 16 条不一致的措施和既与第 16 条也与第 17 条不一致的措施,但是,对于后一类措施中的特定措施究竟是属于两条中的哪一条并不需要标明。由此产生两个问题:一是由于第 16 条和第 17 条重叠的准确程度无法辨认,因此,国民待遇义务的确切范围并不明朗。二是当一成员方对市场准入和国民待遇所作出的承诺不同时,承诺所采用的方法对于既属于市场准入又属于国民待遇的承诺措施的地位问题也没有提出明确的解决办法。①

(二)WTO 对金融服务贸易市场准入与经营制度的贡献

尽管 WTO 推行金融服务贸易市场准入的法律制度和机制具有灵活性、渐进性、框架性的特点,甚至还存在着一定的缺陷,但不可否认 WTO 有关金融服务的规定的贡献与价值:这些规定第一次在全球多边意义上建立起了国际金融市场准入与经营的制度,构成规范国际金融服务的第一个完整的法律架构。

无论是 GATS,还是有关金融服务的《第五议定书》,都不是规范国际金融业的第一个多边协定。在 WTO 金融服务贸易谈判结束之前,有关金融业的多边协定早已存在,比较重要的有:《国际货币基金协定》、《国际复兴开发银行协定》以及巴塞尔委员会《统一国际银行资本衡量与资本标准的协议》等。但是,《国际货币基金协定》最初所关注的主要是国际汇率稳定和成员方的汇率安排问题,在固定汇率制崩溃后转而监督成员方可能影响其汇率稳定的经济政策和经济状况。依照《国际复兴开发银行协定》而成立的世界银行主要解决的是对其成员方实施发展援助问题,重点从第二次世界大战后支持欧洲国家重建到近些年转向发展中国家提供援助。1988 年巴塞尔资本协议集中于银行业的监管,该协议对银行的资本构成和资本标准作出了统一的规定,以资本的充足性来抵挡银行的风险并借以整平国际银行业的竞争场地。然而,对于推行金融服务贸易自由化,以上三者均未涉及。

诚然,有关金融服务贸易的国际规范在 WTO 成立及金融服务贸易谈判结束

---

① 解释性说明规定,无论市场准入栏如何规定,在国民待遇栏中填入"无限制"就意味着国民待遇对整个提供方式有效,并不限于含有限制规定的市场准入栏所限定的约束。这一规定并没有回答上述问题,因为它解决的是两种义务在服务提供方式下涵盖范围这一相对简单的问题,并没有解决以上本文所关注的有关措施的涵盖范围问题。

之前,在一般性服务规范、区域协定及双边协定之中已有体现。1848 年的哈瓦那宪章就包含有一般性服务规范,因而也将金融服务包括其中,但该宪章最终未能获得成员方的通过。1957 年所签订的建立欧洲经济共同体的罗马条约和 1994 年实施的北美自由贸易区协定均有关于服务贸易的规范。但二者都是区域经济一体化。一些专门服务协定如 1947 年国际民航公约、1965 年国际海运交通促进公约、1982 年国际电讯公约等都限于特定的个别服务,不足以规范整个服务贸易,更不涉及金融服务贸易。一些双边协定如美国与加拿大自由贸易协定有服务贸易包括金融服务贸易的规定,但仅限于两国间的双边协定,适用的地域极为有限。因此,在 1995 年 GATS,特别是 1997 年底 WTO 成员方达成的有关金融服务的《第五议定书》生效之前,全球多边意义上的金融服务市场的准入与经营制度并没有建立起来。

相比而言,主要由 GATS、金融附件和金融承诺表所构成的金融服务贸易的法律架构,是第一个全面、系统地推行金融服务市场准入和调整国际金融服务贸易的法律架构。这是因为:第一,WTO 有关金融服务的法律架构既有包含一般性规定的 GATS,也有根据金融业特点而制定的金融附件,还有包含各成员方市场准入、国民待遇承诺以及附加承诺的金融承诺表,系统、配套、自成体系,这是其他协定或安排所不能比拟的。第二,WTO 有关金融服务的法律架构及其金融服务市场准入和经营的法律制度,适用于一百多个成员方,其余的一些国家或地区也在积极申请加入 WTO。因此,WTO 的金融服务市场准入和经营的法律制度在适用的地域范围是所有与金融服务有关的协定之中最广的,且在继续扩大。第三,WTO 金融服务法律架构规范的金融服务贸易类型最多,包括跨境提供、境外消费、商业存在和自然人流动。因此,它不仅规范金融服务的提供与消费,也规范与金融服务贸易有关的投资(如建立商业存在)及自然人流动。第四,WTO 金融服务的法律架构规范其与双边协定、多边协定、经济一体化和国际组织的关系。GATS 虽要求成员方遵守最惠国待遇原则,但成员方因现有协定而无法遵守该原则的,可以根据最惠国待遇豁免的规定将有关的双边或多边协定列入豁免清单之中。GATS 不禁止成员方加入以促进服务贸易包括金融服务贸易自由化为目的的经济一体化协定,此类经济一体化协定不适用最惠国待遇。GATS 尊重国际组织的相关规定,要求在评估成员方在诸如许可、资格要求和技术标准等方面是否遵循 WTO 的要求时,应考虑该成员方所适用的相关国际组织所采用的国际标准。GATS 强调与其他国际组织的协商与合作,要求总理事会负责安排与联合国等国际组织的合作事宜。第五,WTO 金融服务的法律架构具有强制性。GATS 规定,GATS 对所有成员方均具有拘束力。金融附件是 GATS 的特别法,在其规定与 GATS 的规定不一致的情况下,按照特殊优于一般的原则,应优先适用。根据 GATS 第 20 条第 3 款的规定,金融承诺表构成 GATS 的附件,是 GATS 不可分割的组成部分。承诺表中的承诺的修改或撤销须遵循 GATS 规定的程序,并须与受影响的成员方达成补偿协议。因此,WTO 金融服务的法律架构并非指导性纲领,而是具有强制性,所有 WTO 的成员方均应遵守之。

第三节　多哈回合金融服务谈判的新进展

多哈回合是 WTO 的首轮全球多边贸易谈判,发起于 2001 年 11 月。金融服务新一轮的谈判随着多哈回合的启动而启动,WTO 成员方提出了相关议题,许多成员方就市场准入和国民待遇提出了初步报价,各方进行了讨价还价。但自从 2003 年 9 月部长级会议在墨西哥坎昆举行以来,金融服务贸易也成为多哈回合多边贸易谈判被搁置的诸多议题之一。在坎昆举行的谈判因存在各种分歧失败了,主要是工业化国家和发展中国家就农业保护主义和所谓的新加坡问题是否被包括在多哈回合谈判议程之中存在的分歧。① 后经过多方努力,谈判虽然重启,但经历了曲折的过程,2008 年 7 月原定结束多哈回合的谈判因各方利益的冲突和矛盾,再次全面中止。金融服务谈判的命运与多哈回合整个谈判的命运息息相关,似乎要相始相终。

一、发达国家与发展中国家在谈判中提出的问题

在多哈回合金融服务谈判中,WTO 中的发达成员方和发展中成员方立场存在分歧,各自关注的问题也不同。发达成员方关注的问题大致上可以分为传统关注的问题和新关注的问题,前者在 1997 年结束的金融服务谈判中就被发达国家所主张,多哈回合提出的主张可以看作是 1997 年结束的谈判的延续。后者则主要是在多哈回合中提出的问题。前者包括:扩大市场准入,从各国的承诺中消除影响不同金融活动的限制(水平限制),在外资银行待遇上实行更大的规制透明度。后者包括:GATS 规定的金融服务提供方式之间的区分,这些提供方式由于近来的技术变革已变得模糊;对 WTO 与 IMF、世界银行和国际体系运行其他的标准制定机构之间关系的进一步审查。

在 WTO,发展中国家的成员方继续关注资本流动的负面影响。尽管 GATS 规

① 新加坡问题包括世贸组织要为投资与竞争政策、政府采购的透明度和所谓的贸易便利化等问题制定规则。由于这些问题是于 1996 年在新加坡举行会议时第一次加以讨论,因此,被称为新加坡问题。所谓的贸易便利化是指减少阻碍贸易的繁琐手续等。

则旨在使金融服务贸易的自由化与资本账户交易的自由化相分离,但这并没有减轻一些发展中国家的顾虑。发展中国家关注的其他事项还包括:对各国在国家和地方政府层面上承诺的不同限制需要进行更大的协调,发展中国家更多地参与有关市场开放和国民待遇的国际标准制定,帮助发展中国家努力增加金融服务出口。①

有些议题是发达国家和发展中国家共同提出,但观点存在分歧。发达国家和发展中国家都关注 WTO 有关金融服务的职责与其他组织在国际金融体系的职责之间的关系。尽管发达国家倾向于以一种相互促进的方式处理这些关系,但发展中国家由于担忧 IMF 的监督、条件性(conditionality)及其对国家政策自主性的限制等复杂因素而更加慎重。同样,对于金融服务附件中审慎例外的范围问题,发达国家似乎赞成对审慎例外允许的范围作更严格的界定。然而,许多发展中国家更愿意保持审慎例外的宽泛和不受限制。发达国家和发展中国家都表示支持对各国承诺表中的金融服务作出更加统一的分类,但就与不同服务提供方式统计有关的问题还未达成共识。

二、市场开放、金融稳定和国际资本流动

在谈判 WTO 金融服务承诺与国际资本流动潜在的不稳定影响之间的关系问题时,发展中国家对确保进一步自由化与金融稳定相适应的问题表示关注和担忧。GATS 第 11 条第 2 款规定,GATS 的任何规定不得影响 WTO 的成员方在 IMF 协定项下的权利和义务,包括使用符合协议条款的外汇措施,前提是该成员对任何资本交易,除非按第 12 条规定(保障收支平衡的限制)或应 IMF 的要求,不得实施与其有关该交易的具体承诺不一致的限制。可见,WTO 将 GATS 中的金融服务市场开放与资本账户交易自由化事实上实行分离,GATS 第 11 条意在确保 IMF 规则在该领域的优先地位,WTO 有关跨境交易自由化的义务是在有关资本交易为履行 WTO 成员方义务所必需时,防止对资本交易的限制妨碍金融承诺的履行和实现。

GATS 将资本账户交易自由化留给各成员方决定,并没有缓解许多发展中国家的担忧。这似乎与新一轮谈判中承诺实质性地进一步开放市场的压力有关,也与进一步开放市场产生的不确定性有关。尽管各成员方所具有的自由裁量权使其可以避免作出有风险或不利的承诺,市场开放及其所带来的利益是相互的,为取得谈判所带来的利益,发展中的成员方也需要就市场准入作出实质性让步。因此,依靠在资本账户上的自由裁量权而不作出能够打动其他成员方的承诺,是无法收获

---

① 帮助发展中国家努力增加金融服务出口对受益国十分重要,但对调整国际金融体系的规则而言却不怎么重要,以至于在接下来的讨论中被忽略。

利益的。

三、电子银行

发达国家和发展中国家对电子银行都十分关注，但立场不同。[①] 发达国家强调需要新的金融服务协议以促进电子银行的发展。然而，一些发展中国家在承认电子银行能够带来潜在利益的同时，也认为电子银行可能是金融不稳定的又一源头。

GATS 项下的承诺是针对具体活动和服务提供方式作出的，且意在技术上保持中立——不因金融活动或其提供方式的技术而受到影响。只要电子银行可被归类为金融服务附件中列出的一种活动并能确认其提供方式，那么，在 GATS 的规则方面就不会存在新的困难。因此，外国机构在东道国境内建立机构提供电子银行服务属于第 3 种提供方式（商业存在）。金融机构在其国内向位于另一国的客户推销和提供电子银行存款或某种其他电子银行服务是跨境提供金融服务，属于第 1 种提供方式。

在 GATS 能否容纳和适应电子银行的问题上，问题在于其规则为什么引起特别的关注。一个原因是服务提供者在互联网上提供服务的地点的确认，这是适用 GATS 规则的前提。对技术变革与不同服务提供方式关系的关注，反映出在多哈回合最近的谈判中对第 1 种服务提供方式下的承诺的不满，因为对该承诺的保留潜在地阻碍了跨境电子银行的发展。

发展中国家注意到，电子银行会为以资产组合投资（也称间接投资）形式发生的大规模的和不稳定的国际资本流动提供便利。资产组合投资被认为是易于反转，故不同于外国直接投资。

电子银行由于对支付转移和清算机制具有影响，因而影响到金融体系的"传导"和货币政策的实施，进而也对行业和宏观经济产生影响。但电子货币和其他传统形式的货币对货币政策的影响因超出了 WTO 谈判的范围而不可能成为 WTO 谈判的重点。

四、审慎措施

GATS 对于金融服务规定了国内规制的"审慎例外"，意在确保一国在 GATS 下的义务或承诺不会影响本国政府实行审慎规制监管的能力。这一规定是在金融

---

① 电子银行当前的发展速度使其定义很难界定。客户电子银行包括诸如提供设施（自动取款机，条文卡等），通过银行拥有和控制的技术提供在线交易，通过开放的网络（主要是 Internet）进入服务系统，客户拨号进入服务系统，开发软件（网页浏览器），通过 Internet 开立账户，提供以电子现金进行非账户转移的支付设施，通过 Internet 销售其他金融服务等。

监管者坚持下被纳入 GATS 之中的。他们明确指出,如果没有一个排斥 GATS 义务的审慎措施的具体例外,在 GATS 这样一个多边贸易协议中纳入金融服务是无法接受的。GATS 金融附件中的审慎例外允许一国"为了保护投资者、存款人、投保人或诚信义务的相对人"或"为了确保金融制度的完整和稳定"采取审慎措施,而不考虑 GATS 的其他任何规定。因此,原则上,审慎措施可与一国的国民待遇、市场准入承诺或其最惠国义务不一致。为了防止审慎例外的滥用,GATS 规定审慎措施不得用于避免一国在 GATS 项下的义务或承诺。

审慎例外与 GATS 适用于其他国内政策的例外存在重要差异。① 例如,与健康及安全例外相比,只有"必要"的措施才是除外的,但所有审慎措施都是除外。结果,审慎措施不因不"必要"或对"贸易限制最小"而受到挑战。而且,审慎例外不考虑 GATS 对于国内规制的要求。然而,缺少"必要性"标准并没有妨碍解决一项措施是审慎的,还是被用于规避 GATS 义务的问题。一项违背一国 GATS 义务或承诺的审慎措施,可以根据其目的等因素进行挑战,即该措施的目的实际是贸易限制而并非是审慎的,因此,它不属于审慎例外的范围。这个问题由 WTO 争端解决程序解决,且可能由争端解决专家组作出裁决。

GATS 对金融服务附件的审慎例外所允许采取的审慎措施的范围和性质未作规定,在多哈回合谈判中有些成员方提出需要澄清。这方面所遇到的问题之一是 1997 年爆发的亚洲金融危机之后银行业重组的措施。银行业重组可能需要很长的一段时间,因此,引起这样一个问题:是否所有相关行为能被界定为与确保金融体系的完整和稳定有关? 不仅如此,重组伴随着大量政府资金的注入,注入资金采取的形式可能被认为会扭曲竞争和造成外国金融服务提供者的歧视。到目前为止,在金融服务领域中还没有发生一起 WTO 的案例,因而无法从争端解决中获得必要的指引和指导,但这种情况可能会发生变化。1997 年亚洲金融危机之后,韩国金融业重组涉及政府资金的大量注入以解决不良贷款并重新充实银行资本,但这也成为韩国和 IMF 就 IMF 提供援助项目所讨论的问题。韩国银行业重组最近在 WTO 受到挑战,被怀疑提供了 WTO 反补贴协定项下的可申诉补贴(但不是根据金融服务附件项下的审慎措施而采取的争议解决程序)。瑞士表达的一项关注是审慎规制可能与其针对的问题不相协调,会构成对外国机构参与一国金融业的限制。瑞士提议审慎规制可更多地诉诸巴塞尔委员会、国际保险监督官协会、国际证券委员会组织、金融集团联合论坛等组织确立的金融标准,这些标准可以作为界定有关措施是否是出于审慎原因而属于审慎例外的基础。

---

① 除了 GATS 的国内政策的例外之外,国家安全的单独例外允许 WTO 成员国为了保护本国根本安全利益而采取任何必要行动。

瑞士的提议能够产生的实际影响还不明确,但对国际金融体系的整体运行可能非常重要。一种途径是仅仅运用巴塞尔银行监管委员会等机构的工作成果,对不可诉审慎措施作出界定。另一种可能的途径是对各成员方的审慎规制和监管制度进行审查,以此作为授予就审慎措施享有广泛自由的前提条件。由于上述标准设定机构不负责审查标准的执行情况,瑞士的意图不排除是将采取审慎措施的自由与在 IMF 和世界银行金融业评估项目[Financial Sector Appraisal Programme(FSAP)]项下对各成员方审慎体制的评估联系起来。该项目旨在评估一国金融业的脆弱性和需要优先采取的行动,评估的部分依据是上述国际认同的标准。金融业是 IMF 第 4 条监督的对象,FSAP 为监督提供评估要素。

将 WTO 的工作与其他机构制定的国际标准联系起来会引起一系列的问题。许多发展中国家对这种方法有所保留。发展中国家对重要的金融标准的接受并不普遍;一些发展中国家对通过 GATS 约束和限制其在审慎措施问题上的自主权,一直采取保留态度;发展中国家提出其在 IMF 和世界银行话语权甚小,对标准的制定参与有限,IMF 和世界银行存在治理结构问题。

五、分类和统计

使用金融服务附件的金融服务分类,而不是联合国中心产品分类或各国自己的分类,似乎越来越赢得广泛共识。但涉及的统计问题并非如此。发展中国家特别关注的一个问题是对金融服务承诺的评估。在货物贸易中,至少可以基于进口数据、对进口弹性价格的计量经济学估计或其他系统模型而对关税减让的价值作出大体的评估。但在服务贸易中不仅缺乏广泛认同的认知框架作为估算的基础,而且不同服务提供方式下统计数据也不充分或不存在。

这一问题对于在第 3 种服务提供方式(商业存在)下作出的金融服务承诺是最为紧迫的,然而,对这种方式下作出的承诺不仅缺乏数据,而且没有一种普遍接受的估算方法。联合国、欧洲委员会、IMF、经济合作与发展组织、联合国贸易发展会议和 WTO 最近发布的《国际服务贸易统计手册》(Manual on Statistics of International Trade in Services),旨在最终为填补该缺憾作出努力。达到这一目的的主要手段是外国附属机构服务贸易(Foreign Affiliates Trade in Service,以下简称 FATS)统计数据,FATS 覆盖公司的外国附属机构的经营,因此,可能被用来评估与第 3 种服务提供方式相关的活动。这些数据会为评估第 3 种服务提供方式对外国直接投资和市场准入的影响提供便利,但是,这些数据要为多哈回合的谈判所使用,在时间上是否来得及还存在未知数。不仅如此,以外国附属机构的统计数据为基础对报价和承诺进行评估,要求在金融业或相关活动中大量存在该实体。就银行服务而言,近来外国机构在发展中国家的商业存在有很大的增长。但是,对于那些外国银行商业存在较少的国家而言,FATS 可能就不能为金融服务承诺的评估提供充分的基础。

六、法律法规

GATS 第 3 条和第 6 条旨在确保服务贸易法律法规的透明、合理、客观和公正。尽管如此,美国提交了一套更完备、更充实的原则,这些原则包括了对法律法规允许作出评价和征求意见的程序规定。在美国看来,根据 GATS 第 3 条和第 6 条,各成员方应该遵守这些原则。美国提出这些原则的意图是,在 WTO 成员方制定新法规时,这些原则可为外国金融服务提供者提供比现在更为规范的程序进行干预。程序的规范化带来的一个潜在问题是,它可能超越 GATS 第 6 条 2 款(b)项的规定,即不得要求一成员方建立与其宪政结构或法律制度不一致的影响服务贸易的行政程序。

在法律法规方面,中央或联邦政府之下的其他政府适用规则限制外国金融服务提供者市场准入和国民待遇的问题,也颇受关注。根据 GATS 第 1 条第 3 款的规定,各成员方应采取所有的合理措施,以确保其境内的地区和地方政府和当局及非政府机构遵守 GATS 的规定。但是,国家和地方的法规的协调会给实行联邦结构的国家(如美国)带来法律或政治上的问题。在一些联邦国家,国际贸易或金融业的重要权力,依据宪法分解到了省或州。

七、全球政策协调

金融业是一国经济的核心,不仅直接作用于产出和就业,而且构成整个经济运行的重要的基础设施。向国外金融机构开放国内市场不但能够惠及本国金融服务消费者,也有利于整个国内经济。外国金融机构的存在能建立更富竞争力、更高效的金融服务市场,从而支持经济增长和发展。但是,与此同时,确保对金融机构和市场实行充分的审慎规制监管,对于实现自由化收益的最大化和风险的最小化至关重要。金融市场开放与审慎规制监管是互相补充、互相促进的,因此,二者的关系有两个截然不同的方面:一方面,自由化需要减少和消除对服务贸易构成不必要壁垒作用的反竞争规制;另一方面,自由化又需要加强某些规制的力度和质量,并在一些领域内,引进新的规制措施。因此,自由化的进程其中就涉及在两种规制之间如何划界的问题上达成共识,这两种规制一种纯粹是反竞争的贸易壁垒——因而应当取消,而另一种规制则是具有合法目的的。

金融市场开放与审慎规制监管这一本应密切联系的整体,在现有的国际经济秩序和格局下却是分离的。WTO 主要是推动其成员方金融市场的开放,而审慎规制监管则由一系列的国际机构在推动,这些机构如巴塞尔银行业监管委员会、国际证券委员会组织、国际保险监督官协会等。此外，还有些机构致力于促进金融监管者之间的合作和协调，并建立自愿却广泛接受的国际最低标准和良好行为准则（简称国际标规）。IMF 和世界银行的金融部门评价项目（Financial Sector Assessment Program，简称 FSAP），涉及评估一国金融部门的优缺点，包括监督国际标规的实施，并帮助各国建立相关制度。金融市场开放与审慎规制监管在现有国际经济格局下的分离，提出了有关国际机构之间的协调问题。

WTO 及其前身 GATT 与 IMF 之间的协调问题传统上主要在于一国基于国际收支平衡的原因而采取的外汇限制。依据 GATS 第 12 条，各国就该限制是否符合 IMF 协定接受 IMF 的裁定。但国际资本流动和审慎规制，也可能导致 WTO 和其他多边机构在国际金融体系方面的行动出现新的重合。这些新的重合应属全球政策协调问题，对此各国政府通过了一项宣言——《WTO 致力于实现全球经济决策更加协调的的宣言》（Declaration on the Contribution of the World Trade Organization to Achieving Greater Coherence in Global Policy Making），并作为乌拉圭回合谈判最终成果的一部分。宣言指出："经济政策不同方面的相互联系，要求在这些领域负有责任的国际机构遵循一贯的、相互支持的政策。"但是，这一呼吁受到但书的限制，即协调需要尊重每个机构的授权、保密要求和决策自主性，避免给各国政府造成交叉条件或额外条件。但书对将 WTO 就审慎措施享有的自由与 IMF 等对各成员国规制体制评估连接起来的任何行动，具有重要影响。

《WTO 致力于实现全球经济决策更加协调的的宣言》发表以来，在此方面最为显著的进展可能当属相关工作组的建立，该工作组就多边贸易体制如何能促成发展中国家外债的持久解决，增强国际贸易和金融政策的协调，以保障多边贸易体制不受到货币和金融不稳定的影响的方法开展工作。

第四节　我国金融市场对外准入与经营的管理制度

我国金融市场对外准入与经营的管理制度，体现了我国入世所作出的金融承诺，有的领域的实践甚至超出了我国的承诺水平。

一、我国有关外资银行准入与经营的制度

（一）我国对银行业开放的承诺

我国对银行服务的承诺包括了一般银行服务、非银行金融机构从事的汽车消费信贷、其他金融服务三个子项。

1. 一般银行服务

一般银行服务包括：接受公众存款和其他公共资金；所有类型的贷款，包括消费信贷、抵押贷款、商业交易的代理和融资；金融租赁；所有支付和汇划服务，包括信用卡、赊账卡、贷记卡、旅行支票和银行汇票；担保和承诺；自营或代客外汇交易等。

对于这些服务在跨境提供方式下的市场准入，我国承诺允许提供和转让金融信息、金融数据处理以及与其他金融服务提供有关的软件；允许对有关活动进行咨询、中介和提供其他附属服务，包括资信调查和分析、投资和证券的研究和建议、有关收购的建议和关于公司重组和战略制定的建议。除此之外，对跨境提供的市场准入不作承诺。对以上可以跨境提供的金融服务，没有国民待遇限制。

对于境外消费，我国没有市场准入限制和国民待遇限制。

对于商业存在方式下的市场准入，我国有地域、客户和营业许可方面的限制。在覆盖的地域方面，我国承诺外汇业务自加入时起无地域限制。对于本币业务的地域限制将逐步取消，具体时间表是：自加入时起开放上海、深圳、天津和大连，加入后 1 年内开放广州、珠海、青岛、南京和武汉，加入后 2 年内开放济南、福州、成都和重庆，加入后 3 年内开放昆明、北京和厦门，加入后 4 年内开放汕头、宁波、沈阳和西安，加入后 5 年内取消所有地域限制。在客户方面，我国承诺自加入时起允许外国金融机构在中国提供外汇业务服务，无客户限制。对于本币业务，我国承诺在加入后 2 年内允许外国金融机构向中国企业提供服务，加入后 5 年内允许外国金融机构向所有中国客户提供服务。在营业许可方面，我国承诺对外国金融机构在我国从事金融业务的审批标准只是审慎性的，不含经济需要测试和营业许可的数量限制。加入后 5 年内，我国将取消现有对所有权、经营及外国金融机构法律形式的任何非审慎限制措施，包括对设立内部分支机构和营业许可的限制。我国在承诺中还对设立外国独资银行或独资财务公司的条件给予了明确。对于商业存在方式下的国民待遇，我国承诺除以上关于本币业务的地域限制和客户限制外，外国金融机构可以同外商投资企业、非中国自然人、中国自然人和中国企业进行业务往来，无个案批准的限制或需要。除此之外，无其他限制。由于到 2006 年 12 月 11 日我国入世已满 5 年，我国对外国金融机构在我国建立的商业存在的以上限制已取消。

对于自然人流动方式下的市场准入和国民待遇，我国除水平承诺的内容外，没有作出承诺。

2. 非银行金融机构从事的汽车消费信贷

对于非银行金融机构从事的汽车消费信贷在跨境提供方式下的市场准入，我国承诺允许提供和转让金融信息、金融数据处理以及与其他金融服务提供者有关的软件，允许就有关金融活动进行咨询、中介和其他附属服务。对在跨境提供方式下的国民待遇没有进行承诺。对于在境外消费、商业存在方式下的市场准入和国民待遇,我国没有限制。对于自然人流动方式下的市场准入和国民待遇除水平承诺的内容外,我国没有进行承诺。

3. 其他金融服务

其他金融服务(不包括证券和保险)包括:提供和转让金融信息、金融数据处理以及与其他金融服务提供者有关的相关软件;就协议所列各项银行和其他金融服务活动提供咨询、中介和其他附属金融服务,包括信用调查和分析、投资和资产组合的研究和咨询、收购咨询、公司重组和战略制定的建议。对于以上内容的金融服务在跨境提供和境外消费方式下的市场准入和国民待遇,我国没有限制。对于商业存在方式下的市场准入,我国也没有限制,审批在我国金融部门进行经营的授权标准仅为审慎性,即不含经济需求测试或营业许可的数量限制,允许外国机构设立机构。对于商业存在方式下的国民待遇,我国没有限制。对于自然人流动的市场准入和国民待遇,我国除水平承诺中的内容外不作承诺。

(二)我国对外资银行的管理制度

为了适应入世5年后银行业全面开放的需要,我国对原来的《外资金融机构管理条例》进行了修订,制定了《外资银行管理条例》(简称条例)及《外资银行管理条例实施细则》(简称细则),自2006年12月11日起施行。根据条例,外资银行是指依照中华人民共和国有关法律、法规,经批准在中华人民共和国境内设立的4类形式的机构:外商独资银行,由1家外国银行单独出资或者1家外国银行与其他外国金融机构共同出资设立;中外合资银行,由外国金融机构与中国的公司、企业共同出资设立①;外国银行分行;外国银行代表处。而外国银行和外国金融机构是指在中华人民共和国境外注册并经所在国家或者地区金融监管当局批准或者许可的商业银行和金融机构。《条例》共有73条,主要修订内容有五个方面:兑现入世承诺,加强审慎监管,体现中、外资银行统一监管标准,调整条例的适用范围,体现国家区域经济发展战略。纵观条例和细则,主要包括了以下内容和特点:

1. 设立

条例对不同形式和类别的外资银行的设立规定了不同的条件,主要条件见下表:

---

① 我国对外国银行投资入股中资银行有单个外国银行持股不得高于20%,所有外资银行持股不得高于25%的上限,但这属于跨境银行间的购并领域,不属于外国金融承诺的范围,也不属于条例规范的范围。

设立不同类型的外资银行的条件

类别	外商独资银行	中外合资银行	外国银行分行	代表处
对设立者的共同要求	持续盈利能力,信誉良好,无重大违法违规记录;外方股东或者外国银行具有从事国际金融活动的经验;具有有效的反洗钱制度;受到所在国或者地区金融监管当局的有效监管,并经该国或者地区金融监管当局同意,所在国家或者地区具有完善的金融监管制度,且其金融监管当局已经与我国建立良好的监管合作机制;其他审慎性条件	同前项	同前项	同前项
对不同形式的设立者的不同要求	除上项条件外,股东须为金融机构,其中唯一或者控股股东还须:为商业银行;在我国境内设立代表处2年以上;提出设立申请前1年年末总资产不少于100亿美元;资本充足率符合所在国或地区金融监管当局以及我国银行业监管机构的规定	设中外合资银行的外方股东及中方唯一或者主要股东应当为金融机构,且外方唯一或者主要股东需要具备的条件,同前项	除具备上项条件外,提出设立申请前1年年末总资产不少于200亿美元;资本充足率符合所在国或地区金融监管当局以及我国监管机构的规定;初次设立分行的,在我国设立代表处2年以上	无
注册资本(最低限度)	10亿元人民币或者等值的自由兑换货币,且应当是实缴资本	同前项	无	无
营运资金(最低限度)	对在中国设立的分行,无偿拨不少于1亿元人民币或者等值的自由兑换货币的营运资金,但拨给各分支机构营运资金的总和,不得超过总行资本金总额的60%	同前项	由其总行无偿拨给不少于2亿元人民币或者等值的自由兑换货币的营运资金	无

备注:外国银行代表处及其工作人员不得从事任何经营性活动。

2. 业务范围

外商独资银行、中外合资银行按照国务院银行业监督管理机构批准的业务范围,可以经营下列部分或者全部外汇业务和人民币业务:吸收公众存款;发放短期、中期和长期贷款;办理票据承兑与贴现;买卖政府债券、金融债券,买卖股票以外的其他外币有价证券;提供信用证服务及担保;办理国内外结算;买卖、代理买卖外汇;经中国人民银行批准,可以经营结汇、售汇业务;代理保险;从事同业拆借;从事银行卡业务;提供保管箱服务;提供资信调查和咨询服务;经国务院银行业监督管理机构批准的其他业务。外商独资银行、中外合资银行的分支机构在总行授权范围内开展业务,其民事责任由总行承担。

外国银行分行除不得从事银行卡业务,吸收中国境内公民每笔不少于 100 万元人民币的定期存款外,可以经营的业务与前述外商独资银行、中外合资银行相同。外国银行分行及其分支机构的民事责任由其总行承担。

以上形式的外资银行从事上述业务范围内的人民币业务,应当具备下列条件,并经国务院银行业监督管理机构批准:提出申请前在中华人民共和国境内开业 3 年以上;提出申请前 2 年连续盈利;国务院银行业监督管理机构规定的其他审慎性条件。

外国银行代表处可以从事与其代表的外国银行业务相关的联络、市场调查、咨询等非经营性活动,代表处及其工作人员不得从事任何形式的经营性活动。代表处行为所产生的民事责任,由其所代表的外国银行承担。

3. 特点

(1)与入世承诺接轨

条例及细则全面履行了我国扩大银行业开放的承诺,全面提高了中国银行业对外开放水平,取消了对外资银行的一切非审慎性市场准入限制,向在中国注册的外资法人银行全面开放人民币业务。条例对于在中国注册的外资法人银行,实行与中资银行统一的监管标准,在承诺的基础上对外资银行实行国民待遇。

(2)法人导向

所谓法人导向,是鼓励外资银行在中国注册法人银行,注册资金不少于 10 亿人民币。对于在中国注册的外资法人银行开放全部的人民币业务,对于外国银行的分行实行一定的限制,如只能吸收中国居民个人 100 万元以上的定期存款,不能发行银行卡等。

实行法人导向是出于审慎监管考虑。外国金融机构在东道国的市场准入形式主要有分行与子银行两种形式。分行是外国银行总行在业务上和法律上在东道国的延伸,子银行则是外国金融机构依照东道国法律在东道国境内设立的具有东道国独立法人资格的机构。子银行作为境内独立法人银行,由本国监管机构承担主要监管责任,本国监管机构可以通过资本充足率监管等审慎监管标准约束其业务运行,可以更大程度地实现风险隔离。而外国银行分行是境外注册银行的分支机构,由母国监管机构承担主要监管责任。外国银行分行受总行的直接控制,来源于其他国家和总行的风险传导要大于在本国注册的法人银行。根据许多国家的法律规定和实践,银行倒闭的清偿顺序是本国存款人优先于外国存款人。外国银行分

167

行是母行的组成部分,外国银行的流动性风险或者支付危机很容易传导到分行,母行一倒闭,分行也会随之倒闭,外国银行分行所在国家的存款人将无法得到优先清偿保障。而对于当地注册的法人银行,监管当局则可以进行风险隔离,最大限度地维护本国金融体系的稳定和保护存款人利益。所以,法人导向目的在于使监管更加主动、有效和充分,以维护中国金融体系的安全,保护存款人的利益。①

(3)由非审慎性监管向审慎性监管转化

条例强调了由非审慎性监管向审慎性监管转化的原则。非审慎性监管更多的是强调对银行企业的种种管制,审慎性监管则通过建立一套指标体系来控制银行风险,如资本充足率管制、贷款管制、流动性比率和法定准备金率管制等。

二、我国证券市场对外准入与经营的制度与实践

(一)我国对证券业开放的承诺

对于跨境提供方式下的证券服务的市场准入,我国承诺外国证券机构可直接(不通过中国中介)从事 B 股交易。除此之外,我国没有作出承诺。对准入的证券服务没有国民待遇限制。对于境外消费方式下的市场准入和国民待遇,我国没有限制。对于商业存在方式下的证券服务的市场准入,我国承诺自加入时起,外国证券机构在中国的代表处可以成为所有中国证券交易所的特别会员。我国还承诺,自加入时起允许外国服务提供者设立合资公司,从事国内证券投资基金管理业务,外资最高可达33%。我国加入后 3 年内,外资可增至49%。入世 3 年后,我国允许外国证券公司设立合资公司,外资拥有不超过 1/3 的少数股权,合资公司可(不通过中方中介)从事 A 股的承销,B 股和 H 股及政府和公司债券的承销和交易,基金的发行。我国审批金融业经营的标准仅为审慎性的,不含经济需求测试和业务许可的数量限制。我国对以上商业存在方式下准入的证券服务没有国民待遇限制。对于自然人流动方式下的市场准入和国民待遇,我国除水平承诺的内容外,没有进行承诺。

(二)我国对证券业外资准入和经营的管理制度与实践

与银行业不同,我国证券业尚没有一部专门的法律对证券业的外资准入和经营问题进行规定。但自 2001 年我国加入 WTO 以后,我国全部履行了入世对证券业的承诺。截至 2006 年 12 月(我国入市金融业过渡期 5 周年),我国已经批准设立 8 家中外合资证券公司和 24 家中外合资基金管理公司,其中 11 家合资基金管理公司的外资股权已经达到 49%;上海、深圳证券交易所各有 4 家特别会员,并各有 39 家和 19 家境外证券经营机构直接从事 B 股交易。

---

　　① 韩龙:《对外资银行的法人导向不违背 WTO 义务》,《中国金融》2006 年第 24 期。

在认真履行加入 WTO 承诺的同时,我国对于证券业外资准入和经营的实践已经超出了我国承诺的水平,其典型的体现是 2002 年主动实施了合格的境外机构投资者(Qualified Foreign Institutional Investor,简称 QFII)制度。QFII 是一国在货币没有实现完全可自由兑换、资本项目尚未开放的情况下,有限度地引进外资、开放资本市场的一项过渡性的制度。这种制度要求外国投资者若要进入一国证券市场,必须符合一定的条件,得到该国有关部门的审批通过后汇入一定额度的外汇资金,并转换为当地货币,通过严格监管的专门账户投资当地证券市场。

为此,我国 2002 年制定了《合格境外机构投资者境内证券投资管理暂行办法》,2006 年对原暂行办法进行了修改,颁布了《合格境外机构投资者境内证券投资管理办法》(简称新办法),发布了《关于实施〈合格境外机构投资者境内证券投资管理办法〉的通知》。新办法放宽了 QFII 的资格条件和资金进出锁定期,增加了 QFII 开户、投资方面的便利。根据该办法,合格境外机构投资者是指符合本办法的规定,经中国证监会批准投资于中国证券市场,并取得国家外汇管理局额度批准的中国境外基金管理机构、保险公司、证券公司以及其他资产管理机构。QFII 制度结合我国资本市场实际,在人民币资本项下未实现完全自由兑换的情况下,允许境外资金通过 QFII 投资 A 股市场。这是我国在入世时对证券业承诺中所没有的。截至 2008 年 8 月末,我国证监会累计批准的 QFII 机构达到 65 家。2007 年 12 月,我国将 QFII 总额度从 100 亿美元扩大到了 300 亿美元,目前 QFII 已获的投资额度已逾 100 亿美元。

除 QFII 之外,2005 年 12 月 31 日,商务部、中国证监会、国家税务总局、国家工商行政管理总局、国家外汇管理局发布了《外国投资者对上市公司战略投资管理办法》(以下简称《办法》),并于发布后 30 日生效实施。《办法》中的战略投资是指外国投资者(以下简称外国战略投资者)对已完成股权分置改革的上市公司和股权分置改革后新上市公司,通过具有一定规模的中长期战略性并购投资(以下简称战略投资),取得该公司 A 股股份的行为。《办法》的出台和实施标志着我国资本市场对外开放进入了一个新阶段。

《办法》与我国 QFII 投资机制的主要区别有:

1. 投资主体及批准机关

QFII 要求投资者为中国境外基金管理机构、保险公司、证券公司以及其他资产管理机构,而《办法》则没有限制外国战略投资者的身份。

对于投资主体的条件,二者也有不同规定。QFII 要求投资主体条件为:

基金管理机构:经营资产管理业务 5 年以上,最近一个会计年度管理的证券资产不少于 50 亿美元。保险公司:成立 5 年以上,最近一个会计年度持有证券资产不少于 50 亿美元。证券公司:经营证券业务 30 年以上,实收资本不少于 10 亿美元,最近一个会计年度管理的证券资产不少于100亿美元。商业银行:在最近一个会计年度,总资产在世界排名前100名以内,管理的证券资产不少于100亿美元。其他机构投资者(养老基金、慈善基金会、捐赠基金、信托公司、政府投资管理公司等):成立5年以上,最近一个会计年度管理或持有的证券资产不少于50亿美元。

《办法》对投资主体要求为:境外实有资产总额不低于1亿美元或管理的境外实有资产总额不低于5亿美元;或其母公司境外实有资产总额不低于1亿美元或管理的境外实有资产总额不低于5亿美元。

QFII机制下合格投资者应当委托境内商业银行作为托管人托管资产,委托境内证券公司办理在境内的证券交易活动。《办法》对外国战略投资者无此项要求,外国战略投资者可直接从事投资活动。

QFII进入中国投资要经证监会批准,而《办法》中的战略投资的批准机关为商务部。

2. 投资限额

QFII的投资额度须向国家外汇局申请。此外,QFII还有持有上市公司股票上限的规定:①单个境外投资者通过合格投资者持有一家上市公司股票的,持股比例不得超过该公司股份总数的10%;②所有境外投资者对单个上市公司A股的持股比例总和,不超过该上市公司股份总数的20%。

而《办法》并不要求外国战略投资者申请投资额度,对于持股比例,也只规定外国战略投资者持股不得低于目标公司已发行股份10%,对投资上限并没有规定。这等于是将外资流入国内资本市场的"天花板"掀掉,为外资大规模参与上市公司的并购重组打开了广阔的通道。

3. 投资对象

根据QFII制度,合格境外机构投资者可投资股票、债券、证券投资基金、权证及证监会允许的其他金融工具。而《办法》规定外国战略投资者仅可投资于上市公司A股股份。

4. 投资期限及退出

关于投资期限及退出,QFII机制仅规定,合格投资者可以在国家外汇局规定的期限届满之日起向国家外汇局申请汇出资金,国家外汇局另有规定的除外。

对于投资期限,《办法》规定战略投资者投资期限最低为三年。对于退出机制,《办法》规定,在承诺的投资期限届满之后,外国战略投资者可以通过A股市场将所持上市公司股份出让,然后,凭规定文件向上市公司注册地外汇局申请购汇汇出。

第五章 《跟单信用证统一惯例》
（UCP600）及其发展

国际商会于 2006 年 10 月 25 日在巴黎举行的 ICC 银行委员会会议上通过《跟单信用证统一惯例》（以下简称 UCP600），并于 2007 年 7 月 1 日开始实施。修订后的 UCP600 确立了大量新的标准，内容和形式均有变化。它的出台无论对进出口企业界、银行界、法律、司法、船运和保险界都具有重大影响，值得并已经引起我国相关各界的广泛关注，其中的许多问题，特别是 UCP600 对 1993 年国际商会通过的《跟单信用证统一惯例》（以下简称 UCP500）的发展需要进行深入研究。以下在对 UCP600 主要内容进行阐述的基础上，重点考察 UCP600 对 UCP500 的发展。

第一节　适用范围与定义

一、UCP600 的适用范围

UCP600 第 1 条规定了其适用范围，同时赋予了当事人修改和排除其条款的权利，充分反映了惯例的强制性与灵活性相结合的特点。

（一）条款内容及特点概述

1. 明确了 UCP600 的适用范围

UCP600 第 1 条采用清晰的语言明确了 UCP600 的适用范围，即"适用于所有在正文中表明受本惯例约束的跟单信用证（在其可适用的范围内，包括备用信用证）"。

2. 赋予了当事人修改与排除其条款的权利

在明确适用范围后，UCP600 第 1 条又赋予了当事人修改与排除 UCP600 的权利，这说明 UCP600 并不属于强制法，而只是一套规则，且允许当事人通过意思自治来修改与排除不希望适用的条款。这增加了 UCP600 适用的灵活性，为个别情况下当事人改变 UCP600 的某些条款以适应自身业务需求提供了可能与法律依据。

（二）与 UCP500 有关规定的比较

1. UCP600 第 1 条来源于 UCP500 第 1 条,与 UCP500 第 1 条的内容基本一致,只是在词语上作了调整,具体为用"所有"代替了"任何";用"修改与排除"代替了"除非另有规定";用"适用于任何在其文本中明确表明受本惯例约束的信用证"代替了"适用于所有在其文本中包含本惯例的信用证"。

上述修改并非实质内容的改变,但却更加清晰明了。将"除非另有规定"修改为"修改与排除",明确了"另有规定"的具体类型,增加了可操作性。此外,在 UCP600 的适用性上采用了"明确表明"(expressly indicate)的表述,更加明确地强调了当事人选择适用 UCP600 的意思表示应当在信用证中明示,比 UCP500 的原内容更为清楚。

2. 这一条明确了 UCP600 在当事人明示选择情况下的适用,即当事人需要在信用证中明示的作出选择适用 UCP600 的意思表示,表明该信用证依据 UCP600 开立或受 UCP600 约束。在 2007 年 7 月 1 日后,如当事人在信用证中约定适用"the latest UCP version",则也会发生适用 UCP600 的法律效果。

这一条款的法理学基础是:UCP600 是国际商会为了统一信用证交易中的习惯做法而制定的一套规则,国际商会属于民间组织,其制定 UCP600 的目的是通过当事人采纳 UCP600 来减少业务处理上的不一致,避免法律纠纷。由此可知,UCP600 作为国际惯例,与立法的效力是完全不同的,在当事人没有同意的情况下,UCP600 没有强制执行的效力。国际惯例是任意法,即只有当事人同意适用时才对当事人产生约束力。正因如此,UCP600 第 1 条即首先确定了当事人明示选择的适用原则。

3. 这一条款为当事人的意思自治预留了空间。国际惯例作为任意法,应当允许当事人通过合意进行修改或排除,以适应当事人的具体需求。对于 UCP600 中新增加的条款或作出修改的条款,如果根据双方的交易习惯难以适用或不便于适用,则当事人可以在选择适用 UCP600 的同时对不希望适用的条款予以排除,对不完全符合自己意愿的条款予以修改。需要注意的是,对条款的修改与排除均应明确而具体,避免出现修改条款含义不清导致当事人理解出现分歧的情况。

二、基本概念的定义

UCP600 第 2 条把该惯例涉及的重要概念集中起来逐一作了解释,这也是 UCP600 的一个突破。

（一）条款内容及特点概述

1. 明确了信用证业务核心概念的含义

该条款是 UCP600 的新增条款,条款借鉴了国际商会其他出版物中定义条款的经验,对原来散见于 UCP500 各条款的信用证业务最为基本与重要的概念进行了整合,通过一个专门的条款对信用证业务的 14 个核心概念进行了系统的定义。这些核心性概念涉及以下几个重要方面:信用证、信用证各方当事人、与交单相关的概念、与银行付款相关的概念。这些概念贯穿信用证交易的全过程,是明确信用证各方当事人之间权利义务的基础。因此,定义条款在 UCP600 中具有重要的地位,正确解读定义条款是准确理解与适用 UCP600 的前提。

2. 特点:对 UCP500 的概念进行了提炼整合

该条款虽然是一个新条款,但其部分内容曾在 UCP500 中出现,UCP500 是在各个具体条款中分别对有关概念进行了定义或介绍,没有将所有的定义提炼到一个条款中。UCP500 的表达方式不利于使用者对整个信用证流程中的重要概念产生一个系统而直观的认识,往往需要在不同条款间相互援引,在一定程度上影响了 UCP500 条款的科学性。UCP600 第 2 条不仅将 UCP500 中的已有概念提炼出来,还结合 UCP500 适用实践中出现的问题补充或修改了一些需要重点明确的概念,如"相符交单"、"承付"、"议付"等概念,从而增加了整个 UCP600 条款的条理性与科学性。

(二)与 UCP500 有关规定的比较

1. 关于信用证的定义。第 2 条中规定的信用证定义为:"信用证指一项约定,无论其如何命名或描述,该约定不可撤销并因此构成开证行对于相符交单予以承付的确定承诺。"这一条定义是对 UCP500 第 2 条的精简与浓缩,由于 UCP600 已经对"承付"作出了统一定义,因此 UCP600 中信用证的定义明显比 UCP500 第 2 条的定义简洁。需要注意的是,UCP600 在信用证的定义中增加了"不可撤销"的定性,这一点有别于 UCP500。

从上述定义可以看出,信用证必须具备三个要素:①由银行开出;②凭规定单据;③不可撤销的承付承诺。所谓由银行开出,系指信用证的开证机构为银行,代表了一种银行信用。所谓凭规定单据,系指受益人要求付款时必须提交信用证中规定的单据,并且单证相符,单单相符,符合信用证条款的要求,这是银行付款的前提条件。所谓不可撤销的承付承诺,系指开证行自开立信用证之时起即承担了不可撤销的承付责任,在受益人提交相符交单的情况下,开证行必须履行承付责任,即根据信用证的付款条款向受益人付款。

根据 UCP600 的上述定义,信用证是开证行在受益人所提交的单证符合一定条件的情况下保证付款的书面承诺,因此,信用证可以被理解为一种附条件的付款承诺。在功能上,信用证是一种付款安排,信用证开立于国际货物买卖合同订立之后,是根据国际货物买卖合同为顺利完成货款的支付而作出的专门性付款安排;在形式上,信用证是单方承诺文件,信用证由开证行直接开出,开证行自开立信用证之时即不可撤销地承担承付责任;在效力上,信用证采取的是附条件付款的方式,即只有在卖方提交的单证符合信用证规定时,开证行才承担承付责任。

2. 关于信用证当事人的定义。该条规定了信用证整个交易流程中可能出现的 7 个当事人的定义,分别是:申请人、受益人、开证行、保兑行、指定银行、通知行和交单人。

申请人指"要求开立信用证的一方"。在这一定义中改变了 UCP500 使用的"客户(customer)"一词,而采用了"一方(the party)"的表述,更加准确严谨。通常来讲,信用证的申请人一般为国际货物买卖合同中的进口方,为了支付货款,进口方通常向自己的往来银行申请开立以国外出口方为受益人的信用证。在开立信用证前,开证行需要根据申请人的资信状况确定开证保证金及担保措施并要求开证申请人予以落实,而后与开证申请人签订"开证协议书"或由开证申请人填写"开证申请书",明确双方的权利义务。

受益人指"接受信用证并享受其利益的一方"。通常来讲,信用证的受益人一般为国际货物买卖合同中的出口方,由于信用证是一种银行信用,因此,为了使自己在提交货物后能够及时、安全地取得货款,出口方一般都会提出采用信用证作为付款方式的要求。在附有汇票的信用证中,受益人通常还是汇票的出票人。

开证行指"应申请人要求或代表自己开出信用证的银行"。这一定义概括了开证行开立信用证的两种原因:一种是应申请人的要求开立,另一种是开证行因自身需要而代表自己开立。第一种信用证属于通常意义上在国际贸易活动中作为一种支付安排的信用证,实践中的绝大多数信用证都属于这一类型,而第二种信用证则可能是开证行由于自身融资需要而开立的一些融资性备用信用证。

保兑行指"根据开证行的授权或要求对信用证加具保兑的银行"。保兑的定义是"保兑行在开证行承诺之外作出的承付或议付相符交单的确定承诺"。由这一定义可知,经过保兑行保兑的信用证具有双重付款保证的效果,信用证一经保兑,受益人便取得了开证行和保兑行的双重付款保证。经过保兑的信用证,保兑行独立承担了承付或议付相符交单的责任,且其对信用证的议付为无追索权的议付。

指定银行指"信用证可在其处兑用的银行,如信用证可在任一银行兑用,则任何银行均为指定银行"。指定银行的概念原来出现在 UCP500 第 10 条,内容与目前的规定基本一致。指定银行的出现增加了信用证的流通性,并将受益人取得货款的时间提前,因此,在整个信用证的流转中具有重要的作用。UCP600 第 12 条专门就"指定"的相关法律问题作出了具体规定,且 UCP600 第 6 条 a 款规定:"信用证必须规定可在其处兑用的银行,或是否可在任一银行兑用。"这一规定是关于信用证兑用范围的规定,也就是指定银行的规定,该内容属于信用证的必备条款,直接关系到其他参与银行的法律地位,开证行应在信用证中作出明确约定。

通知行指"应开证行要求通知信用证的银行"。开证行开立信用证后,一般由受益人所在地的一家银行通知给受益人。通知行与开证行是委托代理关系,通知行接受开证行指示,及时传递信用证并证明其真实性,此外并不承担任何责任。

交单人指"实施交单行为的受益人、银行或其他人"。如前所述,信用证是一种附条件的付款承诺,而其所附的条件就是受益人所交单据构成"相符交单"。由于交单行为可能由受益人进行,也可能由银行或其他人进行,因此,UCP600 将这三种人共同列为交单人。

3. 与银行付款有关的定义。UCP600 在定义条款中新增了一个概念即"承付",并修改了 UCP500 关于"议付"的定义,从而将所有银行对受益人的付款行为归纳为了两大类:承付与议付。

承付指"a. 如果信用证为即期付款信用证,则即期付款。b. 如果信用证为延期付款信用证,则承诺延期付款并在承诺到期日付款。c. 如果信用证为承兑信用证,则承兑受益人开出的汇票并在汇票到期日付款"。在这一定义中,UCP600 将三种付款行为统一到了一个概念下,对即期付款信用证、延期付款信用证和承兑信用证下银行的责任进行了统一的界定,即"承付责任"。结合 UCP600 的其他条文可知,开证行对受益人的付款行为均称为承付,而其他银行,包括保兑行、指定银行的行为则可能是承付或议付,要根据信用证规定的兑用方式具体确定。

议付指"指定银行在相符交单下,在其应获偿付的银行工作日当天或之前向受益人预付或者同意预付款项,从而购买汇票(其付款人为指定银行以外的其他银行)及/或单据的行为"。这一定义与 UCP500 中议付的概念及 ICC 关于"议付"的专门意见书均有所不同。在新的定义中,明确了议付是对票据或/及单据的一种购买行为,并且明确议付是对受益人的融资——预付(advance)或承诺预付(agree to advance)。定义上的改变承认了有一定争议的远期议付信用证的存在,同时也将议付行对受益人的融资纳入了受 UCP600 保护的范围。根据"议付"的定义,议付是一种购买行为,而购买的对象有两种,一种是汇票,一种是单据。议付项下银行的行为也有两种,一种是预付(advancing funds),一种是承诺预付(agreeing to advance funds)。

4. 与"交单"有关的概念。交单是信用证项下一个重要的环节,是决定受益人能否取得付款的重要行为。UCP600 规定:交单指"向开证行或指定银行提交信用证项下单据的行为,或指按此方式提交的单据"。结合 UCP600 其他条款可知,交单行为必须符合信用证中关于交单截止日及交单地点的规定,且只有在构成"相符交单"的情况下,才能够要求银行付款。

相符交单指"与信用证条款、本惯例的相关适用条款及国际标准银行实务相一致的交单"。根据这一定义,确定相符交单的依据包括三个方面:即信用证条款、UCP600 及国际标准银行实务。这里所指的国际标准银行实务应作广义理解，不仅指《关于审核跟单信用证项下单据的国际银行标准实务》（ISBP）。目前，为应对 UCP600 而修订的 ISBP 新版本已经公布，因此，实务中确定"相符交单"是应注意以最新的国际标准银行实务为准。

三、重要用语或表述的解释

针对信用证交易涉及的一些常见用语或表述在含义上存在一定模糊性或不确定性的问题，为增加信用证交易有关当事人权利义务的可预见性和实务中的可操作性，UCP600 对这些问题在第 3 条作了专题解释。

（一）条款内容及特点概述

1. 对信用证中通常出现的词语进行了解释

UCP600 第 3 条采用一个专门的"释义"条款将信用证业务及单据中经常出现、且需要作出统一解释的 12 个问题进行了归纳，详细的作出了释义，其内容涉及信用证中某些词语的理解、单复数的含义、一家银行在不同国家的分支机构的关系认定等多个方面。这些"释义"有益于所有采纳 UCP600 的当事人对某些模糊概念作出一致的解释，从而避免争议发生。可以说，理解第 3 条的内容对 UCP600 的正确适用具有重要作用。

2. 明确了信用证的不可撤销性

在本条中，UCP600 采用清晰明确的表述肯定了信用证的不可撤销性，并删除了 UCP500 关于可撤销信用证的所有条款，从而改变了 UCP500 中可撤销信用证与不可撤销信用证共存的局面。这是 UCP600 顺应时代发展与实际需要的一个重要变化，符合国际上信用证实务的具体需求，值得肯定。从"如果信用证没有注明其是否可撤销则被视为可撤销"（UCP400）到"如果信用证没有注明其是否可撤销则被视为不可撤销"（UCP500），再到如今 UCP600 关于不可撤销的规定，表明了国际商会的明确立场：强化信用证不可撤销的属性，加强对受益人的保护，维护信用证作为支付工具的功能。

（二）与 UCP500 有关规定的比较

1. 信用证性质的释义。UCP600 第 3 条中规定："信用证是不可撤销的，即使未如此表明。"根据这一释义，即使信用证未表明其是不可撤销的，其也是不可撤销的，即一经开证行开出即对开证行具有约束力，未经开证行、保兑行（如有的话）及受益人同意不得撤销，也不得作任何形式的修改。这一规定与 UCP500 中关于信用证性质的规定完全不同。在 UCP500 中，第 6 条规定信用证可以是可撤销的，也可以是不可撤销的，如未注明，则视为不可撤销的。根据这一规定，当事人可以选择开立可撤销信用证，而根据 UCP600 的规定，约定适用 UCP600 的信用证都是不可撤销的,除非当事人明示修改 UCP600 的这一规定。

2. 与单据有关的释义。与单据有关的释义主要包括以下三项内容:

"单据签字可用手签、摹样签字、穿孔签字、印戳、符号或任何其他机械或电子的证实方法为之。"这一定义明确了 UCP600 认可的 7 种签字方法,除非信用证或单据中规定某单据必须采用某种签字方式,否则单据采用 7 种方式中的任何一种方式签字均应被认可。

"诸如单据须履行法定手续、签证、证明等类似要求,可由单据上任何看似满足该要求的签字、标记、印戳或标签来满足。"根据这一释义,除非单据对上述要求的履行人及履行方式作出明确约定,否则该要求可由单据上任何看似满足该要求的签字、标记、印戳或标签来满足。例如,如果信用证要求提交一份"经证明的发票",但并未进一步明确应由何人以何种方式证明,受益人提交的是一份经签字的发票,根据 UCP600,该单据存在不符点吗? 笔者认为,UCP600 前述条款已经明确规定,单据经证明的要求可由任何看似满足该要求的签字、标记、印戳或标签来满足,如果开证行认为发票上的签字已经满足了"经证明"这一要求,则不能认为该单据存在不符点。

"用诸如'第一流的'、'著名的'、'合格的'、'独立的'、'正式的'、'有资格的'、'当地的'等词语描述单据的出单人时,允许除受益人以外的任何人出具该单据。"根据这一释义,如信用证中对出单人的身份使用了前述非特定话的模糊性描述,则只要该单据不是由受益人出具的,均视为出单人身份合格,开证行不能因此而提出不符点。

上述三项内容基本全部来源于 UCP500 第 20 条的规定,并未进行太大的改动。

3. 与时间名词有关的释义。与时间有关的释义主要有 5 项,举例说明如下:

(1)"在或大概在"(on or about)或类似用语将被视为规定事件发生在指定日期的前后五个日历日之间,起讫日期计算在内。

举例说明:如信用证规定某事件发生在或大概在 8 月 10 日,则如该事件发生在 8 月 6 日至 14 日之间均视为符合信用证的约定。

(2)"至"(to)、"直至"(until、till)、"从……开始"(from)及"在……之间"(between)等词用于确定发运日期时包括提及的日期,使用"在……之前"(before)及"在……之后"(after)时则不包括提及的日期。

(3)"从……开始"(from)及"在……之后"(after)等词用于确定到期日时不包含提及的日期。

(4)"前半月"和"后半月"分别指一个月的第一日到第十五日及第十六日到该月的最后一天,起讫日期计算在内。

（5）一个月的"开始"（beginning）、"中间"（middle）及"末尾"（end）分别指第一到第十日、第十一到第二十日及第二十一日到该月的最后一日,起讫日期计算在内。

举例说明:信用证中规定的"7月的开始"应被理解为7月1日到7月10日;"7月的中间"应被理解为7月11日至7月20日;"7月末尾"应为理解为7月21日至7月31日。

（6）除非要求在单据中使用,否则诸如"迅速地"、"立刻地"或"尽快地"等词语将被不予理会。

第二节　信用证的独立性、抽象性原则

一、信用证的独立性原则

信用证的独立性原则在 UCP600 第4条"信用证与合同"中得到了规范。

（一）条款内容及特点概述

1. 重申了信用证的独立性原则

UCP600 第4条重申了信用证中最重要的原则——独立性原则。所谓独立性原则,是指信用证的效力和性质独立于基础买卖合同之外而不受其影响和制约的一种法律属性。信用证独立性原则要求:①银行的地位和责任是独立的、第一性的,银行无权援引单证不符之外的任何抗辩拒付。②信用证独立于基础合同,信用证当事人不得援引后者对前者进行修改,也不得援引后者的抗辩解除银行的付款责任。③各信用证当事人仅处理单据而非与单据关联的货物或服务。

信用证独立性原则与 UCP600 第5条所确立的信用证抽象性原则是信用证赖以生存和发展的基石,如果否定这两项原则,将信用证与基础合同挂钩,则可能出现信用证申请人任意利用基础合同损害受益人权利的情况,使受益人根据信用证所享有的付款保障受到严重威胁。因此,UCP600 延续了 UCP500 对信用证独立性原则的肯定,专列条款重申信用证的独立性。

2. 提示银行应避免将基础合同等文件作为信用证的组成部分

与 UCP500 不同的是,UCP600 在第4条中增加了一款,专门针对实践当中经常发生的将基础合同、形式发票等作为信用证一部分的问题,提示开证行劝阻申请人放弃这种援引。

（二）与 UCP500 有关规定的比较

该条共两款,a 款的内容与 UCP500 第3条的内容基本一致,而 b 款的内容则是 UCP600 新增的。

a 款从三个层次解析了信用证的独立性原则:

第一个层次是从明确信用证交易与其基础合同相互独立的角度规定的,即"就性质而言,信用证与可能作为其依据的销售合同或其他合同,是相互独立的交易。即使信用证中提及该合同,银行亦与该合同完全无关,且不受其约束。"

第二个层次是从限制申请人对抗信用证独立性的角度规定的,即"一家银行作出兑付、议付或履行信用证项下其他义务的承诺,并不受申请人与开证行之间或与受益人之间在已有关系下产生的索偿或抗辩的制约。"

第三个层次是从限制受益人对抗信用证独立性的角度规定的,即"受益人在任何情况下,不得利用银行之间或申请人与开证行之间的契约关系"。

上述三方面内容层层递进,不仅阐明了信用证独立性原则的含义,而且还对实践当中可能出现的申请人与受益人对抗独立性原则的情况予以了考虑,并采用肯定、明确的表述对申请人及受益人可能提出的动摇信用证独立性的抗辩予以了否定。

信用证独立性原则确立了开证行承付信用证下相符交单的绝对责任,它禁止以单据不符以外的抗辩拒付,所以任何基于基础合同违约的抗辩,即使涉及基础合同中的根本违约、合同落空、事实或法律的履行不能等事实,都不能免除开证行的付款责任,不论这一抗辩是申请人提出的,还是受益人提出的。

b 款内容"开证行应劝阻申请人试图将基础合同、形式发票等文件作为信用证组成部分的做法"是 UCP600 新增的条款,这主要是因为:实践中某些开证申请人不仅要求开证行在信用证中援引基础合同,还要求将基础合同作为信用证的一部分,如果开证行接受这样的要求,由于基础合同已经成为信用证的一部分,因此如果出现受益人违反基础合同的情况,申请人可能会因此而向开证行主张受益人也同时违反了信用证,从而要求开证行拒付。这种做法将动摇信用证的独立性,使信用证与基础合同纠缠在一起。长远来看,必将削弱信用证作为国际贸易重要支付工具的地位,因此 UCP600 此次增加了这一规定,提示开证行注意这种条款的危害性,并尽量劝阻申请人这样做。

二、信用证抽象性原则

UCP600 在第 5 条规范单据与货物/服务/行为的关系时,强调了信用证抽象性原则。

(一)条款内容及特点概述

1. 重申了信用证的抽象性原则

所谓信用证的抽象性原则,是指信用证交易的单据化属性,即信用证交易的对象不是货物本身,而是代表货物权属的单据。

2. 明确了信用证是一种纯单据交易的实质

单据交易是信用证制度的另一主要原则,信用证项下的受益人只要提交了规定的单据,并构成"相符交单",则开证行必须承付。UCP600 第 34 条规定:"银行对任何单据的形式、充分性、准确性、内容真实性、虚假性或法律效力,或对单据中规定或添加的一般或特殊条件,概不负责;银行对任何单据所代表的货物、服务或其他履约行为的描述、数量、重量、品质、状况、包装、交付、价值或其存在与否,或对发货人、承运人、货运代理人、收货人、货物的保险人或其他任何人的诚信与否,作为或不作为、清偿能力、履约或资信状况,也概不负责。"由此可知,银行处理的仅是单据,银行对单据所代表的货物或服务的一切情况概不负责。

(二)与 UCP500 有关规定的比较

UCP600 第 5 条仅一句话,即"银行处理的是单据,而不是单据所涉及的货物、服务或履约行为",该内容与 UCP500 第 4 条的内容基本一致。如前所述,信用证的独立性原则与抽象性原则是信用证制度赖以存在与发展的基础,同时也正是这两个原则确立了信用证制度"国际商业生命血"的地位。独立性原则与抽象性原则互为条件、相辅相成,共同构建了信用证制度的理论基石。

这一条仅仅指出银行处理的是单据,排除了其他对象,但并未明确银行处理单据的具体原则。关于银行处理单据的原则与标准,流程与要求,UCP600 后面的条款中进行了细致全面的规定,如第 14 条"单据审核标准"、第 15 条"相符交单"、第 16 条"不符单据、放弃及通知"等,相关银行必须根据上述条款严格履行审单义务,确定受益人所交单据是否构成"相符交单",避免不当承付或不当拒付情况的发生。

第三节 信用证的有效性、期限与提示地点

一、信用证有效性、提示地点的规定

UCP600 第 6 条对信用证的有效性、有效期限及提示地点等问题作了规定。

(一)条款内容及特点概述

1. 明确了信用证必须具备兑用银行、兑用方式、交单截止日等内容

UCP600 第 6 条采用"必须"的表述方式明确了任何一个信用证都需要具备的上述三个条款。"兑用银行"条款涉及指定银行的范围,而指定银行的范围直接关系到其他银行的法律地位,是信用证中的重要条款,必须明示;"兑用方式"条款是确定信用证以何种方式兑用的条款,信用证的兑用方式分为:即期付款、延期付款、承兑及议付四种,开证行应在征求申请人意见的基础上选择其中的一种并在信用

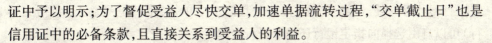

证中予以明示;为了督促受益人尽快交单,加速单据流转过程,"交单截止日"也是信用证中的必备条款,且直接关系到受益人的利益。

2. 细化了交单地点的确定原则

交单地点与交单截止日一样,都对受益人的交单行为是否构成"相符交单"具有一定影响,因此应予以明确规定。UCP600 第 6 条细化了交单地点的确定原则,明确了各种情况下交单地点的确定方法,对规范统一实践中的不同认识具有重要意义。

3. 重申了交单截止日的法律意义

UCP600 第 6 条 e 款对交单截止日的法律意义予以了明确,即受益人的交单应在交单截止日当天或之前完成,即如果受益人未能在截止日之前或当天完成交单,则受益人的交单行为将不再构成该信用证下的"相符交单"。

(二) 与 UCP500 有关规定的比较

a 款是关于信用证兑用范围的规定,即"信用证必须规定可在其处兑用的银行,或是否可在任一银行兑用。规定在指定银行兑用的信用证同时也可以在开证行兑用"。这一条规定来源于 UCP500 第 10 条的有关内容,但并不完全一致。UCP600 的这一款规定用"自由兑用信用证"替代了 UCP500 第 10 条 b 款中规定的"自由议付信用证",从而扩大了自由兑用信用证的类型。

b 款是关于信用证兑用方式的规定,即"信用证必须规定其是以即期付款、延期付款、承兑还是议付的方式兑用"。这一规定与 UCP500 第 10 条 a 款的内容基本相同,即 UCP600 仍然沿用了 UCP500 关于兑用方式的四种分类。

c 款是关于汇票付款人的禁止性规定,即"信用证不得开成凭以申请人为付款人的汇票兑用"。这一规定来源于 UCP500 第 9 条 a 款 iv 项和 b 款 iv 项,是上述条款的整合,并采用了禁止性语言予以规定,开证行应对此予以特别注意。

d 款和 e 款分别规定了信用证交单截止日的确定及其法律意义,即"信用证必须规定一个交单的截止日。规定的承付或议付的截止日将被视为交单的截止日";"除非如 29 条 a 款中规定的情形,否则受益人或者代表受益人的交单应在截止日当天或之前完成"。这一规定来源于 UCP500 第 42 条的 a、b 两款,内容基本一致。

d 款还规定了信用证的提示地点的确定原则,即"可在其处兑用信用证的银行所在地即为交单地点。可在任一银行兑用的信用证其交单地点为任一银行所在地。除规定的交单地点外,开证行所在地也是交单地点"。这一内容是 UCP600 新增加的条款,这是因为,此前不少信用证就交单地点的问题存在相互矛盾的做法,比如一份自由议付的信用证却规定交单地点/到期地点为开证行所在地。新增条款首次在 UCP 中明确了交单地点应在指定银行及开证行所在地,而且即使存在指

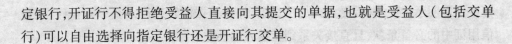

定银行,开证行不得拒绝受益人直接向其提交的单据,也就是受益人(包括交单行)可以自由选择向指定银行还是开证行交单。

二、信用证截止日期及顺延

UCP600 第 29 条规定了信用证截止日或最迟交单日的顺延问题。

(一)条款内容与特点概述

第 29 条共 3 款,主要规定了信用证的截止日、最迟交单日以及最迟发运日的顺延规则。本条所规定顺延规则的适用范围主要具有以下特点:

1. 本条属于例外条款。依据惯例第 6 条和第 14 条的规定,受益人或其代表必须在截止日或最迟交单日或之前交单。而本条则属于这一规则的重要例外,符合本条规定的情形下,银行应该接受截止日或最迟交单日之后的交单。

2. 可以顺延的日期只适用于信用证的截止日或者最迟交单日,而不适用于最迟发运日。最迟发运日不因本条 a 款规定的原因而顺延。

3. 本条所规定的顺延只适用于不可抗力以外的原因引起的银行歇业。由于不可抗力引起的银行歇业则应根据第 36 条(force majeure)规定处理。

4. 指定银行在顺延后第一个银行工作日接受单据后,必须在向开证行或保兑行的面函中声明单据系根据第 29 条 a 款规定的顺延期限内提交。

(二)与 UCP500 有关规定的比较

本条款源于 UCP500 第 44 条(extension of expiry date)。

第 29 条对 UCP500 第 44 条没有做太大修改。但语言表述上,与 UCP500 第 44 条相比更加简洁明确;条款结构上,UCP600 中将指定银行提交声明的规定前置到 b 款,与 a 款的逻辑关系更加紧密,易于理解和适用。

1. 若信用证中没有规定最迟发运日,银行能否接受发运日迟于交单日期的单据。

在最迟发运日的规定方面,UCP600 c 款删除了"若信用证或有关修改书未规定最迟发运日,则银行将不接受表明发运日期迟于信用证或修改书规定的到期日的运输单据"。那么,如果信用证种没有规定最迟发运日,应该如何确定最迟发运日呢? 银行能否接受表明发运日期迟于信用证或修改书规定的到期日的运输单据呢? 这要针对不同的运输方式以及不同的发运日确定方法分别加以分析。

第一种情形,在海运情况下,银行可能收到的运输单据有提单、海运单或租船合同提单。依据本惯例第 20 条、21 条的规定,在一般情况下,提单、海运单或租船合同提单的出具日期将被视为发运日期。如果运输单据的出具日期即为发运日期,银行可以依据第 14 条 i 款的原则,不接受单据日期(即发运日期)迟于交单日期的单据。如果提单、海运单或租船合同提单中的装船批注中有显示日期,则该批注的日期为发运日期,由于海运情况下提交的运输单据均需表明货物已经装船,所以批注的装运时间应该早于交单时间,若批注时间晚于交单时间,则表明货物尚未装船,银行可以单据是未装船提单而拒付。

第二种情形,空运情况下,银行收到空运单据。依据第 23 条规定,空运单据的出具日期即为发运日期。这时,可依据第 14 条 i 款的原则,不接受单据日期(即发运日期)迟于交单日期的单据。但若空运单据中专门注有实际发运日期,该日期将被视为发运日期。第 23 条规定空运单据只要表明货物已被收妥待运即可,而不是已装机之类的表述。那么,批注实际的发运日期就有可能晚于交单日期甚至信用证的截止日。对于陆运、内陆水运或快递邮政等运输方式也存在同样问题。

如果这些运输单据的出具日期早于交单日期,但标注的实际发运日却晚于交单日期或信用证截止日,是否能够接受在 UCP600 中并没有规定。笔者认为,在空运、陆运、内陆水运或快递、邮政运输时,具体的发运时间往往不是受益人(运输合同的委托人)所能控制,而是承运人内部安排确定的。如果信用证对最迟发运日期没有明确要求,则银行只需审查该运输单据是否已经表明货物收妥待运即可,而没有义务审查实际发运日期。目前这种情形还没有判例和有权的解释,值得我们进一步关注。为了尽量避免就此问题出现争议,开证行应注意在信用证中明确规定最迟发运日,若开证申请人没有在开证申请书中注明最迟发运日,开证行也应提醒申请人予以补充。

2. 银行依据第 29 条 a 款顺延的银行工作日接受单据,是否必须依据 b 款进行声明。

在实践中往往存在指定银行、开证行或保兑行不在同一地方的情形,其各自的银行工作日也可能不同。为了避免受益人在顺延后第一个银行工作日向指定银行交单后,由于开证行或保兑行并不知情而以迟延交单为由拒付,本条 b 款明确规定了指定银行在顺延第一个银行工作日接受单据后,有义务向开证行或保兑行声明单据系根据第 29 条 a 款规定的顺延期限所提交。那么指定银行是否必须按照 b 款规定的形式进行声明呢? 指定银行应注意,依据 b 款规定,指定银行必须在向开证行或保兑行传递单据的面函中附随声明(with a statement on its covering sched-ule),即声明与单据同时传递,而非先后传递。

第四节 审核单据的标准

一、条款内容与特点概述

单据审核标准在 UCP600 第 14 条得到了集中规范。该条规定了银行审核单据时应遵循的标准,共计 12 款内容。

UCP600 规定的审单标准是对 UCP500 多条内容以及 ISBP 的部分规定进行整合的结果,其中包括 UCP500 第 13 条关于"审单标准"的规定、ISBP60 段的部分规定、UCP500 第 31 条 c 款关于运输单据的规定以及 UCP500 第 37 条 c 款关于商业发票的规定。本条在具体规定上体现出以下特点:

1. 删除 UCP500 具有弹性的规定,修改其不明确规定,使审单标准确定、可操作。本条删除了 UCP500 对银行审单时"尽合理之注意"的弹性规定;另外,"从收到单据第二日起不超过五个工作日"的审单期限将 UCP500 施行期间长期不确定的审单时限明确。

2. 将原本仅适用于部分单据的某些规定扩展至所有单据。本条将 UCP500 第 31 条 c 款中关于运输单据的发货人可为受益人之外的第三方的规定进行扩展,规定所有单据中显示的发货人可为受益人之外的第三方;对 ISBP60 段关于发票中受益人和申请人地址与联系方式的规定进行了扩展,规定所有单据中的受益人和申请人地址可与信用证中的地址不同,只要与信用证中的地址位于同一国家即可,至于他们的联系信息,银行将不予理会。

3. 提炼散落在其他条款中针对所有单据的规定为审单原则。UCP500 第 37 条 c 款中规定商业发票之外的其他单据中的货物描述可以使用统称。该规定在适用上具有一般性,本条将这一规定从商业发票的规定中提炼出来作为审单的原则。

4. 部分条款在执行上仍将容易引发争议。由于未对单据的功能作统一规定,关于信用证未规定内容的单据只要其满足功用银行即可接受的规定易在银行之间引发争议。

二、与 UCP500 有关规定的比较

银行在审核单据时应遵循以下标准:

1. 银行审核单据时应仅以单据为基础决定其在表面上是否相符

信用证是开证行作出的有条件的付款承诺,而这个条件为提交的单据是相符单据(complying presentation)。该条件适用于受益人与开证行、保兑行以及被指定银行之间,也适用于保兑行、被指定银行与开证行之间,同时,开证行能否从申请人处得到偿付也取决于该条件是否得到满足。因此,开证行、保兑行以及被指定银行必须对单据进行审核。审核单据的首要标准要求银行在审单时应"仅以单据为基础"(on the basis of documents alone)决定"单据表面"(on their face)是否相符。"仅以单据为基础"、"表面相符"进一步赋予银行独立于当事人基础交易之外的地位,银行以自己独特的方法遵循相关惯例及实务标准审查单据表面的记载即属足够,不需要去探究单据背后的实际情况,这既是信用证独立性的要求也是独立性的

体现。规定此标准的原因在于,一方面银行作为第三方不了解交易的内容,另一方面银行显然不具备探究单据背后情况的专业技能与力量,不应对银行施加审核单据实质内容的责任。

该标准与 UCP500 第 13 条 a 款相似,但是删去了其中的"尽合理之注意"的要求(with reasonable care)。这是 UCP600 使规则更具操作性的另一体现。实务中,"合理之注意"的尺度较难把握,对其含义的解释具有弹性,容易引起纠纷。

要求单据表面相符的原则使信用证实务长期以来形成了"严格相符"的惯例。所谓"严格相符"意指受益人提交的各种单据必须严格符合信用证的要求,银行有权拒绝没有严格符合信用证条款的单据,即使是细微的背离。"严格相符"原则目的在于最大限度地限制开证行在审单时的自由裁量权(discretion),从而实现对申请人与受益人双方利益的公平对待,同时也是银行在交易中保持安全的保证。作为审核单据的普遍一般性原则,虽然由于其过于严格导致信用证拒付比例的居高不下,但该原则的地位始终没有被动摇过。

不过国际商会近年来新补充的一些规则表现出对"严格相符"原则一定程度的松动,例如 ISBP 第 28 段规定"不影响单词或句子意思的拼写、打印错误不构成不符点"即表现出一定的"不是必须严格相符"的态势。为明确尺度,该段进行了举例说明:在货物描述中,将"model"拼写为"modle"不构成不符点,而如果将"model 321"误打为"model 231"则构成不符点。很显然,"不影响单词或句子意思"需要结合具体语境及其他单据来判断,它不是一个确定的标准,在实践中为审单人员提供了凭主观判断的空间,因此关于各类拼写错误是否构成不符点的争议不断出现。

2. 银行应遵守审单时限的规定

审单时限对信用证当事人有重要的意义。开证行、保兑行必须在规定的审单时限内完成审单工作并发出拒绝或接受单据的通知,如果超过这个时限,银行将失去拒绝接受不相符单据的权利,从而失去《跟单信用证统一惯例》(以下简称《统一惯例》)对其权利的保护。欲快速收回货款的信用证受益人无权要求被指定行、开证行或保兑行在审单时限内进行承付或议付;如果被拒付,尽早获取拒付通知有利于其在第一时间内与申请人协商,要求其放弃不符点接受单据,从而加速回款,使交易能够顺利结束;如果申请人坚持不符点,也有利于其争取时间要求承运人将已发出的货物载回或采取其他行动,最大限度地避免损失。对申请人来说,在已提货的情形下,其通常希望对开证行的偿付尽量延后,而在货物已到港需凭单提货的情形下,其往往又希望银行能够早日释放单据。可见,在明确的审单期限规则指引下,银行完成审单工作、发出拒付或同意付款的通知,有利于各方当事人按自己的角色、按时间要求对交易中的下一个环节采取行动或进行准备。

UCP600 关于审单时限的规定较 UCP500 以及 ISBP98 显示出巨大的进步。UCP500 第 13 条 b 款对审单时限规定为"必须在合理的时间内完成,但不得从收到单据的第二日起超过七个营业日"。"合理的时间""不超过七个营业日"的规定并不意味着银行的审单时限为七个营业日,因此 UCP500 未能为银行提供自我约束的准绳。ISBP98 较 UCP500 前进了一步,其对审单时限的规定为"非不合理期限"(a time after presentation of documents which is not unreasonable, ISBP98, 5.01a 款)。根据该规定,"三个营业日肯定不是不合理的,但超过七个营业日则肯定是不合理的"。可以看出,虽进步微显,但 ISBP98 仍然对审单时限没有进行明确。在有关审单时限的争议中,UCP500 以及 ISBP98 的规定为法官自由裁量权的发挥提供了充分的空间。法官通常依据单据的数量、复杂程度、甚至审单银行的习惯做法或是当地银行的习惯做法来裁量审单时间是否为"合理时间"或"非不合理期限"。受不明确规则的影响,许多银行为避免发生争议,习惯性地一定要在三个营业日之内完成审单以及发出通知的工作,无形中加重了银行的工作负担,银行有可能为此增加人力、物力成本;也有银行对时限的把握较为松散,一般到第七个营业日才完成相应工作,不可避免地增加了发生争议的几率。UCP600"从收到单据的第二日起不超过五个营业日"的审单时限规定终于使长期处于不确定状态的规则明确、清晰起来,它一方面有利于减少争议的发生,另一方面有利于加速单据的传递,适应现代航运速度快速发展的现状。

值得一提的是,UCP600 对审单时限增加了"该期限不因单据提交日恰逢信用证到期日或最迟交单日或在其后而被缩减或受到其他影响"的规定。在现行规则下,一些银行如果在信用证规定的最迟交单日后或信用证到期后收到单据,往往不再审单,直接认定为单据不符。增加的规定表明,即使超过了最迟交单日或信用证有效期提交单据,银行也应遵守相应的时限对整套单据进行审查并完成后续工作。另外,该规定也意味着不应因交单日在信用证有效期或最迟交单日当天或之后而剥夺银行五个营业日期限的权利。

3. 单据最迟必须自装运日后 21 个日立日内提交,但不得迟于信用证到期日

按照 UCP500,要求运输单据的信用证应以装运日为起点规定一个交单期限,如果信用证未规定上述期限,则应在装运日后 21 个日立日内提交。与 UCP500 不同,UCP600 没有要求信用证应对交单期限作出规定,直接明确地规定包含有运输单据的交单应不迟于装运日后的第 21 个日立日。UCP600 没有要求信用证应就交单期作出规定,但假如信用证进行了明确规定,应视为当事人对 UCP600 第 14 条 c 款的排除适用,应遵守信用证的要求。UCP500 与 UCP600 中的表述方式不同,但实际上两者是异曲同工。实务当中,开证申请人对交单时间非常看重。随着航运速度的加快,货物先于单据到港,造成滞港费的情形非常频繁,为避免失去市场时

机,一旦发生滞港情形,许多申请人往往通过提供提货担保的方式先行提货。因此,开证申请人在提出开立信用证申请时往往都会对交单时间作出要求,在信用证当中加入相应条款。

除了遵守信用证中关于交单期的规定,受益人也应注意信用证的有效期,保证交单是在信用证有效期内。

4. 按照信用证的规定、国际标准银行实务的做法以及单据本身的内容,单据内部信息之间、单据之间以及单据与信用证之间不需要完全一样,但必须不冲突

该规定与 UCP600 第 2 条中"相符交单"的定义衔接,具体说明何为相符单据。UCP600 第 2 条中对"相符交单"(complying presentation)的定义为:相符交单意为提交的单据符合信用证、本惯例可适用条款以及国际标准银行实务的要求。综合UCP600 关于"相符"的定义及具体要求,"相符单据"应符合下列条件:

(1)单据符合 UCP600 以及国际标准银行实务的要求

为使单据的制作有章可循,《统一惯例》以大量的篇幅对各种单据最低应满足的要求进行了规定,在信用证适用《统一惯例》的情形下,各种单据的制作与提交均首先应按照《统一惯例》进行,但《统一惯例》作为信用证交易的准绳,其并没有对交易中的所有问题都囊括进行了规定,因此,对于《统一惯例》未规定或未明确规定的单据问题,应采用国际标准银行实务(International Standard Banking Practice)的做法。UCP600 没有对"国际标准银行实务"作出明确。国际商会 2003 年出版了名为"国际标准银行实务"的文件,但是该文件不应被认定为唯一的"国际标准银行实务"。事实上,国际商会公布的政策声明、专家委员会意见以及一些具有先例性质的判例均被适用于信用证实务当中,因此对"国际标准银行实务"应做宽泛理解。

(2)单据与信用证不冲突,即单证一致

《统一惯例》对各种单据作出了一般性的规定,但是要求何种单据以及各种单据的具体内容应以信用证为依据。信用证对单据的要求一般都是按照《统一惯例》的规定作出,但有时信用证会修改或排除适用某些条款的规定,因此应根据具体情况分析信用证的要求,保证单据按照信用证的要求制作。

UCP600 要求信用证与单据之间应不冲突(not conflict)而不是完全一致(identical)。这一总原则通过 UCP600 的具体条款得到了印证。例如要求发票中的货物描述必须与信用证相符(第 18 条 c 款),对发票中的货物描述进行了较高的要求,但是对其他单据中的货物描述,规定只要不与信用证中的描述冲突可以使用统称(第 14 条 e 款),正是"不必完全一样但必须不冲突"的体现。

(3)单据之间相互不冲突,即单单一致

UCP500 要求单据之间不能不一致(not inconsistent),UCP600 要求"不冲突"

（not conflict），但是始终没有直接明确要求"一致"（consistent）。"单证一致，单单一致"的要求是我国银行界根据国际惯例总结出的审单原则。

UCP600 中单据之间"不必完全一样但必须不冲突"的规定较 UCP500"不能不一致"的规定前进了一步。如果不联系 UCP500 的其他条款，"不能不一致"容易被直接理解为"必须一致"，从而产生关于货物的描述在所有单据中都应相同的错误理解。UCP600"不必完全一样"的规定更加直观、清晰。

（4）单据内的信息相互不冲突，即单内一致

要求单据内部信息相互不冲突是 UCP600 的新增内容，但这一规定在实务中已被普遍适用，《统一惯例》将它成文化。

5. 除商业发票之外的单据中的货物描述可使用统称

关于货物描述，UCP600 对除了商业发票以外的其他单据作了较低要求，规定其他单据中的货物描述可以使用统称，只要不与信用证相冲突。例如，信用证规定"25wood cases"而在质量证明里却使用"25packages"是被允许的。该规定与 UCP500 第 37 条 c 款相似。

6. 信用证未规定单据的出单人或内容的情形

在信用证要求的单据当中，从表面上能够证明货物已经装运并在途或到港的单据为运输单据和保险单据，可以说，这两类单据在信用证要求的单据当中具有核心地位，因此《统一惯例》对它们的出单人及内容作了详尽的规定。至于商业发票，因其作用主要在于说明受益人发送了信用证要求的货物、价格条件符合信用证的规定以及说明受益人支取信用证项下金额的方式（一次或分次支取），因此商业发票的出单人只能是信用证的受益人，《统一惯例》对此也作出了明确规定（只是在可转让信用证中允许有例外）。同时，对于商业发票的内容，即有关货物的描述，《统一惯例》也作出了要求。至于其他的单据，因每一信用证都会要求不同种类的单据，并且申请人要求同一种类单据的目的不尽相同，因此《统一惯例》无法对此类单据的出单人或内容作具体要求。所以，其他单据的出单人和内容应由信用证根据具体情况作出规定，但信用证有时会出现对出单人和内容不作规定的情形。

7. 信用证未要求单据的处理

UCP500 第 13 条中与此款有相似规定。信用证未要求的单据银行将不予理会，并可以将此类单据归还单据的提交人。实务当中受益人经常会在信用证要求的单据之外再增加提交一套所有单据的副本，这往往是双方长期业务往来中形成的习惯，又或是满足审单的银行保留业务档案的需要；也有可能是在信用证要求单据之外申请人为报关或检验的需要向受益人索要的其他单据，受益人随同信用证项下单据一并进行提交。

8. 非单据性条件的处理

此款与 UCP500 第 13 条 c 款相似。信用证交易为单据交易,银行的职责在于审核单据,银行将不予理会单据之外的其他条件是否得到满足。信用证中经常会出现此类条款。例如,"The goods required in the L/C must be brand new and of China origin"。此类条款实际上无法起到约束受益人的作用,信用证的独立性决定了银行不可能去审查合同履行的状况。申请人欲对受益人加诸此类要求,就必须以单据形式体现,例如上述语句可表述为"The commercial invoice must indicate that the goods are brand new and of china origin"。

9. 单据的签发日期

通常情况下,信用证受益人在接到信用证、对信用证条款是否与合同条款一致审核完毕,认为能够接受所有条款后才会备货、装运、准备各种单据,单据的签发日期一般都是在信用证开立日之后,但是国际贸易的实际状况远比通常情况复杂,合同成立日有可能远早于信用证的开立日,在此之前,受益人就有可能开始备货并完成相关的检验检疫证明或是原产地证明等其他工作。UCP600 承袭了 UCP500 第 22 条中"银行将接受出单日期早于信用证开立日期的单据"的规定;表述为"单据的出单日期可以早于信用证开立日的单据"(a document may be dated prior to the issuance date of the credit),但是删除了 UCP500 中"单据必须在信用证和本惯例规定的时限之内提交"的规定。

信用证项下的单据提交必须遵守时间规定是适用于所有单据的(见本条 c 款),既然在整体上都已经作出了要求,那么对于出单日早于信用证开立日的单据就无须再次重复同样的规定。UCP600 对 UCP500 关于出单日期早于信用证开立日期的单据"必须在信用证和本惯例规定的时限之内提交"的删除体现出其在体例上更加严谨与合理的一面。

此外,关于单据的签发日期,UCP600 增加了"单据签发日不得迟于单据的提交日"的规定。正常的单据操作顺序应为先签发各类单据后提交到银行。单据的签发日期如果晚于提交日,在时间先后顺序上与单据的实际操作情况相矛盾,故签发日晚于提交日的单据不被接受。

10. 关于申请人和受益人的地址和联系信息

为遵守严格相符原则,银行在以往的审单实务中对诸如地址、联系电话等内容通常也要求必须与信用证严格一致。UCP600 中关于地址、联系信息进行了放宽规定,再次体现出对"严格一致"原则的松动。UCP600 规定,单据中受益人和申请人的地址不必与信用证或其他单据中的地址相同,但是必须与信用证中规定的各自地址在同一国家,同时,诸如传真、电话、电子邮箱等联系信息如果是地址的一部分,银行将不予理会。但是如果申请人的地址和联系信息被信用证要求出现在各类运输单据的"收货人"或"通知方"栏目中,它们应该与信用证保持一致。"收货人"及"通知方"信息往往被用于承运人或其代理人进行到货通知,因此该信息的准确性对及时提货有重要影响。有鉴于此,UCP600 要求他们必须与信用证保持一致。

11. 关于第三人为托运人(shipper)或发货人(consignor)

此款的规定与 UCP500 第 31 条 c 款相似,但是将允许第三方为发货人或托运人的单据范围扩大到了一切单据。根据 UCP500 的规定,运输单据的托运人或发货人可以为受益人以外的第三人,但其他单据中的发货人或托运人是否可作同样处理没有作明确规定。银行和受益人有时会无所适从。为保证单单相符,一般银行会要求其他单据均与运输单据保持一致。UCP600 将这一实务中的做法以文字形式确立,使规则更具操作性。

12. 关于运输单据的出具人

本条是针对 UCP500 第 30 条关于货代(运输行或货运代理,freight forwarder)单据作出的变革性规定。按照 UCP500 第 30 条的规定,运输行出具的运输单据是不可接受的。但如果运输行作为承运人或承运人的代理人出具,则可以接受。本条规定,只要运输单据能够满足本惯例第 19、20、21、22、23 或 24 条的要求(不包括邮寄单据),运输单据可以由承运人、船东、船长或租船人以外的任何一方出具,虽未专门提到货运代理,但实质上已表达了对其出具或代理出具运输单据事实的接受。

三、关于正本单据与副本单据的识别

UCP600 规定了正本单据和副本单据及其识别问题。

(一)条款内容与特点概述

本条的规定体现出以下特点:

1. 成为 UCP600 单列的一条。关于正副本的区别以及正副本单据的提交,UCP500 只通过 20 条 b 款进行了一些要求,UCP600 单独列出了一条,说明业内人士对单据正副本区分的重视上升了一个高度。

2. 没有修改业已形成的惯例。UCP600 对业已形成的确定单据是正本还是副本的国际惯例没有作改变,只是对在现行制单技术下如何区分正本和副本单据、如何按照惯例和信用证的要求提交正副本作了一般规定。

3. 关于单据正副本区分的规定考虑了当代国际贸易中制单技术的发展。UCP500 之前的传统惯例认为,只有手写或手打的单据才是正本。UCP400 修改时考虑到了电脑、影印技术在制单技术中的运用,因而专门规定了电脑、影印手段制作的单据也可作为正本的条件。上述规定透露了这样一个信息:在 UCP500 产生

当时,通过手写、手打制单与电脑、复印机制单是并行的,但以手写或手打制单为主。但是在当代,制单技术表现为普遍使用电脑、打印机或复印机的批量制单,考虑到这一情况,UCP600删除了UCP500中对通过电脑、影印技术产生的单据的专门规定,没有再着墨于这些制单手段,反而对手打、手写的单据可接受为正本的条件进行了规定,体现了惯例在制定上力求符合实际状况的思路。

（二）与UCP500有关规定的比较

本条来源于UCP500第20条b款,同时吸收了ISBP有关条款以及国际商会银行技术与实务委员会的政策声明《在UCP500第20条b款项下确定正本单据》〔The determination of an "Original" document in the context of UCP 500 sub - article 20(b),以下简称《声明》〕的规定。以下为如何区分正副本以及如何正确地提交正副本单据应遵守的规则:

1. 至少应提交一份正本单据。该规定吸收了ISBP32段的内容,主要有两层意思:①除非信用证允许某一单据全部提交副本,否则应至少提交一份正本;②应提交的正本份数通过信用证的规定、《统一惯例》的要求以及单据本身对其正本数量的描述来确定。

2. 单据表面有出具人的正本签字、标记、印章或标签的,银行将视为正本单据,除非单据本身表明其不是正本。

3. 除非单据另有标明、银行也将接受为正本的单据主要包括下列三种:

（1）单据看起来由单据出具人手工书写、打字、穿孔签字或印章;

（2）单据看起来印就于出具人的正本信笺;

（3）单据本身标明为正本,除非该标明不适用于所提交的单据,例如,某张单据本身是其他标明"正本"字样单据的复印件,此时"正本"的字样并不适用于该单据,应认定为副本。

本条第3款的标题部分与UCP500第20条b款相似,但是第20条b款的主要内容被删除,而直接采纳了ICC银行委员会的《声明》的第三部分中的"一般方法"（general approach）作为其主要内容,即上述（1）、（2）、（3）项。该变化源于制单技术的发展。UCP500第20条b款的产生源于单据制作方法的根本性变革。

4. 正本单据可替代副本单据。如果信用证要求提交副本单据,则正副本单据均可接受,该项规定来源于ISBP第33段,UCP600将其吸收作为单独一款。

5. 信用证用特定术语表达的多份单据应正确提交正副本份数。如果信用证使用"一式两份"（in duplicate）、"两张"（in two fold）、"两份"（in two copies）等特定术语要求提交多份单据,则提交一份正本、其余为副本既可满足其要求,但单据本身有相反指示的除外,例如单据本身表明"the docs. in the same set are all originals",则所提交的单据均应为正本。

四、关于商业发票的要求

UCP600 第 18 条就商业发票应满足的要求作了规范。

（一）条款内容与特点概述

UCP600 从本条开始规定信用证项下各种单据应满足的最低要求。本条就商业发票作出了规定,在内容上与 UCP500 第 37 条关于商业发票的规定相似,另外吸收了 ISBP64 段关于发票币种的规定。

本条规定的内容涉及商业发票的出具人、抬头、币种以及商业发票中的货物描述,各种规定围绕商业发票在交易中应满足的基本功能进行,力求使商业发票表现买卖双方的交易内容以及交易条件。

（二）与 UCP500 有关规定的比较

商业发票一般是信用证要求的重要单据,是卖方发货后开给买方的对装运货物进行详细描述的清单;一般包括买卖双方名称、合同号、货物名称、规格、单价、数量、总价、价格条件,有时甚至包括包装和运输的内容。

受益人提交的商业发票应在以下方面满足要求:

1. 发票的出具人、抬头、币种、签字

本条关于发票的出具人、抬头、签字的规定与 UCP500 第 37 条相同,对币种的规定为新增加的条款。

(1)发票的出具人必须是信用证的受益人。

(2)发票的抬头必须是信用证的申请人。

同样,商业发票的抬头必须是信用证申请人的要求也有例外。关于可转让信用证的 UCP600 第 38 条 g 款对信用证在进行转让时可修改的内容作了明确;其中规定在转让时申请人的名称可由第一受益人代替。第二受益人凭被转让信用证交单时,发票中的抬头则显示为第一受益人,这往往是因为中间商(第一受益人)不愿意让第二受益人与实际买方相互知悉对方信息而进行的安排。

(3)发票的币种应与信用证币种相同。本条中关于发票币种的规定来自于 ISBP64 段,要求发票的币种与信用证相同。

(4)发票无须签字。对于出口量大、单据工作量大的受益人,如果要求发票必须签字,对受益人无疑是一项负担,最终将影响到制作单据的速度。本着加快制单速度,促进贸易发展的立场,UCP600 承袭 UCP500 的精神,同样规定发票无须签字。

2. 超额的商业发票是否接受取决于信用证当中的被授权银行

本款与 UCP500 第 37 条 b 款相同。

信用证金额是开证行承担的最大责任,商业发票的金额超过信用证金额时,被

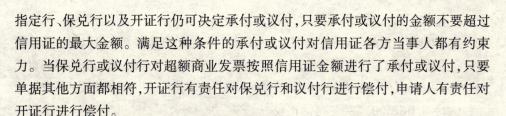

指定行、保兑行以及开证行仍可决定承付或议付,只要承付或议付的金额不要超过信用证的最大金额。满足这种条件的承付或议付对信用证各方当事人都有约束力。当保兑行或议付行对超额商业发票按照信用证金额进行了承付或议付,只要单据其他方面都相符,开证行有责任对保兑行和议付行进行偿付,申请人有责任对开证行进行偿付。

3. 发票中的描述应与信用证中的规定相符

发票中关于货物、服务或行为的描述要求与信用证中显示的内容相符(correspond)。该规定与 UCP500 第 37 条 c 款相似,但是 UCP600 删去了其中的"在所有其他单据中,货物的描述可以使用统称,只要不与信用证中的货物描述不一致"的规定。该规定是关于所有其他单据的规定,属于一般性规则,因此,UCP600 将这一点放在了第 14 条"审核单据的标准"当中。

UCP600 对"correspond"没有进行定义,国际商会认为"correspond"并不意味着完全相同(mirror image),但最低程度要求发票中显示的货物信息合乎申请人在信用证中的规定。

第五节 信用证及修改的通知

一、信用证通知

(一)条款内容及特点概述

信用证的通知是信用证交易的一个基本环节,UCP600 把信用证及其修改问题放在第 9 条进行规范。

1. 明确了通知行通知行为的法律效果

该条明确了通知行为的法律效果是如下两个方面:①表明通知行确信信用证或修改的表面真实性;②通知准确地反映了通知行所收到的信用证或修改的条款。单纯的通知行为不能产生的法律效果是"非保兑行的通知行通知信用证及修改时不承担承付或议付的责任"。

2. 规定了通知行对不同情况应采取的处理原则

通常来讲,通知行都是基于开证行的要求而通知信用证的,因此,如果接到这种要求的银行不打算通知该信用证或修改,则应毫不延误地告知从其处收到信用证、修改或通知的银行。如果该银行不能确信所收到文件的表面真实性,则其应毫不延误地通知看似从其处收到相关文件的银行。如果该银行仍然决定通知该信用证或修改,则应注明其不能确信其表面真实性。

3. 增加了第二通知行的有关问题

为了反映信用证业务的实践需要,新增第9条c款,规定通知行可以通过第二通知行向受益人通知信用证及其修改,而且第二通知行承担与第一通知行同样的责任(审核信用证或其修改的表面真实性;准确通知所有收到的信用证或其修改的条款)。

(二)与 UCP500 有关规定的比较

信用证通常是通过通知行通知和转递给受益人的,这样做的目的主要是为了保证信用证的表面真实性。通知行在向受益人通知信用证前,应该审慎审核来证的真伪,这是通知行应履行的职责。UCP600 第9条主要来源于 UCP500 第7条,并在其基础上增加了关于"第二通知行"的内容,从而对银行的通知行为进行更加全面的规定。

1. a 款规定:"信用证及其修改可以通过通知行通知受益人。除非已对信用证加具保兑,通知行通知信用证不构成承付或议付的承诺。"这款内容首先肯定了信用证由通知行进行通知的实践做法,并进一步明确了通知行的责任,即单纯的通知行为并不构成承付或议付的承诺,除非通知行对信用证加具了保兑而成为保兑行,否则,通知行不承担任何承付或议付的责任。

2. 通知行承担的责任为:①审核信用证或其修改的表面真实性;②准确通知所有收到的信用证或其修改的条款。b 款对此规定如下:"通知行通知信用证或修改的行为表示其已确信信用证或修改的表面真实性,而且其通知准确地反映了其收到的信用证或修改的条款。"在这一款内容中,UCP600 删除了通知行"应尽合理注意核验(shall take reasonable care to check)"信用证表面真实性的规定,而是直接规定通知行通知的行为已经表明通知行确信了信用证的表面真实性(signifies that it has satisfied itself as to the apparent authenticity)。"合理注意"是一个弹性较强的概念,在实践当中往往由于当事人认识不统一而出现分歧,各国法院也对此采用个案认定原则,从而导致在通知行责任认定方面出现不一致的判例。UCP600 的规定放弃了"合理注意"的表述,而是从另一个角度陈述了通知行的责任,即只要通知行通知了信用证,则表明其已经确信了信用证的表面真实性,通知行是否尽到了"合理注意"不再作为认定其责任的标准。

3. 为了规范实践中越来越多出现的"第二通知行"的通知行为,明确第一通知行与第二通知行的权利义务关系,UCP600 第9条c款增加了关于第二通知行的规定,具体内容为:"通知行可以通过另一家银行('第二通知行')向受益人通知信用证及其修改。第二通知行通知信用证或修改的行为表明其已确信收到的通知的表面真实性,且其通知准确地反映了收到的信用证或修改的条款。"根据这一规定,第二通知行需承担与第一通知行同样的责任,即审核信用证或其修改的表面真实性及准确通知所有收到的信用证或其修改条款的责任。由此可知,在 UCP600 项下,第二通知行的责任并不是简单地对经第一通知行发来的信用证进行传递,而是要独立地承担确认信用证表面真实性的责任,同时第二通知行还必须保证通知内容的准确性,即其通知的条款必须与其收到的条款一致。

4. 第9条d款明确了信用证通知中的"同一路径"原则,即"如一家银行利用另一家通知行或第二通知行的服务将信用证通知给受益人,它也必须利用同一家银行的服务通知修改书"。这一规定主要是为了保证通知的连续性,避免因出现多个通知行而造成互相推脱责任的情况。

5. e款是关于"毫不延误"通知义务的规定,即"如果一家银行被要求通知信用证或修改但决定不予通知,它必须毫不延误地告知自其处收到信用证、修改或通知的银行",这一"毫不延误"通知义务既适用于第一通知行,也适用于第二通知行,通知的对象为"自其处收到信用证、修改或通知的银行",即如果第一通知行决定不予通知,其应毫不延误地通知开证行,第二通知行决定不予通知,其应毫不延误地通知第一通知行。

6. f款是关于通知行不能确信表面真实性时处理方式的规定,这项内容从两个方面对通知行不能确信信用证或修改表面真实性时应履行的通知义务作出规定,即一方面该银行应毫不延误地通知"从其处收到指示的银行",另一方面如果该银行仍决定通知该信用证或修改,其应告知受益人或第二通知行其不能确信信用证、修改或通知的表面真实性。上述规定既适用于通知行或第二通知行对受益人的通知,也适用于第一通知行对第二通知行的通知。

二、信用证的修改

(一)条款内容及特点概述

明确了修改生效的条件。

基于信用证的不可撤销性,信用证一经开出即对开证人具有法律约束力,因此,其修改与撤销都必须同时取得开证行、保兑行(如有)及受益人的同意方能生效,这是信用证不可撤销性的体现,也是其必然要求。

1. 明确了信用证修改通知对开证行、保兑行及受益人的生效时间上的差异

对开证行而言,修改通知自发出之时起即对其具有约束力;对保兑行而言,自保兑行同意将其保兑扩展至修改之时,该通知才对其产生约束力;对受益人而言,自其提供接受通知或以交单行为表明其已经接受修改通知之时,该通知对其生效。

2. 增加了通知行转告接受或拒绝通知的规定

为了确保关于接受或拒绝的通知能够及时地传递到相关银行,UCP600第10条增加了一款关于通知行在修改项下责任的规定,即要求通知行将任何接受或拒绝的通知转告发出修改的银行。

3. 重申了全部接受或全部拒绝原则

UCP600 保留了 UCP500 第 9 条 d 款下所规定的修改不允许部分接受的原则，即重申了全部接受或全部拒绝原则，并采用更加明确的表述进一步规定：部分接受将被视为拒绝修改通知，则受益人的部分接受将被视为拒绝修改。

4. 否定了"沉默即为接受"的效力

针对实践当中个别银行在修改通知中规定一定期限内受益人未拒绝即视为接受的做法，UCP600 明确提出了否定意见，即这种规定应被不予理会。此类默认接受条款严重损害了信用证不可撤销的性质（非经各方同意，信用证不得单方面修改或撤销），并与 UCP 中的其他规定相矛盾，如受益人有权在交单时以自己的行为表明是否接受修改，正是基于以上原因，UCP600 明确否定了这种规定的效力，受益人对此可以不予理会。

（二）与 UCP500 有关规定的比较

UCP600 关于信用证修改的条款来源于 UCP500 第 9 条 d 款的四项规定，并有所修改与增加，强调了接受或拒绝通知经通知行转告问题。具体条款解读如下：

1. a 款明确了信用证修改与撤销的前提条件——即"除第 38 条另有规定者外，未经开证行、保兑行（如有）及受益人同意，信用证既不得修改，也不得撤销"。

2. b 款对保兑行处理信用证修改的方式作出了规定，即"保兑行可将其保兑扩展至修改，并自通知该修改之时，即不可撤销地受其约束。然而，保兑行可选择仅将修改通知受益人而不对其加具保兑。若然如此，其必须毫不延误地将此告知开证行，并在其给受益人的通知中告知受益人"。这一规定赋予了保兑行自行决定是否将保兑扩展到修改的权利，如其同意对修改也加具保兑，则该修改自保兑行通知该修改时对其产生约束力；如其不同意对修改加具保兑，则应毫不延误地告知开证行及受益人。

3. c 款对受益人处理信用证修改的方式作出了规定，即"在受益人告知通知修改的银行其接受该修改之前，原信用证（或包含先前已被接受修改的信用证）的条款对受益人仍然有效。受益人应提供接受或拒绝修改的通知。如受益人未提供上述通知，当交单与信用证以及尚未表示接受的修改的要求一致时，则视为受益人已作出接受修改的通知，并从此时起，该信用证被修改"。根据上述规定，在受益人表示接受前原信用证依然有效，而修改对受益人并不具有任何约束力。受益人表示接受有两种方式：①发出接受通知；②交单符合修改的要求。结合本款及 e 款的规定可知，受益人表示拒绝有三种方式：①发出拒绝通知；②交单符合原证的要求；③部分接受修改内容。

4. 为了明确通知行在信用证修改过程中的责任，第 9 条 d 款规定："通知修改的银行应将任何接受或拒绝的通知转告发出修改的银行"，结合第 9 条 d 款的规定可知:信用证的修改必须由原证的通知行通知,且该行应将任何接受或拒绝的通知再转告发出修改的银行。

5. 相较于 UCP500 中"对修改的部分接受不允许因此而不发生任何效力"的规定,UCP600 第 10 条 e 款"对同一修改的内容不允许部分接受,部分接受将被视为拒绝修改的通知"的规定则更加强硬与明确。在 UCP600 下,如果受益人再作出部分接受,则该接受将直接被视为拒绝通知。

6. UCP600 在修改项下新增的另一项内容是 f 款的规定,即"修改书中关于除非受益人在某一时间内拒绝修改否则修改生效的规定应被不予理会"。这一规定直接否定了某些银行为了督促受益人表明态度而在修改书中设置的"沉默即接受"条款的效力。如某信用证项下的 MT707 修改通知中规定:"This amendment shall enter into force unless rejected by the beneficiary within 5 banking days after the issuance date of this amendment."如果信用证适用 UCP600,则即使开证行在 5 个银行工作日后没有收到任何通知,其不能想当然地认为该修改通知已生效,因为 UCP600 否定了这种规定的约束力。

三、关于电讯传递与预先通知的信用证和修改

UCP600 第 11 条对电讯传递与预先通知的信用证和修改问题作了规范。

(一)条款内容及特点概述

1. 明确了电讯方式开立的信用证与确认书的关系。实践当中在以电讯方式开立信用证时,有时会发生是否需要邮寄确认书及以何者的内容为准的问题,为了规范业内银行的做法,统一电讯开证方式下的操作流程,UCP600 第 11 条 a 款对电讯方式开立信用证时是否需要邮寄确认书及确认书的内容进行了规定。

2. 明确了预先通知的效力。UCP600 第 11 条 b 款对开证行发出开立或修改信用证的预先通知问题进行了规定,阐明了预先通知对开证行的约束力,并明确了正式信用证或其修改的条款不能与预先通知相矛盾。

(二)与 UCP500 有关规定的比较

这一条的规定与 UCP500 第 11 条的内容基本一致,但是语句作了修改,更加简洁清晰,澄清了电讯开证情况下确认书的必要性及预先通知的有关问题,为相关银行规范操作电开信用证与预先通知提供了操作指引。

1. UCP600 第 11 条 a 款对电开信用证是否需要邮寄确认书进行了不同情况的区别处理,即:①对于"以经证实的电讯方式发出的信用证或信用证修改"其本身即将被视为有效的信用证或修改文据,任何后续的邮寄确认书应被不予理会;②对于电讯声明"详情后告"(或类似词语)或声明以邮寄确认书为有效的信用证或修改,则该电讯不被视为有效信用证或修改,开证行必须随即不迟延地开立有效信用

证或修改,且其条款不得与该电讯矛盾。

2. UCP600 第 11 条 b 款对预先通知的有关问题作出了规定,其内容可分解为以下两个方面:①"开证行只有在准备开立有效信用证或作出有效修改时,才可以发出关于开立或修改信用证的初步通知(预先通知)"。即预先通知不得随意发出,必须是开证行准备开立有效的信用证但当时又不能立即开具时才能使用;②"开证行作出该预先通知,即不可撤销地保证不迟延地开立或修改信用证,且其条款不能与预先通知书相矛盾",即在发出预先通知后,开证行负有义务保证其及时地开立正式的信用证,且其内容不得与预先通知相矛盾。

第六节 信用证当事人的权责

一、开证行的责任

UCP600 第 7 条比较系统地规范了开证行的责任。

(一)条款内容及特点概述

1. 明确了开证行履行付款责任的前提

该条款明确了开证行承担付款责任的前提是——规定的单据提交给了指定银行或开证行,并且构成相符交单。这是开证行履行付款责任的唯一前提,只要这个条件具备,无论信用证项下的货物是否符合买卖合同约定,也无论基础合同是否得到了正常履行,开证行都必须按照信用证约定的付款时间履行付款责任。

2. 细化了开证行履行付款责任的情况

该条款细化了开证行履行付款责任的各种情况,可以概括为两大类:第一类:信用证规定由开证行直接承付;第二类:信用证规定由指定银行承付或议付,但指定银行未按指示行事,造成受益人未从指定银行处收到款项,则开证行有义务直接向受益人履行付款责任。

3. 强调了开证行承担承付责任的时间起点

该条款强调了开证行承担承付责任的时间起点是自开立信用证之时,从而印证了信用证是一项不可撤销的银行付款承诺的基本性质。

4. 重申了开证行对指定银行的偿付责任

作为开证行代理人的指定银行在承付或议付了相符交单后,享有向开证行主张偿付的权利,并且 UCP600 强调开证行偿付指定银行的责任独立于开证行对受益人的责任。

(二)与 UCP500 有关规定的比较

UCP600 第 7 条的内容是 UCP500 第 9 条内容的节选与整合。UCP500 第 9 条

规定的是开证行与保兑行的责任,而 UCP600 将该内容整合到了两个条款中,即本条与第 8 条,分别列明了开证行与保兑行的责任,内容更加明确,条理更加清晰。

1. a 款列举了开证行承担责任的五种情况,即如果信用证为以下情形之一:

i. 由开证行即期付款、延期付款或者承兑;

ii. 由指定银行即期付款而该被指定银行未予付款;

iii. 由指定银行延期付款而该被指定银行未承担其延期付款承诺,或者虽已承担延期付款承诺但到期未予付款;

iv. 由指定银行承兑而该被指定银行未予承兑以其为付款人的汇票,或者虽已承兑以其为付款人的汇票但到期未予付款;

v. 由指定银行议付而该被指定银行未予议付。

这五种情况可以分为两大类:第一类为第 i 项,属于信用证未指定其他银行,直接规定由开证行承付的情况;第二类为第 ii、iii、iv 和 v 项,属于虽然开证行在信用证中指定了承付或议付的银行,但该银行未按照指定行事,最终没有向受益人支付款项,则此时作为信用证第一性的付款义务人,开证行理应承担付款责任。

2. b 款对开证行承担承付责任的时间起点进行了明确,即"开证行自开立信用证之时起即不可撤销地承担承付责任"。理解这一条的含义时需要注意以下问题:开证行承担承付责任的时间是从开立信用证之时起算的,因为信用证自开立之时起即不可撤销,对开证行具有约束力,但开证行履行承付责任是附有条件的,即只有受益人提交的单据构成相符交单,开证行才须履行承付责任。由此可见,开证行承付责任的承担时间与履行时间并不一致,应注意加以区别。

3. c 款规定对开证行偿付指定银行的责任进行了规定,由于指定银行是按照开证行的授权与指示行事的,其身份为开证行的代理人,如果指定银行按照指示履行了相关付款责任,则其向开证行主张偿付是理所应当的。c 项规定:"指定银行承付或议付相符交单并将单据转交开证行后,开证行即承担偿付该指定银行的责任。对承兑或延期付款信用证下相符交单金额的偿付应在到期日办理,无论指定银行是否在到期日之前预付或购买了单据。开证行偿付指定银行的责任独立于开证行对受益人的责任。"需要注意的是,这里所指的指定银行应当理解为包括保兑行,即如果保兑行根据 UCP600 第 8 条的规定履行了付款责任,则其同样有权向开证行主张偿付。

二、保兑行的承诺

UCP600 第 8 条规定了保兑行履行付款责任的前提以及具体情况,重申了保兑行承担承付或议付责任的时间起点以及拒绝提供保兑的通知义务。

（一）条款内容及特点概述

1. 明确了保兑行履行付款责任的前提

该条款明确了保兑行承担付款责任的前提是——规定的单据提交给了指定银行或保兑行，并且构成相符交单。这是保兑行履行付款责任的唯一前提，只要这个条件具备，无论信用证项下的货物是否符合买卖合同约定，也无论基础合同是否得到了正常履行，保兑行都必须按照信用证约定的付款时间履行付款责任。

2. 细化了保兑行履行付款责任的情况

保兑行承担付款责任的形式有两种：一种是承付，一种是议付，分别适用于不同情况。

3. 强调了保兑行承担承付或议付责任的时间起点

保兑行自对信用证加具保兑之时起即不可撤销地承担承付或议付的责任。

4. 重申了保兑行对其他指定银行的偿付责任

作为开证行代理人的指定银行在承付或议付了相符交单后，享有向保兑行主张偿付的权利，并且 UCP600 强调保兑行偿付指定银行的责任独立于保兑行对受益人的责任。

5. 强调了保兑行不同意加具保兑时的通知义务

由于是否对信用证加具保兑对相关银行的角色与责任将产生重大影响，因此，UCP600 要求如保兑行不准备按照开证行的授权或要求对信用证加具保兑，则其必须毫不延误地通知开证行。

（二）与 UCP500 有关规定的比较

如果一份信用证由某一保兑行加具了保兑，则该信用证即获得了"双重"付款保障，即不仅开证行负有承付相符交单的义务，保兑行也成为开证行之外对受益人负有承付与议付相符交单的责任人，这大大地增加了该信用证的付款保障，使其因"保兑"而获得了额外的付款承诺。因此，解读保兑行的责任是 UCP 一项重要的内容。与 UCP500 将保兑行的责任与开证行责任并列在一个条款下不同，UCP600 采用了一个专门的条款"保兑行的责任"，还列举保兑行责任的有关内容，具体为：

1. a 款列举了保兑行承担责任的两种形式——承付或议付，并分别规定了每一种付款方式适用的情况，具体而言，在规定的单据被提交至保兑行或者任何其他指定银行并构成相符交单的情况下，保兑行必须承付的情况包括：

i. 由保兑行即期付款、延期付款或者承兑；

ii. 由另一家指定银行即期付款而该指定银行未予付款；

iii. 由另一家指定银行延期付款而该指定银行未承担其延期付款承诺，或者虽已承担延期付款承诺但到期未予付款；

iv. 由另一家指定银行承兑而该指定银行未予承兑以其为付款人的汇票，或者

虽已承兑以其为付款人的汇票但到期未予付款;

v. 由另一家指定银行议付而该指定银行未予议付。

保兑行必须无追索权地议付的情况是指信用证规定由保兑行议付的情况。

2. b 款明确了保兑行承担责任的起始时间,即"保兑行自对信用证加具保兑之时起即不可撤销地承担承付或者议付的责任"。在这里需要注意的是,在信用证修改的情况下,保兑行的保兑责任并非自动扩展到修改,必须在保兑行明示同意对修改加具保兑的情况下才能理解为保兑行对信用证的修改也承担不可撤销的承付或议付责任。

3. c 款是关于保兑行对其他指定银行的偿付责任的规定,具体为:"其他指定银行承付或议付相符交单并将单据转往保兑行后,保兑行即承担偿付该指定银行的责任。对承兑或延期付款信用证下相符交单金额的偿付应在到期日办理,无论指定银行是否在到期日之前预付或购买了单据。保兑行偿付指定银行的责任独立于保兑行对受益人的责任。"在保兑行偿付其他指定银行后,它可以将单据转往开证行,并要求开证行凭相符交单予以偿付。

4. d 款对保兑行的通知义务进行了规定,即"如开证行授权或要求另一家银行对信用证加具保兑,而其并不准备照办,则其必须毫不延误地通知开证行,并可通知此信用证而不加保兑"。这一条款强调了保兑行的通知义务,且必须是"毫不延误"的通知。关于任何认定相关同时是否构成"毫不延误",UCP600 并没有给出明确的答案,尚需要结合个案情况由各国法院自由裁量。

三、"指定"有关当事人的责任

UCP600 第 12 条对指定的法律效果作了明确,澄清了指定银行收单、审单和寄单行为的法律后果,增加了承兑汇票或延期付款指定的法律含义。

(一)条款内容及特点概述

1. 明确了指定不构成义务

UCP600 在本条中采用肯定的语言明确了开证行关于承付或议付的授权并不构成指定银行承付或议付的义务,其仅仅是开证行的一项授权,指定银行完全可以自行决定是否接受这项授权,即是否进行承付或议付,这是指定银行的权利。简言之,UCP600 在这一条中明确了指定不构成义务。

2. 澄清了指定银行收单、审单、寄单行为的法律效果

在实践当中,受益人通常都将单据交到指定银行处,由其进行审单并寄单,那么指定银行是否因此而承担了承付或议付的责任呢? 或者这些行为是否可以被认定为承付或议付的意思表示呢? 对于这两种疑问,UCP600 在此条予以了澄清,明确了指定银行收单、审单、寄单行为的法律效果。

3. 增加了承兑汇票或延期付款指定的法律含义

该条款明确了开证行对于指定银行进行承兑、作出延期付款承诺的授权,同时包含允许指定行进行提前买入的授权。这项规定旨在保护指定银行在承兑信用证和延期付款信用证下对受益人进行融资的行为,UCP600 将其纳入了保护范围。从各国法院对信用证案件的审理结果来看,在如何认定指定行的行为效力方面有很大的差异。比如,在英国(争议颇多的 Santander 案)和美国的法律中,对于善意持票人的判定标准也有很大不同。这种状况直接决定了相关银行在信用证业务中的地位,进而影响当事银行续做业务的意愿,也在一定程度上阻碍了信用证业务的顺利开展,更带来了一些理解上的混淆。国际商会在这项规定上的尝试,对于统一银行操作具有积极的意义。

(二)与 UCP500 有关规定的比较

指定条款是 UCP600 中的重要条款,它直接关系到相关信用证参与行的法律地位与权利义务,是构建银行之间法律关系的关键性条款。UCP600 第 12 条的内容主要来源于 UCP500 的第 10 条 b、c 两款内容,并进行了整理与完善。其中第 12 条 b 款内容是结合实践需要新增加的内容,下面分别解读如下:

1. UCP600 第 6 条规定,信用证必须规定信用证可在其处兑用的银行,该银行即为指定银行。指定银行的范围是信用证中的必备条款,因此,明确开证行指定行为的法律效果具有重要的意义,是厘定相关参与行法律地位与权利义务的基础。第 12 条 a 款规定:"除非指定银行是保兑行,对于承付或议付的授权并不构成其必须承付或议付的义务,除非该指定银行明确表示同意并且告知受益人。"根据这一规定,在指定银行不是保兑行的情况下,开证行在信用证中指定某银行承兑或议付信用证后,该指定银行并不因此而负担了承付或议付的义务,该指定仅仅是一种开证行的授权行为,是开证行单方面的意思表示,并不能产生为指定银行创设义务的法律效果。只有在指定银行明确表示同意并将其意思告知受益人的情况下,即只有在指定银行表明其同意接受这种授权并愿意承担义务以后,其才承担了承付或议付的义务。

2. 如果信用证中指定一家银行在延期付款信用证下或承兑信用证下进行承付,这一指定是否也包括了该银行对其承担的延期付款承诺或承兑的汇票进行购买或融资呢?这一问题在实践中存在不同的认识,并因此导致了结果迥异的案例。UCP600 此次在"指定"条款下增加了这一方面的内容,即规定"开证行指定一家银行承兑汇票或承担延期付款承诺,即为授权该指定银行预付或购买其已承兑的汇票或已作出的延期付款承诺"。根据这一规定,指定银行如果对延期付款信用证和承兑信用证进行了融资,则其行为也是经过开证行授权的行为,应该受到UCP600 的保护,参与银行应当取得相应的法律地位。

3. 本条 a 款内容明确了指定银行承担承付与议付责任的条件是指定银行明确表示同意并告知受益人;c 款以此为基础,进一步明确了除此之外,指定银行收单、审单、寄单等行为都不使其承担承付或议付的责任,也不构成承付或议付的行为,即"非保兑行身份的被指定银行接受、审核并寄送单据的行为既不使得该被指定银行具有承付或议付的义务,也不构成承付或议付"。

四、约定偿付有关当事人的义务

UCP600 第 13 条规定了银行间偿付约定涉及的当事人义务。

(一)条款内容与特点概述

1. 这一条款要求如果信用证项下的银行间作出了偿付安排,则信用证中应当规定该偿付是否按照信用证开立时有效的 ICC 银行间偿付规则进行。

2. 明确了信用证未规定适用 ICC 银行间偿付规则时偿付应遵循的原则。

3. 强调了偿付行未见索即偿时,开证行不能免除偿付责任,因为偿付行只是开证行的授权付款行。因此,在其没有付款时,开证行的责任当然仍需履行,且只要偿付行未能在索偿行第一次索偿时付款,则索偿行即有权直接向开证行索偿。

(二)与 UCP500 有关规定的比较

这一条基本来源于 UCP500 第 19 条,但做了一些调整,如规定如果信用证适用 ICC 银行间偿付规则,则应予以明示,否则将按照本条 b 款确定的原则处理。现具体解读如下:

1. a 款规定:"如果信用证规定指定银行('索偿行')向另一方银行('偿付行')获取偿付时,必须同时规定该偿付是否按信用证开立时有效的 ICC 银行间偿付规则进行",即如果开证行希望索偿按照 URR525 办理,则必须在信用证中明示:索偿适用"the latest URR version"。

2. 如果信用证中没有规定适用 URR 最新版本,则该信用证项下的索偿将按照以下原则办理:"如果信用证中没有规定偿付遵守 ICC 银行间偿付规则,则适用以下规定。"

(1)开证行必须向偿付行提供偿付授权书,授权书应符合信用证关于兑用方式的规定,且不应设定截止日。

(2)开证行不应要求索偿行向偿付行提供与信用证条款相符的证明。

(3)如果偿付行未按照信用证条款见索即偿,开证行将承担利息损失以及产生的任何其他费用。

(4)偿付行的费用应由开证行承担。然而,如果此项费用由受益人承担,开证行有责任在信用证和偿付授权书中予以注明。如偿付行的费用系由受益人承担,则该费用应在偿付时从付给索偿行的金额中扣取。如果未发生偿付,偿付行的费用仍由开证行负担。

3. c 款规定"如果偿付行未能见索即偿,开证行不能免除偿付责任"。这一规定较 UCP500 中的类似规定有所变化,主要是增加了"见索即偿"的内容,即明确了只要偿付行在第一次索偿时没有付款,开证行即应承担直接偿付的责任。这与 UCP500 的规定不同,UCP500 没有强调第一次索偿的问题,只是说如果索偿行未从偿付行得到偿付,开证行不能解除自身偿付责任。因此,UCP600 的上述规定更加明确了开证行直接承担偿付责任的时间,增加了条款的确定性与可操作性。

五、单据相符时有关当事人的义务

UCP600 第 15 条对单据相符情形下有关当事人的权利义务作了规定。

(一)条款内容及特点概述

本条对开证行、保兑行、被指定银行在单据相符的情况下的义务和权利作了规定,共有三款内容。

本条为 UCP600 的新增条款,但是其主要内容,即对信用证交易中各个银行的角色和承担的责任的规定与 UCP500 是一致的。

(二)与 UCP500 有关规定的比较

开证行、保兑行、被指定银行在单据相符的情况下的义务和权利主要表现为:

1. 单据如果相符,开证行必须承付。

2. 单据如果相符,保兑行必须承付或议付并将单据传递到开证行。

受益人基于对开证行或保兑行的信赖,本着只要单据相符就能收回货款的认知发货并交单,因此,对于相符单据,开证行必须予以承付,保兑行必须予以承付或议付,这是信用证交易能够进行到底的必要条件。

本条中,对开证行仅使用了"承付"(honor),而对保兑行,则使用了"承付或议付"(honor or negotiate),用词的不同源于二者在信用证中的角色不同。保兑行有时兼具"议付行"的角色,所以它承担必须议付的责任。

3. 对于相符单据,被指定银行如果决定承付或议付,它必须将单据传递到保兑行或开证行。

信用证交易中被指定银行的设立,主要出发点在于使受益人在单据到达开证行之前就能收回货款,也即加速受益人货款的回收,促进贸易的发展,体现了惯例技巧性的一面。被指定银行愿意参与到信用证交易中的原因在于,只要单据相符,它能够从开证行或保兑行得到偿付并可从信用证交易中收取一笔费用。一般被指定银行均位于受益人所在国家或地区,信用证有时以"available with any bank"来实现指定,此时受益人就可任意选择与其合作良好的本国银行来交单寻求先行付款;有时会以"available with XX bank in beneficiary's country"指定某一家特定的银行,这往往也是申请人与受益人在信用证开立之前协议的结果。受益人在向位于其本国的被指定银行交单后,如果单据相符,被指定银行同意承付或议付,受益人便可收回货款。但是对被指定银行来讲,开证行的指定并不意味着被指定银行必须承担承付或议付的责任,它有选择的权利。不过只要被指定行选择承付或议付,其必须承担相应的义务——将单据传递到开证行或保兑行,实际上这也是被指定银行得到开证行偿付的必要前提条件,开证行只有收到单据才能决定单据是否相符,才能决定是否接受单据并偿付被指定银行。

六、单据不符有关当事人的权利义务

UCP600 第 16 条对不相符单据、对拒绝付款权利的放弃以及通知等问题作了规定。

（一）条款内容及特点概述

本条对单据不相符的情况下信用证各方当事人应履行的义务或可行使的权利进行了规定,共计七款内容。

本条规定的基本原则与主要内容有:单据不相符情形下,开证行有权利拒付;开证行有权利独自决定是否联系申请人放弃不符点;如果决定拒付,开证行应按照规定发出有效的拒付通知。上述基本原则与主要内容与 UCP500 第 14 条相似,但是本条对拒付通知中必须表明的开证行对单据的处理增加了两个更符合实际的选项,使开证行可选择的处理方法增加到四项。

（二）与 UCP500 有关规定的比较

UCP500 第 14 条关于不相符单据的处理规定在信用证实践中引起大量的争议,在 UCP500 修改时对第 14 条提议修改的呼声非常高。因此,UCP600 对原有的一些规定作了实质性修改,使规则更符合实际。以下为单据不相符情况下,各方当事人应履行的义务或可行使的权利:

1. 如果提交的单据不相符,银行可以拒绝承付或议付。本条规定了被指定银行、保兑行、开证行在单据不符的情形下可共同行使的权利——拒绝承付或议付。银行对不符单据有拒绝接受的权利,是对银行利益的保护,也是银行愿意参与到信用证交易中来的重要原因之一。UCP600 对该项权利的规定与 UCP500 用词相同,使用了"可以拒绝"(may refuse),而不是"应当拒绝"或"必须拒绝",这是对基础交易现实状况的尊重。贸易往来中,买卖双方往往已经建立了良好的信任关系,除非单据不符点足以证实合同履行出现了瑕疵,申请人一般愿意放弃不符点而付款赎单。因此,虽然有不符点,银行在对偿付风险采取了相应措施的前提下往往接受单据进而先行向受益人付款。例如,开证行在得到申请人放弃不符点的正式申明以及在申请人提供全额保证金担保或提供其他有效担保的前提下放弃不符点向被指

定行、保兑行以及受益人承诺到期付款;被指定银行或保兑行在取得了开证行放弃不符点、将到期偿付的承诺后向受益人先行付款。

2. 单据不相符的情况下,开证行有权利根据自己的判断决定是否向申请人寻求其放弃不符点,同时,开证行应注意时限的制约。该款与 UCP500 第 14 条 c 款相似。该款赋予开证行在单据不符时可行使的另一权利——向申请人寻求其放弃不符点,而是否行使该项权利则由开证行以自己的判断(in its sole judgement)决定。"以自己的判断"包括以下两点含义:①开证行没有义务因受益人或被指定银行的请求联系申请人询问其是否放弃不符点;②单据不相符时,开证行自身没有义务必须向申请人询问。值得注意的是,无论开证行是否就不符点主动联系了申请人,申请人对不符点的放弃并不意味着开证行受申请人意思表示的约束。开证行的独立地位决定了其仍然有权利决定是否接受申请人放弃不符点的请求或声明。假如开证行经过考察,认定申请人偿付不能时,它就必须拒绝承付从而保护自己的利益,即使它主动寻求申请人放弃不符点。

此项权利的设置同样是出于尊重基础交易双方意愿的需要。它在信用证严格机制中寻求灵活处理方法,促使支付能够顺利完成,使惯例真正发挥促进国际贸易发展的作用。通常,在不相符单据到达开证行之前,受益人很可能已经联系申请人,向申请人解释了不符点发生的原因,取得了申请人放弃不符点的同意,否则,受益人就单据是否从交单行向开证行寄出会重新考虑。因此,它为开证行避免武断拒付、维护申请人与银行的合作关系提供了一条有效的途径。但是银行在行使此项权利时应注意第 14 条第 2 款的要求,即五个营业日内必须决定是否接受单据以及发出通知的时限要求。为避免申请人迟迟不能回复从而影响开证行作出决定的情形,开证行在询问申请人、要求申请人作出回复时同样应对其加以时限要求。

3. 如果银行决定拒绝承付或议付,应一次性通知单据提交人。

4. 拒绝承付或议付的通知方式应符合特定的要求并且应在规定的时间内发出。本条第三款与第四款规定了被指定银行、保兑行、开证行在单据不符情形下应履行的义务——发出拒绝通知。拒绝通知必须在形式与内容上同时满足下列五个条件才构成有效通知:

(1)通知必须向交单人发出。拒付通知的对象应是单据的提交者。通常,开证行通知的对象是信用证的保兑行或被指定银行,保兑行或被指定行的通知一般向信用证受益人发出。

(2)通知必须以电讯方式发出,如果不能,应采取其他快捷方式。

(3)通知不得迟于自单据提交第二日起的第五个银行营业日终了之时。

对发出通知的时限规定与对审单时限的规定是相衔接的。银行在规定的时间内完成审单工作后接着发出通知表明其遵守了审单的时间要求,否则对审单时限的规定就失去了意义。

(4)通知中必须明确表明下述三项内容:(a)银行拒绝承付或议付;(b)银行凭以拒付的每一个不符点;(c)银行对不符点单据的处理。银行采取的处理方式可为下列四种方式之一:银行持有单据等候交单人进一步指示;开证行持有单据直到申请人申明放弃不符点并接受申请人的弃权声明,或直到接受弃权申明前收到交单人的进一步指示;银行正在退回单据;银行按照先前从交单人处收到的指示行事。

关于通知的内容,UCP600 对 UCP500 的规定进行了修改与补充。主要体现在以下几个方面:

①通知中必须表明"拒绝承付或议付"(refuse to honor or negotiate)取代了必须表明"拒绝单据"(refuse the documents,UCP500 第 14 条 c 款)。用词上的明确使银行的态度更加清晰,"同意"或是"拒绝"之间没有中间地带。

②以通知中必须表明"每一个不符点"(each discrepancy)取代了必须表明"所有不符点"(all discrepancies)。该要求在用词语气上有加重、强调的变化,但对银行的操作要求没有发生变化。银行只有一次机会列明凭以拒付的不符点,在拒付通知中列出每一个不符点有利于银行对自身拒付立场的肯定与维护。

③对通知中必须表明的银行对单据的处理增加了两个可选项,其一是"开证行持有单据直到申请人申明放弃不符点并接受申请人的弃权声明,或直到接受弃权申明前收到交单人的进一步指示";其二是"银行按照先前从交单人处收到的指示行事"。

5. 选择 UCP600 第 16 条 c 款中(iii)项下(a)分项或(b)分项的不符点单据处理方法并发出通知后,被指定银行、保兑行、开证行可以在任何时间向交单人退回单据。

该规定是 UCP600 的新增内容。被指定银行、保兑行、开证行如果在拒付通知中表明对不符点单据采取四种处理方式中的前两种,即选择持有单据并等候交单人的指示或开证行持有单据并与申请人联系,它们可以在发出拒付通知后自行决定何时退回单据。

实践中,被指定银行在发现单据有不符点时,往往会立即向受益人退回单据,告知其不符点并向其提供修改单据的建议。

但是单据在到达开证行或保兑行后,第一次审单的结果即为最终结果。如果发现单据不相符,开证行与保兑行承担第一付款责任的前提条件未被满足,开证行与保兑行不应承担保管单据的义务。因此,可自行在任何时间将单据退回。

6. 开证行和保兑行未按本条规定行事须承担相应的后果。在信用证交易中,对于相符单据,开证行和保兑行必须接受,对于不相符单据,开证行和保兑行必须按本条(第16条)的规定行事。未按本条任一规定行事的,开证行和保兑行将被剥夺宣称单据不符并拒绝承付的权利,即只能接受单据,并承担承付义务。

该规定未涉及被指定银行,理由仍在于被指定银行的角色。被指定银行不因开证行的指定而承担与开证行同样的义务,因此,虽对其在单据不符的情形下应采取的行动进行了要求,但没有要求其在未按规定行事的情况下承担与开证行或保兑行同样的后果。实际情况是,受益人往往是被指定银行的客户,如果被指定银行审核单据发现不符点,通常不会出现被指定银行无故拖延时间的情形,相反被指定银行往往以最快速度联系受益人告知其银行的决定,以便受益人采取下一步行动。

7. 开证行或保兑行拒绝承付或议付后的权利。此款与UCP500第14条d款(iii)项相似。一般只有在开证行和保兑行审单完毕发出通知后,被指定银行才有可能得到偿付。但是也有例外安排,例如根据银行间的协议,在被指定银行议付了信用证后它可直接借记开证行或保兑行的账户,提前得到偿付。在此种情况下,开证行或保兑行先行履行了偿付义务。因此,在审单完毕认为单据不符时,开证行或保兑行按照要求发出了拒付通知后有权利索取退款及其利息。

另外值得关注的是,UCP600删除了UCP500第14条f款关于开证行的义务不受寄单行保留条件付款的影响规定。开证行只要收到自己开出的信用证项下的单据,其必须履行审核单据、付款或发出拒付通知的义务。在被指定银行发现单据有不符点但在受益人提供了保函或其他担保的前提下仍然付款给受益人属于双方信用证之外的安排,信用证之外的安排应该交由各国国内法去解决,UCP600因此删除了该项规定。

第七节　信用证的免责机制

UCP600第34、35、36、37条对信用证有关当事人的免责事宜作了规定,主要涉及单据有效性免责、信息传递和翻译的免责、不可抗力、被指示方行为的免责。

一、单据有效性的免责

UCP600第34条规定了在单据有效性问题上有关当事人的免责问题。

(一)条款内容及特点概述

本条是信用证独立性原则的重要表现。主要规定银行与单据有关的免责。

UCP600继承了UCP500中信用证独立性的原则。惯例第4条和第5条分别规定了信用证独立于基础合同,银行处理的是单据,而不是单据可能涉及的货物、服务或履约行为。在银行对单据进行审查时,只负责审查单据的表面一致性,而对本条规定的单据其他方面的真实性不负责审查。本条主要规定了三个方面的银行免责：

一是单据内容及其真实性方面的免责，包括单据的形式（form）、充分性（sufficiency）、准确性（accuracy）、真实性（genuineness）、虚假性（falsification）、法律效力（legal effect）和单据所载的一般或特定条件等。

二是单据所代表的货物、服务或其他行为的描述、数量、重量、状况、包装、交付、价值或其存在。

三是单据出具人或其他人员的行为、资信或履约情况等，这些人员包括发货人、承运人、货运代理人、收货人、保险人等。

（二）与 UCP500 有关规定的比较

本条款源于 UCP500 第 15 条，且两者几乎没有变化。

本条规定的银行对单据的免责有着两层含义：

一是银行对单据的内容及其真实与否、单据所在的条件；单据所代表的货物、服务或其他行为的描述、数量、重量、状况、包装、交付、价值或其存在；单据出具人或其他人员的行为、资信或履约情况等，这些人员包括发货人、承运人、货运代理人、收货人、保险人等不负责任，即银行不负责审查这些内容，即使这些内容存在任何问题，银行也不向开证申请人承担任何责任。这是因为，一方面，依据第 14 条规定，银行仅基于单据本身确定其是否在表面上构成相符交单。银行只要依据"表面相符原则"进行审查，单据与信用证相符、单据之间没有不一致即可。另一方面，银行作为融资机构，毕竟不是专业的外贸机构，没有能力去认证单据上所载内容的真实性。即使银行有能力和途径进行验证，在短短五个工作日的审单时间进行确认可能来自世界各地的单据，也是浩大的工程，所以银行也没有意愿参与到基础合同的法律关系中去，增加自己的负担。从 UCP400 开始，银行的这种态度一直没有改变。

二是银行不得以单据内容及其真实性、准确性、虚假、法律效力，或单据所代表的货物、服务或其他行为的描述、数量、重量、状况、包装、交付、价值或其存在，以及单据出具人或其他人员的行为、资信或履约情况等原因为由拒付信用证。只要受益人提交的单据在表面上与信用证要求一致，单据之间不存在不一致，则开证行即应付款。

二、信息传递和翻译的免责

UCP600 第 35 条规范了信息传递、翻译或者解释的免责问题。

（一）条款内容及特点概述

本条共三款，分别规定了信息传递的免责和翻译的免责。

第一款,最主要适用于通知行或指定银行、保兑行,如果银行按照信用证规定的要求或信用证没有要求时,按照银行自行选择的方式传递文件、信用证或单据时,对传输过程中发生的延误、遗失、残缺或其他错误,不负责任。

第二款主要针对开证行的责任,是保护受益人利益的重要条款。主要规定,如果指定银行确定交单相符并将单据发往保兑行,则开证行或保兑行必须承付、议付或偿付指定银行,即使指定银行尚未承付或议付,或者单据在指定银行送往开证行或保兑行,或者保兑行送往开证行途中丢失。

第三款则规定了另一个事项的免责,即翻译或解释的免责,银行可以不加以翻译而直接传递。

(二)与 UCP500 有关规定的比较

本条款来源于 UCP500 第 16 条。本条第一款和第二款的内容与 UCP500 第 16 条基本一致。两者相比,本条新增了第二款有关开证行偿付的规定。

1. 银行声称信息传递免责的重要条件是银行选择了合适的传输方式

信用证相关信息的传输方式有电报、邮寄和电传。邮寄过程中发生丢失的可能性要比其他方式大。与 UCP500 第 16 条相比,第一款强调了报文、信件或单据的传输方式。若传输方式不符合本条规定,银行并不能免责。银行选择合适的传输方式,是指在信用证有明确要求时,采用信用证要求的方式;而在信用证没有要求时,则银行自行选择。银行自行选择,应选择银行界惯用的方式,而并不是不加判断任意选择。例如,信用证要求通知行应将正本单据分两份寄出,而通知行却将正本单据全部一次性寄出,在运输途中发生遗失,导致买方无法获得正本提单而提货。通知银行则不能援引本条款声称免责。在信用证没有明确要求运输方式的情形下,开证行与通知行或指定银行之间常存在某些惯常做法,以尽量减少邮寄过程中由于单据等遗失而造成的损失,如果通知行或指定银行按照惯常做法进行传输,则可以免责;但若通知行或指定银行采取了惯常做法以外的其他方式,则并不能援引本条款进行免责。对于如何确定惯常做法,则应根据实际情况加以分析确定。

2. 如果指定银行没有采取合适的运输方式,那么开证行是否仍有义务承付、议付或偿付

第二款规定了在指定银行确定交单相符并将单据发往保兑行或开证行,则保兑行或开证行必须予以承兑、议付或偿付,即使单据在指定银行送往开证行或保兑行,或者保兑行送往开证行途中遗失。从本款的条文规定来看,本款有两个适用条件:一是,指定银行已确定交单相符并将单据发往开证行或保兑行;二是,单据是在指定银行寄往开证行或保兑行,或保兑行寄往开证行的途中丢失的,而不是在其他途中遗失,例如,由其他银行而非指定银行寄单。两个条件缺一不可。

但与第一款不同,本款并没有强调指定银行传输单据的途径和方式。那么是

否意味着指定银行不论采取何种运输方式,开证行均应有义务承付、议付或偿付呢? 本款的主要目的是为了保护受益人的利益。指定银行一般被视为开证行的代理,指定银行的行为可以被视为开证行的行为,因而,无论指定银行是否采用了信用证要求的运输方式,开证行均应对受益人付款或对指定银行进行偿付。指定银行是否按照信用证规定的方式传输单据,则影响着单据遗失风险和责任的承担,以及指定银行是否能够依据本条第一款加以免责。

三、不可抗力免责

UCP600 第 36 条界定了何谓不可抗力以及不可抗力情形下有关当事人免责的问题。

(一)条款内容及特点概述

本条规定了银行可以主张的另一项免责内容——不可抗力。

1. 不可抗力的定义及范围。本条第一款以概括加举例的方式对不可抗力进行了界定。概括上讲,不可抗力指银行无法控制的任何事件;具体来讲,包括担不限于天灾、暴动、骚乱、叛乱、战争、恐怖主义行为或任何罢工、停工。

2. 不可抗力免责的范围。银行对不可抗力造成的营业中断的后果不负责任。即使银行恢复营业时,对于营业中断期间已经逾期的信用证,银行不再进行承付或议付。

(二)与 UCP500 有关规定的比较

本条源于 UCP500 第 17 条。

1. 本条第一款将恐怖主义行为列举为不可抗力事件。与 UCP500 第 17 条相比,本条第一款所列举的不可抗力事件中多了恐怖主义行为(terrorism),这反映了当前国际社会恐怖主义行为日益增多的现象。对于恐怖主义行为的概念,各国基于不同的政治倾向和国家利益的考虑,对其作出了不同的阐释和界定。例如,美国国防部(The US Department of Defense)对恐怖主义行为的定义是:意在胁迫或者威胁政府或者社会而对个人或者财产非法使用或者威胁使用武力或者暴力,通常为达到政治、宗教或者意识形态目的。欧盟 2001 年 9 月 19 日通过的《反对恐怖主义法案》所定义的恐怖主义行为"是指个人或者组织故意针对一个或者多个国家,或者针对被侵犯国家的机构和人民进行旨在威胁、严重破坏甚至摧毁政治、经济和社会组织及其建筑物的行为"。[①] 对于银行援引恐怖主义行为作为免责事由时,如何界定发生的事件是否构成"恐怖主义行为",应依据法律适用规则加以确定,在后

---

① 田宏杰:《恐怖主义犯罪的界定》,http://www. criminallaw. com. cn/article/default. asp? id = 686。

文中将加以详细论述。

2. 援引不可抗力进行免责主体仅限于银行。银行可能指通知行、开证行、保兑行或指定银行,但不包括受益人或开证申请人。例如,受益人所在地因遭受地震而未能在信用证规定的最迟交单日向银行提交单据,则受益人不能援引不可抗力要求银行继续接受单据。而只有银行因为不可抗力的原因而造成营业中断时才可以依据本条免责。例如,开证行经审查提交单据认为交单相符,并承兑了信用证项下的汇票,该汇票应于 2007 年 5 月 12 日到期,但开证行当地由于遭受暴动,非政府势力控制了政治,致使开证行在 2007 年 5 月 10 至 2007 年 5 月 20 日中断营业,无法对汇票付款,则开证行可以依据本条,对因不可抗力造成的延迟付款免除责任。

3. 银行恢复营业后,对在营业中断期限已经逾期的信用证,不再进行承付或议付。与 UCP500 第 17 条第二款相比,本条第二款的规定更加清晰。本条第二款删除了"付款"和承担"延迟付款责任"两项。那么,是否意味着银行不需付款或承担延迟付款责任呢?这应具体情况具体分析。

四、关于被指示方行为的免责

UCP600 第 37 条就被指示方行为的免责问题作了规范。

(一)条款内容及特点概述

本条共四款,分别从四个方面规定了有关被指示方行为的风险及费用承担。

a 款规定了利用其他银行进行行为的总体原则,即申请人承担相关的风险和费用。

b 款是 a 款的延伸,其主要含义在于,不论如何选定的被指示银行,即使是银行自行选择的,对于被指示银行的行为,开证行或通知行也不负责任。即依据 a 款其风险由申请人自行承担。

c 明确了指示银行与被指示银行的关系。首先,指示银行与被指示银行之间存在直接的法律关系,所以指示银行有义务向被指示银行直接支付相关费用。其次,即使信用证中明确由受益人承担费用,但开证行作为开立信用证的银行,在被指示银行没有获得相关费用时,仍有义务向被指示银行支付有关费用。为了避免银行以费用为前提履行其在信用证法律关系中的职责,c 款的第三段特意规定了通知行的通知义务不得以收到费用为条件。

d 款进一步阐述了申请人对银行的补偿责任,并将外国法律和惯例均纳入其中,即适用于银行的外国法律和惯例,申请人均应受其约束,并应向银行补偿相关费用。

（二）与 UCP500 有关规定的比较

本条源于 UCP500 第 18 条，与第 18 条的四款相对应。与 UCP500 第 18 条相比，本条 a 款和 d 款基本没有变化，但 b 款和 c 款则有较大变化。

1. b 款明确了开证行和通知行的责任

UCP500 第 18 条 b 款仅规定，银行自行选择其他银行，即使发出的指令没有被执行，银行对此不负责任，而没有明确是哪些银行的行为。在 UCP600 中，第 37 条 b 款明确了开证行或通知行选择其他银行的免责，更加明确。这是因为实践中，开证行或通知行选择其他银行执行申请人指示的情形比较多，例如开证行选择通知行，或通知行选择第二通知行等。而其他银行，指定银行或保兑行执行申请人指示的情形则比较少见。

2. c 款更加明确了指示银行或开证行的责任

与 UCP500 第 18 条 c 款相比，UCP600 第 37 条 c 款第一段明确了银行之间的责任，其用语由"指示方"、"被指示方"分别修改为"指示银行"和"被指示银行"，这表明了 UCP 主要明确银行间关系的主旨。按照第一段规定，指示银行应对被指示银行执行指示过程中产生的任何佣金、手续费、成本或开支等费用承担偿付义务。这可以从指示银行与被指示银行间的法律关系来理解，无论指示是否最终来源于开证申请人，被指示银行与开证申请人之间不存在直接的法律关系，被指示银行与指示银行之间则存在直接的委托关系，被指示银行接受指示银行的委托，为指示银行执行相关指令，因此，指示银行有义务向被指示银行支付相关费用。

本条 c 款的第二段则明确了即使信用证规定费用由受益人承担，并不能使开证行摆脱支付费用的义务。与 UCP500 第 18 条 c 款第二段相比，本段主要有两个重要的变化。一是，本段明确了其适用于"费用由受益人承担"的情形，而不再是"指示方以外的其他方"。这是因为，"指示方以外的其他方"可能是开证行、通知行、开证申请人或受益人，是不确定的概念，而除了"受益人"，其他各方均可通过一系列的委托代理关系确定他们之间的法律关系，从而最终确定费用的承担对象。例如，指示方为通知行，则通知行向被指示银行支付费用后，可以委托代理关系向开证行追偿费用，而开证行则可以开证申请书向开证申请人追偿费用。但受益人与通知行或被指示银行之间并没有直接的法律关系，如果被指示银行未能从收取或从信用证款项中扣除，没有依据向受益人索偿费用。所以本段特别规定了信用证规定"受益人"承担费用的情形。第二点重要的变化是，将"指示方承担最终付款责任"修改为"开证行承担支付费用的责任"。这一点修改与第一点修改相对应，虽然受益人与通知行或被指示银行之间不存在法律关系，但受益人和开证行之间通过信用证成立了法律关系，即使开证行无法从受益人处取得费用，开证行也可以通过开证申请书从开证申请人处获得补偿。所以,UCP600 将银行间最终付款责任落实到开证行。

这应该引起开证行的注意,为了尽量避免向其他银行支付费用后难以从受益人获得追偿,应尽量避免在信用证中规定,费用由受益人承担。若信用证规定由受益人承担费用,则可以在开证申请书中规定,如果开证行无法从受益人取得费用,开证申请人应予以补偿。

c 款第三段是新增条款,这一段是在 c 款第二段基础上规定的。由于第二段规定信用证规定费用由受益人负担,而该费用未能收取或从信用证款项中扣除,则开证行依然承担付款责任。为了避免开证行在信用证中作出不利于受益人的规定,第三段禁止信用证或其修改不应规定向受益人的通知以通知行或第二通知行收到其费用为条件。这一禁止性规定还与通知行的义务有着密切的关系。惯例第 9 条"信用证及其修改的通知"e 款规定"如一银行被要求通知信用证或其修改但其决定不予通知,则应毫不延误地告知自其处收到信用证、修改或通知的银行"。从该款可以看出,通知行对通知信用证或其修改可以拒绝,可以通知,但没有附条件通知。

第八节　信用证的转让与款项让渡

一、信用证的转让

(一)条款内容及特点概述

UCP600 第 38 条共 11 款,就可转让信用证作了比较具体的规定。

1. 可转让信用证相关的概念

可转让信用证:指特别注明"可转让"(transferable)字样的信用证。

第一受益人:可转让信用证中确定的受益人。

第二受益人:应第一受益人的要求,接受可转让信用证转让的另一个受益人。

转让银行:本条 b 款明确了转让银行的含义,即办理信用证转让的指定银行,当信用证规定可在任一银行议付时,转让银行应指开证行特别授权并实际办理转让业务的银行。

已转让信用证:这是 UCP600 第 38 条新增的概念。指已由转让行转为可由第二受益人兑用的信用证。

2. 受理转让信用证业务的银行

a 款明确规定:除非得到银行的明确同意,银行无办理信用证转让的义务。银行应包括开证行和转让行。

3. 信用证转让的费用

有关转让的所有费用,例如,佣金、成本或开支、手续费等应由第一受益人承担。当然,在转让时,第一受益人和第二受益人可以对费用的承担另行约定。

4. 信用证转让的人数和次数

只要信用证允许部分支款或部分发运,信用证可以分部分地转让给数名第二受益人。即,第二受益人可以是数人。

第二受益人不能将已转让信用证再次进行转让,但可以转让回第一受益人。即在转让信用证项下,不存在其后受益人,如第三受益人、第四受益人的存在。

5. 可转让信用证的修改

转让要求和已转让信用证均应明确是否允许以及何种情况下允许将信用证修改通知第二受益人。

如果信用证转让给数名第二受益人,若信用证被修改,则其中一部分第二受益人拒绝信用证修改并不影响其他第二受益人接受信用证修改。这时,对接受者而言,已转让信用证已被修改,而对拒绝修改的第二受益人,该已转让信用证未被修改。

6. 已转让信用证的内容

对于已转让信用证的内容,重要的原则是已转让信用证应准确转载原信用证的条款。但存在一些例外:

(1)信用证金额,单价、截止日、交单期限、最迟发运日或发运期间均可减少或缩减;

(2)投保的保险比例可以增加;

(3)可用第一受益人的名称替换原信用证中的开证申请人。

7. 转让信用证的交单及兑用

本条 h 款、i 款、j 款和 k 款分别规定了三种情形下转让信用证的交单及兑用。

第一受益人有权以自己的发票和汇票替换第二受益人的发票和汇票,经替换后,第一受益人可在原信用证项下支取自己发票与第二受益人发票间的差价。

如果第一受益人应提交自己的发票和汇票,但未能在第一次要求时提交,或者第一受益人提交的发票导致第二受益人交单中本不存在的不符点,而未能在第一次要求时修改,则转让行有权将从第二受益人处收到的单据直接交给开证行,并且不再对第一受益人承担责任。

在要求转让时,第一受益人可以要求在信用证转让后的兑用地点,在原信用证的截止日之前(包括截止日)对第二受益人承付或议付。

第二受益人或代表第二受益人的交单必须交给转让行。

（二）与 UCP500 有关规定的比较

本条源于 UCP500 第 48 条。与 UCP500 第 48 条相比，本条在多方面作了修改，主要有：

1. 本条明确了转让信用证有关的概念

在各条款的语言表述和措辞及结构上更加准确，简洁易懂。例如本条 b 款对转让信用证的概念有了更清晰的界定，此外，还增加了转让行、已转让信用证的定义，更有利于了解转让信用证的法律关系。

在各条款的措辞上，UCP600 更强调了条款的简洁易懂，在某些用语上也更加准确地反映这些条款的本意。条款顺序的调整使得各条款之间的逻辑关系更加紧密。例如，本条 c 款与 UCP500 第 48 条 f 款相比，删除了"如果转让行同意办理信用证转让，则在该项费用支付之前，转让行没有办理该项转让的义务"。这样，增加了转让行与第一受益人、开证行之间就费用支付安排的灵活性，而且不再与前款关于"银行无办理信用证转让的义务"相重复。当然，实践中，转让行往往希望能够首先收取费用，修改后的条款也没有禁止这种做法。

本条 g 款最后一款，如果原信用证特别要求开证申请人名称应在除发票之外的任何单据中出现，"已转让信用证必须反映该项要求（such requirement must be reflected in the transferred credit）"，在 UCP500 第 48 条 h 款中最后一句则为"该项要求必须照办（such requirement must be fulfilled）"。两者相比，本条的规定更加灵活，只要已转让信用证的规定能够反映这一要求即可，而不必原文照搬。

2. 明确开证行可以作为转让行转让自己开立的信用证

UCP600 第 38 条 b 款明确开证行可以作为转让行转让自己开立的信用证（An issuing bank may be a transferring bank.），取消了"信用证必须在开证行有效"的前提，使得信用证转让更具灵活性。

3. 删除了第一受益人可以保留拒绝通知第二受益人信用证修改的权利

UCP500 第 48 条 d 款规定："在提出转让信用证要求时和转让信用证之前，第一受益人必须不可撤销地指示转让行，说明它是否保留拒绝转让行将修改通知给第二受益人的权利。"在 UCP600 第 38 条 e 款中，这种保留拒绝的权利已被删除，第一受益人在转让要求中必须说明是否允许以及在何种条件下允许将修改通知第二受益人。已转让信用证中也必须明确该项条件。这样，在信用证转让时即明确了信用证修改通知对第二受益人的作用，将通知的条件载入已转让信用证中，使得第一受益人的条件更加确定化，减少了第一受益人的随意性，更加有利于保护第二受益人的权利。

4. 明确了第二受益人的交单必须经过转让行

本条 k 款新增规定，第二受益人或代表第二受益人的交单必须交给转让行。这是本条款中最大的变化之一。此条款主要是为了避免第二受益人绕过第一受益人直接交单给开证行,损害第一受益人的利益;同时,这条规定也与其他关于转让行操作的规定相匹配。有人或许会担心新的规定导致环节增多,特别是在我国很多第一受益人只是贸易代理或拥有进出口权的母公司的情况下,反而会引起不便,这种担心是不必要的。现实业务中,如果第一受益人要求全额转让,不需支取差价的话,可以要求进口商开立信用证时排除此条款,或在要求转让行进行转让时,明确告知开证行第一受益人放弃换单权利。

5. 增加了转让行可直接将第二受益人的单据提交开证行的条件

本条 i 款规定,在两种情形下,转让行有权将从第二受益人处收到的单据直接提交开证行,并不再对第一受益人承担责任:第一种情形是,第一受益人应提交其自己的发票和汇票,但未能在第一次要求时照办;第二种情形是,当第二受益人提交的单据与转让后的信用证一致,而因第一受益人换单导致单据与原证出现不符又未能在第一次要求时修正。与 UCP500 第 48 条 i 款相比,本款新增加了第二种情形。国际商会发布过一份专门针对转让信用证的指南,其中包含这样的规定:当第二受益人提交的单据与转让后的信用证一致,而因第一受益人换单导致单据与原证出现不符时,或者简单说单据不符仅由第一受益人造成时,转让行有权直接提交第二受益人的单据给开证行。这项规定保护了正当发货制单的第二受益人利益,剥夺了不当作为的第一受益人赚取差价的权利。此次 UCP600 吸纳了这个条款,也就明确了此类业务的处理方法,需要引起银行的特别注意。

二、款项让渡

UCP600 第 39 条专门对款项让渡问题作了规范。

(一)条款内容及特点概述

本条款包含两层含义,一是即使信用证未注明可以转让,受益人仍有权将其可能有权获得的信用证项下的款项让渡给他人;二是本条仅涉及款项的让渡,而不是信用证项下进行履行行为的权利让渡。

本条项下的"款项让渡"的突出特点是,信用证没有注明"可以转让"的情形下,信用证部分权利的让渡。

(二)与 UCP500 有关规定的比较

本条款源于 UCP500 第 49 条。与第 49 条相比,本条基本没有变化。

1. 款项让渡的含义

款项让渡(assignment of proceeds),是指权利人将其对某一款项的权利转让给其他人。信用证款项让渡,指信用证项下受益人将其在信用证项下应得款项的全部或部分,通过一定的程序转让给他人。它是一种有条件的转让,仅是信用证项下款项的转让,至于装运货物以及提交单据、要求付款等履约行为,则仍由信用证受益人执行,并且款项受让人获得款项是以开证行根据相符单据付款为条件的。

款项让渡不同于信用证转让。信用证转让是受益人将其在跟单信用证项下的履行的权利转让第三方。第三方由此成为第二受益人,第二受益人有权依据已转让信用证装运货物、制单,并将单据提交转让行,第二收益人已成为信用证法律关系的当事人。信用证款项让渡则是受益人根据适用的法律,将自己根据跟单信用证对收益的可能享有的权利让与或转让给第三方。受让渡的第三方仅取得有条件收取款项的权利,而对信用证其他权利不享有任何权利,也不会成为信用证法律关系的当事人。所以,款项让渡在很多情况下是双方确立的良好关系或者受让渡人对信用证受益人的信赖。因为受让渡人能否取得款项很大程度上取决于信用证受益人履行信用证并提交相符的单据。

如果当事人想实现履行信用证权利义务的目的,则应选择可转让信用证进行结算。款项让渡的优势则在于其手续比信用证转让简单,且不必经过开证行同意开立可转让信用证,费用也相对比较低。

2. 主要国家关于信用证款项让渡的法律规定

不论是 UCP600 还是 UCP500,对款项让渡的规定均比较简单。款项让渡则遵循让渡行为的适用法律。

UCP600 第 39 条款项让渡条款及其之前的版本其实在很大程度上借鉴和吸收了《美国统一商法典》第五篇(Uniform Customs and Practice for Documentary Credits)中关于信用证的相关规定。

3. 款项让渡的实务操作

在实际操作中,款项让渡通常会涉及三方面当事人:让渡人(assignor)、受让渡人(asignee)和接受授权执行让渡的银行。让渡人就是信用证受益人,受让渡人就是款项接受人,两者在款项让渡时往往会签订一份款项让渡书,而此款项让渡书一经签订,即为不可撤销。收款行收汇后,直接将款项付交受让人。

款项的让渡一般要得到三方当事人同意,签订款项让渡书。款项让渡书中一般会列明开证行名称、信用证编号、金额等信息,还有对执行让渡的银行的授权。款项让渡书中还会有未经受让渡人同意让渡书为不可撤销的以及不得随意修改的文字说明。

然后,信用证受益人向指定银行、保兑行或开证行出具款项让渡书。

再次,让渡人在信用证上进行背书。根据《美国统一商法典》规定,让渡人应当把正本信用证交给让渡行保存,以免让渡人重复让渡的发生。

最后,让渡行执行让渡的金额应当根据款项让渡书的规定。未经受让渡人同意不得把信用证金额减到低于让渡金额,也不得把支付延期。[1]

---

　　① 侯方森、王明祥:《浅析 UCP500 中的让渡条款》,《对外经贸实务》2006 年第 5 期。

第六章 国际银行监管

金融离不开监管,同时国际银行不同于一国银行,当一家银行同时在两个或两个以上国家设立机构从事经营时,就必然出现以下问题:由哪个国家对其行使监管? 按照什么标准进行监管? 国家间需要什么样的监管合作机制以确保银行业的安全和稳健? 这些都是国际银行监管所需要解决的重要问题。

第一节 国际银行监管概述

一、监管与国际银行监管

监管,顾名思义,是监督和管理的简称。科学地界定监管的内涵,须从监督、管理的语义入手。监督是指监察、督促。① 监察是注视监管对象是否按要求行事,督促是在监管对象不遵守或可能违反规则时促使其依规行事。1997 年 9 月,巴塞尔银行监管委员会(以下简称巴塞尔委员会)发布的《有效银行监管的核心原则》规定,监管部门必须拥有纠正违规行为的权利,指出监管不是"指导"或"劝说",监管是纠正违法行为的强制力,就是这一内容的体现。管理,泛指管束、处理等。在经济学中,其通常意义是指依据一定的规则对构成特定社会的个人和构成特定经济主体的活动进行限制的行为②,强调的是通过组织、协调、控制等行为达到一定的秩序和状态,实现一定的目标。因此,监管是监管机构对监管对象及其活动是否符合要求所进行的监督、检查、管束和处理等一系列行为的总称,以此来实现法律和政策旨在实现的目标和目的。

细加分析,监管具有如下基本特征:

1. 监管是负有监管职责的主体履行职能的行为。究竟有哪些主体负有监管职能不宜一概而论,而应视具体情况及交易习惯、监管传统而定。一般而言,监管

---

① 《辞海》"监督"条,上海辞书出版社 1989 年版,第 4423 页。
② 毛寿龙:《中国政府功能的经济分析》,中国广播电视出版社 1996 年版,总序第 3 页。

的主体可以涵盖国际组织、政府机构、行业组织、特定的市场主体。就金融监管而言，将监管的主体限于政府金融监管当局是不全面的。现代金融监管是由外部监管和内部监管共同构成的体系，其中前者包括政府主管部门的监管、金融行业组织的自律性监管和社会监管如审计师事务所监管等；后者是金融机构内部设立的监督部门对金融机构业务运行的检查和控制。随着金融业的发展，金融机构的内控和自律越来越成为监管体系的重要组成部分。①

2. 监管的对象是从事金融经营活动的各类主体，客体是其金融活动。就金融监管来说，监管包括对金融机构市场准入和展业监管，也包括审慎经营监管，如是否遵守资本充足率、资产负债比率、流动性比率、对单一客户贷款的最大限额等，还包括市场退出监管等。

3. 监管的方式和方法是根据监管制度对监管对象及其经营活动进行定期或不定期的现场和非现场的检查监督，以及对违规行为进行督促和处罚。现场检查是监管主体定期、不定期地所进行的现场检查，非现场检查是监管主体依靠监管对象提供的报告、资料以及与监管对象会面等方式所进行的监督、检查。我国商业银行法规定了两种具体的监管方式：一是要求商业银行提供报表资料；二是进行现场检查。现场检查与定期报告制度相结合的监管方式在金融监管中越来越受到青睐。督促特别是处罚实施的主体不可一概而论，在有的国家的有些情况下，监管主体特别是政府监管当局可以直接采取行动。《有效银行监管的核心原则》规定，监管机构必须有权处理有严重问题的银行，有权采取多种措施处理这类银行，例如关闭有严重问题的银行。但是，在另一些情况下，处理和处罚的实施则需要借助于其他机构特别是司法机关来进行。②

4. 银行监管所要达到的目标和目的是确保监管对象及其经营活动符合法律、政策的要求，以此实现法律、政策所寻求监管目标和目的。金融监管的目标主要是防范系统风险，维护银行业的安全稳健性，保护存款人。在监管中衡量监管对象及其活动的标尺不仅有法律和政策，而且也应包括对监管对象有拘束力的其他规则，如行业组织具有行规性质的规定等。在有些情况下，如果将这些规则排除在监管之外，市场秩序和监管目标就难以实现，市场效率会受到严重影响，甚至会造成市场混乱。需要指出的是，监管所要达到的要求和目标体现在监管据以实施的规则之中，在很大程度上可以说实施了规则，监管所要实现的要求和目标就达到了，否则，就应当对规则进行修改。

从以上对金融监管含义的探讨，结合国际银行的特征，我们认为，国际银行监

---

① 韩龙：《国际金融法》，法律出版社 2007 年版，第 322 页。
② 韩龙：《国际金融法》，法律出版社 2007 年版，第 322 页。

管是国际银行的监管主体,根据相关的监管制度,对国际银行及其金融活动进行监督、检查、管束和处理的活动,以防范系统风险,保护存款人和投资者等,维护国际金融机构安全稳健经营。国际银行监管中的监管属于前述金融监管范畴,但由于监管对象具有特殊之处,因此,体现出了一些独有的特点。

正如本书在第四章第一节所述,国际银行是以股权和组织等为纽带,而在两个或两个以上国家设立机构从事经营的跨国金融企业。国际银行的机构分布在不同国家,由于主权和信息障碍等因素的存在,对国际银行的监管首先容易出现遗漏和重叠,并面临着由谁来行使有效监管的问题。其次,在各国监管标准宽严不一的情况下,在监管松弛的国家设立机构从事经营会取得更大的利益和竞争优势,但是,如果各国竞相地放松监管标准,就可能发生维护国际货币金融体系安全的低限被冲破的危险,因此,统一国际金融监管标准,整平国际金融竞争的游戏场地,保障国际金融业的公平竞争,是国际银行监管所面临的又一突出问题。最后,无论国际银行采取何种组织形式,作为由设在不同国家或地区的机构所组成的银行集团,其内部在资金、人员、技术、业务等方面存在着关联胜。这种关联性往往可能导致国际银行经营中的"传染性风险",其典型的体现是外国银行总行倒闭,东道国分行亦随之倒闭。因此,对国际银行的监管还要防范国际传染风险,监管需要有不同的侧重。

二、巴塞尔委员会

20 世纪 70 年代以后,金融的国际化和全球化的程度不断加强,金融创新日渐活跃。各国在放松国内金融规制,支持本国金融业适应激烈的国际银行业竞争的同时,面临着对国际化的银行业进行监管的需要和挑战,协调国际银行的监管提上了重要的议事日程。1974 年德国赫斯塔特银行(Bankhaus Herstatt)和美国富兰克林国民银行(Franklin National Bank)的倒闭为银行监管的国际协调和国际合作提供了实践和历史的突破口。为了防范和控制国际银行业的风险,在英格兰银行的倡议下,1974 年底国际清算银行在瑞士巴塞尔主持召开了由经济合作与发展组织(OECD,俗称"十国集团")和瑞士、卢森堡十二个国家参加的会议,研究国际银行风险监管问题,成立了"银行规制与监管委员会"(Committee on Banking Regulations and Supervisory Practices),后改称"巴塞尔银行监管委员会"(The Basle Committee On Banking Supervision)(简称巴塞尔委员会)。

巴塞尔委员会目前由美、英、法、德、意、日、加、荷、比、瑞典、瑞士、卢森堡和西班牙十三个国家的中央银行行长与监管机构的代表组成[1],每年定期举行 3—4 次

---

① 2001 年 2 月 1 日,西班牙应邀参加巴塞尔委员会。

会议,目的是为成员国的银行业监管提供一个常规的合作平台,建立有效的国际银行监管机制。巴塞尔委员会协调国际银行监管的主要目标是,堵塞监管漏洞,增进全球监管的谅解和提高全球银行业的监管质量,并主要通过 3 种途径来实现这些目标:交换各国监管安排的信息;改进国际银行业务监管技能的有效性;在需要的领域确定最低的监管标准。①

巴塞尔委员会自成立以来,制定并发布了有关银行监管的一系列文件,确立和阐发了有关银行监管的原则、规则、标准和建议,形成所谓的巴塞尔体系。经过数十年的发展,巴塞尔委员会制定和发布的许多规则已成为国际银行监管的圭臬,巴塞尔委员会也成为国际银行业监管最具影响的机构。

三、巴塞尔体系的两条主线与《有效银行监管的核心原则》

（一）巴塞尔体系的两条主线

巴塞尔委员会堵塞监管漏洞和协调国际银行监管,始终遵循着两项基本原则:没有任何境外银行机构可以逃避监管,而监管必须是充分有效的。前者侧重于对国际银行机构的监管责任的划分,后者则侧重于监管标准的制定。巴塞尔委员会一直在沿着监管责任的划分和监管标准的制定两条主线制定监管的原则和规则,因此,巴塞尔委员会的工作成果也可以相对地划分为监管责任的划分和监管标准的制定两个方面。②

巴塞尔委员会就监管责任划分而发布的主要文件有:1979 年《银行国际业务并表监管》、1983 年《银行外国机构的监管原则》、1990 年《银行监管者与证券监管者之间的信息交换》、1992 年《关于监督国际银行集团及其跨国机构的最低标准》、1996 年《跨境银行业监管》、1996 年《巴塞尔委员会与证监会国际组织里昂会议联合声明》和 1999 年《金融企业集团的监管》等。

巴塞尔委员会就监管标准而发布的主要文件有:1980 年《银行外汇头寸的监管》、1986 年《银行表外业务管理风险》、1988 年《关于统一国际银行资本衡量和资本标准》、1989 年《计算机和电子系统的风险》、1994 年《衍生工具风险管理指南》、1996 年《资本协议市场风险修正案》、1997 年《利率风险管理原则》和 2004 年《新巴塞尔资本协议》等。

（二）《有效银行监管的核心原则》

与前述两条主线形成鲜明对照的是巴塞尔委员会 1997 年 9 月发布的《有效银

---

① The Basel Committee on Banking Supervision, History of the Basel Committee and its Membership, available at http://www.bis.org/bcbs/history.pdf, March 4,2007.

② 韩龙:《国际金融法》,法律出版社 2007 年版,第 324 页。

行监管的核心原则》和随后相继出台的核心原则评估方法。为了使核心原则不断适应变化中的银行监管的良好做法,2006 年 10 月,巴塞尔委员会于第 14 届"国际银行监督官大会"期间,正式发布了新版《有效银行监管核心原则》(以下简称《2006 年核心原则》)及《核心原则评估方法》(以下简称《2006 年评估方法》)。

《2006 年核心原则》和 1997 年的核心原则,与巴塞尔委员会的其他文件相比具有显著的特征。其他巴塞尔委员会以往的文件通常针对银行监管的某一方面,如监管责任的分配、资本充足率、利率风险等,而核心原则第一次将银行监管作为一个系统来对待,将监管的范围扩大到银行运作的全程与业务的各方面,从市场准入到持续性监管直至关闭不合格银行,且将监管所必需的客观环境和前提条件考虑在内,从关注单个微观市场的主体行为延伸到较为宏观的层面,着眼于银行监管的全方位和有效性。核心原则高度浓缩了巴塞尔委员会和许多发达国家在银行监管领域的优秀成果,集中体现了散见于以往巴塞尔文件中的原则精神,形成了一个全方位多角度的风险监管原则架构。此外,核心原则突破了以往巴塞尔文件限于十国集团的局限,包括中国在内的许多非十国集团国家都直接参与了其起草和制定过程,具有广泛的适用性。由于稍后我们将对国际银行监管责任的分配和监管标准进行详细的阐述,故在此以《2006 年核心原则》为准阐述其中的主要内容,并在此基础上对《2006 年核心原则》对 1997 年核心原则的修改进行总结。

1.《2006 年核心原则》的主要内容

《2006 年核心原则》仍保持了 7 个部分、25 条原则的总体架构。这些原则总体上可划分为 7 个方面的内容:目标、独立性、权力、透明度和合作(原则 1),许可的业务范围(原则 2 至原则 5),审慎监管规章制度(原则 6 至原则 18),持续监管的各种方法(原则 19 至原则 21),会计处理与信息披露(原则 22),监管当局的纠正及整改权力(原则 23)和并表及跨境监管(原则 24 至原则 25)。

第 1 项原则是有关目标、独立性、权力、透明度和合作的内容,规定有效的银行监管体系要求每个银行监管机构都有明确的责任和目标。每个监管机构都应具备操作上的独立性、透明的程序、良好的治理结构和充足的资源,并就履行职责情况接受问责。适当的银行监管法律框架也十分必要,其内容包括对设立银行的审批、要求银行遵守法律、安全和稳健合规经营的权力和监管人员的法律保护。另外,还要建立监管当局之间信息交换和保密的安排。

第 2—5 项原则是有关许可的业务范围的规定,内容主要包括:①许可业务范围。许可业务范围必须明确界定已获得执照并等同银行接受监管的各类机构允许从事的业务范围,并在名称上严格控制"银行"一词的使用。②发照标准。发照机关必须有权制定发照标准,有权拒绝一切不符合标准的申请。发照程序至少应包括审查银行及其所在集团的所有权结构和治理情况、董事会成员和高级管理层的资格、银行的战略和经营计划、内部控制和风险管理,以及包括资本金规模在内的预计财务状况;当报批银行的所有者或母公司为外国银行时,应事先获得其母国监管当局的同意。③大笔所有权转让。银行监管当局要有权审查和拒绝银行向其他方面直接或间接转让大笔所有权或控制权的申请。④重大收购。银行监管当局有权根据制定的标准审查银行大笔的收购或投资,其中包括跨境设立机构,确保其附属机构或组织结构不会带来过高的风险或阻碍有效监管。

第6至18项原则是有关审慎监管规章制度的规定,内容主要包括:①资本充足率。银行监管当局必须制定反映银行多种风险的审慎且合适的最低资本充足率规定,并根据吸收损失的能力界定资本的构成。至少对于国际活跃银行而言,资本充足率的规定不应低于巴塞尔的相关要求。②风险管理程序。银行和银行集团建立了与其规模及复杂程度相匹配的综合的风险管理程序(包括董事和高级管理层的监督),以识别、评价、监测、控制或缓解各项重大的风险,并根据自身风险的大小评估总体的资本充足率。③信用风险。银行具备一整套管理信用风险的程序;该程序要考虑到银行的风险状况,涵盖识别、计量、监测和控制信用风险(包括交易对手风险)的审慎政策与程序。这应包括发放贷款、开展投资、贷款和投资质量的评估以及对贷款和投资的持续管理。④有问题资产、准备和储备。银行建立了管理有问题资产、评价准备和储备充足性的有效政策及程序,并认真遵守。⑤大额风险暴露限额。银行的各项政策和程序要能协助管理层识别和管理风险集中;银行监管当局必须制定审慎限额,限制银行对单一交易对手或关联交易对手集团的风险暴露。⑥对关联方的风险暴露。为防止对关联方的风险暴露(表内外)所带来的问题并解决利益冲突问题,银行监管当局必须规定,银行应按商业原则向关联企业和个人发放贷款;对这部分贷款要进行有效的监测;要采取适当的措施控制或缓解各项风险。冲销关联贷款要按标准的政策和程序进行。⑦国家风险和转移风险。银行具备在国际信贷和投资中识别、计量、监测和控制国家风险和转移风险的有效政策和程序,并针对这两类风险建立充足的准备和储备。⑧市场风险。银行具备准确识别、计量、监测和控制市场风险的各项政策和程序;银行监管当局应有权在必要时针对市场风险暴露规定具体的限额和/或具体的资本要求。⑨流动性风险。银行具备反映银行自身的风险状况的管理流动性战略,并且建立了识别、计量、监测和控制流动性风险及日常管理流动性的审慎政策和程序。银行监管当局应要求银行建立处理流动性问题的应急预案。⑩操作风险。银行应具备与其规模及复杂程度相匹配的识别、评价、监测和控制/缓解操作风险的风险管理政策和程序。⑪银行账户利率风险。银行具备与该项风险的规模及复杂程度相匹配的识别、计量、监测和控制银行账户利率风险的有效系统,其中包括经董事会批准由高级管理层予以实施的明确战略。⑫内部控制和审计。银行具备与其业务规模和复杂程度相匹配的内部控制。各项内部控制应包括对授权和职责的明确规定、银行作出承诺、付款和资产与负债账务处理方面的职能分离、上述程序的交叉核对、资产保护、完善独立的内部审计、检查上述控制职能和相关法律、法规合规情况的职能。⑬防止利用金融服务从事犯罪活动。银行具备完善的政策和程序，其中包括严格的"了解你的客户"的规定，以促进金融部门形成较高的职业道德与专业水准，防止有意、无意地利用银行从事犯罪活动。

第 19 至 21 项原则是有关持续监管各种方法的规定，内容主要包括：①监管方式。有效的银行监管体系要求监管当局对单个银行、银行集团、银行体系的总体情况以及银行体系的稳定性有深入的了解，工作重点放在安全性和稳健性方面。②监管技术。有效的银行监管体系应包括现场检查和非现场检查。银行监管当局必须与银行管理层经常接触。③监管报告。银行监管当局必须具备在单个和并表基础上收集、审查和分析各家银行的审慎报告和统计报表的方法。监管当局必须有手段通过现场检查或利用外部专家对上述报表独立核对。

第 22 项原则是有关会计处理与信息披露的规定，要求银行要根据国际通用的会计政策和实践保持完备的记录，并定期公布反映银行财务状况和盈利水平的信息。

第 22 和 23 项原则是有关监管当局的纠正及整改权力的规定，要求银行监管当局必须具备一整套及时采取纠改措施的工具。这些工具包括在适当的情况下吊销银行执照或建议吊销银行执照。

第 24 至 25 项原则是有关并表及跨境监管的规定，内容主要包括：①并表监管。《2006 年核心原则》规定，银行监管的一项关键内容就是监管当局对银行集团进行并表监管，有效地监测并在适当时对集团层面各项业务的方方面面提出审慎要求。②母国和东道国的关系。跨境业务的并表监管需要母国银行监管当局与其他有关监管当局、特别是东道国监管当局之间进行合作及交换信息。银行监管当局必须要求外国银行按照国内银行的同等标准从事本地业务。

2.《2006 年核心原则》的主要修改

1997 年核心原则发布以来，金融全球化和市场化程度的不断加深，银行监管制度发生了重大变化，各国通过实施核心原则积累了丰富的经验。由于监管制度和实施方面出现了不少新问题，人们的认识也不断加深，巴塞尔委员会相应颁布许多文件。基于上述情况，作为国际社会共同防范金融风险的标准性文件，《核心原则》同样需要与时俱进，有必要对核心原则及评估方法进行修订，通过修订总结近年来国际银行监管的成功经验，同时向国际监管界传递在多变的全球金融环境下，银行监管应适应市场创新与发展需要的重要信息。这样，2004 年 12 月，巴塞尔委员会正式启动《核心原则》修订工作，并于 2006 年 10 月发布了新的核心原则。

《2006 年核心原则》的主要修改体现在以下方面：

(1) 在第 1 项原则中，强调了银行监管机构的独立性、问责制和透明度。与 1997 年核心原则相比，《2006 年核心原则》增加了对银行监管机构问责的内容，意味着银行监管机构要承担监管责任，接受社会公众监督。

(2)《2006 年核心原则》第 7 项原则增加了风险管理总体原则和要求，规定银行在监管当局的指导下，应建立与其规模及复杂程度相匹配的综合的风险管理程序（包括董事和高级管理层的监督），以识别、评价、监测、控制或缓解各项重大的风险，并根据自身风险的大小评估总体的资本充足率。

(3) 分类加强风险监管。在 1997 年核心原则中，第 7、8、9、10、11 条共五条是加强银行信用风险监管方面的内容，第 12 条是加强市场风险监管，第 13 条是其他风险监管。《2006 年核心原则》把银行所承担的各类型风险单列作为监管原则，除第 8、9、10、11、12 项原则对信用风险监管提出要求之外，第 13 项原则是市场风险监管要求，第 14 项原则是流动性风险监管要求，第 15 项原则是操作风险监管要求，第 16 项原则是利率风险监管要求，对各种风险监管原则的条款数由原来的 7 条增加到 9 条，并分门别类作出了相应的强化风险监管的规定，足见其对风险监管内容的重视和关注。

此外，《2006 年核心原则》第 6 项有关资本充足率要求的原则，明确了判断一国是否遵守此项原则并不是依据其是否实施了新巴塞尔资本协议。相反，判断一国对此项原则的遵守依据的是该国选择适用的资本标准。这也就是说，判断一国对此项原则的遵守要看该国选择适用的是 1988 年的老巴塞尔资本协议，还是 2004 年公布的新巴塞尔资本协议，二者都可以用作评判的标准。这与巴塞尔委员会有关新巴塞尔资本协议并不是十大国以外的监管机构优先适用标准的立场是一致的。

第二节　国际银行监管责任的分配

国际银行的建立和发展，必然对传统的监管发出挑战，金融监管也必然需要作出调整以适应国际银行业发展的需要。从监管管辖的角度来看，在国际银行发展的早期，各国的法律和监管基本上是本土化的，但银行经营却是跨国化和国际化的，将以本土化为取向的法律和监管适用于国际银行业，必然会造成两个方面的问题：一是在国际银行的母国和东道国都主张行使监管的情况下，造成监管重叠或相互扯皮，导致监管资源浪费和国际银行负担加重等问题；二是出现监管遗漏和漏洞，危害国际金融体系的稳定。

这些问题的出现和存在，表明国际社会需要对国际银行监管责任的分配建立标准。从法律上看,国际银行的母国和东道国对国际银行行使监管都有一定的法律依据,母国可以根据属人管辖的原则主张对国际银行的监管,而东道国可以依据属地管辖的原则主张监管。为了避免监管冲突、重合和遗漏,巴塞尔委员会把明确母国与东道国监管责任的分配作为其首要任务。由于巴塞尔委员会在这一领域的工作获得了普遍的承认和遵行,因此,对国际银行监管责任的划分和分配有了可资遵循的标准。

一、巴塞尔委员会有关国际银行监管责任分配的规定

巴塞尔委员会自成立以来发布了一系列文件,旨在划分母国和东道国对国际银行监管的责任,并最终形成了由母国和母行对国际银行行使并表监管的共识与标准。然而,这一最终标准的确立经历了一个渐进和完备的过程。

(一)1975 年《对银行国外机构的监管报告》

作为对德国赫斯塔特银行倒闭等事件的直接反应,巴塞尔委员会 1975 年 12 月发布了其成立之后的第一个文件《对银行国外机构的监管报告》(Report to the Governors on the Supervision of Banks' foreign Establishments),又称《最初协议》(Original Concordat)。报告强调任何银行的海外分支机构都不能逃避监管,在此前提下明确了跨国银行的国外分行和子行的划分标准。报告按股权原则确定了分行、多数股权附属机构、少数股权附属机构的定义,并以银行的流动性、清偿力和外汇头寸为中心,确定银行母国和东道国的监管责任。报告规定东道国和母国共同承担银行海外机构的监管责任,二者监管责任的侧重点是:以东道国为主监督外国银行分行的流动性和外国银行子行的清偿力,以母国为主监管外国分行的清偿力和外国子行的流动性。此外,该报告还要求监管当局互通信息,克服银行保密法的限制,允许总行直接检查其海外机构,否则,由东道国代为检查。报告的重要意义在于它提出了一项指导原则,即任何银行海外机构都不能逃避监管,而且这种监管必须是有效和适当的,并针对分行和子行不同的特点确定了对跨国银行监管的原则,划分了东道国和母国各自监管责任的重点,从而奠定了对跨国银行分支机构分别监管的基础。

(二)1983 年《对银行国外机构的监管原则》

1975 年的《最初协议》在实践中逐渐暴露出缺陷,如在东道国和母国监管责任的划分上,责任划分过于抽象,具体规定不够明确和细致;同时由于各国监管规定和标准存在较大差异,东道国和母国为了各自的利益相互推卸监管责任等。针对这些缺陷,1979 年 1 月巴塞尔委员会发布了《资产负债表并表:合并风险资产作为监管银行清偿力的方法》(Consolidation of Banks' Balance Sheets: Aggregation of Risk-Bearing Assets as a Method of Supervising Bank Solvency)(简称《资产负债表并

表方法》)。据此,跨国银行的总行、海外分行、子行、附属机构均视为一个整体,从全球范围内对其资本充足性、流动性、清偿力、贷款集中程度和外汇风险等内容进行综合考察。

1982 年 6 月,意大利安步罗西诺银行(Banco Ambrosiano)发生存款挤提和其国外非银行子机构的大额债务无法支付,引发严重的流动性危机并进而被意大利中央银行宣布倒闭。该行的问题主要出自其国外子机构的不当经营和有关国家的金融监管当局之间未能有效分配监管权。该行在卢森堡设立一家控股公司 BAH,因其未注册为银行因而不受卢森堡的银行规制,同时意大利中央银行又因卢森堡当时严格的保密法无法对 BAH 进行监管而导致其业务失控酿成倒闭后果。安步罗西诺银行的倒闭暴露了 1975 年的《最初协议》的缺漏,促使巴塞尔委员会于1983 年 5 月发布了《对银行国外机构的监管原则》(Principles for the Supervision of Banks' Foreign Establishments)(简称《1983 年巴塞尔协定》),对 1975 年的《最初协议》进行了修订。《1983 年巴塞尔协定》主要内容包括:第一,引入和确立并表监管原则(the principle of consolidated supervision)。根据协定的规定,并表监管原则是指银行母行和母国监管者应对其所负责的银行或银行集团,以其在全球范围内从事的所有业务活动为基础而对其风险暴露和资本充足性进行监管。

第二,以母国并表监管为主,东道国监管为辅,对母国和东道国在跨国银行海外分支机构的流动性、清偿能力、外汇头寸等方面的监管责任重新进行了划分。①关于清偿力。分行的清偿力由母国负责,子行的则由东道国和母国共负监管责任,而合资银行的清偿力由东道国负主要监管责任,但如果外国银行占有多数股权,则仍应由东道国和母国共同负责其清偿力。②关于流动性。新协定规定分行的流动性由母国和东道国共同监督,而子行和合资银行则主要由东道国负责。母行应当考虑由其向子银行提供备用信贷设施或诸如安慰函之类的承诺保函。③关于外汇头寸。不论银行的分支机构或附属机构属于什么类型,它们的外汇活动与头寸都由母国和东道国共同负责,东道国和母国的监管分工主要在于:母国负责监管包括海外银行机构在内的整个系统在全球范围内的外汇头寸,东道国只负责监管该外国银行机构在其境内的外汇交易和外汇头寸。

总之,与 1975 年的《最初协议》相比,修订后的 1983 年巴塞尔协定继承了对于跨国银行应实行"任何海外银行都不能逃避监管"和"监管必须充分"原则;确立了由母国监管为主、东道国监管为辅的并表监管的原则;相对明确地划分了母国和东道国的监管责任。

(三)1988 年巴塞尔资本协议与 1990 年《信息交流》

1983 年巴塞尔协定也存在不足之处,突出地体现在以下方面:第一,协定虽然规定了监管原则和监管当局之间的责任分配,但未明确规定跨国银行清偿力、流动性、外汇头寸的具体监管标准,使得各国对国际银行业的监管奉行各自不同的标准,不利于各国银行的平等竞争。这就导致在监管严格、资本充足比率要求较高的国家,跨国银行的海外分支机构竞争力较弱;而在监管较松、资本充足比率要求较低的国家,跨国银行的海外分支机构竞争力较强;同时给银行造成规避监管提供了条件和动机。第二,行使并表监管的母国和母行对境外机构的一切风险承担责任,客观上放任了东道国为了吸引外资而放松对跨国银行的监管。此外,由于监管的重点在于对母行及其分支机构的资产负债表进行并表监管,客观上使得跨国银行可以利用自己的全球网络通过资金调拨等方式逃避并表监管或从事投机活动。第三,协定回避了最后贷款人问题。对于监管责任与最后贷款人责任是否应当同一,各国监管当局分歧很大,导致最后贷款人责任区域空白,使得某些海外银行机构未能在流动性发生困难时及时获得应有的金融资助。

巴塞尔委员会为了弥补上述不足,于 1988 年 7 月通过了《统一国际银行的资本衡量和资本标准的协议》(简称《1988 年巴塞尔资本协议》),其主要内容是统一了银行合格资本的定义和资本充足率的最低标准,规定资本对风险加权资产的最低目标比率为 8%,其中核心资本至少为 4%。

同时,虽然《1983 年巴塞尔协定》要求东道国和母国监管当局要进行信息交流,但在现实中,信息交流很少进行,原因是不同国家监管方法之间的差异阻碍了信息的有效交流。为了改善监管信息在各国间的交流,巴塞尔委员会于 1990 年 4 月颁布了《银行监管当局信息交流》(Information Flows between Banking Supervisory Authorities)(简称《信息交流》),作为对《1983 年巴塞尔协定》的补充。《信息交流》要求东道国在批准外资银行设立申请前,应向母国监管机构确认该机构对银行在境外设立机构的意见,若未接到母国监管机构的肯定回答,东道国不应批准其申请,或增强监管力度,或施加额外条件;东道国应确信银行内控制度应包括银行的海外分支机构与其母行或总行之间有广泛的、定期的报告制度;当其境内的外资银行发生了严重问题时,应立即通知母国监管机构,并与总行或母行和母国当局协商,寻求解决这些问题的措施。《信息交流》要求母国监管机构采取适当措施,防止其银行在监管薄弱地区建立分支机构;经常向东道国当局通报其对外资银行实施的各种监管措施,在对外资银行的经营有重大影响的监管措施发生变化时,通知东道国的监管机构;建立一种在外资银行、总行和母国当局之间定期地进行信息交流的制度,并要求银行内部建立一种其海外分支机构与总行之间定期报告制度。《信息交流》要求东道国和母国为保证监管信息交流修改有关银行保密法。①

---

① 周仲飞:《巴塞尔国际银行监管合作模式的缺陷及完善》,《法学评论》2003 年第 1 期。

（四）1992年《最低标准》与1996年《跨国银行业监管》

尽管每次重大的国际金融事件之后，巴塞尔委员会都会作出反应，发布有关规定对国际银行监管进行改进，但跨国银行监管合作中的问题依然存在。国际商业信贷银行（简称BCCI）的破产①，暴露了各国监管当局对国际银行及其分支机构合作监管的重大疏漏：信息的取得和交流渠道不畅，监管责任的划分不周密，仅有资本充足率标准难以实现有效监管。于是，1992年7月，巴塞尔委员会发布了《关于监督国际银行集团及其跨国机构的最低标准》（Minimum Standards for the Supervision of International Banking Groups and Their Cross – Border Establishments）（简称《最低标准》）。《最低标准》在强调母国与东道国进行密切的监管合作的前提下，为跨国银行及其海外分支机构的监管确立了四项最低标准：

第一，母国并表监管。《最低标准》规定，所有的跨国银行集团和跨国银行都应当受到能够行使并表监管的母国当局的监管。《最低标准》规定，实现母国统一监管的重要条件在于获取被监管银行在全球范围内的充分、可靠的信息。因此，母国监管机构应该能够获得有关跨国银行全球业务的综合财务报表及其经营活动的信息，并通过现场检查或其他方式对这些信息的可靠性、真实性进行评估；母国监管机构应有能力处理任何妨碍其获得跨国银行及其分支机构的并表信息的行为；对于可能阻碍母国有效监管的跨国银行，母国当局可以阻止该银行在海外设立分支机构；此外，如果母国监管当局认为东道国的监管不充分，还可以阻止本国跨国银行在该东道国设立分支机构。

第二，双重许可。《最低标准》规定，银行跨境设立银行机构应当获得东道国监管机构和银行或银行集团母国监管机构的事先同意。根据《最低标准》，母国和东道国在考察银行设立分支机构的申请时，应当考虑以下两个因素：第一银行自身的资本实力；第二银行及其分支机构的组织与经营程序是否满足有效的风险管理

---

① 国际商业信贷银行（以下简称BCCI）的结构是：处于该跨国银行顶端的是在卢森堡注册成立的银行持股公司（以下称BCCI持股公司）。该公司在卢森堡注册成立了国际商业信贷银行（以下称BCCI S. A.），在离岸金融中心开曼群岛注册成立了海外国际商业信贷银行（以下称海外BCCI）。在BCCI倒闭前，BCCI S. A. 在15个国家中共有47家分行和2家子行，海外BCCI在28个国家里有63家分行。此外，BCCI持股公司设立的其他银行和附属机构在约30个国家里开办了225家银行机构。BCCI持股公司、BCCI S. A. 和海外BCCI虽注册成立于卢森堡和开曼群岛，但大多数业务是在其他地方进行的。以上结构暴露出两项突出的缺陷：一是根据前述《1983年巴塞尔协定》，BCCI由于有了两个母行从而有了两个母国即卢森堡和开曼群岛，从而不能由一个母国实行并表监管；二是BCCI的主要业务都在母国之外经营，由于监管所需信息获取等障碍的存在，有效监管无法实现。BCCI事件表明，由两国或多国对一定银行的安全稳健性负责，会导致没有一国能够提供可靠的监管。由于银行机构的重要经营均在母行成立地之外进行，母行成立地的监管机构由于监管信息获取等障碍的存在很难对整个银行的安全稳健性作出判断。韩龙：《离岸金融的法律问题研究》，法律出版社2001年版，第15—16页。

的要求。母国的审批主要从银行和东道国两方面考虑是否能保障母国并表监管的有效实施;东道国的批准则以母国批准为前提,重点考察母国是否有能力对跨国银行及其海外分支机构进行有效监管。

第三,信息交流和分享制度。《最低标准》规定,母国的监管机构有权获得银行或银行集团跨境设立的银行机构的信息,东道国的监管当局有权向跨国银行或其母国监管当局获取有关分支机构的必要信息。母国和东道国在银行跨国机构设立的许可程序中可建立一种双边安排,母国或东道国监管当局均可通过现场检查或其他方式获得所需要的有效并表监管的信息。

第四,东道国采取措施的权力。《最低标准》规定,如果东道国当局确定上述任何一项最低标准没有得到满足,则可以采取满足其审慎经营需要的、与最低标准一致的限制性措施,包括:禁止设立上述银行机构;自身承担监管责任,对该外国银行机构在并表的基础上实行单独的、充分的监管,并基于审慎监管的目的而对该分支机构的经营范围和性质实施额外的、必要的、适当的限制。

《最低标准》的突出贡献就在于明确了对跨国银行进行国际监管的最低标准,确立了母国并表监管原则在跨国银行国际监管领域的核心地位,极大地推动了东道国和母国合作监管机制的发展。为了使《最低标准》得以贯彻实施,克服有效并表监管的障碍,特别是信息障碍,巴塞尔委员会于 1996 年 10 月发布了《跨境银行业监管》(the Supervision of Cross – Border Banking),对于克服跨国银行的监管障碍提出了 29 项建议,以对《最低标准》进行补充。《跨境银行业监管》要求东道国在母国不能通过其他监管手段获得信息时,有义务向母国监管机构提供必要的信息;在必要时修改阻碍母国监管机构收集有关存款者信息的立法;协助母国监管机构对其境内的外资银行实施现场检查或代表母国监管机构实施现场检查;确保对银行的空壳分行实现有效监管。对于母国监管机构,《跨境银行业监管》要求其必须保证银行总行递交的有关定性和定量信息的准确性;对境外外资银行实施现场检查;如发现银行有严重违反母国法律的行为,应通知东道国监管机构其对此所要采取的行动;如果有理由怀疑银行总行的管理、内控制度、业务有问题或银行集团的全球性状况有重大不良变化时,应立即通知东道国当局。[1]《跨境银行业监管》的内容涉及母国监管当局的信息获取、东道国的信息分享、母国并表监管的有效性、银行保密法限制的排除、监管当局跨境现场检查的实施等,为母国并表监管原则的实施提供了一定的法律保障。

(五)1997 年的《核心原则》和《2006 年核心原则》

如前所述,巴塞尔委员会于 1997 年颁布的《巴塞尔银行业有效监管核心原

---

① 周仲飞:《巴塞尔国际银行监管合作模式的缺陷及完善》,《法学评论》2003 年第 1 期。

则》,2006 年 10 月巴塞尔委员会于第 14 届"国际银行监督官大会"期间,正式发布了新版《有效银行监管核心原则》(以下简称《2006 年核心原则》)及《核心原则评估方法》。1997 年的《核心原则》和《2006 年核心原则》是有关银行监管的全面和系统的文件,其中自然包括了对跨国银行监管责任分配的规定。1997 年的《核心原则》重申了母国并表监管原则,要求母国监管者应确保母国银行能有效地控制其海外机构,保证其内部控制机制在其海外机构能得到同样的执行和遵守,能定期从其海外机构获取足够的监管信息。1997 年的《核心原则》还规定母国与东道国应进行充分的信息交流,要求东道国在向外国银行机构发照之前应征求母国监管当局的意见。如果母国与东道国监管当局未能就监管信息的获取、分享与交流达成协议,且东道国的保密法等不允许母国监管者获取其监管所需的信息,母国监管者应考虑禁止其国内银行到该东道国设立机构、开展业务。1997 年的《核心原则》同时要求东道国监管者应与母国监管者在对等和保证信息保密的条件下交流外国银行机构在东道国的业务信息。一方面,东道国监管当局应有权与母国监管当局分享监管所需的信息,以确信外国银行机构的经营能遵守与东道国国内银行一样的监督、检查和报告要求;另一方面,为核对现有信息或进一步取得监管所需信息,母国当局在遵守东道国法律的条件下,应获准对其海外银行机构进行现场检查。①1997 年的《核心原则》还要求东道国应配合母国实现有效监管。母国监管者对东道国对其海外银行机构的监管内容和监管水平应有充分的了解。如果东道国对外国银行机构的监管不充分、不完善,母国当局应采取措施加强监管力度,以补充东道国的监管不足,如亲临现场检查。如果东道国的法律在母国监管者获取信息和现场检查等国际监管合作方面设置或存在障碍,东道国监管当局应积极推进和促成该法律的修改,以消除合作监管的法律障碍。如果上述措施均未能如愿,显然难以实现有效的母国监管,母国监管当局应果断关闭其海外银行机构。

二、并表监管

由于目前对跨国银行监管责任的分配是以母国并表监管为核心,因此,在对母国和东道国监管责任的划分进行阐述的基础上,有必要对并表监管作进一步的阐述。

(一)并表监管的概念与特征

并表监管(consolidated supervision)是在 20 世纪 70 年代欧美等国家在银行监管中引入的监管技术。当时,随着国际银行业的发展,国际银行海外资产急剧膨胀,风险增大,同时广泛的金融创新和对金融规制的规避对国际金融体系的稳定造

---

① 李国安:《跨国银行的国际监管》,《世界经济》1999 年第 5 期。

成了较大的冲击。各国的金融监管当局认识到,要评价银行的风险程度和经营状况,必须对其全部业务活动进行有效监管,把银行在国内外的机构作为一个整体综合考虑。

巴塞尔委员会成立并发布 1975 年的《最初协议》之后,由于各国监管当局对该协定的监管责任存在不同的理解,母国与东道国相互推卸监管责任,巴塞尔委员会于 1979 年 1 月发布了《资产负债表并表方法》,首次提出并表监管是银行监管的一项基本原则和重要方法,将并表监管表述为"对每家银行的全球业务进行总体监控,而不仅仅满足于单一银行的稳健性"。意大利安步罗西诺银行的倒闭,促使巴塞尔委员会发布了《1983 年巴塞尔协定》。该协定吸纳了母国并表监管原则。按照该协定,母国当局应对整个银行或银行集团全球业务活动总体负责实施全面监管,并应将其银行的海外机构作为其银行整体的各个组成部分加以监管。1991年 7 月,国际商业信贷银行(BCCI)的关闭事件再次表明并表监管原则仍然存在漏洞。为了统一金融监管当局对并表监管问题的认识和做法,解决由于监管信息的取得和监管渠道不畅、监管责任划分不周延等导致监管有效性难以实现的问题,巴塞尔委员会于 1992 年发布了《最低标准》,确立了母国并表监管原则的核心地位。① 1997 年的《核心原则》的多项原则中对母国并表监管原则作出了规定②,从而使这一原则得到了进一步的强调。

根据《1983 年巴塞尔协定》,并表监管原则是指跨国银行母行和母国监管者对其所负责的银行或银行集团,以其在全球范围内从事的所有业务活动为基础,将跨国银行的总行或母行、国内外机构的资产负债表、损益表等进行合并,作为一个整体从全球范围综合评估与检测其风险暴露和资本充足性等指标,避免个别评估的片面性。

并表监管作为相对于单一监管的方法,具有如下基本特征:①它是指国际银行或银行集团的母国当局所实施的监管。所谓母国当局,通常是指银行或银行集团

---

①　周振春:《跨国银行业并表监管原则探析》,《集美大学学报》(哲学社会科学版)2005 年第 2期。

②　在"持续银行监管手段"部分,第 18 项原则规定监管者必须具备在单一和并表的基础上收集、审查和分析各家银行的审计报告和统计报表的手段。第 20 项原则规定银行监管的一个关键要素是监管者要有能力对银行组织进行并表监管。"跨国银行业"部分中的三项原则都直接对"并表监管原则"作出具体规定。第 23 项原则规定"银行监管者必须对其活跃的国际银行组织实施全球性并表监管,对这些银行组织在世界各地的所有业务进行充分的监测并要求其遵守审慎经营的各项原则,特别是其外国分行、合资机构和附属机构的各项业务"。第 24 项原则规定并表监管的一个关键因素是与各有关监管者特别是东道国监管当局建立联系、交换信息。第 25 项原则规定银行监管者应确保外国银行按东道国国内机构所同样遵循的高标准从事当地业务,而且从并表监管的目的出发,有权分享其母国监管当局所需的信息。

的成立地国的银行主管当局。在有复杂的组织结构且其中有多重所有权关系的情形下,"母国当局"可能包括多个,如银行集团的母国当局、为集团所拥有或控制的银行机构的母国当局、对集团机构拥有最大持股的银行的母国当局等。②它是以国际银行或银行集团及其跨境机构的合并账表为基础所进行的监管。即以国际银行或银行集团的合并财务报表为基础而进行的,其并表对象主要包括银行总行或母行及其国内外机构等,在一定条件下还包括银行下属的非银行金融机构及其所涉及的金融企业集团,并表范围一般视母行持股或参股及其有效控制的程度而定。③它是一种持续性银行监管。其实质在于通过制定和实施审慎监管法规,采取一定的持续性监管方法和手段(包括现场检查和非现场检查),对银行及其跨境机构在全球范围内所从事的业务活动进行监督,使银行经营的内在风险在总体上受到综合识别、评估、监测和控制,以确保银行稳健经营。并表监管的范围和程度通常由各国依特定银行的组织结构和业务范围加以确定。①

(二)新巴塞尔资本协议的适用范围

1. 新巴塞尔资本协议的并表适用范围

新协议的并表适用范围可以分为三个层面。第一层面为持股公司,持股公司是指全资或控股拥有银行集团,作为银行集团母公司的持股公司。第二层面为银行集团,银行集团是指主要从事银行业务的集团,在某些国家银行集团可注册为银行。第三层面为国际活跃银行,新协议在全面并表基础上,适用于银行集团内每一层面的国际活跃银行。同时考虑到保护存款人这一主要的监管目标,应确保资本充足率指标所涵盖的资本随时可用来保护存款人。因此,监管当局还应当检查每一家银行单个处理时的资本充足程度。

2. 新协议对银行集团并表核算资产时的要求

(1)新协议对银行集团多数持股或控制银行、证券公司和其他金融企业的情况下进行并表核算的要求。新协议要求多数持股或控制银行、证券公司和其他金融企业的银行集团在并表时,应该在最大可能程度上涵盖其从事的所有银行业务和其他相关的金融业务,不管这些业务是否受到了监管。具体包括融资租赁、发行信用卡、资产组合管理、投资咨询、托管、保管箱以及与银行业相关的其他业务,但不包括保险业务,金融企业也不包括保险公司。在对银行集团非全资拥有的银行、证券和其他金融企业并表时发现的少数股权,监管当局应评价其并表后作为资本的合理性。如果银行集团不能随意动用这部分少数股权,监管当局就可以调整计入资本中的这部分少数股权的数额。同时有以下情形:银行集团所持有的股本是通过以前签订的债权合同转换来的,只是短期持有,并且相应的监管规定也不相同

---

① 李仁真:《国际金融法》,武汉大学出版社1999年版,第112—113页。

或者从资本监管的角度出发,法律上不并表,则可以不并表核算。如果从资本角度出发,对多数持股的证券公司和其他附属金融企业未进行并表处理,银行集团在这些实体中的所有股本和其他监管资本投资都必须从其资本中扣除。同时,这些实体的资产和负债,以及在这些企业的第三方资本投资也必须从银行的资产负债表上剥离。

(2)新协议关于银行集团对银行、证券公司和其他金融企业拥有大额少数股权投资(significant minority investments)但没有控制权情况下的并表核算要求。新协议规定是在一定的条件下,这类投资可以按比例做并表处理。比如,对于股份制企业,按持股比例做并表处理是合适的;或者如果监管当局确认母公司在事实上或法律上会按照持股比例支持这类实体,同时其他大股东也有意愿和手段按照出资比例支持该企业,那么按比例做并表处理也是合适的。也可以将银行集团对银行、证券公司和其他金融企业的大额少数股权投资从银行集团的资本中直接扣除(扣除股本)。新协议还规定从资本充足率角度出发,即为防止通过银行之间相互持股人为地虚增银行资本,银行相互持股的部分要从资本中扣除。

3. 新协议对投资保险公司的银行集团或国际活跃银行在计算监管资本时的要求

新协议目前在原则上要求扣除银行在保险子公司的股本、其他监管资本投资以及在其他保险公司的大额少数股权投资;采用这种处理方法时,银行还应从资产负债表上扣除第三方在保险子公司的资本投资及保险子公司的资产和负债。总之,在任何情况下,可采用的其他方法都应从整个集团的角度确定资本充足率,以避免重复计算资本。同时新协议规定银行对多数持股或控制的保险公司所投入的资本,可能超过这些实体所需持有的监管资本规模(即超额资本),在这些情况下,监管当局可以允许银行在计算资本充足率时,承认这类超额资本,并计入银行的资本中。

4. 新协议对投资企业的银行集团或国际活跃银行在计算监管资本时的要求

对商业企业的大额少数或多数股权投资,只要超过一定限度,都应从银行的资本中扣除。但具体限度是多大,取决于各国的会计和监管规定。一般而言,对商业企业单笔大额投资超过银行资本的15%或全部投资超过银行资本的60%(或者采用更严的标准)时,超过的部分都应当从银行的资本中扣除。对于采用标准法的银行,在一定限度以下的对商业企业的大额少数或多数股权投资,其风险权重应不低于100%。对于采用内部评级法的银行,此类投资的风险权重应当与委员会有关的股本投资的处理方法相一致,也应不低于100%。

下面是新协议适用范围图示。

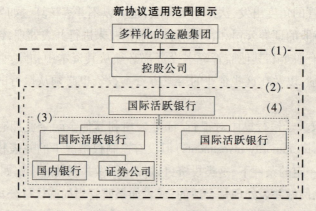

新协议适用范围图示

注:(1):以银行业务为主的银行集团的边界。新协议适用于这一层次的并表(即一直到控股公司)。(2)、(3)和(4):新协议适用于低层次并表的各类国际活跃银行。

第三节　老巴塞尔资本协议与资本充足率

防范国际银行业风险和维护国际银行业稳健,除需要廓清母国和东道国对国际银行的监管责任的界限外,还需要建立和明确监管的标准。只有这样,才能使任何境外银行机构都无法逃避监管,而监管必须是充分有效的监管目标得以实现。巴塞尔委员会成立后,发布了大量的监管标准,如信用审批标准与监测程序的原则、资产质量监管与呆账准备金充足评估原则、防止风险过于集中和大额贷款披露原则、限制关联贷款原则和控制国家风险原则、利率风险管理原则、流动性风险管理原则、操纵风险管理原则和资本充足率标准等,其中影响最大者当数资本充足率标准。

一、资本充足率概述

资本充足率指资本总额与加权风险资产总额的比率,反映商业银行在存款人和债权人的资产遭到损失之前,该银行能以自有资本承担损失的程度,是衡量银行承担风险能力的综合指标,同时抑制风险资产的过度膨胀,保护存款人和其他债权人的利益。资本充足率最早规定在巴塞尔委员会于 1988 年通过的《关于统一国际银行资本计算和资本标准的协议》,这一协议被广泛称为巴塞尔资本协议。2004年 6 月 26 日,巴塞尔委员会发布的《统一资本计量和资本标准的国际协议:修订框架》对资本充足率进行了修订,由于新发布的协议被广泛地称作为新巴塞尔资本协议(Basel II),故 1988 年的巴塞尔资本协议又被称为老巴塞尔资本协议。本书以下将沿用这种称谓。

需要指出的是,资本充足率是一种特殊的"杠杆比率",它不是简单地用会计资本除以总资产,而是用监管资本除以风险加权资产。从监管的视角来看,这两种情况是有区别的。例如,有一些负债,比如次级债、可转债等,如果符合条件则可被计入监管资本当中。同时,资本充足率的分母也不是资产负债表中的总资产,而是将资产根据风险的大小进行加权后得出的结果。加权的方法或简单或复杂,但其背后的基本要求是一致的,就是风险越高,权重越高,需要的资本越多。除资产负债表表内信用风险外,资本充足率的分母中还要考虑表外信用风险、市场风险甚至操作风险等内容。这样计算出的资本充足率,比简单地用会计资本除以总资产可以更加准确地反映和衡量一家银行风险水平和自身抵御风险的能力。①

以资本充足率为核心的资本监管已经成为当今主要国家银行监管当局审慎银行监管的核心。之所以如此,是因为银行经营所造成的各种损失最终需要通过银行资本来缓冲和吸收、消化。资本通常被看作为银行的最后一道防线,当银行出现风险管理不善而造成亏损的情况下,资本可以吸收损失从而防范银行倒闭。

资本充足率监管贯穿于商业银行设立、经营、市场退出的全过程,对商业银行的影响是全方位的。在监管实践中,资本充足率既是监管当局审批商业银行增设机构、开办新业务、合并重组等合规性监管时所考虑的主要因素,也是监管当局评估商业银行风险状况、采取监管措施的重要依据。在各类商业银行风险评价体系中,资本充足率占有相当大的权重,资本充足率达不到最低要求,监管当局可以迅速地采取纠正措施,督促商业银行尽快恢复资本;情况严重者,监管当局可以采取接管、寻求兼并和关闭等手段,防止风险的进一步扩大。在一些国家,资本充足率还是确定商业银行存款保险费率的依据。

商业银行保持稳健性,一个主要标志就是银行自身持有的资本水平、资产负债的期限结构以及资产组合的风险状况。在现实中,一些银行为获取高额利润回报对从事高风险业务具有强烈的冲动,而在一定程度上忽视其自身资本充足率水平。如果商业银行对这种冲动缺乏清醒、科学的认知,监管当局又不加以引导和警示,就很可能造成银行资产风险的发生和加大,危及银行自身安全,损害社会公众对银行体系的信心。因此,监管当局对银行实施持有与其风险状况相适应,甚至更高的资本要求,从根本上可以增强商业银行抵御风险的能力,最大限度地减少各种不确定性造成的损失,以降低风险,维护存款人利益。②

正是由于资本充足率具有如此重要的作用,所以,资本充足率的要求在1988年被写入老巴塞尔资本协议,成为银行监管史上一个重要的里程碑,为各国监管当局提供了统一的资本监管框架,使全球资本监管在总体上趋于一致。老巴塞尔资

---

① 唐双宁:《商业银行利用金融债券提高资本充足率的实践》,《财经》2005年9月。
② 刘明康:《强化资本充足率监管,提高银行体系稳健性》,《金融时报》2004年5月15日。

本协议颁布后迅速被 100 多个国家采用和实施,成为资本监管的国际标准,很多国家把巴塞尔资本协议的规定和精神纳入国内金融监管法之中。资本充足率目前已成为衡量单个银行乃至银行体系稳健性的公认的国际标准,同时也构成维护银行业公平竞争的重要标尺。如果一国未按巴塞尔资本协议规定的资本充足率的标准对本国银行实行监管,该国银行在国外的市场准入和业务活动就会受到限制和歧视。

二、老巴塞尔资本协议与 8% 的资本充足率

老巴塞尔资本协议的核心内容是资本充足率,即银行监管资本与银行风险资产的比率。根据老巴塞尔资本协议,国际银行的资本充足率不得低于 8%。巴塞尔委员会的成员国以国内法律的形式接受这个规定,不过该委员会成员以外的许多国家和地区的法律也纷纷接受了这个规定,因此,巴塞尔委员会所规定的资本充足率成为国际金融业的"神圣公约"。巴塞尔委员会规定资本充足率主要是出于两个目的,一是作为抵御损失的防护层,二是整平国际银行业的游戏场地,即通过统一国际银行资本的衡量和标准,在国际金融业中开展公平竞争。

(一)资本

资本具有多种含义,老巴塞尔资本协议有关资本充足率的资本指的主要是(但不限于)银行资产超过负债的部分①,因此,衡量资本应从资产负债表入手。资产负债表是反映银行某一日期资产、负债和所有者权益的数额及其构成的会计报表,内容包括资产、负债、所有者权益三要素,资产负债表表明银行在某一特定日期所拥有或控制的资源、所承担的义务和所有者对净资产的要求权。资产,是指过去的交易、事项形成并由银行拥有或者控制的资源,该资源预期会给银行带来经济利益。负债是银行通过吸收存款(如活期和定期存款等)和借款(如同业拆借和向中央银行借款等)所形成的资金来源。银行资本包括银行成立时所筹集的资本、储备资本和未分配利润。

银行资产负债示意表(以百万计)

资产	负债及股份
现金:5	存款:88
证券:15	普通股:1
贷款:77	非积累性优先股:4
建筑物及设备:3	留利:7
总资产:100	总负债及股份:100

---

① Jonathan R. Macey, Geoffrey P. Miller, Richard Scott Carnell, *Banking Law and Regulation*, Aspen Publishers, 2001, p. 277.

在上例中,总资产减去总负债构成该银行所拥有的资本额:100 - 88 = 12。该银行的资本是不是就是 1200 万呢?

根据老巴塞尔资本协议的规定,国际银行的资本构成分为"核心资本"(又称为一级资本)和"附属资本"(又称为二级资本)两个部分。① 所谓"核心资本"是指价值比较稳定、流动性高的资产,包括两个部分:银行的股本和从税后留利中提取的公开储备(published reserves from post - tax retained earnings)。按照老巴塞尔资本协议的规定,核心资本应当占到银行总资本的 50% 。"附属资本"由以下部分构成:未公开储备,资产重估,普通准备金或呆账准备金,债与资本的复合工具(hybrid debt capital instruments)②,次级债③。附属资本须受以下条件的限制:附属资本总额不得超过核心资本总额的 100% ,次级债不得超过核心资本的 50% ,普通准备金或呆账准备金不得超过风险加权资产的 1.25% ,资产重估须对资产的历史成本价与市场价值的差额打 55% 的折扣。此外,协议还规定了资本的扣除项:从核心资本中扣除商誉,从资本中扣除对不并表的从事银行业务和金融活动的附属机构的投资。

(二) 风险资产

资本充足率是银行监管资本与银行加权风险资产的比率。在确定了资本之后,需要计算分母——银行加权风险资产。资本充足率计算公式的分母部分由银行有风险的资产构成。1988 年的巴塞尔资本协议关注的焦点是银行业务的信用风险,即债务人不能偿还贷款的风险,此外,协议还关注信用风险的特殊变异——国家风险。因此,老巴塞尔资本协议在计算风险资产时,不仅将风险权重与银行的债权挂钩,而且主要依照债务人的国别、债权的部门性质确定权重。比如,银行对经合组织(OECD)成员国中央政府与中央银行债权的风险权重为 0;而对非 OECD 成员国中央政府债权(除非以本币定值、提供)的风险权重为 100% 。由于各类资产所面临的信用风险程度是不同的,为此,老巴塞尔资本协议建立了信用风险加权制度。不同的风险权重,意味着资产的风险不同,所占用的资本也就不同。例如,适用 0 风险权重的资产意味着,银行所拥有的这类资产没有风险,不需要占用资本金;风险权重为 20% 者打两折;风险权重为 100% 者,不打折。具体来说,信用风险资产包括表内业务和表外业务两个部分。

---

① 巴塞尔委员会在 1995 年 4 月发布《关于市场风险资本要求的内部模型法》中,提出银行可以用短期次级债券来满足市场风险的资本要求,这些短期次级债券构成一级资本和二级资本之外的"三级资本"。详见本章第三节的有关论述。

② 债与资本的复合工具包括多种资本工具,这些资本工具兼有股权和债的特征。所有这些工具都具有能够影响其能够作为资本的特定性质。这些工具尽管具有与股权的密切近似的地方,特别是能够在持续的基础上承受损失而不致引起清算,但只能计算到附属资本中。

③ 次级债是指固定期限不低于 5 年(包括 5 年),除非银行倒闭或清算,不用于弥补银行日常经营损失,且该项债务的索偿权排在存款和其他负债之后的商业银行长期债务。

1. 表内业务

老巴塞尔资本协议将银行资本与信用风险挂钩,将银行的表内业务的各种资产按照债务主体的类别和债权的类型分为5级,每个级别规定了不同风险加权系数:0,10%,20%,50%,100%。这些风险权重适用的情形如下:

(1)0风险权重适用于银行所拥有的①:

①现金;

②对各国中央政府和中央银行以该国货币计值和提供的债权;

③对经合组织(OECD)国家中央政府和中央银行的其他债权;

④由OECD中央政府证券担保的债权或由OECD中央政府提供保证的债权。

(2)由各国自行决定适用10%,20%,50%的风险权重的债权:

对除中央政府之外的国内公共机构的债权,或由该类机构保证或该类机构发行的证券担保的贷款。

(3)20%的风险权重适用于:

①对多边银行(如国际复兴开发银行、亚洲开发银行等)的债权和由这类银行保证或由其发行的证券担保的债权;

②对在OECD国家成立的银行的债权和由在OECD国家成立的银行保证的债权;

③对在OECD国家成立的证券公司的债权,条件是该公司接受可比的监管和规制安排,特别是以风险为基础的资本要求;由这些证券公司所保证的债权;

④对在OECD国家以外成立的银行余期在一年以内的债权和由在OECD国家以外成立的银行所保证的余期在一年以内的债权;

⑤对除中央政府之外的非OECD国家内的公共机构的债权和由该类机构保证或以其发行的证券担保的债权;

⑥托收中的现金款项。

(4)50%的风险权重适用于:

由借款人占有或出租的住宅所全部抵押担保的贷款。

(5)100%的风险权重适用于:

①对私营领域的债权;

②对在OECD国家以外成立的银行所拥有的余期在一年以上的债权;

③对OECD以外的中央政府所拥有的债权(除非以该国货币计值并以该货币提供);

---

① Basel Committee on Banking Supervision, International Convergence of Capital Measurement and Capital Standards, Annex 2, available at http://www.bis.org/publ/bcbsc111.pdf.

④对公共领域所拥有的商业公司的债权；

⑤建筑物、工厂、设备和其他规定资产；

⑥不动产和其他投资（包括对其他公司的非并表投资参与）；

⑦其他银行发行的资本工具（除非从资本中扣除）；

⑧所有的其他资产。

2. 表外业务

表外业务或项目是指资产负债表之外的业务活动。这些业务可能是偶然作出的承诺或合约，它们给银行带来收入，但按传统的会计程序，又不算作资产或负债，所以不进入资产负债表。

老巴塞尔资本协议对表外项目的风险敞口，如担保、承诺、远期债权等，具有不同的资本要求的计算方法。在老巴塞尔资本协议中，这是较为复杂的一部分，银行要通过两个步骤计算：首先将表外项目头寸，根据所规定的转换系数转化为等额信用值，然后根据相对方的风险权重进行加权。不同表外项目的转换系数如下[1]：

表外项目	转换系数
1. 信用的直接替代工具，如对债务的一般保证（包括为贷款和证券提供财务保证的备用信用证）和承兑（包括具有承兑性质的背书）	100%
2. 某些与交易有关的或有项目［如履行债券（performance bonds）、与特定交易有关的备用信用证等］	50%
3. 短期的、与贸易有关的、有自行清偿能力的或有项目（如由有优先索偿权的装运货物作抵押的跟单信用证等）	20%
4. 销售与回购协议、有追索权的资产出售，但信用风险仍在银行	100%
5. 远期资产购买，超远期存款（forward forward deposits）、部分付款的股份和代表承诺一定损失的债权	100%
6. 票据发行融通和循环包销便利	50%
7. 初始期一年以上的其他承诺（如正式的备用便利）	50%
8. 初始期为一年以内或可以在任何时候无条件取消的承诺	0

假设某银行以备用信用证形式提供了 1000 万美元的贷款保证，由于该类表外项目的风险转换系数是 100%，那么，该银行这一表外项目的等额信用值就是 1000 万美元（1000 × 100% = 1000）。

在得出等额信用值之后，需要将其归类到相应的风险权重中。假设该 1000 万美元的金融保证系为某市供水系统收入债券所提供，由于一国对中央政府之外的

---

① Basel Committee on Banking Supervision, International Convergence of Capital Measurement and Capital Standards, Annex 3, available at http://www.bis.org/publ/bcbsc111.pdf.

国内公共机构的债权可以决定适用 10%、20% 或 50% 的风险权重,假设银行所在国对此规定的风险权重是 50%,那么,50% 风险权重下的风险资产是 500 万美元。

3. 市场风险被纳入资本充足率的计算范围

1988 年的巴塞尔资本协议强化了银行的信用风险管理。但是,由于国际性银行日益活跃地参与金融市场交易,由此产生的市场风险已不容轻视,尤其是衍生产品交易已使数家财力雄厚的跨国公司、跨国银行损失惨重,因此,1993 年巴塞尔委员会提出了制定银行市场风险资本金要求的动议,而"巴林事件"与"大和事件"更增添了修订 1988 年巴塞尔资本协议的紧迫性。① 1996 年 1 月,巴塞尔委员会发表了《资本协议市场风险修正案》(Amendment to the Capital Accord to Incorporate Market Risks)(以下简称《修正案》),并确定在 1997 年底开始在成员国银行实施。

巴塞尔委员会制定《修正案》的宗旨是规制市场风险,核心内容是银行必须量化市场风险并计算相应的资本要求。《修正案》所规定的市场风险是指银行资产负债表的表内项目和表外项目的头寸因市场价格的变动而面临的损失风险。《修正案》对 1988 年巴塞尔资本协议的修改主要体现在:第一,将市场风险纳入资本充足监管的范围。第二,《修正案》在计算银行的资本充足性时,按照银行业务的性质,将银行的表内外项目分成银行项目(banking book)和交易项目(trading book):①银行项目——存款、贷款等传统银行业务,包括与这些业务相关联的衍生品。这些业务不以交易为目的,性质上较被动,较少考虑短期市场因素波动的影响。②交易项目——债券、股票、外汇交易以及与这些交易相关联的衍生产品。这类业务根据市场变动而开展,目的是为了获得短期收益。根据《修正案》和新巴塞尔资本协议对《修正案》的修改,交易项目记录的是银行为交易目的或规避交易项目其他成分的风险而持有的可以自由交易的金融工具和商品的头寸,包括:为短期内转售或/和为从短期的买卖价差、其他价格或利率变化中获利而有意持有金融工具的头寸,由于经纪或坐市(market making)而拥有的金融工具的头寸,为了对交易项目的其他成分进行套期保值而具有的头寸。记入交易项目的头寸必须在交易方面不受任何条款限制,或者能够完全规避自身风险。

银行项目与交易项目这两类业务的风险类型不同,银行项目业务的风险主要是信用风险。对银行项目的资本要求,要按 1988 年巴塞尔资本协议所规定的信用风险权重,对各类表内表外项目计算信用风险。交易项目业务的风险主要是以利率、汇率等变化为特点的市场风险,要按《修正案》规定的方法计量市场风险和资本要求。

---

① "巴林事件"与"大和事件"是指 20 世纪 90 年代发生的英国巴林银行倒闭和日本大和银行的倒闭。

　　对市场风险的风险计量,《修正案》规定了以下两种方法:一种为标准计量法,即"修正案"为银行提供的一种计算市场风险的标准法;一种为内部模型计量法,各认可机构可运用成熟的内部风险模型计算市场风险的资本要求,这种方法鼓励银行采用较先进的风险管理技术。各国监管当局可选择其中一种来测量风险。

　　(1)标准计量法

　　标准计量法的计算是根据银行所拥有的不同交易头寸,按照敏感性方法,对利率风险、股票头寸风险、外汇风险、商品风险以及期权价格风险分别计算资本要求。这在本质上是一种"分块法"(building block),五大块的计算规则不尽相同。不仅如此,《修正案》将利率风险和股票头寸风险,进一步分为一般市场风险和特殊风险加以考虑。一般市场风险是由于市场利率变动导致损失的风险,特殊风险只和某类金融商品有关的因素导致金融商品价格产生不利运动趋势的风险。标准计量法将业务分为以上5类,分别按交易工具的不同期限或交易工具相对方的不同性质等制定不同的风险权重,并规定在各种情况下的资本充足率。

　　(2)内部模型计量法

　　在《修正案》出台之前,当时的一些银行认为,它们自身的风险管理模型在计量市场风险方面比标准法要准确得多,但标准法使它们不得不在使用自己的模型计量市场风险的同时,还要运用标准法计算的市场风险来应付监管,造成不必要的成本增加。考虑到这些意见,巴塞尔委员会在《修正案》中允许有条件的银行采用其内部的风险计量模型来计算银行的市场风险量,再以此为基础计算出资本充足率。国际主流银行采用的内部模型方法主要是在险价值法(VAR)。把内部模型法引入风险和资本的计量,是对传统监管观念的一大突破,是监管方法上的一个创新,但由于各银行的风险管理模型各不相同,可比性较差,巴塞尔委员会出于谨慎监管考虑,规定银行在使用内部模型时必须满足定性和定量标准,以此保证各模型具有足够的透明度和可比性。

　　定性标准有:银行应有独立的风险控制部门,并与交易部门独立,直接向高级管理层报告;银行应设立一个有关风险计量模型的风险压力测试程序,检测在极端不利情况下管理系统的风险承受力;银行的董事会和高级管理层应积极参与风险管理过程;应建立常规制度,保证银行的内部控制制度得到实施。

　　定量标准有:要求银行每天计算在险价值(Value at Risk)。模型计算要求采用99%的置信度,计算风险价值的时间段应不少于10个交易日;模型参数确定的历史观察期应少于1年,等等。

　　由于《修正案》对交易风险规定了资本要求,因此,在《修正案》出台后,银行应当按上述分类对信用风险和市场风险分别设立资本要求。银行应对以上两种风险所需的最低资本为:《巴塞尔协议》确定的银行项目的信用风险和《修正案》确定的交易项目的市场风险所需资本之和。也就是说,银行最低总资本金要求包括两个部分:老巴塞尔资本协议规定的信用风险资本金要求,按《修正案》中规定的方式(使用标准法或内部模型)计算出的市场风险资本金要求。具体而言,在计算总资本金比率时,先将得出的市场风险数值乘以 12.5(即原 8% 的最低资本金比率的倒数),再与经风险加权的信用风险资产相加,把这个数值作为分母,将符合《修正案》中资本金定义的银行资本金作为分子,便可得出该资本金比率。①

由于《修正案》将资本充足率从原仅适用于信用风险扩展到市场风险,明确要求银行应有适当的资本支持其承受市场风险,因此,《修正案》增加了对银行的资本要求,在客观上加大了《资本协议市场风险修正案》推行的难度。为此,巴塞尔委员会在《修正案》规定银行可以用短期次级债作为防范满足市场风险的资本,这些短期次级债构成一级资本和二级资本之外的"三级资本"(Tier 3)。短期次级债要构成三级资本必须满足一定的条件:①必须是无担保的、次级的、全额支付的;②短期次级债的原始期限不少于 2 年,未经监管当局的同意不得提前偿还;③不超过用于抵御市场风险的一级资本的 250%,二级资本可用于替代三级资本,但同样不能超过 250% 的上限;④二级、三级资本之和不可超过一级资本等;⑤只能够用来支持市场风险。关于资本比率的计算,《修正案》要求将市场风险的计量值乘以12.5(即最低资本要求 8% 的倒数),与信用风险的风险加权资产相加,而计算式的分子是原协议中的一级、二级资本与应付市场风险的三级资本的总和。

三、资本充足率计算列举

银行表内业务的所有资产经过相应级别的风险系数加权后,加上表外业务的风险资产折算值,构成银行总的风险资产,再将这部分"资产"与银行的"资本"相比较,"资本"应不低于"资产"的 8%。大体上说,这一计算过程需要经过 8 个步骤。为了便于阐释,以下以设立在 OECD 某国的甲银行为例,来阐述资本充足率是如何计算与如何衡量的。

设在 OECD 国家的甲银行的资产负债表(以百万计)②

资产		负债与股权	
现金:	5	存款:	186
在央行的存款余额:	12	债券:	10
中央政府的证券:	20	次级债:	2

---

① 袁翔:《试析〈巴塞尔资本金协议市场风险修正案〉》,《国际金融研究》1996 年第 11 期。
② 按照老巴塞尔资本协议,银行对 OECD 国家及其境内的债权与对非 OECD 国家及其境内的债权具有不同的风险权重。在本例中,甲银行拥有的资产和债权全部位于该 OECD 国家之内。

地方政府债权：	15	以上总负债：	198
家庭住房抵押贷款：	50	普通股：	19
消费贷款：	65	非积累性永久优先股：	5
商业贷款：	55	总股权：	24
总资产：	222	负债与股权：	222

除此之外，甲银行还为某市供水系统的收入债券提供了 4 百万元的备用信用证担保，为某私营企业的债务提供了 9 百万元的备用信用证担保。

计算该银行的资本充足率，按照老巴塞尔资本协议，需要经过以下步骤：

第一，应当把该银行的资产归属到不同的权重中。适用 0 风险权重的资产：5（现金）+12（在央行的存款余额）+20（中央政府的证券）= 37。适用 20% 风险权重的资产：15（地方政府债权）（对此虽然各国可自行决定适用 10%、20%、50% 的风险权重，但假设该国确定适用 20% 的风险权重）。适用 50% 风险权重的资产：50（家庭住房抵押贷款）。适用 100% 风险权重的资产：65（消费贷款）+ 55（商业贷款）= 120。

第二，对表外项目乘以适当的信用风险转换系数，计算出等额信用值。由于表外项目中的 13（以百万计）都是以备用信用证形式为债券提供的保证，风险转换系数是 100%，那么，该银行表外项目的等额信用值仍然是 13（13 × 100% = 13）。

第三，将按以上步骤得出的等额信用值归类到相应的风险权重中。某市供水系统收入债券在甲银行履行保证责任后为甲银行所拥有，假设甲银行所在国规定银行持有的这类债券的风险权重是 50%[①]，那么，50% 风险权重类别下的资产数额增加了 2（百万）。甲银行为某私营企业债务提供的 9 百万元备用信用证担保所适用的风险权重是 100%，所以，100% 风险权重类别下的资产数额增加了 9 百万。

第四，将各风险权重项下的资产乘以相应的风险权重百分比。0 风险权重的资产：37 × 0 = 0。适用 20% 风险权重的资产：15 × 20% = 3。适用 50% 风险权重的资产：52[50（表内项目）+ 2（表外项目）] × 50% = 26。适用 100% 风险权重的资产：129[120（表内项目）+ 9（表外项目）] × 100% = 129。

第五，将按各风险权重算出的资产相加，即 0 + 3 + 26 + 129 = 158，158 即构成风险加权资产。

第六，计算一级资本和二级资本。从资产平衡表中，可以看出，甲银行所拥有的一级资本为 24[19（普通股）+ 5（非积累性永久优先股）]。进一步审查资产平衡表，可以发现资产平衡表中 2（百万）的次级债符合二级资本的要求。

---

① 根据老巴塞尔资本协议的规定，对除中央政府之外的国内公共机构的债权和由该类机构保证或该类机构发行的证券担保的贷款，各国自行决定适用 10%、20%、50% 的风险权重。

第七,将一级资本和二级资本相加,24(一级资本)+2(二级资本)=26(总资本)。按照老巴塞尔资本协议的规定,一级资本要占总资本的比例不得低于50%,二级资本不得超过总资本的50%。由于甲银行所拥有的一级资本远远超出二级资本的数量。所以,甲银行的所有二级资本都可以计算在资本总量中。

第八,将银行总资本除以银行的风险加权资产得出甲银行的资本充足率,即:26(总资本)÷158(风险加权资产)=16.5%(资本充足率)。

由此也可以看出,甲银行资本是充足的,符合资本充足率监管要求。

第四节 新巴塞尔资本协议

自1988年老巴塞尔资本协议颁布以来,该协议所确定的资本充足标准逐步成为世界性的标准,为一百多个国家的监管当局所接受,对于世界各国的银行立法和所有国际性银行的业务都产生了重大而深远的影响,同时也使巴塞尔体制在国际银行监管领域赢得了无可争议的权威地位。具体体现在:首先,通过强调资本充足率的重要性,老巴塞尔资本协议使银行经营从注重规模转向注重资本、资产质量。协议通过确立资本充足率,要求银行监管者根据银行承受损失的能力确定资本构成,并依其承担风险的程度规定最低资本充足比率,一定规模的资本金只能经营一定规模的业务量,而不能盲目地扩充规模。其次,协议为统一衡量银行风险管理的标准提供了便利。老巴塞尔资本协议根据不同种类资产及表外业务项目建立了风险加权制度,清楚地勾勒出国际性银行的资本衡量架构,为国际社会衡量银行业的风险提供了统一的标准。然而,老巴塞尔资本协议也存在缺陷,这些缺陷导致巴塞尔委员会经过数年的修订①,于2004年6月26日公布了《资本计量和资本标准的国际协议:修订框架》,简称《新巴塞尔资本协议》(Basel II)。

一、新巴塞尔资本协议出台的原因与三大创新

(一)巴塞尔委员会为什么要除"旧"布"新"

1988年的老巴塞尔资本协议为新巴塞尔资本协议所取代,至少有以下三个方面的原因:老巴塞尔资本协议在适用于大的金融机构时存在严重缺陷;银行的风险管理艺术得到了很大的提高;银行体系越来越集中。

---

① 1999年6月,巴塞尔委员会发布了第1份咨询文件——"新资本充足率框架"(A New Capital Adequacy Framwork)。2001年1月发布了第2份咨询文件——"新巴塞尔资本协议"(The New Basel Capital Accord)。2003年4月,巴塞尔委员公布了第3份咨询文件,2004年6月发布新巴塞尔资本协议。

1. 老巴塞尔资本协议所存在的缺陷

老巴塞尔资本协议作为一个资本要求的框架对多数的中小银行来说是足够的,但对于国际活跃银行机构来说[1],老巴塞尔资本协议具有严重缺陷,这些缺陷随着时间的推移变得愈发显著。因此,研究制定一个新的资本框架协议以替代老巴塞尔资本协议势在必行。老巴塞尔资本协议具有哪些不足呢?

第一,老巴塞尔资本协议对于信用风险的度量粗略,没有考虑同类资产不同信用等级的差异,从而不能准确地反映银行资产的真实风险状况。老巴塞尔资本协议只有 5 类风险权重,银行的许多同类资产的信用质量虽然存在很大的差异,但却要求同样的资本量。对风险度的有限辨别意味着计算得出的资本充足率并不一定能够说明问题,甚至可能出现误导,将危险贷款或问题贷款表现得安全无事。

不仅如此,有限的风险权重类别和僵硬的风险评级制度,会刺激银行通过资本套利来操纵资本充足率制度。所谓资本套利就是通过出售银行资产或对银行资产实行证券化,使银行资产的资本要求少于正常的资本要求,从而逃避某些本来应适用的资本要求。例如,老巴塞尔资本协议对于私人贷款一律要求 8% 的资本充足率,由于这一方式过于简单,使得银行将一些高质量资产列为表外项目以减少资本要求,但这会导致银行贷款组合的平均质量的下降。无独有偶,信用卡贷款和住宅抵押贷款被大量地证券化,而不是在银行资产负债表中持有,因为市场对强化了的银行信用的资本要求少于老巴塞尔资本协议的资本要求。银行的这种做法是可以理解的,从经济效益方面讲甚至是可取的,但是,银行通过资本套利所保留下来的资产风险更高,而资本显得过低。对于层出不穷的金融创新,不断涌现的新业务新品种,大量使用的金融衍生产品,老巴塞尔资本协议的风险权重的确定方法却不能真正体现其风险性。

第二,应用范围有限。老巴塞尔资本协议最初主要针对信用风险,随着国际银行业务尤其是金融衍生产品的发展,一些银行因此发生了重大损失,从而促使人们关注市场风险。1996 年,巴塞尔委员会发布了《资本协议市场风险修正案》,核心内容是银行必须量化市场风险并计算相应的资本要求。但对于操作风险等,老巴塞尔资本协议却没有作出太多的规定。

第三,金融危机的预见能力有限。银行符合资本充足率的要求,只能衡量一旦银行出现问题时的偿还能力,却不能成为防患于未然的保证,且 8% 资本充足率要求与日益复杂、内部衡量的经济资本不相匹配。[2] 所以,仅有资本充足率要求,并不能保证银行的稳健运行。例如,1993 年底巴林银行的资本充足率远超过 8%,

---

[1] 这些国际活跃银行在数量上虽少,但在各国和国际银行业中所占比重很大。

[2] 所谓经济资本(economic capital)是相对于规定资本或监管资本(regulatory capital)而言的,通常是指银行运用自己内部方法(如某种测算模型等)所计算出风险资产所需要的资本量,该资本量可能不同于老巴塞尔资本协议所规定的资本量。

1995年1月巴林银行还被认为是安全的,但到1995年2月末,这家银行就破产并被接管了,这引起人们对资本监管要求的适用性及资本监管在防范银行危机方面的作用的怀疑。从宏观上看,东南亚金融危机的爆发和蔓延,昭示仅依赖资本充足率的监管显然还不足以确保银行体系的安全稳健,这也使得巴塞尔委员会感到重新修订国际金融监管标准已刻不容缓。

2. 银行的风险管理艺术获得极大的提高

自老巴塞尔资本协议发布后,国际银行业对风险衡量和管理出现了重大改进。一些银行通过采用新的技术改进了对风险的管理和对内部经济资本的衡量,从而使自己能够从事更有效的竞争和更好地控制风险,如市场风险测量的新方法——在险价值法(VAR,Value at Risk),摩根银行的"风险矩阵系统"等。目前,以这些大银行开发的风险管理模型计算出的经济资本量,比监管部门使用的资本充足率的计算方法更为精密,且经济资本量可能小于监管当局要求的资本量。因此,对于这些银行来说,按照监管部门所用方法计算出来的资本充足率,实际上并不能反映其抵御风险的能力和市场竞争地位。这说明老巴塞尔资本协议在某些方面已跟不上银行风险管理发展的步伐。所以,新巴塞尔资本协议的重要目标之一就是加速对这些新技术的采用,并通过将这些风险衡量和管理的技术纳入其约束机制中,进一步促进对风险的衡量和管理。

3. 银行业愈加复杂和集中

老巴塞尔资本协议实施后,全球银行业在市场压力之下出现了并购浪潮,导致银行业集中程度提高,少数大银行在广泛的地域市场上经营着为数众多的产品。随着规模的扩大,这些银行的经营变得异常复杂,具有显著不同的产品组合和混合。同时,由于规模巨大,这些机构中如果有一个机构出现严重风险或问题,就足以导致严重的负面效果。这就迫切地需要变革原有的规制和监管架构,使这些银行机构在享有不同业务战略的同时,激励它们采取尽可能好的风险衡量和管理技术。

(二)新巴塞尔资本协议的三大创新

新巴塞尔资本协议(简称新协议)出台的上述原因决定了新协议在内容上有许多创新点,研究和把握这些创新对运用新巴塞尔资本协议完善我国银行监管具有重要的意义。从大的方面,概括来说,新巴塞尔资本协议有三大创新:一是以监管审查机制和市场约束两大支柱作为原来数量标准的补充手段,目的是减少对第一大支柱数量标准的过度依赖,为资产评估确立一个更均衡的体系。二是允许具有风险管理能力的资深银行运用其内部评级系统评定信用风险和市场风险,即以内部评级代替对每一种类资产的标准化的风险加权。三是允许银行采用外部评级机构所提供的信用等级,将对主权国家的债权、对企业和银行的债权等细分为多个等级。新协议的三大创新都是为了保证和提高风险的敏感度,这一点从新老巴塞尔资本协议的比较中可以略见一斑。

此外,新协议还有对操作风险引入资本要求、细化风险加权等许多具体创新,对此,我们将在对新协议的具体内容的阐述中介绍。

新老巴塞尔资本协议的比较

老巴塞尔资本协议	新巴塞尔资本协议
单一风险衡量措施	三管齐下:强调银行自身的内部制度、监管审查和市场约束
以一应百:一个尺度应对所有的变化	激励更好的风险管理
粗线条的构造	更高的风险敏感度

1. 单一风险衡量与三管齐下

老巴塞尔资本协议聚焦于银行资本的总值。银行资本对于降低银行破产和银行经营失败给存款人造成的潜在损失具有至关重要的作用。新巴塞尔资本协议以此为基础,通过强调银行内部的控制措施、监管审查机制和市场约束的综合运用,力图提高金融体系的安全稳健性。在当今复杂多变的金融体系中,只能通过有效的银行内部管理措施、监管审查、市场约束三者的合力才能使银行保持稳健运行。

2. 以一应百与激励更好的风险管理

老巴塞尔资本协议只为衡量国际活跃银行的资本的充足性提供了一种评定方法——标准化方法监管,即以一个尺度应对所有的变化。然而,对于不同银行而言,衡量、管理及缓释风险的方法是不同的。巴塞尔委员会1996年所公布的《资本协议市场风险修正案》首次允许部分银行使用其内部系统评定市场风险。新协议提供了一套由低级到高级的方法,帮助银行评定信用风险和操作风险以决定风险水平,且提供了一个灵活性的框架,在此框架里银行在接受监管审查的条件下,可以采用最适合自身复杂程度和风险状况的各种方法。新协议有意识地鼓励对风险进行更好和更精确的衡量。

3. 粗线条的构造与更高的风险敏感度

新协议力图在维持原有资本水平不变的同时,所提供的制度比之老巴塞尔资本协议更加全面,对风险更加敏感。例如,在老巴塞尔资本协议中,风险加权主要根据债务人种类(如主权国家、银行或公司)来确定;而在新协议中,风险权重则可根据外部的信用评级机构提供的等级数据划分。拿对公司的贷款来说,老巴塞尔资本协议仅提供了一个100%的风险权重,而新协议将风险划分为20%、50%、100%和150%四个风险权重。新协议与潜在风险更一致的资本要求,有利于银行更有效地开展业务,有利于向银行提供更具有风险敏感度的分析方法。与潜在风险更一致的资本制度所产生的收益会远远大于成本,由此所形成的结果必将是银行系统将更安全、稳健和高效。

二、新巴塞尔资本协议的架构与主要内容

新巴塞尔资本协议仍以保证金融体系的安全性和稳健性为其主要目标,为此新巴塞尔资本协议至少维持了原有的资本水平。为达到这一目标和协议规定的其他目标①,新巴塞尔资本协议规定了三个方面的主要内容,被称为是新巴塞尔资本协议的三大支柱。第一大支柱是最低资本要求,第二大支柱是监管审查机制,第三大支柱是市场约束。三大支柱共同配合、共同作用,每一个支柱都被认为是对实现金融体系和金融机构的安全稳健所必不可少的。所以,巴塞尔委员会一直同时强调三大支柱,并与各国监管当局积极合作以谋求新巴塞尔资本协议得到全面的实施。

(一)支柱一:最低资本要求(Minimum Capital Requirement)

新巴塞尔资本协议规定,银行最低资本充足率仍为8%。其中对资本比率的分子(即监管资本)的各项规定保持不变,新老巴塞尔资本协议并没有区别。新巴塞尔资本协议对资本充足率的修改反映在对风险资产的界定方面,即反映在计量银行各类风险资产的计量方法上。新协议中的资本充足率的计算公式是:银行资本充足率 = 总资本 ÷ [信用风险加权资产 + (市场风险加权资产 + 操作风险加权资产) × 12.5]。可见,新协议的修改集中在对资产的风险衡量的改进上,即资本充足率分母的计算。新协议在信用风险和市场风险的基础上,新增了对操作风险的资本要求,亦即新协议中的银行风险包括了信用风险、市场风险和操作风险,资本充足率等于资本总额除以信用风险加市场风险加操作风险。

老协议明确涵盖的资产风险有两大类,一是信用风险,二是市场风险。新协议第一支柱对风险加权资产的修改主要表现在两个方面:一是大幅度修改了老协议对信用风险的处理方法,二是明确提出将操作风险纳入资本监管的范畴,即操作风险将作为银行资本比率分母的一部分。在上述两个方面,新协议的主要创新表现为分别为计算信用风险和操作风险规定了三种方法。

信用风险	操作风险
(1)标准法	(1)基本指标法
(2)内部评级初级法	(2)标准法
(3)内部评级高级法	(3)高级计量法

---

① 除安全稳健的目标之外,新巴塞尔资本协议所包含的其他目标还有:致力提高公平竞争;构成解决风险的更全面的方法;对银行头寸和业务的风险有足够敏感性。

1. 信用风险

根据新协议,信用风险评定方法有两种选择:标准法和内部评级方法。标准法是现有办法的改良版。内部评级方法(简称 IRB 方法)包括初级法和高级法。采用 IRB 方法来衡量所需要的资本,要由各国监管当局根据巴塞尔委员会所建立的标准批准。

(1)标准法

新老巴塞尔资本协议的标准法基本上是一致的,但新协议对风险更敏感,提高了计算出的资本比率的风险敏感度。新协议的主要修改和创新体现在以下方面:

①新协议仍然采用对银行资产进行分类的办法,分门别类地对表内资产及表外项目确定风险加权值的做法,将银行表内资产分为对主权国家的债权、公共部门机构(public sector entities)债权、多边开发银行的债权、银行债权、证券公司的债权、公司债权、零售资产中的债权、居民房产抵押的债权、商业房地产抵押的债权、逾期贷款、高风险债权、其他资产,共 12 类,其中对证券公司的债权和高风险债权等,是新协议在标准法中新引入的。

②按新协议,根据标准法确定风险权重时,银行可以采用本国监管当局认定的合格的外部评级机构的评级结果。将外部信用评级引入银行信用风险管理之中是新巴塞尔资本协议对信用风险管理的重要创新。在这种情况下,确定银行信用风险资本的依据是外部信用风险评级机构评级的结果。监管当局根据此结果,确定相应的风险权重,将外部评级与风险权重挂钩,将以往粗线条的风险识别框架改进成具有一定风险敏感度的框架。新协议规定了合格的外部评级机构必须满足的六项标准:客观性、独立性、国际通用性、透明度、资源充分度和可信度。外部评级机构提供可靠评级结果的基本条件是要拥有充足可靠的历史数据和相关的信息资源,具有定性与定量分析相结合的稳定的评级方法系统,能够不受政治、经济及其他因素的干扰,进行独立、客观和公正的评级活动。银行一旦对某债权选用了相应的外部评级机构及其评级,评级结果的使用就应当保持一致性,不可随意从不同的外部评级机构的评级结果中挑选对自己有利的评级。如果银行选择的外部评级机构有两个评级结果,并分别对应于不同的风险权重,银行应选用较高的风险权重。

③由于银行根据外部评级结果确定其资产的风险权重,因此,老协议中以 OECD 国家为标准的优惠,让位于外部评级,银行对 OECD 国家的债权不再享有优惠,基本上消除了风险权重上的国别歧视。根据新协议,即便是 OECD 成员国政府,如果其信用等级低,银行可以相应提高对其债权的风险权重;非经合组织国家政府的信用如果等级较高,银行可相应降低对其债权的风险权重。这使得银行的资本要求与银行所面临的实际风险更加紧密地结合在一起,使外部评级高的国家得到优惠风险权重,激励借款的主权国家努力提高自己的外部评级,也激励银行持

有更多评级高的国家的债权。

④新协议增加和拉开了风险权重的分档。例如,对于公司借贷,老协议仅提供了一个100%的风险权重,新协议则根据外部评级结果分别给予四个不同的权重:20%、50%、100%和150%四个风险权重。根据新协议的规定,按银行外部的评级结果来确定风险权重比率,对企业债权的风险权重一般为100%,而对于信用级别特别高的企业(AA以上),权重可以是20%;对于信用级别特别低的企业,其权重比率将达到150%。又如,新协议修改了对银行和公司债权的风险权重不得优于对主权国家债权的风险权重的原规定,对银行和公司债权的风险权重可以与主权国家债权的风险权重相等,同时新协议将对主权国家、银行的债权的风险权重增加了150%这一档次。此外,标准法的一项重大创新是将逾期贷款的风险权重最高定为150%,除非针对该类贷款银行已经计量且达到一定比例的专项准备。

⑤新协议的标准法扩大了银行可使用的抵押、担保和信用衍生产品的范围,新协议将这类工具统称为信用风险缓释工具(credit risk mitigants)。标准法扩大了合格抵押品的范围,使其包括了绝大多数金融产品,并在考虑抵押工具市场风险的同时,规定了计算资本下调幅度的几种方法。标准法还扩大了合格担保人的范围,使其包括符合一定外部评级条件的各类公司。此外,标准法还包括对零售风险暴露的特殊处理方法。与老巴塞尔资本协议比较,住房抵押贷款和其他一些零售业务的风险权重做了下调。

(2)内部评级法[Internal Ratings – Based (IRB) Approaches,简称IRB方法]

根据标准法,银行只能根据外部评级机构的风险评级来进行风险资产的评估,然而,一些实力雄厚的大银行对自己的客户往往掌握着比外部评级机构更为准确的信息,拥有客户信用和信誉的更为丰富的资料。对于信息更为丰富、风险评估经验更为专业的银行而言,依赖标准法所提供的信息显然不够紧密,也没有必要。因此,新巴塞尔资本协议允许有资质的银行采用IRB法,全面考虑各种风险因素,并以此建立计算风险权重资产的风险权重函数,然后计算所需要的资本量。

IRB方法是新协议最主要的创新之一,它是指银行根据对交易对手过去交易记录及其他有关情况的分析,对其债权人和债务人的情况进行审核,给予相应的评级,计算所需要的资本。内部评级法主要包括以下方面的内容:风险类别的划分;每一风险类别的风险要素;根据风险权重方程,将每一风险类别的一组风险要素转换为该风险类别的风险权重;采用内部评级法须满足的最低标准等。需要注意的是,IRB法并不允许银行自己决定计算资本要求的全面内容,相反,风险权重及资本要求的确定要同时考虑银行提供的数量指标和巴塞尔委员会确定的公式或风险权重函数。公式或风险权重函数建立在现代风险管理技术之上,涉及数理统计及对风险的量化分析,可将银行的指标转化为资本要求。

①风险类别。按照 IRB 法的要求,银行必须将业务账上的风险暴露分为以下五大类别:即公司、主权、银行、零售和股权。公司贷款是指银行对公司、合伙制企业以及其他有产业主所拥有的债权。公司贷款风险有五个子类,分为项目融资(以单个项目产生的收益作为还款来源和贷款安全性的保障)、物品融资(贷款的偿还依靠已经用来融资、抵押或交给贷款人的特殊资产创造的现金流)、商品融资(对储备、存货或在交易所交易应收的商品进行的结构性短期贷款,以商品融资中的商品销售收益偿还银行贷款)、产生收入的房地产(为房地产提供的贷款,贷款偿还及清偿的前景主要依赖于资产创造的现金流)、高变动性商用房地产(为可能存在高风险的不动产所提供的贷款)。主权贷款是指对主权国家和中央银行的贷款。银行贷款是指对银行和证券公司的贷款。零售贷款是对个人或其他组织的小额贷款,分为住宅担保零售贷款、合格的循环零售贷款和其他零售贷款三类。股权贷款风险是基于流通股而产生的直接或间接股权收益的风险。

②风险要素。IRB 方法与标准法的根本区别表现在,银行以对重大风险要素(risk drivers)的内部估计值作为计算资本的主要参数(inputs)。新巴塞尔资本协议所规定的风险要素有 4 个:违约概率(probability of default,PD),即特定时段内借款人违约的可能性,如借款人到还款时间还未还款;违约损失率(loss given default,LGD),即违约发生时风险暴露的损失程度;风险暴露(exposure at default,EAD),即由于债务人的违约所导致的可能承受风险的信贷业务的余额;期限(maturity,M),即某一风险暴露的剩余到期日。

根据银行自行确定风险要素的范围不同,巴塞尔委员会提供了两种 IRB 法:初级法和高级法。在初级法中,除违约概率由银行自主确定外,以上其他风险要素由监管机构确定。而在高级法中,在满足最低标准的前提下,银行可以采用内部评级系统的结果自己确定违约概率、违约损失率、违约风险暴露和期限。无论是 IRB 的初级法还是高级法,与标准法相比,风险加权范围更加多样化,风险敏感度也更高。

③风险权重。在得到风险要素后,将违约概率、违约损失、风险暴露和期限作为输入参数,输入新协议规定的基准风险权重(BWR)函数,计算出各类风险资产的风险权重。风险权重函数是风险要素转换成风险加权资产及资本要求的方法。这样,在内部评级法下,一组不同的风险要素输入值将产生不同的风险权重。如果用内部评级法估算出的风险要素水平较低,它所产生的风险权重将小于用标准法算出的相应风险权重;同理,如果估算出的风险水平较高,它所产生的风险权重则将大于用标准法算出的风险权重。各级别的风险权重乘以其对应风险暴露,可计算出各类资产的加权风险资产。对各类加权风险资产加总,即可得到资本充足率计算公式分母中信用风险加权总资产部分。最后,为反映银行非零售业务的

风险集中度,需要用标准调整指数对风险加权资产总额进行调整。①

④最低标准。为具备使用内部评级法的资格,银行必须向监管当局证明其一开始及以后一直满足某些最低要求。这类要求多表现为银行风险评级体系必须完成的目标,重点在于银行以始终一致的、可靠的、正确的方式对风险进行排序和量化的能力,背后的重要原则是评级、风险评估体系和过程对借款人和交易特征进行有意义的评估、对风险进行有意义的区分以及对风险做了准确、一致的量化估计。最低标准有 9 个方面:信用风险的有效细分、评级的完整性和完备性、对评级系统和机制的监督、评级系统的标准和原理、违约概率测算的最低要求、数据收集和信息技术系统、内部评级的使用、内部验证、信息披露要求。

综上所述,与老巴塞尔资本协议从外部规定一套整齐划一的监管措施来控制银行风险的做法相比,新协议将 IRB 方法作为信用风险评定的基本制度,规定在一定条件下银行可以以其内部评级结果为基础计算所需要的资本,这使银行所确定的资本能更准确地反映其承担的信用风险,且银行采用先进的内部评级系统计量资本可以获得适度的资本折让,这可以鼓励银行业采用更为科学、准确的内部风险计量方法,从而达到降低国际银行业整体风险的目的。同时,与老巴塞尔资本协议对信用风险的衡量主要倚重定性分析和管理者主观经验判断相比,新协议的 IRB 法允许银行建立自己的内部风险测量与资本配置模型,在充分考虑个别资产质量的同时,从组合的角度来分析银行信用资产的风险,从而使信用风险的管理工作更加科学。因此,IRB 方法顺应了现代国际银行风险管理的发展潮流。

2. 市场风险

新巴塞尔资本协议对市场风险的资本要求除了有限的修改外,只是将市场风险纳入银行总的风险资产的计算范围之列,而对市场风险的衡量和资本要求仍然依循 1996 年 1 月巴塞尔委员会发表的《资本协议市场风险修正案》(简称《修正案》)。对市场风险的衡量方法及有关问题,详见上一节的有关阐述,故不赘述。

3. 操作风险

操作风险是指由于不完善或有问题的内部程序、人员和系统,或者由于外部事件所引起的直接或间接损失的风险。新巴塞尔资本协议特别指出,操纵风险包括法律风险,但不包括策略风险和声誉风险(strategic and reputational risk)。这就是说,新巴塞尔资本协议所定义的操作风险可分为内部操作风险和外部操作风险。内部操作风险主要是指由于金融机构的内部因素而引起的操作风险,这些内部因素主要包括流程、信息系统、人事等方面的失误。外部操作风险主要指外部因素引

---

① 彭思:《论巴塞尔新资本协议内部评级法及其在我国的应用》,《中国农业银行武汉培训学院学报》2006 年第 5 期。

起的操作风险,如因为外部冲击导致金融机构收益的减少。这些外部冲击包括税制和政治方面的变动、监管和法律环境的调整、竞争者的行为和特性的变化等。衡量这些操作风险的方法通常是运用情景分析。新巴塞尔资本协议将操作风险纳入第一支柱之中,要求银行为操作风险配置相应的资本金,这是新协议的重要创新。

对操作风险应当如何管理? 新巴塞尔资本协议结合国际金融界的经验将操作风险的管理归纳为四个方面:①建立适当的风险管理环境。巴塞尔委员会认为,对银行而言,应当建立适当的风险管理环境,这就要求董事会应当了解银行操作风险的主要特点,应当批准和定期审查银行的操作风险战略。而这种战略应该能反映银行的风险承受程度及其对这种风险种类的特征的特定理解。②银行应该建立和维护一个有效识别、衡量、监督与控制操作风险的管理系统。银行应当建立衡量操作风险的必要方法,实施可以持续监督操作风险暴露和重大损失事件的体系。③监管者应对银行与操作风险相关的战略、政策、程序和做法进行直接或间接的定期独立评价,并保证银行具有一个有效的报告机制,使他们可以及时了解银行的进展。④发挥信息披露在操作风险管理和监管中的作用。银行应及时地披露操作风险的管理程序,以增强市场的约束。

新协议规定了三种操作风险的衡量方法:基本指标法(Basic Indicator Approach)、标准法(Standardized Approach)和高级计量法(Advanced Measurement Approaches)。[1]

(1)基本指标法

基本指标法是三种方法中最基本的方法,用一个指标——银行前3年的总收入,表示一个机构操作风险的总体水平。根据新协议,银行持有的操作风险资本等于前3年的总收入的平均值乘以一个固定的比例。计算公式是:$K_{BIA} = GI \times \alpha$。其中,$K_{BIA}$ = 基本指标法需要的资本,GI = 前3年总收入的平均值,$\alpha = 15\%$。采用"总收入"作为基本指标,每个银行持有的操作风险的资本要求等于其前3年总收入的算术平均数乘以一个固定的比率15%。上述总收入是过去3年的正平均值,如果某一年份的总收入是0或负数,应当从计算平均值中排除。根据新协议,总收入 = 利息净收入 + 非利息净收入,总收入要反映所有准备(例如,未付利息的准备)的总额,不包括银行项目(bankingbook)上出售证券已实现和未实现的利润或损失,不包括特殊项目以及保险收入。

基本指标法容易量化,但无法反映出操作风险的特点与需要,风险敏感度比较低,它比较适用于规模较小、业务单一的银行,而对业务复杂的银行则不太适合。

---

① Basel Committee on Banking Supervision, International Convergence of Capital Measurement and Capital Standards A Revised Framework, Updated November 2005, p. 645.

（2）标准法

标准法的复杂性和风险敏感度居中,所采用的也是收入乘以固定比例的方法。与基本指标法相比,标准法要求银行对不同业务领域的操作风险实施监控,进而将银行的总收入按照业务类别分成8大类:公司金融、交易和销售、零售银行业务、商业银行业务、支付与清算、代理服务、资产管理、零售经纪。在各类业务中,总收入是代表业务经营规模和各类业务的操作风险暴露,是各类业务前3年收入的平均数。计算各类业务的资本要求的方法是,用银行的前3年的总收入乘以一个该类业务适用的系数(用β值表示),可得出每类业务操作风险的资本要求。各类业务的资本要求总和即为银行总体操作风险的资本要求,即总资本要求是各产品线监管资本的简单加总。β值代表银行全行业的特定种类业务的操作风险损失经验与该种类业务总收入之间的关系。值得注意的是,标准法是按业务类别计算总收入,而非在整个机构层面计算。例如,公司金融指标采用的是公司金融业务产生的总收入。

用公式标志,操纵风险的总资本要求是:$K_{TSA} = \sum(GI_{1-8} \times \beta_{1-8})$。其中:$K_{TSA} =$ 用标准法计算的资本要求。$GI_{1-8} =$ 按基本指标法的定义,8类业务中各类业务过去3年的年均总收入。$\beta_{1-8} =$ 由巴塞尔委员会设定的固定百分数,使8类业务中各类业务的总收入与资本要求之间联系起来。β值详见下表:

业务种类	β 系数
公司金融（β_1）	18%
交易和销售（β_2）	18%
零售银行业务（β_3）	12%
商业银行业务（β_4）	15%
支付和清算（β_5）	18%
代理服务（β_6）	15%
资产管理（β_7）	12%
零售经纪（β_8）	12%

（3）高级计量法

高级计量法是银行用定量和定性标准,通过银行内部的操作风险计量系统计算操作风险所需资本量的方法。使用高级计量法应获得监管当局的批准。高级计量法是操纵风险三种计量方法中复杂性和风险敏感度最高的方法,对银行的管理、数据和人员的要求很高,适用于规模大、复杂程度高或业务高度专业化的银行。新巴塞尔资本协议的第二次征询稿,曾对高级计量法中内部计量法(Internal Measurement Approach)、损失分布法(Loss Distribution Approach)有较详细的描述,但协议的最终稿并没有规定用于操作风险计量和计算监管资本所需的具体方法和统计分布假设,只对使用高级计量法计算操作风险资本提出了严格的资格要求。

根据新协议,使用高级计量法的银行,其内部计量系统必须基于内部和外部相关损失数据、情景分析、银行特定业务环境和内部控制等综合情况,合理衡量非预期损失。银行的计量系统必须能提供改进业务操作风险管理的激励,以支持在各类业务中分配操作风险的经济资本。银行用高级计量法计算监管资本之前,监管当局有权对该银行的高级计量法实施一段时间的初始监测,以确定该方法是否可信和适当。

①一般标准

使用高级计量法的银行必须至少符合监管当局的以下规定:银行的董事会和高级管理层适当积极参与操作风险管理框架的管理。银行的风险管理系统稳健,执行正确有效。有充足的资源支持在主要产品线上和控制及审计领域采用该方法。除这些一般标准外,使用标准法或高级计量法计算资本要求的银行还要遵守以下定性和定量标准。

②定性标准

定性标准主要有:银行必须具备独立的操作风险管理岗位,用于设计和实施银行的操作风险管理框架。银行必须将操作风险评估系统整合入银行的日常风险管理流程,评估结果必须成为银行操作风险监测和控制流程的有机组成部分。操作风险暴露和损失情况必须定期报告给业务管理层、高级管理层和董事会。银行的风险管理系统必须文件齐备。银行的操作风险管理流程和计量系统必须定期接受内部、外部审计师的审查。外部审计师、监管当局对银行操作风险计量系统的验证,必须包括核实内部验证程序运转正常,必须确保风险计量系统的数据流和流程透明且使用方便。

③定量标准

定量标准包括对稳健标准、具体标准、内部数据、外部数据、情景分析、业务经营环境和内部控制因素等规定。

a. 稳健标准

新巴塞尔资本协议虽然没有规定用于计量操作风险和计算监管资本所需的具体方法,但要求银行采用的操纵风险计量方法须捕捉到潜在严重的"尾部"损失事件(potentially severe "tail" loss events)[①],且操作风险计量方式符合与信用风险

---

① "尾部"损失事件("tail" loss events)通常是指可能引起损失的不好(tail)事件,"尾部"损失通常是指不好的事件发生或不发生所可能引起的最大损失额。对"尾部"损失事件的计量,通常在在险价值法(VAR)中使用。

IRB 法相当的稳健标准(即持有期 1 年,99.9% 置信区间)。新协议规定,操纵风险的高级计量法虽然在开发操作风险计量和管理方面赋予银行很大的灵活性,但银行在开发系统的过程中,必须有操作风险模型开发和模型独立验证的严格程序。

b. 具体标准

根据新协议,用于计算操作风险最低监管资本的内部计量方法的定量标准有:操作风险内部计量系统须与操作风险范围和损失事件类型一致。监管当局可要求银行按照预期损失和非预期损失的数额计量监管资本,银行若要单独计算非预期损失的最低监管资本,必须向监管当局证明其计算并包括了预期损失。银行的风险计量系统必须足够"细散"(granular),能够捕捉影响"尾部"损失的主要操作风险因素。在计算最低监管资本要求时,允许对不同操作风险的计量结果加总,但符合条件的银行也可使用内部确定的各项操作风险损失评估的相关系数①。任何风险计量系统必须具备某些关键要素,这些要素包括内部数据的使用,相关的外部数据,情景分析(scenario analysis)和反映银行经营环境和内部控制系统情况的其他因素。

c. 内部数据

新巴塞尔资本协议要求银行必须跟踪记录内部损失事件的数据,认为可通过以下方式建立起银行的风险评估与实际损失之间的联系:将内部损失数据作为风险估计实证分析的基础,将内部损失数据作为验证银行风险计量系统输入与输出变量的手段,或者将内部损失数据作为实际损失与风险管理、控制决策之间的桥梁。要求银行建立文件齐备的程序,以持续地评估历史损失数据的意义。计算监管资本的内部操作风险计量方法,必须基于对内部损失数据至少 5 年的观测,银行如果初次使用高级计量法,也可以使用 3 年的历史数据。银行为了计算监管资本收集内部损失数据的流程须符合以下标准:银行须将内部损失历史数据按照规定的组别对应分类,并按监管当局要求随时提供这些数据;银行的内部损失数据必须综合全面,涵盖所有重要的业务活动,反映所有相应的子系统和地区的风险暴露情况;除收集总损失数额信息外,银行还应收集损失事件发生时间、总损失中收回部分等信息,以及致使损失事件发生的主要因素或起因的描述性信息;如果损失是由某一中心控制部门引起或由跨业务类别的活动及跨时期的事件引起的话,银行应确定如何分配损失的具体标准;如果操作风险损失与信用风险相关,并在过去已反映在银行的信用风险数据库中,则根据新资本协议的要求,在计算最低监管资本时

---

① 条件是:银行须表明其系统能在估计各项操作风险损失之间相关系数方面计算准确,实施合理有效,考虑到了此类相关性估计的不确定性(尤其是在压力情形出现时),且高度可信,并符合监管当局要求。

应将其视为信用风险损失,对此类损失不必计入操作风险资本。

d.外部数据

根据新协议的规定,银行的操作风险计量系统必须利用相关的外部数据,无论是公开数据,还是行业集合数据,尤其是当银行面临非经常性、潜在的严重损失时更要使用外部数据。外部数据包含实际损失金额数据、发生损失事件的业务范围信息、损失事件的起因和情况、或其他有助于评估其他银行损失事件相关性的信息。银行必须建立一种机制,以确定什么情况下必须使用外部数据以及使用方法,并定期对外部数据的使用条件、使用情况进行检查,接受独立检查。

e.情景分析

新协议规定,银行必须结合外部数据,采用专家的情景分析,以评估严重事件下的风险暴露。运用这种方法对可能发生的损失进行合理的评估,有赖于有经验的业务经理和风险管理专家们的知识。此外,情景分析还应用来衡量偏离银行的操作风险计量框架的相关假设所具有的影响,特别是评估多项操作风险损失的事件同时发生可能造成的损失。

f.业务经营环境和内部控制因素

新协议规定,银行使用风险评估方法必须考虑到关键的业务经营环境和内部控制因素,银行在风险计量框架中使用业务经营环境和内部控制因素须符合以下标准:选择任一因素作为有意义的风险要素要有正当依据,且应基于经验并征求专家对相关业务领域的意见。银行的风险估计对这些因素变动的敏感度和不同因素相对权重的设定必须合理。该框架及各种实施情况都应当有文件支持,并接受银行内部和监管当局的独立审查。银行应随时间变化,通过与内部损失的实际结果、相关外部数据和所做的适度调整相对照,对流程和评估结果进行验证。

(二)支柱二:监管审查机制(Supervisory Review Process)

新协议的第二大支柱——监管审查机制是首次被纳入资本框架之中,构成新协议的重要创新之一。

1.监管审查的重要性

监督审查程序的目的,不仅要保证银行有充足的资本来应对业务中的所有风险,而且还鼓励银行开发并使用更好的风险管理技术来监测和管理风险。监管审查机制还明确了银行管理层在开发内部资本评估程序和设定资本目标中的责任,资本目标须符合本银行的风险轮廓和控制环境,银行管理层对拥有充足的资本负责,以应对所面临的风险。同时,监管当局应评价银行如何按自身的风险轮廓确定资本需求,并在必要时进行干预,目的是在银行和监管当局之间形成有效的对话机制,以便在发现问题时可以及时、果断地采取措施来降低风险和补充资本。但是,新协议也指出,为抵御风险,银行除需要持有或增加资本外,还必须加强诸如风险

259

管理、实行内部限额、提高准备和储备水平、改善内部控制等风险管理手段,增加资本不能替代风险管理中的根本性问题。

新协议还特别规定,第二支柱特别适合于处理以下三个主要领域的风险:第一支柱涉及但没有完全覆盖的风险(例如贷款集中风险);第一支柱中未加考虑的因素(例如银行项目中的利率风险、业务和战略风险);银行的外部因素(例如经济周期效应)。第二支柱中更为重要的一个方面,是对第一支柱中较先进的方法是否达到了最低的资本标准和披露要求进行评估,特别是针对信用风险 IRB 方法和针对操作风险的高级计量法的评估。

2. 监督审查的四项原则

新巴塞尔资本协议确定了监督审查的四项主要原则,这些原则是对巴塞尔委员会依据《有效银行监管核心原则》和《核心原则评价方法》的补充。

(1)银行应具备一整套程序,用于评估与其风险轮廓相适应的总体资本水平,并制定保持资本水平的战略。

新协议要求,银行必须能够证明他们确定的内部资本目标有充分的依据,并且这些目标符合其整体风险轮廓和当前的经营环境。银行管理层评估资本充足率时,需要考虑银行在经济周期中所处的具体阶段,进行严格的、前瞻性的压力测试,以识别可能对银行产生不利影响的事件或市场条件的变化。银行管理层对确保银行有足够的资本抵御各类风险负有首要责任。

健全的风险管理程序是有效评估银行资本充足率的基础,新协议规定严格的风险管理程序具有五个主要特征:董事会和高级管理层的监督;健全的资本评估;对风险的全面评估;监测和报告系统;内部控制的检查。

(2)监管当局应检查和评价银行内部资本充足率的评估情况及其战略,检查和评价银行监测并确保遵守监管资本比率的能力。若对检查结果不满意,监管当局应采取适当的监管措施。

新协议规定,监管当局应定期对银行评估资本充足率的程序、风险头寸、相应的资本充足水平和所持有资本的质量进行检查,并判断银行目前评估资本充足率的内部程序的效果。检查的重点应该放在银行风险管理和控制的质量上。定期检查可以采用现场检查、非现场检查、与银行管理层讨论、检查外部审计师的工作、定期报告等几种方法的组合。

新协议在此原则项下主要规定了对以下内容的检查、评估和监督:①风险评估充足性的检查。新协议要求监管当局评估和审查:银行的内部目标和程序是否涵盖了银行面临的所有实质性风险,银行评估内部资本充足率所用的风险计量方法是否完善,银行敏感性分析和压力测试的结果等。②资本充足率的评估。监管当局应检查银行的评估程序,以确定:银行选择的资本目标水平是否全面并考虑了当前的经营环境;高级管理层对资本水平进行适当的监测和检查;资本构成与银行业务的性质和规模相适应。③控制环境的评估。监管当局应检查银行管理信息报告和系统的质量、业务风险和业务数据汇总的方式,以及管理层对突发和变化的风险的记录情况。④最低标准合规性的监督检查。⑤监管当局的反应。完成上述检查程序后,如果监管当局对银行风险评估和资本分配的结果不满意,就应采取以下两个原则所明确的措施。

(3)监管当局应鼓励银行资本水平高于监管资本比率,应该有能力要求银行在满足最低资本要求的基础上,另外持有更多的资本。

新协议规定,由于以下原因,监管当局通常要求银行持有高于第一支柱资本标准的超额资本(buffer):①银行出于自身的目的会在市场上寻找一个有利的信用等级。例如,大多数国际化银行倾向于得到国际认可的评级机构的较高的评级结果。②在正常的业务情况下,业务类型和规模都会发生变化,不同的风险要求也会发生变化,从而引起整体资本比率的波动。③银行追加资本金的成本会比较高,特别是要在短时间内迅速完成或在市场情况不利的时候更是如此。④银行资本金降到规定的最低标准之下是严重的问题,这会导致银行违反有关法律,促使监管当局按规定采取纠正措施。⑤存在第一支柱未考虑、但单个银行或整个经济面临的风险。出现以上情况时,监管当局可采用多种手段确保银行在经营过程中保持资本充足,这些手段如规定临界比率、目标比率,建立高于最低比率的类别以区分银行的资本水平。

(4)监管当局应尽早采取干预措施,防止银行的资本水平降至防范风险所需的最低要求之下;如果银行未能保持或补充资本水平,监管当局应要求其迅速采取补救措施。

如果监管当局认为银行未达到上述监管原则中规定的要求,就应考虑采取多种备选措施。这些措施包括加强对银行的监督、限制银行支付股息、要求银行制定和实施满意的资本补充计划、要求银行立即追加资本。监管当局应该有权决定使用最符合银行具体环境和经营环境的措施。新协议还指出,由于增加资本并不总是解决银行困难的根本性措施,监管当局可将增加资本作为一种临时性措施,同时采取改善银行状况的根本性措施。在改善银行状况的根本性措施得到落实后,即可取消增加资本的临时性措施。

3. 监督审查的具体问题

新协议在第二支柱中对银行和监管当局监督审查过程中的重要问题作出了规定,这些问题包括第一支柱未直接涉及的主要风险,包括监管当局为确保第一支柱某些功能的正常发挥应作出的重要评估,具体包括银行项目的利率风险、操作风险,信用风险中的 IRB 法的压力测试、违约定义、剩余风险、贷款集中和风险资产证券化等。以下着重对银行项目的利率风险的处理进行阐述。

如前所述,《资本协议市场风险修正案》将银行的表内外项目分成交易项目和银行项目。新巴塞尔资本协议在利率风险管理方面的重要创新,就是将原来在资本充足率监管范围内的利率风险,转为第二支柱的监管范围。之所以出现这样修改,是因为不同的国际银行在风险的性质和监测管理程序方面都存在明显的差异。

修改后的利率风险指导原则认为,银行内部计量体系是计量利率风险的主要手段。为了便于监管当局监测不同银行的利率风险,银行必须提供内部计量体系的结果。值得注意的是,尽管新巴塞尔资本协议将银行项目利率风险的监管从第一支柱转移到第二支柱,但对利率风险的资本要求依然存在,只是新协议不再对利率风险的资本金提取作统一的规定,而交由各国监管当局根据对利率风险状况的判断作出相应的监管举措,对不同金融机构的利率风险提出更有适应性的资本要求。新协议还规定,如监管当局认为银行持有的资本与其利率风险水平不符,则可要求银行降低利率风险,或额外持有特定的资本,或同时采用这两种措施。

4. 评价

监管审查机制显然对监管当局提出了更严格、更为积极主动的要求,促使监管当局积极参与金融机构风险管理体系的建立、完善和评估等过程。同时,监管审查的规定也体现了金融监管理念上的一个变化,即监管当局在介入金融机构的风险管理时,越来越注重运用市场化的手段和方法,在监管方法中对金融机构适当地提供改善风险管理的激励机制,给予金融机构更大的选择空间。现代金融监管模式经历了传统的行政审批监管,标准化方法监管,如今发展到金融机构具有更大选择权的内部模型监管方式。从内容来看,监管审查实际上是以第一支柱为基础展开的。监管当局应按新巴塞尔资本协议的要求监控资本充足率,并对银行风险评估体系的合理性、准确性及信息披露的可信性进行监督;要关注商业银行管理层建立内部资本评估程序并制定与银行自身风险状况、控制环境相适宜的资本目标;要评估商业银行根据自身风险状况作出的资本需求分析,审查商业银行内部的评估程序,在全面考虑风险基础上,确定其资本是否充足并在必要时加以干预。

(三)支柱三:市场约束(Market Discipline)

市场约束机制也是第一次被正式引入新巴塞尔资本协议,是对最低资本要求(第一支柱)和监督审查(第二支柱)的补充,它体现了现代公司治理结构研究的重大进展。新协议将市场约束作为三大支柱之一,在于充分肯定了市场具有迫使银行合理地分配资本以控制风险的作用,支持监管当局更有效地工作,从而潜在地强化资本监督和促进银行体系的安全性、稳健性。市场约束的目标就在于通过增加银行信息披露力度,使市场参与者更好地了解银行的风险及资本充足率等信息,更好地约束银行管理和控制风险。市场奖惩机制可以促使银行保持充足的资本水平。一般来讲,经营稳健、资产状况良好的银行可以以更为有利的价格和条件从投资人、债权人以及其他交易对手那里获得资金;而风险程度高的银行则必须支付更高的风险溢价、提供额外担保或其他安全措施获得资金,从而处于不利的地位。市场约束强调通过提高银行信息披露程度来支持市场约束,有效的披露对于保证市场参与者更好地了解银行风险及资本状况非常重要。

正因为如此,新协议对使用新协议的银行提出了遵守信息披露的要求。新协议规定,监管当局可要求银行披露信息。同时,监管当局有权要求银行在监管报告中提供信息,一些监管当局可以将这些信息全部或部分地对外公布。各国监管当局加强披露要求的方法各不相同,从"道义劝告"、与银行管理层进行对话(以期改变其今后的经营),到批评或罚款。监管当局可根据法律规定的权限和披露缺陷的严重程度采取相应的措施。除上述一般性的干预方法外,新协议也规定了一些特殊的方法,如将披露作为在第一支柱中获得较低风险权重的前提,不适当披露的银行就不得采用低风险权重。市场约束从并表范围、资本、风险暴露和评估、资本充足率方面,对银行披露作出了具体规定。新协议规定披露一般每半年一次,时效性强的信息则按季度披露。[①]

新协议把市场约束作为与资本充足性要求、监管当局的监管审查同等重要的第三支柱,这在监管思想上是一次重大的进步。正如委员会在新协议的第三次征求意见稿中提到的那样:"增加资本不应被视为银行解决更大风险的唯一选择……资本不能替代控制或风险管理中的根本性问题",翔实而准确的信息披露能使市场参与者作出更加合理的决策并进而对银行的经营行为产生有效的激励与约束。

第五节　巴塞尔委员会规则的性质问题

一、对巴塞尔委员会规则的性质的不同见解

巴塞尔委员会成立以来,制定和发布了一系列的银行监管规则,形成了巴塞尔体系(Basle Framework),其中有些规则得到了各国监管当局的赞同,成为国际社会普遍认可的银行监管的国际标准。对于这些规则具有什么样的性质,众说纷纭,概括起来大体上有四种观点:

(一)国际准条约说

有人认为,巴塞尔委员会所发布的文件,一般都经巴塞尔委员会成员的中央银

---

① 金峰:《论新巴塞尔资本协议与我国银行监督》,《攀枝花学院学报》2003 年第 2 期。

行行长或代表签署,政府部门的代表在权限范围内的行为可以归于国家,它们之间的协议可以构成国际法上的条约,而且巴塞尔文件对签署国具有类似于契约的约束力,应属于契约性条约。

(二)国际惯例说

国际惯例的构成要件有二:一是"物质因素",即国际惯例作为具有法律约束力的规则必须在时间上获得连续适用,在空间上得到普遍使用;二是"心理因素",即国际法主体之所以使用该规则是基于一种法律上的确信。有学者认为,许多巴塞尔委员会成员以立法形式采纳巴塞尔标准,相当多国家在金融监管实践中以巴塞尔文件为准则,积极向巴塞尔文件标准靠拢,有的国家(如美国)甚至在其国内法律中明确规定了巴塞尔协议文件的性质。① 这些都足以证明巴塞尔文件具备作为国际惯例的因素,因此,已构成国际惯例。

(三)拘束性建议说

一般认为,国际组织的决议有内部决议和外部决议之分:内部决议是国际组织处理内部财政、行政事务所形成的决议,仅具有建议性质,没有法律拘束力;外部决议则是为统一成员国的政策或协调成员国的对外行动等外部目的而形成的,在组织内部具有约束力。拘束性建议即为外部决议的一种。持此观点的学者认为,巴塞尔文件是国际清算银行的专门机构——巴塞尔委员会依据成员国的共识所发布的拘束性建议,成员国央行行长签署巴塞尔文件代表各成员国对文件的正式接受,具有确定双方权利和义务关系的意思。因此,巴塞尔文件是带有约束性的建议,对其成员国具有法律拘束力。②

(四)国际软法说

软法学说起源于英美,是流行于西方法学界的一种重要观点。所谓"软法",就是那些倾向于形成但尚未形成规则的、未确定的规则和原则,或是敦促性或纲领性的规定。③ 持此观点的学者认为,巴塞尔文件虽然由于未规定法律义务而不具有法律约束力,但它却是有拘束性的比较灵活的国际协议。

二、巴塞尔委员会规则的性质

我们认为,拘束性建议和国际软法由于不构成国际法的渊源,属于对巴塞尔体系的纯学理的看法和解释,不能回答巴塞尔体系的法律性质问题。因此,对于巴塞

---

① 蔡奕:《巴塞尔文件体系的法律性质辨析》,北大法律信息网(chinalawinfo.com),2007年3月26日。

② 蔡奕:《巴塞尔文件体系的法律性质辨析》,北大法律信息网(chinalawinfo.com),2007年3月26日。

③ 陈安:《国际经济法》,法律出版社1995年版,第143页。

尔体系的性质需要在条约和国际惯例二者之间进行分析和考察。

我们认为,对于由众多巴塞尔委员会文件所构成的巴塞尔体系的性质,不宜一概而论,应当从以下两个方面来把握①:

(一)巴塞尔委员会性质和有关规定

从巴塞尔委员会本身的性质来看,该委员会的目标不是要统一各国有关监管的法律与政策,而是在各国不同的法律框架内建立协调。巴塞尔委员会自成立以来颁布了有关银行一系列的文件对国际金融监管进行协调。巴塞尔委员会本身并不具有任何法定的跨国或超国家的监管权力,其结论没有并且从未尝试有法律上的约束力,巴塞尔委员会更多的是一个带有行业协会性质的国际组织,因此,巴塞尔文件并不具备在各国直接实施的法律效力,而仅仅是鼓励其成员或国际银行监管者采用共同的或一致的监管标准和方法的一种"建议",这些建议通常是监管最佳实践(best practice)的总结和推介,巴塞尔委员会期望"各监管当局通过适合本国体制的法律或其他形式的详细安排来予以实施",但并不强求成员国在监管技术上的一致性。为制定好最佳实践,巴塞尔委员会吸收了对国际金融有重要影响的国家参与标准的制定,并不断采用咨询建议稿的形式向各国监管当局或区域组织广泛地征询意见。例如,巴塞尔委员会自1999年6月公布《新巴塞尔资本协议》修改框架性文件并征求意见以来,于2001年、2003年和2004年分别又公布了征求意见稿的第二稿、第三稿和修改稿。

巴塞尔委员会的性质及有关规定,体现出了巴塞尔委员会发布文件的用意和这些文件在发布时的性质。据此,巴塞尔体系不具有条约的性质,因为条约国家或者其他国际法主体依照国际法缔结的、约定缔约方之间在国际法上的权利义务关系的一致意思表示,而巴塞尔委员会明确宣称"巴塞尔委员会并不拥有任何超国家的正式监管权利,它的结论没有并且从未尝试有法律上的约束力"②,这也决定了巴塞尔体系不会具有条约的性质。

(二)巴塞尔体系所产生的效果

巴塞尔委员会性质和有关规定只能反映巴塞尔委员会所发布的规则在出台时的性质状态,但并不能衡定这些规则的性质,实践能够赋予这些规则以新的性质和效果。巴塞尔体系由许多文件构成,这些文件包含着大量的规则,各项具体规则被各国采纳和使用的情况是不同的,这决定了巴塞尔体系所包含的规则在性质上具有很大的差异。因此,需要对具体规则具体分析,大体上可分为以下几类情形:

① 韩龙:《国际金融法》,法律出版社2007年版,第363—367页。
② Basel Committee on Banking Supervision, History of the Basel Committee and its Membership, available at http://www.bis.org/bcbs/history.htm.

1. 构成国际惯例的规则

这类规则主要体现在 1983 年 5 月的《对银行国外机构监管的原则》、1988 年 7 月的《关于统一国际银行资本衡量和资本标准的报告》、1992 年 7 月的《国际银行集团及其跨境机构监管的最低标准》、1999 年 9 月的《有效银行监管的核心原则》等文件中，包括了对跨国银行监管责任分配、母国并表监管、资本充足率标准、内部控制原则和其他有效银行监管的核心原则等。这些规定是对跨国银行监管经验和教训的总结和提炼，体现着国际银行业监管的最佳实践和发展方向，被国际社会普遍接受和反复实践。例如，资本充足率标准在 1988 年巴塞尔资本协议颁布后的短短数年里就被一百多个国家所广泛采用和遵行，因而无疑具有构成国际惯例的"物质因素"。同时，由于这些规则在国际社会被广泛遵行，众多国家包括巴塞尔委员会的成员国和非成员国，都将上述规则当作有拘束力的规则来对待，为此它们修订金融监管的法律，在跨国银行监管和监管合作中以这些规则作为依据。特别是，它们对于外国银行的准入和监管，用以上规则进行审查和衡量，对于不符合这些要求的外国银行拒绝其准入。这些都显示上述规则具备作为国际惯例的"心理因素"——法的确信。这些规则构成国际惯例，改变了巴塞尔委员会发布这些规则时的最初性质，是这些规则在实践中逐步演变中所获得的新的身份。

以国际惯例来定性巴塞尔体系中的一些规则所经常遭遇到的质疑是，巴塞尔委员会的成立只有区区 30 多年的时间，在这么短的时间内能否形成国际惯例？的确，传统惯例的形成往往需要相当长的时期。以信用证为例，它最早于 12、13 世纪时期在欧洲出现并使用，在 19、20 世纪获得了普遍发展，到了 20 世纪 30 年代才由国际商会编纂产生了《跟单信用证统一惯例》。[①] 这种漫长的历史跨度是与交流手段落后、国际交往不够密切相适应的，在这种情况下，国际惯例的形成过程通常需要经历产生—习惯—惯例（—惯例编纂）的漫长曲折过程。

在现代，由于全球经济一体化的形成及其程度的加深，加之科学技术的发展，国际惯例可能在较短的时间内形成。不止于此，有的国际惯例的形成还打破了国际惯例的传统形成模式，出现了后来成为国际惯例的规则，即在制定时尚不存在有效的惯例、习惯乃至行为模式。老巴塞尔资本协议所规定的资本充足率就是明证。1988 年巴塞尔委员会发布老巴塞尔资本协议时，没有任何一国实行 8% 的资本充足率，也没有统一的风险加权系数。然而，在短短数年间，资本充足率为世界上一百多个国家广泛采用，并作为一项公认的国际惯例而存在。国际惯例形成方式的

---

① 国际惯例的编纂虽能够更有效地发挥其作为规范的作用，但不是国际惯例形成的必经阶段。国际惯例的编纂是在已有惯例的基础上进行的，编纂虽改变了惯例的不成文特征，但却未改变其性质，即惯例一般只有任意法的效力。韩龙：《离岸金融的法律问题研究》，法律出版社 2001 年版，第 93 页。

变化,使后来成为国际惯例的规则从一开始就有了统一和明确的内容,有利于规则被广泛接受和惯例的生成。在这种情况下,一开始制定的规则能否最终成为惯例,主要取决于这些规则是否反映了国际经济交往的特点,满足国际经济交往的普遍需要。如果答案是肯定的,这些规则就具有强大的生命力,就可能会在不长的时期内形成国际惯例。国际惯例也会将现实需要翻译成法律规范。① 因此,历史的长短在现代条件下并不妨碍惯例的形成。

从形成国际惯例的巴塞尔委员会所发布的规则来看,有些规则是该委员会密切跟踪国际银行监管需要而制定的,是对国际社会已有最佳实践的总结,能够满足国际银行监管的迫切需要,因而易为各国监管当局所认可和广泛接受,从而能够在短期内形成国际惯例。

2. 不构成国际惯例的建议以及已被废弃的规则

除了被国际社会广泛采用、反复实践并产生法的确信的规则外,巴塞尔体系中还有大量的规则并不具有惯例的性质,还停留在建议的阶段,其未来的性质取决于实践的检验和国际社会各成员的态度。

此外,巴塞尔体系中还有有些文件及其所包含的规则已经被巴塞尔委员会废弃,或被其他文件或规则取代,如1975年《对银行国外机构的监管报告》(Report to the Governors on the Supervision of Banks' Foreign Establishmentsat),1987年12月《统一国际银行的资本计量和资本标准的建议》(Proposals for International Convergence of Capital Measurement and Capital Standards),1994年7月《巴塞尔资本协议:与某些表外项目有关的信用风险的处理》(Basel Capital Accord: the Treatment of the Credit Risk Associated with Certain Off – Balance – Sheet Items),1999年2月《金融集团的监管》(Supervision of Financial Conglomerates),等等。

总之,巴塞尔体系中的众多文件所包含的规则中,有些已形成国际惯例,但并不都是如此。

(三)转化为国内法的巴塞尔委员会的监管规则

如前所述,巴塞尔委员会期望各国监管当局通过适合本国体制的法律或其他形式来实施巴塞尔委员会所发布的文件。从实践来看,巴塞尔委员会所发布的重要文件中的重要规定,由于迎合了国际银行业监管的需要,因此,许多国家通过修改原有法律或另立新法对其加以吸收,从而使这些规定转化为具有国内法性质的监管规则。当然,如果世界各国都普遍地将巴塞尔委员会所发布的某些规则制定为国内法,那么,此类规则也会相应地获得成为国际惯例所必需的"物资因素"和"心理因素",构成国际惯例。但倘若不具备条件,这些规则仍然具有国内法的

① 韩龙:《离岸金融的法律问题研究》,法律出版社2001年版,第96页。

性质。

(四)对新巴塞尔资本协议性质的展望

巴塞尔委员会于 2004 年 6 月发布了新巴塞尔资本协议最终稿之后,意图从 2006 年底实施新协议,自 2007 年底起实施新协议的高级法。新协议发布后得到了不少国家的响应。

1. 欧盟

在欧盟,欧洲议会于 2006 年 6 月 14 日正式通过并公布了"资本要求指令"(Capital Requirements Directive,简称 CRD)。该指令是为了反映新巴塞尔资本协议有关资本标准的规则而对欧盟的金融监管框架所进行的修改,是为在欧盟内部实施新协议而制定的。该指令要求欧盟成员国最迟于 2007 年初适用该"指令",并从 2008 年起银行可使用该"指令"规定的高级法来计算资本充足率。为了实施该指令,挪威财政部于 2006 年 12 月 14 日公布了根据"资本要求指令"制定的新资本充足率监管规则,从而宣布挪威已经完成了"资本要求指令"的国内法转换工作。德国联邦金融监管局也于 2005 年 12 月发布了"风险管理最低资本要求"的公告,该公告是德国根据新巴塞尔资本协议的第二支柱而制定的具体贯彻文件,2006 年 11 月德国完成了贯彻新巴塞尔资本协议第一和第三支柱的相关文件。

2. 美国

为了适应新巴塞尔资本协议的实施,美国监管机构于 2003 年 7 月发布了三份重要文件草案:拟定规则预告(Advance Notice of Proposed Rulemaking,简称 AN-PR),拟定的高级内部评级法(信用风险)和高级计量法(操作风险)(以下合称为高级法)的监管指南(Supervisory Guidance),后二者构成对 ANPR 的补充。2004 年美国公布了新一稿的拟定高级法监管指南。2006 年 9 月,美国监管机构发布了拟定规则公告(Notice of Proposed Rulemaking,简称 NPR)。NPR 列举了对采用高级法计算资本要求(第一支柱)的金融机构的资格要求,这些资格要求规定得相对灵活,以便银行能够以多种方式设计和实施信用风险和操纵风险的衡量及管理体系,为银行业实践的发展提供空间。

2007 年 2 月,新巴塞尔资本协议在美国的实施又有了两方面的新进展:一是公布了美国政府审计署(Government Accountability Office,简称 GAO)关于美国实施新巴塞尔资本协议的报告。报告指出,美国的监管机构应继续努力,完成美国实施新巴塞尔资本协议的资本规则,同时继续朝着向新巴塞尔资本协议过渡。二是美国监管机构公布了新的监管指南。该指南对原来的监管指南进行了更新和扩充,且提供了更多的信息,帮助银行理解 NPR 所规定的使用高级法的资格要求。新的监管指南确定了银行实践的广泛的范围空间,在此范围内银行可以对不同的方法进行选择。同时,新的监管指南还包括了关于第二大支柱监管审查的指南,这一内容是美国监管机构发布的有关第二大支柱的第一个指南。新的监管指南要在公众评价和监管机构决定的基础上进行修改,直到形成最后规则。

根据美国拟议的规则,美国将其银行划分为三类:第一类为核心银行(core banks),指规模或国际业务风险暴露达到一定规模或门槛(threshold)的大型国际性银行,资产总额超过 2 500 亿美元或资产负债表内的国际业务总风险暴露超过 100 亿美元,这类银行须使用高级法来衡量信用风险和操纵风险,同时须符合严格的要求。美国银行中约有十家银行符合上述标准。第二类为非核心银行,可选择采用高级法,但须同样符合以上严格的条件要求。第三类为一般性银行(general banks),不采用以上方法,继续适用以风险为基础的资本规则。

3. 发展中国家——以印度为例

作为发展中国家的印度也积极采纳新巴塞尔资本协议,印度监管当局——印度储备银行要求所有在印度的外国银行以及拥有国外机构的印度银行于 2008 年底前遵守根据新巴塞尔资本协议制定的资本标准,其他银行也应于一年后遵守该标准①。

综上所述,欧盟及其成员国对新巴塞尔资本协议的实施比较积极;而美国的态度没有欧盟积极,在不少方面在进行观察和试探;发展中国家情况不一,有的国家热情较高。但是,各国都对新巴塞尔资本协议高度重视,研究制定有关战略和对策。因此,新巴塞尔资本协议的未来性质,取决于各国对该协议的接受状况。

第六节　巴塞尔体系与我国对银行业的监管问题

从 2006 年 12 月 11 日起,经过入世后 5 年的过渡,我国按照入世金融承诺,最终取消了对外资银行在地域、客户、审批等方面的限制,对外资银行实行国民待遇,银行业实现了全面的对外开放。与此同时,我国的中资银行也走出国门,大力开展国际化经营。由于巴塞尔体系在国际银行业监管中具有核心作用,在这种情况下,学习和研究巴塞尔体系,对于加强和完善我国对国际银行业的监管意义重大,尤其体现在以下两个方面:

一、加强我国与其他国家之间的监管合作

我国一直致力于加强与境外相关机构的监管合作,实行信息共享和统一行动,共同防范金融风险。截至 2005 年底,已与美国、英国、加拿大、德国、韩国、新加坡、

---

① Santanu Roy, "Two More Years For Basel II in India", *Journal of International Banking Law and Regulation*, 2007.

吉尔吉斯斯坦、巴基斯坦、中国香港、中国澳门、波兰、法国、澳大利亚、意大利、菲律宾和俄罗斯等国家和地区的金融监管当局签订了监管合作谅解备忘录。谅解备忘录包括信息交换、市场准入和现场检查中的合作、人员交流和培训、监管信息保密、监管工作会谈等多项内容。监管合作谅解备忘录的签订,有助于两国(地)间银行机构的跨境机构按照审慎经营的原则开展业务,有助于两国(地)商业银行的总行或母行对其境外机构的经营情况进行充分有效的控制,有助于两国(地)监管当局相互协助,对其银行机构的跨境业务进行持续有效的并表监管。① 我国进一步开展国际监管合作,需要按照巴塞尔委员会所确定的跨境银行监管责任分配原则,与境外银行监管机构建立监管合作机制,并尤其应关注以下问题:

(一)关于母国并表监管问题

对国际活跃银行实行母国并表监管,是巴塞尔委员会确定的对跨国银行及其海外机构实行有效监管的原则和方法。母国并表监管的合理性存在于跨国银行内部的关联性之上。无论跨国银行采取何种组织形式,作为由位于不同国家或地区的总行或母行、分行、子行、办事处所构成银行集团,其内部在资金、人员、技术、业务等方面必然存在着关联胜。这种关联性往往可能导致跨国银行经营中许多问题。并表监管以跨国银行的这种关联性作为监管的基准,对跨国银行在全球范围的业务在整体上进行综合评估,对其资本实力和风险状况进行整体监管,克服了跨国银行机构及其业务发展的系统性、全球性与监管的单一性、地域性之间的矛盾。因此,并表监管适应了银行业务国际化发展的客观需要,使跨国银行及其海外机构无论在何地注册,也无论其在何地从事银行业务,其所面临风险均可得到监管,从而在整体上能够最大限度地确保跨国银行内部各机构经营的安全与稳定。②

东道国监管与母国并表监管是相互联系、相互依存、互为条件、互为补充的关系,而不应当此消彼长或相互替代。作为在全球范围内经营的金融机构,跨国银行的资产、管理和人员的分配调用都呈现国际化趋势。与之相比,任何一个单一国家的监管当局获取银行经营信息的手段和渠道都是有限和不充分的。信息的不对称往往会导致诸多不稳定因素的产生。对跨国银行实施有效监管,不仅需要在母国和东道国之间合理分配监管责任,而且需要其相互间的密切接触和合作。对任何一个跨国银行而言,只有既存在有效的母国并表监管,也存在充分的东道国监管,才能实现真正意义上的审慎监管。

从母国方面看,由于跨国银行分支机构分布于海外,母国监管的信息获取能力

① 韩瑞芸:《刘明康英美一周行:银行监管走向“多边主义”?》,《21世纪经济报道》2003年12月8日。
② 韩瑞芸:《刘明康英美一周行:银行监管走向“多边主义”?》,《21世纪经济报道》2003年12月8日。

将受到各种因素的影响。同时,基于国家主权原则,母国实际上也不可能具备对本国银行位于他国的机构实施严格控制的完全权限。因此,有效的母国并表监管的实施在各个方面都有赖于东道国,母国并表监管的成效很大程度上取决于东道国监管的有效性。从东道国方面看,由于受属地原则的局限,东道国不可能对跨国银行的整体进行监管,而只能就其境内的银行机构进行监管。因此,如果母国监管不力,东道国将不可避免地受到银行系统风险的威胁,从而处于十分危险的境地。

基于母国并表监管与东道国监管互为补充的以上监管原则,从东道国的角度出发,我国在今后的监管合作中应从以下几个方面来把握该原则:第一,将母国监管当局的监管是否有效作为外资银行市场准入的重要条件之一。根据巴塞尔委员会对跨国银行监管权限的划分,母国应对该国的跨国银行负主要的监管责任,因此,母国监管当局能否对其跨国银行进行有效监管便成为东道国在对外资银行的准入申请进行审批时所要考虑的重要因素。如果外国银行未受到其母国金融监管当局充分有效的监管,我国应限制或禁止其进入本国市场。第二,加强对外资银行的东道国监管。东道国监管虽然只是母国并表监管的补充,但却具有独立的意义。在我国作为外资银行的东道国的情况下,加强对外资银行的监管是防止我国遭受跨国银行系统性风险的重要手段。第三,加强与母国监管机构的联系与合作,尤其重视要进行经常性的监管信息共享,为此应与有关国家和地区建立制度化的安排。只有这样,才可以及时发现母国监管的不足并及时采取相应的补救措施。

从母国的角度来看,我国对我国银行海外机构的监管也存在有待改进之处。近年来,我国个别银行海外分支机构的违规经营时有发生,并曾招致东道国当局的巨额处罚,殃及我国金融业的整体声誉。根据巴塞尔资本协议的要求,我国可在以下几个方面加强对海外机构的监管:第一,加强对设有海外机构的各商业银行总行或母行的监管。各商业银行总行或母行有责任通过各种途径及时评估与掌握海外机构的运营状况,确保对海外业务进行全面的风险监测。第二,完善境外检查制度。我国银行监管当局应针对各商业银行海外机构制定详细的监管计划,并根据非现场监管情况对可能存在问题的海外机构就其资产质量、盈亏状况、资本充足率、内部控制、风险管理等事项进行全面或者专项的现场检查。第三,加强与各东道国监管机构的合作,实现有效并表监管。我国应在遵循平等互惠原则的基础上与各东道国监管当局建立定期联系制度,进行持续性的监管信息交流与合作。特别是在实施对海外机构的现场检查时,应尊重东道国的法律,积极取得东道国监管当局的支持和配合,在完成检查后应及时将检查结果和基本结论告知东道国监管当局,并就拟采取的监管措施进行沟通。

此外,我国在监管合作中实行并表监管存在着一个重要的障碍,那就是我国目前的会计制度与国际通行的会计准则不尽相同。为此,就需要按照国际通用的会计准则对现行会计准则作必要的修改。①

（二）关于监管信息共享问题

监管信息资源的分享是有效监管合作的基础。作为跨国银行母国，为了实现对跨国银行有效的并表监管，应该与东道国实现监管信息分享；作为跨国银行东道国，为了进行有效的东道国监管和实现对母国并表监管的监督，需要与母国监管机构分享监管信息。无论是母国还是东道国，与对方分享监管信息都是非常重要的。但由于各国内容不同的银行保密制度对银行信息进行不同程度的保密，造成了对监管信息充分共享的严重障碍。巴塞尔委员会深谙信息分享对监管合作的重要意义，在1996年10月发布的《跨境银行监管》中对相关问题作出了规定，这些规定为我国在国际监管合作中，无论是作为信息的请求方，还是信息的提供方，解决监管信息问题提供了一定的依据。

1. 对银行保密制度的克服。首先，《跨境银行监管》认为，保密法不应当妨碍监管者的行为，以确保金融体系安全稳健运行。其次，《跨境银行监管》要求母国监管当局对获取的信息，特别是有关存款人或投资人的信息应严格保密，东道国对信息获取可规定保密条件。如果东道国监管者有理由怀疑母国监管者运用监管信息的能力，东道国应当保留不提供此类信息的权利。

2. 有关跨境现场检查的安排。《跨境银行监管》对克服跨境现场检查这一障碍提出了可操作的建议。《跨境银行监管》指出，为了适当保护银行客户的身份，母国监管当局应当在与东道国监管当局协商之后，能够酌情决定在其管辖范围内为实现全面有效的并表监管而进行现场检查。针对一些国家的法律不允许其他国家监管者到东道国进行现场检查，《跨境银行监管》倡议东道国监管当局应尽力修改本国立法。《跨境银行监管》为减少现场检查中可能产生的误解，专门对跨境检查制定了一套标准程序，作为附录列于文件之后。在现场检查时，东道国当局应当在法律许可的范围内自愿与希望进行检查的母国监管当局合作。东道国监管当局应当有权选择是否陪同母国监管当局进行所有的检查，并可以要求对在检查过程中所获信息实行保密。如果母国监管当局不能保证所获信息只用于监管用途，它应作出努力修改立法。当母国监管当局在东道国进行现场检查时发现了严重违反母国法律的犯罪行为时，它有义务立即将这一信息报告母国的执法部门。在这种情况下，母国监管当局应告知东道国监管当局其将采取的措施。②

（三）危机机构的处理问题

优胜劣汰是市场经济条件下一切市场主体生存的必然法则。当跨国银行机构

---

① 汪倩：《加强金融监管的国际合作》，《武钢职工大学学报》2001年第1期。
② 郭洪俊：《跨国银行监管中监管当局间的信息分享评析》，《法学评论》2000年第1期。

陷入危机时,由谁承担最后贷款人的责任,是母国与东道国之间监管合作协议的一项必要内容。

在国际范围内,最后贷款人的责任问题是一个备受争议的问题。有的人认为,最后贷款人的责任属于东道国的责任范围,另外一些人则认为最后贷款人的责任属于母国当局的责任范围。① 而事实上,由于跨国银行的监管责任由母国和东道国分担,而跨国银行一旦发生危机,有可能同时对东道国和母国的银行体系产生系统性风险,因此,由母国和东道国双方基于共同监管责任和各自银行体系的安全考虑,共同承担最后贷款人责任比较合适。同时,由母国和东道国共同承担最后贷款人的责任,也可以促使他们都能积极而恰当地履行监管责任。

为了避免危机发生之后东道国与母国之间相互推卸责任,我国最好在跨国银行机构正式运营以前,就在与外国(地)签订的监管协议中对该问题进行明确约定。至于各自应当负担的份额,则应该根据跨国银行的组织形式、双方的具体情况等在协议中进行合理分配。在监管协议有相应的规定的情况下,一旦发生危机,母国与东道国之间应该按照协议约定承担各自的责任,并应按照协议进行通力合作,采取一切可能的合理措施化解危机,拯救有问题银行机构,防止因其破产倒闭而引发的金融动荡。

二、加强对商业银行资本充足率的监管

1988 年的老巴塞尔资本协议把资本与风险资产的比率提高到 8%,统一了国际银行业资本监管的标准。新巴塞尔资本协议首次将资本要求扩展到操作风险,并把资本充足率与监管部门的监管审查和市场约束结合在一起,着力推动以指标为核心的数量监管模式向以风险管理为核心的质量监管模式转变。理论和实践都不断证明,如果对商业银行不实行或不能严格实行资本监管和审慎监管标准,就会使金融风险得以覆盖和不断聚集,最后酿成系统性风险或金融危机。因此,我们需要借助巴塞尔体系,强化资本监管特别是资本充足率标准。

(一)我国对商业银行的资本监管

为了加强对我国境内银行的资本监管,2004 年中国银行业监督管理委员会(简称银监会)发布和实施了《商业银行资本充足率管理办法》(以下简称办法)。管理办法的核心虽然仍然是 1988 年巴塞尔资本协议标准,但该办法在结合我国实际情况的基础上,在总体结构上借鉴了新巴塞尔资本协议中三大支柱的框架,除资

① 前一种观点的依据是最后贷款人的责任和流动性监管有关,后一种观点的依据是最后贷款人的责任更多是与清偿力监管相联系。

本充足率计算外,还对银监会的监管审查和银行机构的信息披露作出详细规定。①同时,在第一支柱即资本充足率的计算中,办法严格执行巴塞尔资本协议的要求,对原办法中不合理和不审慎之处进行了修正,如监管当局1996年出台的有关资本充足率计算的文件规定,将专项准备全部计入附属资本,在资本扣减中没有考虑准备金缺口,在加权风险资产的计算中过分强调了抵押担保的风险缓释作用,同时对非银行机构和大型企业给予较多优惠风险权重等。办法对这些不合理之处都进行了调整。

由于办法在防范金融风险上作出了较为严密的制度安排,从而有助于从总体上控制商业银行的风险,提高银行体系抵御风险能力,保证银行体系安全稳健的监管目标的实现。因此,我们应当首先充分实施管理办法的资本监管要求,为此可以从以下方面着手:首先,依据办法严格执行对商业银行,包括外资银行资本充足率的计算标准,保证资本充足率指标比较准确地反映其真实的风险状况。在根据办法对银行执行8%的资本充足率的同时,要求银行资本充足率的计算应建立在充分计提各项损失准备的基础上并应至少能抵御信用风险和其他风险。其次,根据办法所明确规定的监管当局的监管审查职能,我国的监管当局应当充分履行对银行的监管审查职能,确保各项监管措施的落实。办法有关资本充足率监管审查的核心内容是按资本充足率的高低,把商业银行分为3类,即资本充足、资本不足和资本严重不足的银行,并分别采取相应的监管措施。②我国监管当局应当充分掌握商业银行包括外资银行的资本状况,对资本不足和严重不足的商业银行及时采取有效的限制性措施,包括要求其提高风险控制能力,加强对资本充足率的分析与预测,限制其资产增长速度,降低风险资产规模,停止支付股息,限制增设新机构和开办新业务等。对资本严重不足的银行可以要求其调整高级管理人员,依法对其实行接管或促成机构重组,直至予以撤销。最后,根据办法对信息披露和市场约束的强化规定,我国监管当局可以要求包括外资银行在内的各银行定期披露资本充足率信息,包括风险管理目标和政策、并表范围、资本、资本充足率、信用风险和市场风险等信息,提高外资银行经营信息的透明度,便于公众和投资人了解各银行资本充足率的真实情况,将银行的经营管理置于社会、舆论、公众的全面监督之下,强

---

① 我国决定暂不适用新巴塞尔资本协议,这是因为目前中国实行新协议的条件尚不具备。首先是因为新协议将保持充足的资本水平作为基本要求,但现实的状况是,中国商业银行不同程度地存在着资本充足率不足的问题。如果目前实行新协议,资本金不足的问题将更加突出。其次,我国大多数银行不属于新资本协议界定的"国际活跃银行",因此,按照新协议三大支柱框架构建我国的《商业银行资本充足率管理办法》,是我国银行业的现实选择,也有助于我们循序渐进地达到新巴塞尔资本协议的各项目标。

② 周文好、莫易娴:《我国银行资本充足率管理办法与巴塞尔协议的比较》,《特区经济》2004年11月25日。

化市场约束作用。[1]

（二）我国实施资本监管需要完善的方面

虽然办法在1988年巴塞尔资本协议的基础上，通过充分吸收新巴塞尔资本协议的第二支柱和第三支柱的成分，制定了中国的资本监管制度，是比较符合中国银行业实际的现实选择[2]，但从我国银行业开放和发展的角度来看，我国的资本监管制度仍有以下方面有待逐步完善：

1. 积极引入激励相容的资本监管

激励相容的资本监管强调的是监管者不能仅仅从监管的目标出发设置监管措施，而应当参照金融机构的经营目标，将金融机构的内部管理和市场约束纳入监管的范畴，引导这两种力量来支持监管目标的实现。前美联储主席格林斯潘对激励相容的监管作过一个简要的界定，那就是：激励相容监管应当是符合和引导，而不是违背投资者和银行经营者利润最大化目标的监管。[3] 从国际范围内来看，在20世纪80年代以前，市场机制与政府监管之间的关系被理解成一种平行替代的关系，金融监管力量的强化也就意味着市场机制力量的弱化，从而形成金融监管对金融市场压制性特征。随着全球市场化趋势的发展，在激励相容的监管理念下，金融监管不再替代市场，而是强化金融机构微观基础的手段，金融监管并不是要取代市场机制，而只是从特有的角度介入金融运行，促进金融体系的稳定高效运行。

新巴塞尔资本协议很好地体现了激励相容的监管理念。作为该协议创新核心之一的IRB方法，允许银行使用内部风险测试模型进行市场风险监管，这是对银行监管思路的一大突破。监管当局不再无视市场机制去推行一套以扭曲银行行为为代价的监管框架，以维护银行间的公平竞争；监管当局尽可能使商业银行能参与资本要求标准的设计，尽可能使资本监管要求与市场要求趋向统一。以银行内部风险管理模型作为计算资本要求的基础，能有效地激励银行改善自身的风险管理系统。新资本协议提供了可供金融机构选择的、难度不同的风险管理体系，同时，那些选择难度较大的风险管理体系的金融机构，其所需要配置的资本金一般要少，从而在金融市场的竞争中更为主动。

相对于新巴塞尔资本协议而言，《商业银行资本充足率管理办法》虽然强化了

---

① 蒋超良：《建立资本约束机制，提高风险管理水平》，《新金融》2004年第10期。

② 巴塞尔委员会主席卡如纳曾明确表示，中国推迟实施新巴塞尔资本协议，出台新的资本管理制度，符合中国国情，这也与巴塞尔委员会的观点完全一致。各国应采取灵活、务实的策略向新巴塞尔资本协议过渡，巴塞尔委员会支持一些国家在以后几年继续执行1988年协议，同时鼓励加强第二支柱和第三支柱。

③ 巴曙松、邢毓静：《差额准备金率货币监管的创新与走向》，《21世纪经济报道》2004年3月31日。

对银行资本充足率的监管,对商业银行资本管理提出了更高的要求,但其缺陷在于没有吸收以上激励相容的理念。缺乏激励相容的监管理念和机制,会导致监管机构不能充分发挥激励作用,不能为经营管理状况良好的金融机构提供较之经营状况低下的金融机构以更好的、更为宽松的发展环境,不能提供一个有效的机制鼓励好的金融机构更快地扩张,甚至会在客观上促进差的金融机构的扩张。管理办法对于风险权重的规定过于严苛,商业银行在这种约束下,可能会付出较大的成本,同时也难以产生一种内在的、激励商业银行改进风险管理的动力。

从全球范围来看,激励相容正在成为一种资本监管趋势,我国应当在对外资银行和中资银行的资本监管中积极地尝试这一理念的监管,激励外资银行和中资银行改善经营管理、进行更好的风险控制。

2. 逐步从合规性监管向风险导向型监管过渡

商业银行在获得市场准入,开始业务经营后,监管者应对其日常业务经营情况进行持续性的审慎监管。审慎监管包括合规性监管和风险性监管两方面内容。合规性监管是监管当局为确保银行遵守法律、行政法规、部门规章、指引等规范性文件和市场交易规则、自律性组织制定的相关标准,实施的监管行为。风险性监管是监管当局根据银行及银行体系的风险程度,对商业银行的资本充足程度、资产质量、流动性、营利性和风险管理水平实施的监管活动。新巴塞尔资本协议的推出预示着国际监管领域的发展趋势转向了审查银行的风险管理体系,包括风险模型是否合理、完善和有效,是否建立了完善的风险管理政策和程序,是否对风险进行了及时、准确的度量、检测和控制,是否有足够的资本来抵御银行面临的风险,以及是否建立了完善的内控机制,包括内部和外部审计制度。这些都表明国际银行业监管需要将合规性监管与风险性监管有机地结合起来,重视风险监管。

我国由于监管水平不高,当前对银行业的监管大多还停留在合规性监管阶段,没有建立一个有效的金融风险监测、评价、预警和防范体系,风险监管没有充分实现。监管还存在一定程度的盲目性、随意性和分散性,缺乏连续性和系统性,缺乏预警和早期控制,缺乏对监管信息的有效利用,缺乏对风险的跟踪监测,从而导致监管成本的提高和监管效率的下降,风险得以积聚和扩散,最后风险防范工作忙于事后"救火"。从我国对外金融开放的实际出发,要有效防范和化解我国的金融风险,必须尽快实现监管制度和监管方式的转变,要将合规性监管与审慎的风险性监管有机结合起来。为此,我们应当把安全性、流动性和营利性作为监督外资银行的主要目标和原则,认真实施审慎性会计原则和监管标准,防范大规模风险的形成和出现。

值得注意的是,强调风险监管不能把合规性监管与风险性监管对立起来,二者不应割裂。监管规则和标准应当识别、监测、计量、缓释并控制各类风险,监管规则和标准的内容应针对银行风险管理、监管机构的风险处置,因此,监管规则和标准实质上构成了风险监管的法律基础。英、美等监管当局的实践证明,合规性监管是监管人员通过检查银行法律法规遵守情况、内部控制有效性,发现风险、提示风险、监督银行缓释和控制风险的过程,是风险监管的一种具体实现方式。风险性监管不能脱离合规性监管单独存在,需通过合规性监管来实现。就我国而言,为使合规性监管与风险性监管协调一致,立法和监管机构应根据风险状况,制定规则和标准,并根据市场发展和风险变化状况,不断予以完善,在实践中依规实行风险监管。

3. 积极创造条件实施内部评级法

新巴塞尔资本协议的资本要求对风险的敏感度强,好的银行需要的资本少,差的银行需要的资本多。据西方有关机构测算,西方大银行在采用对风险更加敏感的内部评级法之后,所需要的资本总量有所下降。

在我国银行业全面开放后,进入我国的外国金融机构有一部分是采取分行的形式,按照国际通例,此类外资银行由其外国母国行使并表监管。在西方大银行普遍采用内部评级法的情况下,以分行形式进入我国的外资银行其资本要求可能会低于中资银行,对中资银行在竞争中的发展和壮大不利。虽然目前由于中资银行资产质量普遍较差,如果实施新协议的内部评级法,其资产风险权重的总体水平将会大幅度提高,资本充足率水平将进一步下降。我国暂时还无法全部适用新协议,但从未来发展和中资银行开展竞争的需要来看,我们应当随着中资银行资产质量的提高逐步采用新协议。此外,长期不实行新协议,还会使我国银行面临一些国际上的压力。最明显的是国内银行在海外的分支机构,由于在评级办法和风险控制制度方面不能跟外国银行一致,可能面临市场和监管压力。因此,我们应积极创造条件实施新协议,为此我们至少可以从以下几个方面着手:

第一,建立和完善信贷风险内部评级控制体系。一是建立独立的内部评级部门。该部门在组织架构和人事任免上应独立于决策者和发放贷款的部门,以保证评级结果的客观性;二是建立合理的内部评估程序,确立风险管理标准、信息披露制度、评级认定程序等,以便银行对其面临的风险有正确判断,并在此基础上及时进行评估;三是在内部评级部门之外建立内部评级监督部门,以便定期对评级结果进行检验,从而对内部评级部门形成制衡。

第二,建立有效的信息收集和处理系统。从新协议的整个监管框架来看,无论是对信用风险,还是对市场风险、操作风险的衡量和管理,都是建立在大量数据的基础上的。目前我国商业银行的客户评级和贷款五级分类体系虽然都已经初步建立,但缺乏信息的有效收集和反馈渠道,对于信用评级执行情况和结果缺乏基于具体数据的实证检验和统计分析。为此我国银行业可仿照欧洲的模式,由监管部门联合各大商业银行开发出自己的评级方法和标准,作为外部评级的参照和评估商业银行内部评级系统的基准。

第七章　美国证券法的晚近发展
——《索克斯法》与影响

2002 年美国《萨班斯—奥克斯利法》(Sabanes – Oxley Act of 2002),可简称《索克斯法》(SOX Act),是一部美国联邦法律。[①] 推出该法的部分原因是为了回应 20 世纪 90 年代到 21 世纪初发生的系列上市公司重大财务丑闻,其主要目标之一是就上市公司董事会和公众会计师事务建立一套清晰的会计、报告体系,并希望借此重树投资者和公众对美国经济的信心。尤其是,《索克斯法》要求所有上市公司高管人员对公司所公布财务信息的可靠性和准确性负责、并进行评估,"旨在通过提高证券法项下公司披露的准确性和可靠性,达到保护投资者及其他相关目的"[②]。此外,该法还要求为保证公司披露中财务信息准确性而采取的内部控制措施。

美国证券法是许多国家证券法的蓝本,对世界许多国家证券法的影响极大。美国 2002 年《萨班斯—奥克斯利法》对 1933 年证券法和 1934 年证券交易法进行了大幅修订,是美国自 20 世纪 30 年代以来影响最大、最重要的美国证券立法。我国如何借鉴该法加强我国证券法制建设,同时应对该法特别是其 404 条款对我国的影响,意义重大。以下从历史背景,主要内容,404 条款与内部控制,实施问题,争议、启示与发展五个部分,对《索克斯法》,特别是其对美国证券法的发展展开全面透析。

第一节　历史背景

一、诚信危机

《索克斯法》是在一系列上市公司商业丑闻引起美国诚信制度危机的情况下,由美国国会通过的一部公司、证券立法,公司诚信制度危机是这一立法的根本

---

① 除上述称呼外,该法还被称为《2002 年公众公司会计改革与投资者保护法》、《萨班斯法》、《萨奥法》、《SOA 法》、《SarbOx 法》等。

② 张路:《美国上市公司最新立法与内部控制实务》(中英文对照本),法律出版社 2006 年版,第 3 页。

原因。

（一）商业丑闻

20 世纪 90 年代到 21 世纪初发生的系列上市公司财务丑闻,动摇了社会公众对上市公司的信任感。内部交易、虚假财务记录以及其他欺诈事件,让投资者质疑市场中介、公司高管、资本市场和上市公司的诚信问题。

1. 上市公司丑闻

丑闻公司尤以安然(Anron)、世通(WorldCom)、泰科(Tyco)、阿德菲亚(Adelphia)为甚。其高管肆意妄为,利用财务记录造假达到内幕交易、隐匿债务、虚增资产之目的,并蓄意误导投资者。

2000 年 12 月,安然公司名列美国第七大公司,是美国最大的能源公司,曾名列世界 500 强第 16 位,并连续 4 年荣获"美国最具创新精神的公司"称号,2001 年被美国《财富》杂志评为全球最受称赞的公司,一度在全球 40 多个国家拥有 21 000 多名员工。鼎盛时期,安然公司是市场上的巨鳄,且与白宫关系密切。2001 年 9 月 30 日其资产负债表上显示的总资产达 618 亿美元;2000 年 8 月,其股价曾超过 90 美元,其业绩甚至超过 IBM 和 AT&T 这些市场表现优异的公司。但即使是这样曾经是"业绩优良"的巨型公司,在涉嫌做假账,受到美国证券交易委员会调查的消息公布后,该公司股价大幅下跌,标准普尔等评级机构将其债券评级下调为垃圾级,不得不递交了破产保护申请,成为有史以来最大的公司破产案。此后,公司丑闻不断,丑闻规格屡创新高。安然公司的破产是会计舞弊的直接后果。为了维系成功的商业形象,安然公司误导投资者,粉饰财务状况,浮夸利润,隐匿负债。截至 2001 年 10 月末,该公司负债达 312 亿美元(资产为 498 亿美元),资产负债率为 62.7%。披露情况表明,该公司长期以来一直采用虚假的财务结构和激进的会计政策,缺乏稳健和审慎作风,虽然具有所谓比较强的创新精神,但出现财务危机的风险也在同步加大。该公司在不断扩大负债时,为使债务不会立即被投资者们所了解,通过账务违规操作,将债务列入另外的业务部门,而不在资产负债表反映,欺骗投资者。

世通公司 2002 年 6 月会计丑闻被揭露,7 月申请破产。2002 年 6 月泰科首席执行官科兹洛夫斯基和财务总监斯沃兹因涉嫌偷税突然辞职,存在挪用巨额公司公款等欺骗投资者行为,直接导致数千员工失业。阿德菲亚公司 2002 年破产,当年 7 月,创建者父子三人被控侵吞阿德菲亚数十亿美元公款,给投资者造成了 600 多亿美元损失。这些上市公司财务丑闻事件,沉重地打击了投资者对美国资本市场的信心。

2. 市场中介丑闻

在上述公司丑闻中,提供咨询或审计服务的市场中介机构,往往助纣为虐,罪责难逃。为安然公司提供审计服务的安达信,为掩盖犯罪事实,在2002年3月销毁了重达数吨的安然公司相关文件。百年老店安达信瞬间如冰山消融,毁于一旦。

安达信公司创建于1913年,经过近百年经营,在全球拥有10万家大型客户,2001年营业收入超过90亿美元,成为全球五大会计师事务所之一。安达信公司被迫倒闭的原因,主要是利益驱动,诚信丧失。利益驱使安达信帮助安然造假。从辉煌的顶峰跌至破产边缘,从诚信样板到因欺诈被追究刑事责任,根本原因在于无节制地追逐利益、丧失诚信这一关键问题。

安达信冲击波,动摇了美国资本市场的信用基础。安然公司破产欺诈事件的揭露,在美国朝野引起极大的震动。案件涉及一大批政府要员和国会议员,使教师、消防员和部分政府雇员的退休基金损失10亿美元以上,还涉及安达信分布在84个国家和地区的8.5万员工。这是一起官商勾结、欺诈民众的大案。

(二)制度危机

这场金融灾难的影响远远不只是一些大公司的破产,安然等事件从根本上动摇了投资者的信心,而投资者的信心是整个经济成功的关键。著名经济学家克鲁格曼(Krugman)说,安然公司的崩溃不只是一个公司的垮台问题,而是一个制度的瓦解。这一制度的失败不是因为疏忽大意或机能不健全,而是因为腐朽。实质问题在于作为经济制度基础的关键机构已经腐败。[1] 格林斯潘(Greenspan)在众议院金融委员会质询时说,从长远看,安然事件的发生可能会改变对企业的监管方式。[2] 美国证券交易委员会前主席皮特(Harvey Pitt)认为,安然、泰科、安达信(Andersen)和世通等接连不断的公司丑闻已经使全球投资者对美国公司失去信心并对美国公司的基本诚信产生质疑。若长此以往,美国资本市场的基础将会坍塌。[3] 安然、安达信事件表明,会计师事务所提供的服务并不一定可靠,其他诸如信用评级机构、投资银行等也是如此。目前,审计师靠长期的自律来保持诚实。大公司采用同业检查来相互审核审计结果,其资金和人员都是来自会计公司,缺乏必要的独立性,无法对不诚实的审计师加以惩罚。

在安然、安达信事件后,证券交易委员会主席皮特在一份提交给众议院金融服务委员会的证词中说,美国证券交易系统长期以来存在一些严重的缺陷,而现在是该解决这些问题的时候了。

---

[1] Paul Krugman, A System Corrupted, http://query. nytimes. com/gst/fullpage. html? res = 9C07E1D71E38F93BA25752C0A9649C8B63, January 18, 2002.

[2] Conduct of Monetary Policy, http://commdocs. house. gov/committees/bank/hba78399. 000/hba78399_0f. htm, February 27, 2002.

[3] Harvey L. Pitt, Remarks before the Economic Club of New York, http://www. sec. gov/news/speech/spch573. htm, June 26, 2002.

(三)监管方式新思考

由于安然事件,美国国会考虑对会计审核加以新的限制。美国证券交易委员会负责人曾主张,应该禁止会计师事务所在为其客户做账的同时,还为客户提供咨询和其他服务。此外,安然的倒闭也使人们认识到,长期雇用一家会计师事务所也许并不明智,国会应考虑是否要规定公司必须每若干年转聘其他事务所。美国国家总审计长沃克在国会听证会上说,目前的会计政策过于支离破碎,对审计人员违反诚信缺乏有力的保障措施。

新限制措施对所有公司的审计都起作用,无论是大公司还是小公司,是联邦政府的公司还是州政府的公司。但美国会计师行业认为,这将对会计师行业产生极为不利的后果,提醒"议员们必须清醒地意识到,如果那些有诚信的会计师不能为小企业提供咨询或税务方面的服务,后果将很糟,其潜在危机比我们目前所面临的问题会更加严重"。

根据建议,美国改变审计业自律做法,成立联邦政府审计监督机构。这一机构将接受证券交易委员会监督,负责制定职业行为标准和道德规范,对审计公司进行监督、调查,对违规会计师进行惩罚。根据布什的建议,公司将增加信息透明度,首席执行官将对公司的财务报告和其他信息的准确性负责。

公司监管方式的变革,必然涉及公司治理。而公司治理的核心是找到企业的财务和商业目标与社会和道德追求之间的平衡点。公司治理不是一个新概念,其本身也在不断演化。

在上述情况下,美国国会和政府加速于2002年7月25日通过了《索克斯法》。了解该法通过的背景以及该法制定过程中的一些问题,对正确认识、把握该法内容和特点,从而理性看待我国资本市场的相关事件及采取相应的立法对策,意义重大。

二、《索克斯法》的历史

《索克斯法》与两个人物有关,一个是时任参议院银行、住房和城市事务委员会(Committee on Banking, Housing and Urban Affairs)主席萨班斯(Paul Sarbanes),一个是时任众议院金融服务委员会主席奥克斯利(Michael Oxley),其中奥克斯利是个财经保守派,终生追求经济、科技和远程通讯的进步。两人均从事过法律工作,而该法名称也是这两人的姓名合并而成。

法案最初于2002年2月14日提交给国会众议院金融服务委员会,先后有6个版本,2002年2月14日提交到众议院金融服务委员会的版本较为温和,不仅没有最终定稿所包括的各项严厉的刑事责任要求,而且,对会计职业监管相对较宽松。部分原因在于,当时世通等事件尚未爆发,社会舆论对企业管理层的态度还没有根本转变。安然公司 2001 年 12 月 2 日申请破产保护,美国国会众议院金融服务委员会 2001 年 12 月 12 日就安然事件举行第一次听证,讨论安然倒闭对投资者及资本市场的影响,随后就该法案先后进行了多次听证,4 月 22 日的第二稿与第一稿相比,篇幅增加了将近一倍,主要变化是对公众监督组织的人员组成、经费来源与独立性、具体运行等的规定更加细致;具体讨论了对安然和安达信主要责任人的可能法律行为及其所得的处理;要求美国总审计署对投资银行和财务顾问在安然、世通破产事件中的作用、特别是投资银行从事的纯粹帮助企业操纵现金流以掩盖其真实财务状况的行为展开研究等。

参议院同期也在进行相应的立法行动。参议院银行、住房与城市事务委员会自 2 月 12 日至 3 月 20 日,共举行了十次听证会,讨论安然、安达信事件的原因、影响与对策。6 月 25 日,该委员会主席萨班斯提出"2002 年公众公司会计改革与投资者保护法案"(Public Company Accounting Reform and Investor Protection Act of 2002),最终于 7 月 15 日在参议院以 97 票全票通过,通过的提案名为"2002 年公司与犯罪舞弊责任法"(Corporate and Criminal Fraud Accountability Act)①或"2002 年强化白领犯罪惩罚法"(White – Collar Crime Penalty Enhancement Act of 2002)②,但参议院同时将该法案与众议院提交的 3673 号法案③进行合并,成为 7 月 15 日的修改稿(第五稿)。

6 月下旬至 7 月上旬的一些事件,对该提案产生了重大影响。其中,影响最大的是 2002 年 6 月 25 日公布的世通 38 亿美元假账事件。如果说安然、环球电讯等公司丑闻令美国社会震惊,那么,世通赤裸裸的假账④则令美国社会愤怒。6 月 26 日,布什总统承诺要推进对世通事件的调查,并将相关人员"绳之以法",7 月 9 日,布什总统专程到华尔街发表演讲,宣布成立由司法部副总检察长为主席的公司舞弊惩治工作组,加大对公司高管人员涉及舞弊问题的刑事责任。同时,布什也要求国会在 7 月底休会前能够提交让其签字生效的法案。这一切,都促成了参议院最后快速通过对 2673 号法案⑤的审议,并将其并入众议院第 3673 号法案。在萨班斯和奥克斯利的敦促下,7 月 25 日,该修正稿以高票分别在参众两院通过,布什总统顶住主要来自上市公司的压力,7 月 30 日签字,《索克斯法》正式成为一部法律。

---

① 此法案为《索克斯法》第八章的简称。
② 此法案为《索克斯法》第九章的简称。
③ 此法案后来并入《索克斯法》的众议院立法议案。
④ 经内部审计发现,从 2001 年开始,世通公司用于扩建电信系统工程有关的大量费用没有被作为正常成本入账,而是作为资本支出处理,这一会计"技巧"为世通带来了 38 亿美元的巨额"利润"——世通丑闻从此昭然于天下。
⑤ 后来并入《索克斯法》的参议院立法议案。

三、《索克斯法》初步评估

《索克斯法》于 2002 年 7 月 30 日正式生效,但应当说,该法的影响至今尚未充分发挥。以下主要讨论该法制定本身的特点及制定中存在的问题。

（一）制定过程匆忙

2001 年 12 月 2 日安然公司申请破产保护,很快,安然公司丑闻转化为会计丑闻,安达信成为人们谈论的焦点。由于 2002 年事关中期选举,有效利用公司丑闻事件所产生的"机会",是政治家的必然选择。在《索克斯法》最终通过之前,大家普遍认为国会应当有所行动,并且越快越好。在这种背景下,几个原来已经提交讨论的议案被拼接起来,成为《索克斯法》。美国总统布什对该法的制定也非常关注,以利其未来竞选连任,他还多次催促,要求国会尽快提交草案让其签字,并明确表示要求国会在 7 月底休会前,一定要送交草案。最终通过的《索克斯法》,也被媒体批评为一种"本能"反应。换言之,很难说它是一种深思熟虑的产物,实际上它是美国奇特政治制度的产品。

由于该法是在安然、世通、泰科等上市公司丑闻高峰时在 2002 年 7 月这一狂热时间通过,该法引起部分公司执行高管、董事、各委员会、审计师、银行家和律师的愤慨和不满,他们认为该法通过太快,弊端多多。①

（二）内容重点突出、逻辑混乱

如上所述,《索克斯法》是一种情绪化的粗糙产物:美国社会普遍对公司高管的腐败行为感到愤怒。美国司法部副总检察长在针对阿德菲亚高管处罚的新闻发布会上说,公司高管非法占有公司财产与普通的市井小偷并无两样,公开逮捕他们是惩治公司犯罪行为的一种恰当方式。美国 2001 年至 2002 年度所爆发的各项公司丑闻事件中,企业管理层无疑应当负有最主要的责任,尤其是对股东所承担的职业诚信责任等。因此,《索克斯法》的一个重点就是强化公司高管及白领犯罪的刑事责任,如《索克斯法》第 906 条"公司财务报告责任"规定,公司高管明知财务报告存在虚假内容而宣誓确认,可判罚金 500 万美元和/或最高 20 年监禁,该条与第 302 条②和第 404 条③是《索克斯法》中最有争议的条款。《索克斯法》的另一个重点就是加强对会计职业的监管,以提高财务报告的可靠性。

《索克斯法》本身的内在逻辑混乱,体现在多个方面。首先,该法是若干法案拼接的产物,其内容与表述上存在重复,是一种必然现象。特别是有关公司高管和

---

① Heidi Moore:《〈索克斯法〉代美国公司病受过——指控站不住脚》,《电子金融新闻》2007 年 7 月 17 日。

② 第 302 条款是有关高级管理人员对公司财务报告责任的规定。

③ 第 404 条款主要规定上市公司管理层及外部审计师对于公司财务内部控制的责任和义务。

白领犯罪的刑事责任部分,分别见第八、九和十一章。也就是说,同一文稿先后有三个部分讨论内容相同或相近的话题,重复不可避免,既有自身不一致之处,也有与现行法律不一致之处。此外,关于公司高管对财务报告真实性的责任,第302条的表述与第906条的表述也不完全一致。

因此,对《索克斯法》的指责也很广泛。有人认为该法只是已有旧法的重复:美国已有体现在《1934年证券交易法》(简称《证券交易法》)中历时70多年的多层监管制度。另外,美国也早已有《1977年反海外贿赂法》,该法要求公司对会计职能要采取内部控制措施。有些批评者甚至更为偏激:认为该法将侵蚀美国的对外竞争力,带来过大的成本,引起不必要的诉讼。①

总之,对颁布和实施《索克斯法》的作用和意义,人们争议很大。即便如此,可以明确的是,它是继2000年到2002年安然、世通、泰科等上市公司纷纷暴出惊世丑闻后,为强化上市公司内部治理和增强资本市场信息披露而出台的一部重要法律。无论是从内容还是从形式上,该法均是在美国《1933年证券法》(简称《证券法》)和《证券交易法》的基础上,根据证券市场的发展以及现实需要对公司治理和会计审计进行的新的调整和规范。布什总统在签署该法案时,称"它是美国证券市场发展过程中的一个里程碑",而业内人士也普遍认为它是继20世纪30年代经济大萧条以来,美国政府制定的涉及范围最广、处罚措施最严厉且最具影响力的证券、公司法律。

第二节　主要内容

一、《索克斯法》的性质

《索克斯法》第3条b款规定:"对于违反本法、证券交易委员会根据本法颁布的规则或条例、或会计监察委员会的规则的任何人,在所有方面均应按照违反《证券交易法》或根据其制定的与本法的规定相一致的规则和条例同等对待,并应给予与违反该法、该等规则或条例相同程度的处罚。"②可见,《索克斯法》在性质上属于联邦证券法,并是其必要组成部分,而且,《索克斯法》本身有许多条款是对《证券法》和《证券交易法》的直接修改或一致性修改。

---

① 对此详见本章第五节。

② 张路:《美国上市公司最新立法与内部控制实务》(中英文对照本),法律出版社2006年版,第17页。

二、《索克斯法》的重要原则

投资者的信任遭商业丑闻动摇之后,有人意识到至少一些上市公司的治理策略中缺乏某些重要原则。道德行为和尊重投资者投资是美国市场最重要的形象,缺了这一点,投资就会受到损害,宏观经济也会受到极大影响。

《索克斯法》的目的就是为了重新确保投资者的投资不受欺诈和非法损害,其基本原则是诚信、准确和责任。

(一)诚信

《索克斯法》期望建立上市公司的职业诚信①体系,诚信精神贯穿于该法条文之中,更应贯穿于其整个实施过程。要维持投资者的信心,企业能营造一个很高的道德形象和职业标准非常重要。只有这样,随着时间的推移,投资者才会原谅企业曾有过的不法行为,对企业重新建立其信任感,对市场保持信心,对美国经济治理寄予希望。

诚信原则还体现在要求公司披露的财务记录具有可靠性和代表性,旨在通过要求企业无一例外地提供相关财务信息,希望能消除欺诈和错误报告的发生。

(二)准确

《索克斯法》还期望企业提供准确的财务信息。通过设立统一的标准,希望建立一套能预防、防止舞弊和误导行为的体系,这样才能确保投资者收到的信息准确、安全,以此保护投资者投资。

(三)责任

从过去的企业丑闻中发现一个常见问题,就是不知道谁最终应该承担责任。出现企业欺诈行为后,似乎无法责备任何人。很多人倾向于认为是制度体系培育了欺诈的环境,因此无法对个人问责。

《索克斯法》剑指以上弊端,希望在对投资者发生欺诈或误导时,能够找到可以制裁的直接责任人,可以让一人或多人承担责任。因此规定,企业高管和其他财务报告负责人应对信息的可靠性和准确性负责。该原则背后的动机是消除不良的公司形象,让企业和社会均清楚地看到哪个职位应该为何等信息和相关公司承担责任。

总之,该法"旨在通过提高证券法项下公司披露的准确性和可靠性",通过具体到人的问责制,"达到保护投资者及其他相关目的"。②

---

① 此处的诚信即英美法中的 fiduciary 制度体系。

② 张路:《美国上市公司最新立法与内部控制实务》(中英文对照本),法律出版社 2006 年版,第3 页。

三、《索克斯法》的主要内容

《索克斯法》共十一章,69 条。第一章至第六章主要规范会计职业及公司行为,包括:设立独立的公众公司会计监察委员会(Public Company Accounting Oversight Board,简称 PCAOB)对上市公司审计进行监管;通过负责合伙人轮换制度以及咨询业务与审计业务的分离等措施提高审计的独立性;限定公司高管人员的行为、改善公司治理结构、增强公司的报告责任;强化财务披露;向证券交易委员会提供高额财政拨款(7.76 亿美元)以增强执法能力。第八章至第十一章主要是规定公司高管及白领犯罪的责任。其中,第八章"公司欺诈与刑事责任"、第九章"强化白领刑事处罚规定"与第十一章"公司欺诈与责任",内容相同或相近,存在法律内在逻辑混乱和重复的缺憾。第十章内容为参议院要求公司首席执行官在公司的联邦所得税纳税申报表上签字。

除上述规定外,第七章要求相关部门在《索克斯法》正式生效后的指定期间内(一般都在 6 个月至 9 个月)提交若干份研究报告,包括:会计师事务所合并、信贷评级机构、市场违规者、(法律的)执行、投资银行等研究报告,以供相关执行机构参考,并作为未来立法的参照。按照该法要求,这些报告都已经完成。

以下拟以该法的篇章顺序对其内容作简要引述、辅之以适当评析。

(一)公众公司会计监察委员会

该法的开山之笔,是在证券交易委员会下新设立一个重要机构——公众公司会计监察委员会(PCAOB)。2002 年 12 月 19 日,证券交易委员会宣布该机构开始运作。PCAOB 的组建结束了职业界的自律监管,是一次标志性转变。

PCAOB 的设立目的在于"监督证券法律项下上市公司的审计及相关事项……以便向公众投资者出售证券并由或为公众投资者持有其证券的公司编制准确、独立的审计报告,提供必要的信息,保护投资者利益、促进公共利益"。根据规定,"会计监察委员会应当是法人,作为非营利公司持续经营","会计监察委员会不是政府部门或机构"。所有从事公众公司审计业务的会计师事务所都必须按照会计监察委员会通过规则规定的格式和内容在会计监察委员会注册,否则,不得从事公众公司审计的业务。同时,各注册会计师事务所应向会计监察委员会提交年度报告,而且为了更新注册申请中的信息,还可以要求提交其他报告。为了保持其运转的经费需要,该法还授权会计监察委员会对每一个注册会计师事务所评估并收取注册费和年费。

会计监察委员会"由 5 名委员组成,从诚实、有声望的著名人士中挑选。被挑选人士应当表明对投资者和公众利益的承诺,理解发行人根据证券法规定进行财务披露的责任和性质,并理解会计师在编制和签发与该披露有关的审计报告方面所承担的义务"。同时"只能有两名委员是符合一州或多州法律要求的注册会计师"。在该两名注册会计师中,只有在会计监察委员会任职前至少5年没有执业,才具备担任会计监察委员会主席的资格。会计监察委员会的每一名委员均应全职工作,在会计监察委员会任职的同时,不得受雇于任何其他人、或参与任何其他职业或业务活动。除非在特定情况下,禁止委员从注册会计师事务所或证券交易委员会确定的任何其他人分得利润或获得报酬。

该法第一章规定了会计监察委员会的职责,包括:

1. 对发行人出具审计报告的注册会计师事务所进行注册。需要向会计监察委员会进行注册的会计师事务所并不仅限于美国会计师事务所,第106条规定,为发行人编制或提供审计报告的外国会计师事务所,也应遵循该法以及会计监察委员会和证券交易委员会依该法颁布的规则,向会计监察委员会注册。

2. 通过制定规则建立及/或采纳与为发行人编制审计报告有关的审计、质量控制、道德、独立性和其他准则;但是,规则发布之前,必须得到证券交易委员会的批准。

3. 对注册会计师事务所进行检查。该法第104条对检查的次数、程序、记录、报告、中期检查等作了具体规定。

4. 对注册会计师事务所及其关联人进行调查、发起职业惩戒程序,并实施必要、合理的处罚。该法第105条对调查和惩戒方式、调查程序、处罚的种类、各类处罚的适用等进行了具体规定。根据该条的规定,会计监察委员会于2003年9月29日发布第2003-015号公告,制定了更为具体的调查和裁决规则。

5. 履行会计监察委员会认为或证券交易委员会依照规则和命令确定的必要或合适义务或职能,以提高注册会计师事务所或其关联人的职业标准并提高其所提供的审计业务的质量,或以其他方式执行本法,以保护投资者或促进公众利益。

6. 强制要求注册会计师事务所及其关联人执行本法、会计监察委员会的规则、专业标准及与编制、签发审计报告和相关会计师责任及义务有关的证券法。

7. 确定会计监察委员会及其职工的预算,并对其运营进行管理等。

会计监察委员会作为证券交易委员会的下属机构,受证券交易委员会的监管和控制。该法第107条规定:"证券交易委员会对会计监察委员会有监管和强制执行权",且《证券交易法》第17条a款1项和b款1项对会计监察委员会适用,在适用时将会计监察委员会与注册证券协会同等对待;会计监察委员会可以调查、处罚和制裁违反《索克斯法》、相关证券法规以及专业准则的会计师事务所和个人,但其处罚程序要受证券交易委员会监督等。

第108条规定证券交易委员会可以授权符合一定标准的机构(即标准制定机构)制定"公认"会计准则。根据该项授权,证券交易委员会于2003年通过第33-

8211 号公告,确认了在此之前一直作为会计准则制定机构的财务会计准则委员会继续作为会计准则制定机构。

第 109 条规定了会计监察委员会的资金,包括来源、用途等。

需要说明的是,会计监察委员会以"非营利公司"的形式设立,旨在与会计职业界保持相对独立性,因为 2001 年到 2002 年会计丑闻的发生,更充分地证实独立性的缺乏所造成的监管不力。此外,授予该机构的上述职责(也是职权)中,很多以前属于另外一个重要机构——即美国注册会计师协会所拥有的职权,如对公众公司的审计进行监督和监管等。

(二)审计师的独立性

加强审计师的独立性、提高财务报告的客观性和可靠性,是整部法律中的一项主要内容。该法第二章中主要规定了禁止公众公司的审计师(包括其关联人)为其客户提供非审计服务、审计师向客户提供审计或其他非审计服务需要经客户的审计委员会事先许可、审计合伙人的轮换、注册公共会计师事务所为发行人进行审计需要向发行人审计委员会报告、利益冲突、强制轮换注册会计师事务所、与州监管机关有关的考虑等制度或内容。

第 201 条规定禁止公众公司的审计师(包括其关联人)为其客户提供非审计服务。这些被禁止的服务被列举为九项,不在所列的非审计服务也必须根据第 202 条的规定经客户的审计委员会事先许可为前提。

第 203 条规定审计合伙人和复核合伙人每 5 年必须轮换。当然,这并不意味着该合伙人所在的注册公共会计师事务所不能继续为该发行人提供审计服务,而是意味着该审计合伙人和复核合伙人必须轮换。

审计合伙人和复核合伙人轮换的规定,是该法中备受争议的一项制度。该法颁布时,或许立法者已经注意到强制轮换可能产生的后果或者对该等后果缺少把握,因此,该法第 207 条规定"美国总审计长应对强制要求轮换注册会计师事务所的潜在影响进行研究和审查",并且"应将本条要求的研究及审查的结果报告参议院银行、住房与城市事务委员会及众议院金融服务委员会"。证券交易委员会最终对合伙人少于 10 人且公众公司审计客户少于 5 家的事务所免除了合伙人轮换的要求,但要求会计监察委员会每 3 年对其进行一次复核。

在审计师的独立性要求方面,该法第 206 条还规定,"注册会计师事务所对发行人进行审计之日前一年内,若发行人的现任首席执行官、首席审计官、财务总监、首席会计主管或同等职位的任何人曾被该注册独立公共会计师事务所雇用并参与了对发行人的审计,该注册公共会计师事务所为发行人提供本法要求的任何审计服务则属违法",禁止注册会计师事务所对可能存在利益冲突的公司提供法定审计服务。

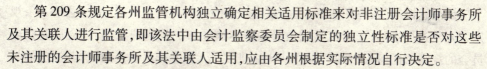

第 209 条规定各州监管机构独立确定相关适用标准来对非注册会计师事务所及其关联人进行监管，即该法中由会计监察委员会制定的独立性标准是否对这些未注册的会计师事务所及其关联人适用，应由各州根据实际情况自行决定。

（三）公司的责任

在华尔街 2001 年至 2002 年度所爆发的公司丑闻事件中，企业管理层负有最主要的责任，因而，《索克斯法》将明确公司管理层责任作为一个重点来进行规范。第三章旨在完善高层管理人员的行为规范，通过规定对年报和季报进行证实、禁止向内部人员贷款、没收红利和收益、执行高级管理人道德准则等，来加强管理层和董事的责任，从而防止公司欺诈和其他违法行为的发生。

审计委员会是董事会的一个下属委员会，独立于公司的管理层。《索克斯法》第 301 条对此进行了规定。该规定旨在保证审计委员会的独立性，使注册公共会计师事务所直接向审计委员会负责，而不是向公司管理层负责，从而实现外部审计的客观性和独立性。

就外国私人发行公司而言，证券交易委员会允许非管理人员担任审计委员会成员。

第 302 条是《索克斯法》中最为重要的条款之一。该条规定了高级管理人员对公司财务报告的责任，旨在增强公司执行官和董事对公司财务报表可靠性的责任从而制止公司欺诈。首席执行官及财务总监就每一份年度和季度报告所作的声明应当包括：签字的高级管理人员已审核过该报告；据高级管理人员所知，该报告并不包含任何有关重大事实的不实陈述，亦没有漏报根据编制该报告所依据的情形，为使陈述不至于产生误导而所需陈述的重大事实；就高级管理人员所知，报告中包含的会计报表及其他财务信息在所有重大方面均公允地反映了发行人截至报告期以及在报告期内的财务状况和经营成果。签字高级管理人员：①设计了所需的内部控制，以确保该类高级管理发行人及其并表子公司内部的其他人了解到所有重大信息，尤其是被编制定期报告期内的重大信息；②评价了发行人内部控制在报告前 90 天内的效率；③在该定期报告中陈述了其根据截至上述日期的评估对上述内部控制有效性的结论。

签字高级管理人员已向发行人的审计师及董事会下属审计委员会（或履行同等职责的人员）披露了如下内容：①内部控制的设计或执行中对发行人记录、处理、汇总及编报财务数据的能力可能产生负面影响的所有重大缺陷，并已向发行人审计师指出内部控制的重大缺点；②在发行人内部控制中发挥重要作用的管理层或其他员工所涉及欺诈行为，无论该欺诈是否重大。

第 302 条的标题为"对公司财务报告的责任"，违反该条规定的高级管理人员将被处以民事处罚。但是，该条的内容并未规定具体的处罚。为何？对此，我们除了应该注意根据《索克斯法》其他条款中规定的相关处罚之外,还应注意第3条规定,"对于违反本法、证券交易委员会根据本法颁布的规则或条例、或会计监察委员会的规则的任何人,在所有方面均应按照违反《证券交易法》或根据其制定的与本法的规定相一致的规则和条例同等对待,并应给予与违反该法或该等规则或条例相同程度的处罚"。因此,有关违反第302条的责任的规定,同样会出现在《证券交易法》或根据《证券交易法》制定的与《索克斯法》的规定相一致的规则和条例中,如《证券交易法》第18条中规定的民事责任等。

因此,该条中规定的声明被称为是《索克斯法》中的一项民事声明,对应于第906条中的所谓刑事声明。但是,对该条进行解读时,我们不应忽略《索克斯法》中有关刑事处罚的部分,例如,如果公众公司的首席执行官和财务总监明知公司向证券交易委员会报备的定期报告中有不真实的财务信息仍签署书面声明,则将被处以高达100万美元罚金和最多10年的监禁;如果提供了故意欺诈性质的虚假财务报告,则可能被处以高达500万美元罚金和最多20年的监禁等。在发现上市公司有财务欺诈行为时,证券交易委员会可以根据首席执行官或财务总监签署的书面声明,以"伪证罪"直接对他们进行起诉。这些处罚规定无疑对试图作假甚至疏忽大意的公司高级管理人员具有很高的威慑力。

自《索克斯法》颁布以来,已经发生过多起与第302条相关的案件。如 SEC v. Rica Foods et. al. ,Civil Action No.03 - 22191 - Civ - King(S. D. Fla)案(2003年8月15立案)。根据 SEC 的起诉书,Rica Foods 公司提交的10 - K 表包含有声称为来自德勤的无保留意见独立审计报告。该审计报告陈述,Rica Foods 公司的合并财务报告符合公认会计准则。但是在立案时,德勤并未向该公司提供经其签字的审计报告,公司的财务报表包含有重大分类错误,但公司首席执行官(Chaves)和首席财务官(Sequeira)却在10 - K 表中包含有标准的第302条核证。

根据最终裁决,永久性地禁止 Rica Foods 公司违反《证券交易法》第13条a款、第13条b款2项(a)目和第13条b款2项(b)目及该法项下的12b - 20规则和13a - 1规则,上述法律条款和规则就发行人账簿、记录和财务披露的准确性作出了规定。最终裁决还永久禁止 Chaves 违反《证券交易法》第13条b款5项和该法项下的规则13a - 14,并禁止教唆违反《证券交易法》第13条a款、第13条b款2项(a)目和第13条b款2项(b)目及该法项下的12b - 20规则和13a - 1规则。最终裁决还判令 Chaves 支付25 000美元的民事罚款。

我国2006年施行的新《证券法》第68条,也引入了《索克斯法》第302条的理念,要求上市公司的董事和高级管理人员应当对公司定期报告签署书面确认意见,要求监事会应当对董事会编制的公司定期报告进行审核并提出书面审核意见,上市公司的董事、监事、高级管理人员应当保证上市公司所披露的信息真实、准确、完整。第69条明确规定了发行人、上市公司的董事、监事、高级管理人员对虚假报告、误导性陈述或重大遗漏等应承担的责任,并借鉴美国证券法的相关规定,引进举证责任倒置的规则。

第303条规定:"发行人的任何高级管理人员、董事或根据其命令行事的任何其他人员违反证券交易委员会在维护公共利益或保护投资者方面制定的必要和适当规则或条例,为使发行人财务报表具有重大误导性而采取任何行动,欺诈性地影响、强迫、操纵或误导参与履行该财务报告审计活动的任何独立公共或注册会计师的行为,均属违法。"

第304条规定了对特定的红利和收益进行罚没。

第305条规定了对高级管理人员或董事的处罚,但具体处罚参见《证券法》和《证券交易法》中的相应条款。处罚的种类包括监禁、罚金、剥夺某种权利等。例如,如果证券交易委员会发现任何高级管理人员或董事的行为已经"表明其已不适合担任依据本法(《证券交易法》)第12条注册的类别证券或需要依据本法第15条d款提交报告的任何发行人的高管人员或董事,则证券交易委员会可附带条件或无条件地、永久性或在其确定的期间禁止其担任该发行人的高管人员或董事";《证券法》亦有此类似规定。

第306条禁止养老基金封锁期内的内幕交易。

第307条规定了律师的职业责任规则。该条要求证券交易委员会颁布具体的规则,规定律师执业时的最低专业行为标准。根据证券交易委员会针对该条通过的最终规则,律师一旦发现有违反证券法或违反信托责任或类似违规行为的证据,应当"逐级往上通报"。

第309条规定利用罚没款项建立一项"罚没非法所得基金",用于"救济受害者"。

(四)强化财务披露

《索克斯法》第四章包含2006年7月15日起开始对包括中国在内的在美上市外国企业开始生效的、最广为人知的第404条款等重要规则。

第401条对财务报表披露的要求进行了扩充和强化,旨在提高财务报表的透明度。该条还要求证券交易委员会对特殊目的实体进行研究和报告。

第402条是关于加强利益冲突的规定。该条规定除某些特定情况外,发行人不得直接或间接(包括通过子公司)以个人贷款的方式向或为发行人的任何董事或高级执行官(或类似人员)提供或保持信用、安排授信或续展授信。

第403条规定了对管理层和主要股东有关的交易所进行披露的要求。对依据《证券交易法》第12条登记的权益证券(豁免证券除外)拥有超过10%份额的直接或间接受益所有权人、该证券发行人的董事或高管人员,均应当向证券交易委员会报备说明书。

第404条是该法中最为关键的条款,也称为"内部控制条款",主要规定上市公司管理层及外部审计师对于公司财务内部控制的责任和义务。该条要求公司管理层对内部控制进行评估并提交内部控制报告,要求审计师对公司管理层的声明发表鉴证报告。对此详见本章第三节的阐述。

第406条规定了高级财务管理人员的道德准则。要求发行人以《证券交易法》第13条a款或第15条d款要求的定期报告方式,披露其是否制定了适用于其主要财务执行官和财务主管或主要会计执行官或履行同等职能人士的高级财务管理人员道德准则,没有制定的,应说明原因。

第407条要求发行人的审计委员会中,应当至少有一名是符合证券交易委员会要求的财务专家。对此,发行人应当以定期报告的形式进行披露。如果不能满足至少包含一名财务专家的要求,则应当在定期报告中说明原因。根据该条的规定,财务专家应当具备规定的条件。

第408条要求加强对发行人定期披露的审查。证券交易委员会应定期、系统地对依据《证券交易法》第13条a款进行报告(包括以10-K表报备的报告)并拥有在全国性证券交易所上市或在全国性证券协会自动报价设施上交易的类别证券的发行人进行披露审查。该披露审查应包括对发行人财务报表的审查。审查至少每三年进行一次。

第409条要求,按照《证券交易法》第13条a款或第15条d款提交报告的发行人,应以简易的英语快速、及时地向公众披露与其财务状况或运营重大变化有关的附加信息。

（五）分析师利益冲突

在华尔街,证券分析师扮演着重要的角色,他们对与投资分析、预测及咨询服务相关的问题进行调查研究,向投资人和委托单位提供专业的建议。但是,一旦分析师违反独立诚信原则,则可能会误导公众,造成投资者重大损失。《索克斯法》第五章试图规定一套机制,解决证券分析师在其研究报告或公开场合向投资者推荐权益证券时可能出现的利益冲突问题,保护证券分析师的客观性和独立性,以提高研究报告的客观性,向投资者提供更为可靠的信息。

2003年,证券交易委员会发布了题为《分析师核证条例》,也称为"AC条例"（Regulation Analyst Certification, "Regulation AC"）的最终规则,并于2003年4月14日生效。根据该规则,经纪商、交易商及其关联人在研究报告中应当包含由财务分析师所作的关于其在研究报告中所发表的意见准确地反映了其个人观点的声明以及其报酬中没有任何一部分直接或间接与研究报告中的建议或观点具有关系的声明。如果分析师获得的报酬与研究报告中所包含的特定建议或观点直接或间接具有联系,则声明还必须包含报酬的来源、金额以及报酬的用途等,并需进一步披露这种报酬对研究报告中的建议可能产生的影响。

（六）证券交易委员会的资源和权力

证券交易委员会是根据《证券交易法》第4条成立的美国政府中的一个独立的准司法机构,负责对所有公开交易公司和交易市场进行监管。职能包括制定会计原则、针对公司欺诈提起诉讼、批准证券交易所的注册等。其职能范围在《索克斯法》中进一步扩大。

为了进一步强化证券交易委员会的职能,加强欺诈防范、风险管理、市场监管与投资管理,《索克斯法》第六章决定2003年对证券交易委员会增加7.76亿美元的财政拨款,除了用于补充薪酬、信息技术、强化安全及应对以"9·11"恐怖袭击为背景的恢复和缓解活动以外,还用于增加200名以上的合格专业人员,以加强对审计师及审计业务的监督。

第六章还规定了如下内容:针对某些情形,授权证券交易委员会给予某些处罚,如申斥、临时或永久性限制某些资格;禁止在小额股票发行中有违规行为的参与人以后从事小额股票发行业务活动;经纪商和交易商关联人的资格等。

（七）研究与报告

第七章规定了审计总署有关注册会计师事务所合并的研究和报告、证券交易委员会有关信用评级机构的研究和报告、有关违法者和违法行为的研究和报告、对执法行动的研究、对投资银行的研究等内容。

在2000年到2002年华尔街金融丑闻中,注册会计师事务所、信用评级机构等扮演了各自不同的重要角色,特别是投资银行起了兴风作浪的作用。《索克斯法》第七章要求对这些机构或相关行为(行动)进行调查,试图要求其改善经营、完善内部监控制度,约束其遵守更高的行为准则。但对于某些机构的约束,在《索克斯法》中却没有得到充分体现,比如在这次丑闻中,最终通过和解,有十大投资银行被集体处以罚金近14亿美元,除第五章对分析师的利益冲突加以某些限制外,但对投资银行业没有实质性的有力新规。值得一提的是,尽管集体缴纳了近14亿美元罚金,十大机构并没有认错,说明在对投资银行的约束方面,存在法律缺位。

应该说明的是,美国审计总署的名称已于2004年7月7日由原来的"General Accounting Office"更名为"The Government Accountability Office"(译为"政府责任办公室"或"政府问责署",缩写仍为"GAO")。政府责任办公室的职责除了对联邦政府财务活动进行审计外,还包括对联邦政府进行业绩审核、项目评估、政策分析等。

（八）公司与刑事欺诈责任

《索克斯法》第八章简称《2002年公司与刑事欺诈责任法》,主要规定了如下

293

内容：

1. 篡改文件的刑事处罚：罚金、20 年以下的监禁，或罚金与监禁并罚（第 802 条）。

2. 销毁公司审计记录：罚金、10 年以下的监禁，或罚金与监禁并罚（第 802 条）。《索克斯法》要求对证券发行人进行审计的审计师从进行审计或审查之财年末开始起，应将所有审计或审查工作底稿保留 5 年。对此，证券交易委员会的规则将保存的期限延长至 7 年，反映了在某些情况下，证券交易委员会的规则可能会比《索克斯法》更加严厉。

3. 第 803 条就违反证券欺诈法不可免除的债务作出规定。

4. 证券欺诈的时效规定（第 804 条）。对违反《证券交易法》第 3 条 a 款 47 项定义的证券法监管要求的欺诈、操纵或欺骗等行为享有的私人诉讼权，诉讼时效为：①从发现构成违法事实之日起 2 年（证券法原规定为 1 年）；或②违法行为发生之日起 5 年（原规定为 3 年）。

5. 对妨碍司法与广泛刑事欺诈联邦量刑指南的审查，规定美国量刑委员会应对联邦审判指南和有关政策陈述进行适当的审查和修改，加重对欺诈和妨碍司法的刑罚；紧急授权美国量刑委员会并要求在《索克斯法》颁布之日后 180 天之内颁布第 805 条规定的指南或修订（第 805 条）。

6. 保护提供欺诈证据的上市公司员工。对于向联邦监管或执法机构、国会议员或国会下属委员会的成员、对员工享有监管权的人（或为雇主工作但有权调查、揭露或制止不当行为的人）提供信息或协助调查的员工，以及在相关诉讼中以提交材料、指使提交材料、作证等方式参与调查或协助调查的员工，禁止公司及公司的高级管理人员、员工、承包商、分包商、或代理人等对其进行解雇、降级、停职、威胁、骚扰或有任何歧视。受到解雇或歧视的员工可以向劳工部长申诉。申诉人还可以向有管辖权地区法院提起诉讼，要求法院重新审查。员工获得救济的方式包括：恢复到如果没有被歧视，员工本应达到的职务等级、补偿员工被拖欠的工资及其利息以及赔偿因被歧视所遭受的特殊损害，包括诉讼成本、专家作证费用和合理的律师费等（第 806 条）。

7. 对欺诈公开交易公司股东行为的刑事处罚（第 807 条）。对于证券欺诈行为，将被处以罚金、25 年以下监禁或并罚。此处的规定比《证券法》和《证券交易法》规定的最长监禁期多出 5 年。

第八章中的第 807 条规定是《索克斯法》中最严厉的处罚规定，突出反映了该法"严刑峻法"的特点。正是根据该条款，世通公司前首席执行官埃贝斯被法院判处 25 年监禁。《索克斯法》包括第 807 条在内的各项规定证券欺诈和财务欺诈等行为的刑罚，总体上严于我国刑法中的有关规定。

（九）强化对白领犯罪的处罚

《索克斯法》第九章简称为《2002 年强化白领犯罪处罚法》，主要内容如下：

1. 刑事欺诈犯罪图谋与合谋（第 902 条）。

2. 邮政与电信欺诈刑事处罚（第 903 条）。

3. 违反《1974 年员工退休收入保障法》的刑事处罚（第 904 条）。

4. 有关某些白领犯罪的量刑指南修订（第 905 条）。

5. 公司财务报告责任（第 906 条）。主要内容如下：

（1）要求每一份由发行人根据《证券交易法》第 13 条 a 款或第 15 条 d 款向证券交易委员会申报的包含财务报表的定期报告，都应随附由公司首席执行官和财务总监所作的书面声明；

（2）该书面声明应证实包含财务报表的定期报告完全符合《证券交易法》第 13 条 a 款或第 15 条 d 款的要求，且其中包含的信息在所有重大方面公允地反映发行人的财务状况和经营成果；

（3）如果首席执行官和财务总监知道包括财务报表的定期报告不符合本条所述各项要求却证实本条 a 款和 b 款所述的任何报表，则将被处以不超过 100 万美元的罚金，或不超过 10 年的监禁，或两者并罚；

（4）如果首席执行官和财务总监明知包括财务报表的定期报告不符合本条所述各项要求却故意核证本条 a 款和 b 款所述的任何报表，则将被处以不超过 500 万美元的罚金，或不超过 20 年的监禁，或两者并罚。

除第 404 条中规定的声明之外，对公司的管理层而言，《索克斯法》中另外还有两项重要声明，即第 302 条中规定的声明和第 906 条中规定的声明：

第 302 条要求公司的首席执行官和财务总监向证券交易委员会声明每一份季度报告和年度报告中包含的财务信息是公允的，并且其负责保持充分的披露控制和程序。违反第 302 条规定的行为可以按照民事法则执行，因此，第 302 条中规定的声明通常也称为"民事声明"。

第 906 条要求公司的首席执行官和财务总监向证券交易委员会声明包含财务报表的定期报告完全符合《证券交易法》第 13 条 a 款或第 15 条 d 款的要求，且其中包含的信息在所有重大方面公允地反映了发行人的财务状况和经营成果。该项声明是一项"随附"于定期报告的声明，而不属于向证券交易委员会"报备"的声明，不受《证券交易法》第 18 条中的民事责任规定约束。因此，第 906 条中规定的声明是独立于第 302 条中规定的声明的。而违反第 906 条规定的行为将被处以最高 500 万美元的罚金和最高 20 年的监禁。因此，第 906 条中规定的声明通常被称为"906 声明"或"刑事声明"。

加大公司高管及会计从业人员的法律责任，尤其是刑事责任，是《索克斯法》

的一个重要特征。安然、环球电讯、世通等公司丑闻说明：如果缺乏一套完善的惩恶机制，违规成本过低，法律就会丧失权威，违法行为就不能得到有效控制，投资者的信心很难得到有效保护。作为 2000 年到 2002 年华尔街公司丑闻催生的法律，《索克斯法》以成文法的方式明确规定公司高管和会计从业人员的法律责任，这在判例法国家极为少见。

（十）公司纳税申报表

《索克斯法》第十章只有一条，内容为参议院要求公司首席执行官在公司的联邦所得税纳税申报表上签字。

（十一）公司欺诈责任

《索克斯法》第十一章简称为《公司欺诈与责任法》，主要内容如下：

1. 更改、销毁、篡改或隐匿记录、文件或其他物件，企图损害物件的完整性或影响提供该物件供官方调查使用以及妨碍、影响或阻碍官方程序等，都将被处以罚金，或最多 20 年的监禁，或两罚并处（第 1102 条）。

2. 在对公开交易证券的发行人或其董事、高管人员、合伙人、控股人、代理人或员工可能违反联邦证券法而进行的合法调查过程中，如果证券交易委员会认为发行人可能对前述任何人员进行额外支付（无论是报酬还是其他形式的支付），均可以请求请联邦地区法院签发临时命令，要求发行人在法院监督下将上述支付以托管方式存入计息账户，进行代管（第 1103 条）。

3. 要求美国量刑委员会对适用于证券和会计欺诈及相关犯罪的量刑指南进行审查，颁布新的量刑指南或对已有量刑指南进行修订，以增强对公开交易公司进行欺诈和相关犯罪行为的高级管理人员或董事的量刑标准，并向国会提交说明，对其采取的行动及可能提出的其他政策建议进行解释和说明（第 1104 条）。

4. 对于有欺诈行为的高管人员或董事，证券交易委员会可以根据情况签发命令，限制其继续担任高管人员或董事的资格（第 1105 条）。

5. 加重故意、知情地作出或致使作出与任何重大事实有关的虚假或误导性陈述等行为的法律责任：对于自然人，将罚金上限由原来的 100 万美元增加到 500 万美元、刑罚的上限由原来的 10 年监禁增加到 20 年监禁；对于非自然人，则罚金上限由原来的 250 万美元增加到 2500 万美元（第 1106 条）。

6. 以报复为目的、故意对向执法官员提供有关真实信息的人采取有危害的行动，包括干涉举报人的合法雇用或生活，将被处以罚金或 10 年以下监禁等处罚（第 1107 条）。

总之，《索克斯法》是一部涉及会计职业监管、公司治理、证券市场监管等方面改革的重要法律。通过强化上市公司管理层及外部审计师对于公司财务内部控制的责任和义务、外部审计师鉴证管理层报告的准确性等规定，提高公司披露的准确性和可靠性,实现保护投资者之目的。

《索克斯法》最明显的特点,就是在加大对证券业违规处罚力度的方向下,全面加强了对衡平法救济手段和措施的利用。如第 304 节规定证券交易委员会和联邦法院可以为投资者的利益考虑,寻求和授予任何衡平法救济。各种禁业规定,利益冲突规则的加强,以及投资者培训、教育和行为准则方面的要求等,都是加强衡平法救济的体现,这些规定将有利于社会诚信作用的发挥。

第三节　404 条款与内部控制

《索克斯法》第 404 条内容不多,但却被称为该法中最难操作、最复杂、合规成本最高的条款,是该法中最为重要的条款之一。

《索克斯法》大部分条款在颁布之日起或一个月后立即生效,部分条款在 180 天或 270 天后生效,而证券交易委员会将企业遵循第 404 条的时间一再推迟,充分说明了企业遵循该条的难度。证券交易委员会于 2003 年 6 月 5 日发布的《最终规则:〈证券交易法〉项下定期报告中的财务报告内部控制管理层报告及披露核证》(Final Rule: Management's Report on Internal Control over Financial Reporting and Certification of Disclosure in Exchange Act Periodic Reports)要求"快速申报人"(accelerated filer)(通常指流通市值超过 7 500 万美元且已向证券交易委员会提交年报的美国发行人)遵循的时间为 2004 年 6 月 15 日,其他非"快速申报人"公司遵循的时间为 2005 年 4 月 15 日。2005 年 3 月 10 日,证券交易委员会将在美上市的外国公司提交财务报表内部控制报告的时限从 2005 年 7 月 15 日向后推迟一年,且年销售收入在 5 亿美元以下的企业则可以延迟到 2007 年 7 月 15 日再提交内部控制报告。2006 年 8 月 9 日,证券交易委员会发出通知,对在美上市的流通股市值低于 7 500 万美元的外国公司再次推迟执行《索克斯法》第 404 条 b 款。原规定自 2007 年 7 月 15 日开始,市值低于 7 500 万美元的外国上市公司在上交季报和年报时,审计师必须按照《索克斯法》第 404 条 b 款出具内控意见,现又再次将小型企业必须在年报中提交审计师对内部控制的鉴证报告的日期延至 2008 年 12 月 15 日或之后结束的财年,非快速申报人中的外国私人发行人,只需要在 2006 年 7 月 15 日或之后结束的财年的年报中包括管理层的报告,但市值超过 7 500 万美元的外国上市公司则仍旧按照原规定执行。

本节重点阐述该规则中涉及的财务报告内部控制、管理层的年度评估和内部控制报告、审计师的年度鉴证、证券交易委员会关于实施内部控制报告要求的声明及其他相关问题。

一、财务报告内部控制规则

《证券交易法》13a - 15(a)规则和 l5d - 15(a)规则要求,提交报告的发行人要保持财务报告内部控制。财务报告内部控制包括下列有关政策和程序:

(1)有关记录的保留,合理详细、准确、公允地反映发行人资产的交易和处置;

(2)合理保证进行必要的交易记录,允许按照公认会计准则编制财务报表,并保证发行人的收入和开支只按照管理层和董事会的适当授权进行;

(3)防止未经授权收购、使用或处置发行人对财务报表可能有重大影响的资产或及时监测提供合理的保证。

何为"符合公认会计准则"?尽管证券交易委员会或 PCAOB 均未作出规定,但就财务报告内部控制的定义的目的而言,公认会计准则应指公司就向证券交易委员会报备材料之目的采用的基本公认会计准则,对于使用当地公认会计准则作为其基本会计准则的外国发行人,在需要按照美国公认会计准则进行任何调整的限度内,还包括美国公认会计准则。

为实施有效的内部控制,PCAOB 先后通过了第 2 号审计标准与第 5 号审计标准,由证券交易委员会分别于 2004 年 6 月 17 日和 2007 年 7 月 25 日批准。根据规定的相关规则,在实务中,为了保持有效的财务报告内部控制,往往需要公司董事会、管理层、内部审计总监与其他人士的监督和参与。有些公司根据证券交易委员会的建议设立披露委员会,而有的公司在披露委员会机构之外还可能设立特殊"404 工作组"。

二、管理层的年度评估和内部控制报告

《证券交易法》13a - 15(c)规则和 15d - 15(c)规则要求管理层每年对财务报告内部控制的有效性进行评估和报告。S - K 条例 308 条 a 款 3 项和 20 - F 表 15 条 b 款 3 项要求公司 10 - K 表或 20 - F 表(以适用者为准)中的年度报告应当包括一份管理层的内部控制报告,对财务报告内部控制是否有效予以说明,并对所有重大薄弱环节进行披露。10 - K 表、20 - F 表或 40 - F 表年度报告中包括的内部控制报告包含以下内容:

(1)有关建立和保持财务报告充分内部控制的管理层责任的声明;

(2)认定管理层用于评估公司财务报告内部控制有效性的框架的声明;

(3)管理层对截至最近财年公司财务报告内部控制有效性的评估,包括有关其是否有效的声明;

(4)公司外部审计师已就管理层评估出具鉴证报告的声明。

如果财务报告内部控制中存在重大薄弱环节,管理层报告还须对该类重大薄

弱环节进行披露。

首席执行官和财务总监必须宣誓确认其已经向审计师和审计委员会披露了依合理判断可能对注册人记录、处理、汇总和报告财务信息的能力产生负面影响的所有重大缺陷和重大薄弱环节,而管理层必须提交陈述说明其已经向审计师报告了其在评估过程中确定的所有控制缺陷。管理层必须以充分的证据,支持其对财务报告内部控制有效性的评估。某些控制文档不足,其本身就是一种控制缺陷,其严重性可能达到重大缺陷或重大薄弱环节的程度,也可能使审计师得出结论认为对审计范围存在限制。

在作出结论时,禁止两种类型的声明。一是在存在重大薄弱环节时,管理层不得得出控制有效的结论。二是管理层报告不得含有诸如"除了认定的问题之外,控制是有效的"或"除了本报告中指出的问题外,控制是有效的"等限制性表达。

对于报告的签署,第404条仅规定"依《证券交易法》第13条a款或第15条d款编报的年度报告要包括一份内部控制报告",未规定该类报告由谁签署,而相关规则中亦没有关于签署人的规定。

正因《萨班斯·奥克斯利法》第404条如此关注公司内部控制中的薄弱环节,因此,业界有"弱点申报"一说。

三、审计师的年度鉴证

审计师的鉴证包括两部分:有关管理层评估的意见以及有关内部控制有效性的意见。

鉴证必须说明审计师就管理层对公司财务报内部控制有效性的评估是否在所有重大方面得到公允陈述所发表的意见,也可以说明无法表达总体意见。除了确保符合各项正式要求以外,审计师还必须对财务报告内部控制中发现的重大薄弱环节是否已经得到适当披露进行评估,在评估与内部控制重大变动有关的公司披露准确性必要的限度内,包括最近一个财政季度(对于美国发行人)或最近一个财政年度(对外国发行人)内纠正的重大薄弱环节。

鉴证必须包括审计师就截至管理层报告确定之日公司是否在所有重大方面对财务报告进行有效内部控制发表的意见。具体可分为以下几点:

(1)要求对内部控制进行全方位审计。审计师必须对内部控制进行全方位审计,包括对各类交易进行"审查",同时要对财务报表进行审计。管理层对重大薄弱环节的确定并不影响审计师对各项控制直接进行测试的义务。

(2)管理层陈述。管理层需向审计师进行特定的陈述,包括管理层已经向审计师披露的、其于内部控制评估过程中发现的所有控制缺陷。

(3)需评估的各项控制。必须评估对所有重大项目有关的确认进行控制的有效性。

(4)无保留意见的条件。只有不存在确定的重大薄弱环节且对审计师的工作范围没有限制——即审计师能够采取必要的程序,获得充分的证据证明财务报告内部控制有效时,审计师才可签发无保留的审计意见。

(5)与财务报表审计意见的关系。

(6)管理层和审计师未就重大薄弱环节达成一致。

(7)独立或综合报告。审计师可以签发包括其有关财务报表意见和其有关财务报告内部控制意见的综合报告,也可以分别就财务报表意见和财务报告内部控制意见签发报告。

(8)使用他人的工作。审计师可以使用他人的工作(包括内部审计师的工作),但审计师本身必须履行足够的测试,以便其自己的工作为审计意见提供主要的证据。

(9)期后事件。要求审计师要征询并评估财年结束后至审计师报告前发生的对其内部控制变动报告的影响或可能对其内控制产生重大影响的其他因素。

(10)管理层报告中的其他信息。如果管理层的内部控制报告包含有除管理层对内部控制有效性进行评估之外的其他信息(如有关矫正性行动、实施新控制、成本/效益分析等方面的披露),那么审计师则必须放弃对该信息发表意见。

四、证券交易委员会关于实施内部控制报告要求的声明

2005 年 5 月 16 日,证券交易委员会就实施《索克斯法》第 404 条第一年期间出现的相关问题发布了以下声明:

根据我们的反馈要求提交的广泛材料清楚地传递以下两方面的信息:一方面,第 404 条相关的合规要求已开始产生有益的效果,包括突出强调对上市公司最高层的内部控制。另一方面,第一年的具体实施也造成很大的成本。虽然有些成本可能反映了这一新要求所带来的启动费用,但迹象同时也表明,因存在过渡、重复或重点不突出等情况,一些不菲的成本可能并无必要。因此,有观点认为需要对实施程序进行改进,以使其有效并具有效益。

……今天,证券交易委员会工作人员发布了《工作人员有关管理层财务报告内部控制报告的声明》,以提供此类指引。指引的首要原则是管理层要负责确定适合每一公司的控制的形式和层次,并相应框定对其控制的评估及测试。注册会计师事务所应认识到,实施第 404 条中可接受的公司合理行为存在一个区间。

我们希望明示的是上述行动并非程序的结束。证券交易委员会工作人员将对内部控制报告要求的实施进行监督,尤其是对于小型上市公司和外国私人发行人。另外,鉴于强调有效、高效实施第 404 条的重要性,我们认为在此需要对以下广义

概念予以简单说明。

●虽然实施第 404 条的第一年无疑充满挑战，但我们听闻的几乎所有主要抱怨均不是《索克斯法》本身，也不是为实施其第 404 条而制定的规则和审计准则，而是许多具体情况下适用这些规则和准则时明显机械甚或过于谨慎的方式。对于第 404 条的合规程序，管理层和外部审计师都必须进行老到的判断，并采取一种自上而下的基于风险的方法。

●未来，我们预期内部控制审计与公司的财务报表审计将能更好地结合在一起。若管理层和审计师能够使上述两种审计整合在一起，我们预期大多数公司在第 404 条合规方面的内部成本和外部成本均将会减低。

●财务报告内部控制应该反映其所涉及的公司的性质和规模。尤其要注意确保第 404 条的实施应适当考虑较小规模公司的具体经营。同样，这也是一个必须根据经验判断和基于风险的方法的领域。我们继续参加就内部控制报告规则对小公司产生的影响进行评估的各种项目。除了延迟对小公司实施上述规则之外，我们鼓励美国反对虚假财务报告委员会下设发起组织委员会在对小公司适用其内部控制框架中制定其他指引。我们已经成立了证券交易委员会小公司顾问委员会，考虑证券交易委员会规则（包括内部控制报告规则）对小公司的影响。

●我们鼓励管理层、审计师和审计委员会之间就改善投资者所依赖的内部控制和财务报告之目标展开更多的直率对话。所有公司，规模不分大小，其管理层不应害怕与审计师进行内部控制讨论或要求审计师提供帮助或予以澄清本身会被视为内部控制存在缺陷。

整个财务报告群体，包括投资者、审计师、管理层和监管者，其共同目标是改善财务报告的可靠性和可向市场提供的信息。有第一轮实施第 404 条的经验，我们应该继续重视经验教训并突出未来改善程序的各种方式。第 404 条非常重要，不容有失，需要有效、高效的实施。

该声明旨在解决以下领域的问题：财务报告内部控制的目的；合理保证、基于风险的方法和测试与评估的范围；对内部控制缺陷的评估；有关重大薄弱环节的披露；信息技术问题；与审计师的沟通；与小企业发行人和外国私人发行人有关的问题。

总之，不存在千篇一律的方法，而控制的有效性则受到多种因素的影响。①

---

① Division of Corporation Finance, Office of the Chief Accountant, U. S. Securities and Exchange Commission: Staff Statement on Management's Report on Internal Control Over Financial Reporting, at http://www. sec. gov/info/accountants/stafficreporting. htm, May 16, 2005.

第四节 实施问题

《索克斯法》除了为企业、美国和全球经济提供理论和哲学思想外,其具体实施也引发一些实际思考。对很多企业而言,设计和实施《索克斯法》策略已成为解决问题、平衡资源的一种实务。在实施中,要有以下正确思想:管理人员应将合规当作自己的事情来做;企业不能把合规看作一次性行为;企业全体人员均应为合规而努力;应对员工进行入职及年度持续道德教育。

《索克斯法》实施过程中遇到的难题包括:无法理解"遵循(合规)"的含义;没有具体的实施步骤;禁止外部审计师承担企业的内部职能;缺乏对"重大"的定义;无法区分第 302 条款和第 404 条款的区别;高实施成本。①

实施《索克斯法》,需要将规则、原则和灵活的实施方案结合起来。

一、原则与规则的交融

企业和会计师监管法规中,基于原则的规定和基于规则的规定呈交叉循环状态。例如,20 世纪 30 年代出台的公认会计准则(GAAP)是基于原则的规定。此等原则反映的是行业自律情况,好处是非业外人士制定的原则不会给业内人士带来适应过程痛苦,而且在实施过程中提供足够的灵活性和自由度,同时又能确保对具体活动的监管。

但基于原则的监管方式也存在不足,如行业自律的公认会计准则的灵活性和自由度在遭遇利益冲突时会导致一些负面效果。反对者认为公认会计准则并不足以防止我们不愿意看到的结果出现,正如安然事件中的许多行为其实并不违反公认会计准则一样。《索克斯法》设立独立的 PCAOB 对上市公司审计进行监管,也正是为了改变审计业一贯实行的基于原则的自律做法。

与基于原则的规定不同,基于规则的规定无法提供相同的灵活性和行业自律,也就是说,这种方式较为死板,较利于利益冲突的解决。但是,基于规则的规定会遇到更大的学习问题,整个行业需要花更长的时间来学习适用。

《索克斯法》具体规定了审计师如何防范财务信息误导行为,但缺乏对企业执行层面的指南,存在执行难题。而公认会计准则为企业填制财务报表时提供了程序和标准。这一准则包括以下组织颁布的系列政策:美国会计协会、注册会计协

---

① [美]沈杰·安南著,曾嵘译:《萨班斯·奥克斯利法案精要》,中国时代经济出版社 2008 年版,第 71－72 页。

会、财务会计准则委员会、管理会计协会、证券交易委员会。该标准的主要目的是提供一个放之四海而皆准的报告系统。遵循证券交易委员会规则、条例和《索克斯法》，必须借助公认会计准则，否则，无法找到关于财务报告准确性的任何规定。因此，PCAOB 第 5 号审计标准考虑执行中的难题，规定审计师就使用他人工作可以采取基于原则的方式来作出决定。

可见，最好的方案是两种监管方式兼容并蓄。首先要为审计师和企业提供《索克斯法》中的规则，然后辅之以系列类似于公认会计准则和审计标准的原则性指南，将僵化的规定与有效、灵活的实施过程结合在一起。

二、PCAOB 第 5 号审计标准

美国 PCAOB"在财务报表审计中进行财务报告内部控制审计的第 2 号审计标准"（简称"第 2 号审计标准"）是 2004 年 6 月 17 日由证券交易委员会批准的内部控制测试标准。该标准要求审计师发表关于其上市公司客户内部控制有效性的观点，将企业高管与审计师之间的角色划分得非常清晰，为投资者相信企业披露的信息提供了更多保障。

2007 年 7 月 25 日，证券交易委员会一致表决批准了 PCAOB"与财务报表审计合并的财务报告内部控制审计第 5 号审计标准"（简称"第 5 号审计标准"），以便在降低不必要成本（尤其对于小型公众公司）的同时，提高财务报告的准确性。

证券交易委员会期望该等新的审计标准和其新的管理指南一起，将使第 404 条审计和管理评估更多地以风险为基础，并可随公司规模的大小和复杂程度而予以升级。

证券交易委员会主席考克斯认为："第 5 号审计标准，通过重新将资源集中在对财务报表诚信真正相关的事项，加强了投资者保护。这对投资者和美国资本市场都是非常积极的措施。"①

第 5 号审计标准为独立审计师对管理层评估《索克斯法》第 404 条 b 款下财务报告内部控制的有效性进行核证和报告提供新的专业标准和相关履行指南。这一新审计标准有很多改进，例如：

1. 第 5 号审计标准减少了强制要求。第 5 号审计标准大量减少了原第 2 号审计标准中规定的强制要求，使审计师可以突出在其认为确实必要的领域进行测试。管理层和审计委员会可以与审计师进行更有意义的对话，以确保审计师突出风险和重大性等确实相关的事项，而不是对规则手册的常规遵循。第 5 号审计标

---

① SEC：SEC Approves PCAOB Auditing Standard No. 5 Regarding Audits of Internal Control Over Financial Reporting；Adopts Definition of "Significant Deficiency"，for Immediate Release，http://www. sec. gov/news/press/2007/2007 - 144. htm，July 25,2007.

准的篇幅比第 2 号审计标准少一半,更具有可读性。

2. 第 5 号审计标准规定审计可以升级,即可以随公司的规模和复杂程度而变动。新标准中有各种注释,解释如何对小公司或较不复杂的公司适用规定的原则。依据新标准,公司的控制系统并不是要用来符合审计标准,而是为了达到提高财务报表质量的预定目的。

3. 第 5 号审计标准指令审计师突出重点,减少不必要的审计程序。新标准指令审计师关注最高风险的领域,强调不要求审计师为寻找不构成重大薄弱环节的缺陷而进行审计,还允许审计师适用以前年度积累的知识来减少测试。新标准澄清,管理过程并非审计的重点。审计应该突出公司对财务报告进行内部控制的有效性。因此,新标准杜绝审计师要求公司进行不必要的工作。

4. 最后,第 5 号审计标准就确定使用他人工作的时间和程度规定了基于原则的方法。新标准明确允许审计师在内部控制审计中使用非内部审计师进行的测试和其他内部控制工作。这种基于原则的方式实际上以审计师对履行工作之人的客观性和能力的考虑为基础。第 5 号审计标准为保护投资者规定了有效、有意义的内部控制评估和审计,同时有助于使成本与投资者的利益结合起来。

三、行业框架与 IT 方案

《索克斯法》要求企业建立内部控制以保护投资者利益,但并未就具体实施的方法提供详细的指导。企业首先必须建立一套核实的框架来评估其内部控制系统。COSO 内部控制框架可能是最常用的一般合规框架,而 COBIT(The Control Objectives for Information and related Technology)则是遵循《索克斯法》的最常用信息系统控制框架。

(一)COSO 内部控制框架

成立于 1985 年 10 月的美国反对虚假财务报告委员会(The National Commission of Fraudulent Financial Reporting——简称 NCFFR,又称 Treadway Commission),是一个旨在提供方案以降低财务报告舞弊行为的私营机构。设立该机构是为了回应《1977 年反海外贿赂法》及其他财务相关的法律改革,该法要求公司对会计等职能要采取内部控制措施,与贪污舞弊的企业和筹资支持政治活动的行为作斗争。1987 年,该机构提交了第一份报告,呼吁大家协商努力针对内部控制建立一套指南。随后,该委员会下设了发起组织委员会(Committee of Sponsoring Organizations of Treadway Commission,简称 COSO),COSO 制定的指南现在已成为公司治理和内部控制方面的权威标准,也成为企业遵循《索克斯法》第 404 条款最常用的框架,并得到证券交易委员会的特别认可。

COSO 由以下 5 个主要组织参与建立:美国会计协会、注册会计协会、财务经理协会、国际内部审计人员协会、管理会计协会。COSO 的内部控制理念是：建立和维护内部控制必须被看作一种持续的过程；为了保证内部控制的有效性，除建立系列政策、手册或表格外，还必须关注企业所有相关层级人们的想法；必须了解内部控制的局限性。COSO 的内部控制框架经与《索克斯法》结合，包含八个组成部分：内部环境、目标设定、事件识别、风险评估、风险反馈、控制活动、信息与沟通、监控。

（二）COBIT 信息系统框架

COBIT 标准由 IT 治理协会（Information Technology Governance Institute，简称 ITGI）负责于 1996 年颁布，是 IT 控制方面最常用的框架，目前也成为支持实施《索克斯法》的通用信息系统框架。该框架主要包括六个部分：概述、框架、控制目标、控制实务、管理指南、审计指南。COBIT 定义了四个依次逐步实施的领域：计划和组织、采购和实施、交付和支持、监督和评价。

（三）IT 方案

1. IT 方案

IT 是实施《索克斯法》不可或缺的组成部分。实施《索克斯法》的最主要问题是关于财务报表，而企业的财务报表与 IT 环境之间又存在着错综复杂的关系。可以说，IT 是保证财务报告内部控制有效性的基础，IT 的控制至关重要。这是因为大企业依靠 IT 系统来直接处理财务报告流程。第 302 条和第 404 条要求企业的财务信息报告准确、完整、及时。实施第 302 条要求企业建立内部控制，在公司 IT 环境之内，这些控制应该保证财务报告按照公认会计准则的要求编制。第 404 条要求建立数据库保护系统，以防止年报不实；还要求企业建立系统保证其数据不受破坏、损失、未经授权的修改及其他不当使用。这些要求的有效性完全取决于企业的 IT 控制能力。若企业的 IT 控制较强，就能防止财务报表欺诈风险的出现，即便出现错误，也能在较早的时间发现。

在实施《索克斯法》的过程中，企业也需要使用 IT 系统帮助实现更多的报告要求、签字保证、内部控制监控和记录保存。

尽管首席执行官和财务总监对 IT 的内部控制也负有全部责任，但通常他们并不具备这方面的专长或经验来评估其有效性。结果，许多企业采用了"下一级保证"的方法让信息总监来保证这些控制设计适当、有效。但若真的发生了违规事件，企业的首席执行官和财务总监还是要承担责任。

实施《索克斯法》虽然需要对 IT 系统进行大量变革，既费时又花钱①，但通常

---

① 2007 年 7 月 5 日，中国第一家海外上市公司——华晨中国汽车控股有限公司因《索克斯法》第 404 条合规方面的 IT 系统要求等原因从美国纽约证券交易所退市；2007 年 6 月，奥地利电信也因此方面的问题宣布终止在美国证券交易委员会的注册。

会带来很重要的财务和服务收益,还能带来超出法规之外的好处,包括给企业带来更好的风险控制,减少导致企业付出高昂代价的错误或欺诈;促进 IT 系统的改进;改善 IT 系统的组织结构和应用流程;促进高管人员更了解 IT;提高企业人员之间的交流层面;防止信息丢失,降低系统出错的风险等。

2. 外包问题

为了简化和优化商业流程,实施《索克斯法》间接要求企业将部分工作外包出去,这就成为《索克斯法》带来的难题之一,因为这直接限制了企业对该部分工作安全性的控制能力。

无论实际操作人是谁,《索克斯法》要求首席执行官和财务总监直接为企业财务报表的任何误报负责。也就是说,无论流程是内部开发,还是从任何地方的外包商处获得,首席执行官和财务总监均必须保证其符合自己公司实施《索克斯法》的要求。实施《索克斯法》,要求企业必须将外包商看作是公司的延伸,这就改变了商业世界的行为规范。

在实施《索克斯法》的过程中,外国企业可能面临更多的困难。《索克斯法》并未考虑不同国家、社会、经济价值的差异,因此,许多企业在试图调和《索克斯法》与自己国家相关法规时,会遇到很多问题。

第五节　争议、启示与影响

对颁布和实施《索克斯法》的作用和意义,人们争议很大,反对的声音一直不断。有人认为《索克斯法》的通过,只不过是对市场上数量不断增多、规模不断加大的会计舞弊事件的本能反应,它所包含的内容更多的是政治家的口号与煽动,而不是一种真正意义上的改革。

一、争议

有关《索克斯法》的争议,主要有两个方面:第一,对会计职业所存在的问题,究竟应当由政府监管,还是由市场自身来解决? 第二,加大公司高管与会计职业的法律责任,无疑是应当的,但是,法律责任究竟应当有多大? 过高的法律责任是否会产生负面影响?

市场竞争抑或政府监管,是经济学所关注的一个核心话题。尽管赞成市场竞争的理论并不完全一致,但都普遍认为充分竞争的市场本身能够自动达到均衡。但是,周期性的市场危机事件表明,市场会失效。而资本市场、现代社会的新闻机制等,在相当程度上放大了市场失效的社会影响,从而加深了人们对市场失效的

"记忆"。因此,市场危机事件成为政府介入的最好"借口"。1929—1933 年经济危机产生了证券交易委员会,安然等系列公司危机事件以及安达信审计失败,催生了一个独立机构 PCAOB。

政府管制是否能够纠正市场失效,仍然是一个存有争议的话题,但是,政府管制的一些负面效应却是人所共知的。比如,在《索克斯法》讨论过程中,参议员格兰姆就认为,政府或许干预过度了。他对《索克斯法》本身不无担心,认为一旦由国会通过一项法律,如果应用中发现不当,再来修改将费时费力,其经济后果难以估量。最后,他还担心,由于该法将适用于 16 254 家公众公司,并不是每个公司都像通用汽车那样的规模,采取"一刀切"的方式禁止审计师向其客户提供咨询服务,会加大中小企业的成本。

《索克斯法》的另外一个特色就是加大公司高管及会计从业人员的法律责任,尤其是刑事责任。在美国这样一个以判例法为主体的法律框架内,《证券法》、《证券交易法》就已经开始用成文法的体例对资本市场进行约束。但《索克斯法》前所未有地将公司高管和会计从业人员的法律责任用成文法的方式明确予以规定,如对公司高管人员处以最高 20 年监禁、最高 500 万美元的罚金等。

以往的经验证明,法律责任在一定程度上能够帮助提高会计职业质量。但是,过高的法律风险也会造成一种特殊现象,即带来会计职业整体的风险,形成"逆向选择"效应,并最终降低会计职业的质量。

还值得关注的一个问题是:为什么会计职业成为本次安然事件的牺牲品?尽管会计在这场美国系列公司丑闻事件中负有非常重要的责任,但如果没有其他相关机构与部门、特别是投资银行的配合,虚构的会计数字只能停留在表上,不可能成为具有市场影响力的"真实"故事,投资者也就不会蒙受如此巨额的损失。因此,国会在进行听证过程中,一度对投资银行给予了高度关注。但投资银行的游说势力强大,使得该法最终没有对投资银行做过多的约束。

《索克斯法》经过五年多的实施,也迎来了此起彼伏的改革之声。事实的发展与立法的初衷出现偏差。一些公司抱怨说,这一法律过于苛刻并已导致公司增加了不必要的成本。一些批评者还认为该法律对美国资本市场的竞争力造成了损害。

美国商会任命的共和民主两党委员会 2007 年 3 月发布一份报告,敦促对《索克斯法》进行改革,以减轻给外国公司来美上市带来的负担。报告建议,应将《索克斯法》并入美国证券法,使得证券交易委员会在调整该法上具有灵活性,允许其减轻中小企业的负担及成本。此报告是近年来美国金融界对《索克斯法》大围攻的重要一环。在此之前,纽交所、纽约市和白宫都已经对《索克斯法》发难。

美国著名咨询公司麦肯锡公司 2007 年提交给纽约市长的报告称,美国金融服务业的发展速度已经被其他主要西方国家反超。报告将火力指向《索克斯法》,称过度严厉繁琐的监管制度、过于庞杂的法律体系以及应接不暇的集体诉讼,使得纽约和纽约证券交易所都正在失去竞争力。

美国财长保尔森也曾表示,这一法律过于苛刻并已导致公司增加了不必要的成本,影响了美国股市的健康和壮大。布什总统 2007 年 1 月 31 日在纽约发表经济报告说明,认为美国应尽快改变实施《索克斯法》的方式,以避免美国资本市场出现监管过度的情况,避免公司从美国证券交易所撤走,以增加美国市场的吸引力。①《索克斯法》可能使美国资本市场的监管过于严厉,从而给一些上市公司带来过重负担,尤其是中小公司。布什的表态,是正式代表美国行政机构呼吁立法机构尽快对《索克斯法》进行必要的修改。

立法欲是美国长期以来的传统;对该法的修改废,既是美国法律制度的特征,也是经济、市场环境演变和行业规则变化的必然要求。

当然,《索克斯法》规则也有其坚定的支持者。他们认为人们错解了《索克斯法》的精神和内容,"在许多领域,《索克斯法》已经成为谴责美国复杂、沉重监管体制所存在过错顺手牵来的替罪羊,在有些情况下,甚至成了美国有争议外交政策的替罪羊"②。如果说有变化的话,"签署《索克斯法》时,市场一片混乱,商业社会失去信誉。但五年以后,整个环境得到极大改善,《索克斯法》对这种积极变化功不可没。"上市公司取消上市,外国市场相对增长,这并不是《索克斯法》之错;影响美国市场竞争力有两大问题,一是诉讼,一是证券交易委员会的做事方法。诉讼历来已久,与《索克斯法》并无太大关系。"美国市场的竞争力并未削弱,只是面临更大的竞争而已。但是在竞争的世界,我们需要竞争并保持领先地位。"③

总之,2002 年是布什总统极力支持通过并亲自签署了《索克斯法》,2007 年又是布什总统领衔倡导改变《索克斯法》的严格实施方式,这是人们对《索克斯法》态度的最真实写照之一,同时也反映了该法的重大意义和影响。

二、启示

《索克斯法》标志着美国证券监管法律根本思想的转变:从披露转向实质性管制,认为绝对无管制的市场容易走向极端和混乱。尽管该法出台匆忙,但它仍然经

---

① President Bush Delivers State of the Economy Report, Federal Hall, New York, at http://www. whitehouse. gov/news/releases/2007/01/20070131－1. html, January 2007.

② Heidi Moore:《〈索克斯法〉代美国公司病受过——指控站不住脚》,《电子金融新闻》2007 年 7 月 17 日。

③ Heidi Moore:《〈索克斯法〉代美国公司病受过——指控站不住脚》,《电子金融新闻》2007 年 7 月 17 日。

历了将近 20 次的公开听证,同时,美国国会相关人员对该法展开了较充分的争论,并尽可能地限制该法对经济运行的负面影响。比如针对小企业问题,该法保留了由 PCAOB 按个案审批豁免的权力。

《索克斯法》及随后的相关事件带给我们很多启示:

首先,监管是有成本的、带来的不仅仅是正面利益。资本市场监管最重要的作用是消除欺诈和其他非法行为,维护投资者对市场的信心,这也是通过《索克斯法》的最主要原因。但正如过少监管有成本一样,过多监管也会有成本。因为过多监管会将风险从市场赶出,使公司在监管合规上耗费资金和人力资本资源,高管和董事开展业务被分心等;有时过多监管的成本会超过其好处。因此,立法者在立法时要进行全面、严格的成本效益分析,尤其是在存在危机需要应对丑闻仓促立法时。公司治理法律改革应该有效,但也应结构明确,授权①对特定监管变动或现有规则的效果进行严肃的实证研究,②依据此等证明、同时考虑经验和分析观点,定期对法律规定进行评估,③根据上述重新评估,明确决定重新确认或变更法规、条例。①

其次,政府适度管制。更大的公司责任并不一定需要更严格的法律强制措施和制裁。公司治理不仅要为刑事处罚留有余地,更要为民事执法留下余地。否则,联邦证券法将威力大减。重要的是要有不同的责任机制并存。强调最低限度的责任机制,并不是必然要求要有更多的法律强制规定或更强势的政府执法。虽然政府打击措施是一种选择,但并非在每一种情况下都是最佳选择。市场监管和公司治理的目的并非是责任最大化,更不是法律责任的最大化。相反,是要达到具有正确责任机制组合的最佳责任水平,市场和政府都应发挥相应的作用,在市场能够保护自身利益时,就不需要政府干预。②

再次,改善公司战略及其实施。历史事件表明,绝对无管制的市场容易走向极端。但是,历史证明,政府高度管制同样不利于经济的发展。尽管安然等系列公司丑闻爆发,为政府介入、管制提供了绝佳的"借口",但美国国会在制定法律的辩论过程中,仍然有相当多的议员对政府管制持有审慎态度。应该将更多的重心放在制定获得更佳商业决策的公司治理制度上,而不是过于强调消除欺诈、掠夺和其他不当行为的需要。自安然事件以来到《索克斯法》的制定和实施,人们的重点是消除各种占各大报纸头条的公司欺诈和腐败。固然不应公开鼓励此等不良、违规行

---

① Robert Charles Clark, "Corporate Governance Changes in the Wake of the Sarbanes – Oxley Act: A Morality Tale for Policymakers Too", *Georgia State University Law Review*, October 2005.

② Troy A. Paredes, *Lessons Learned: A Brief Retrospective on Sarbanes – Oxley*, at http://lawreview. wustl. edu/slip – opinions/lessons – learned – a – brief – retrospective – on – sarbanes – oxley/, April 23, 2007.

为,但只将注意力放在打击违法、不当行为上,也是不妥当的。打击公司欺诈和解决公司代理成本问题固然必要,但若忽略公司治理战略而导致公司运营不良,对股东、员工、客户、债权人和当地社区同样有害。不当的商业决策或有良好的商业决策但执行不力,这才是真正需要关心的问题。而良好的公司治理改革主要是出自公司自愿,而非强制要求。

最后,法律重在执行。如果没有强有效的执法,法律就不可能起到预期的约束作用。针对美国整个公司管理层20世纪80年代至90年代所面临的高收益、低风险局面,美国政府及相关管制机构加大了对公司管理层的法律约束,陆续对公司丑闻事件中的主角提起公诉。仅安然公司,就陆续有数十人被起诉。2006年10月23日下午,安然能源公司前首席执行官斯基林被美国地方法院判处有期徒刑24年零4个月。除入狱服刑外,斯基林还将被没收4 500万美元的财产。而早在2005年3月,世通案中最关键的人物埃贝斯被法院判处25年监禁,罪名包括欺诈、共谋以及伪造文件等9项。

三、对美国证券法的发展和国际影响

该法对美国证券法的发展、国际证券业和其他国家均产生重大影响。

尽管《索克斯法》最主要的目的是为了防止企业欺诈投资者的行为,但其实际影响却要比这一目的深远,超越法规之外,也超出美国之外。这种超越,本质上是因为《索克斯法》的诚信、准确和责任三原则对商业企业具有普遍适用性,涉及公司治理的核心理念。

(一)超越法规

实施《索克斯法》能给企业带来的好处常常延伸到法规之外,例如,随着企业重新评估、开发新的控制点和流程,能够建立更加有效的系统,更新过期的软件、改善文档的保护流程;上述对外包业务的影响也是这种超越的表现之一。

有些非营利机构尽管不上市,也不用依赖投资者对自己的信心,但也强烈地倾向于自愿实施《索克斯法》。

(二)超越美国之外

《索克斯法》适用于所有在美国上市的企业,包括外国股票发行人。外国股票发行人只要填报20-F表或40-F表,就需要实施《索克斯法》。这样,外国发行人就面临协调《索克斯法》与自己所在国家的法律、法规和风俗之间的冲突问题。虽然对外国发行人规定了适用《索克斯法》的过渡期,但时间再多往往也无法消除外国发行人可能面对的所有问题。例如,外国发行人面临的最大问题之一是,按照《索克斯法》规定,增加了首席执行官和财务总监的个人责任。这一个人责任与很多外国的商业风格不符。

　　将美国法律出口并期望他人很容易地实施,可能不切实际。他国不但有管理自己商业的法律、法规,不同的风俗和商业风格也未必与《索克斯法》的要求一致。例如,与美国市场将股东利益和利润放在最重要的位置不同,日本就将企业利益,包括扩张和市场份额等放在首位。这一差异可能在外国发行人实施《索克斯法》过程中引起矛盾,因为实施《索克斯法》就意味着必须改变商业目标,将重心更多地放在股东身上。此外,很多国家政府并不欢迎要求其注册会计师事务所在美国PCAOB注册的做法①,在他们看来,此等要求等于剥夺了本国政府的权力。还有许多国家在将该法规定的要求作为他国公司在其管辖区域上市条件的同时,还直接采用该法相关规定,作为本国监管体系的组成部分。②

　　可见,美国《索克斯法》所体现的三原则具有普遍适用性,美国只是这些普遍适用商业原则在监管和立法领域的较早采用者而已。每一国家都已根据其国家法律体系、市场条件和其他因素,进行了方式稍有不同的改革。令人惊讶的是,这些改革与美国国会六年前通过的立法有许多巨大的相似性。考察《索克斯法》的影响,绝对可不忽略该法信条和原则被其他国家和国际社会吸纳的广泛程度。

　　例如,主要市场国家的政府已经建立了类似于PCAOB的独立审计师监察机构。欧盟已通过了一项指令③,要求所有欧盟成员国设立审计师监察机构。目前普遍认为,要提高审计质量,审计师监察委员会应与其所监督的行业保持独立。

　　主要资本市场也已经承认某些非审计服务会造成利益冲突,需要对此等服务进行限制,以提高审计质量。欧盟、英国、法国、中国香港、中国、日本、澳大利亚、加拿大和墨西哥都已通过改革,要求审计师合伙人必须进行轮换,只是具体轮换细节存在不同而已。

　　审计委员会的独立性日益成为世界的共同主题。英国、中国香港、澳大利亚、加拿大和墨西哥已于2002年开始推出各项改革,要求审计委员会成员与公司管理层保持独立。

---

　　① EU Says PU to Sarbanes – Oxley Plan, Finance Ministers on the Continent Call Sarbanes – Oxley Mandate to Register Unacceptable; Threaten Retaliation by Marie Leone, CFO. com US, June 6, 2003. http://www.cfo. com/article. cfm/3009540/1/c_3043281, 2008 年 8 月 21 日。

　　② Testimony Concerning the Impact of the Sarbanes – Oxley Act by Chairman Christopher Cox, U. S. Securities & Exchange Commission, Before the U. S. House Committee on Financial Services, September 19, 2006, accessed on August 19, 2008 at http://www. sec. gov/news/testimony/2006/ts091906cc. htm. 虽然其他国家的竞争者使用《索克斯法》作为外国公司在其管辖地区上市的理由,也正是这些国家有些也采纳了该法之规定作为其监管制度的组成部分。我们在考虑《索克斯法》对美国竞争力的影响时,要注意该法中的许多信条在国外被广泛采纳的程度。

　　③ Directive 2006/43/EC of the European Parliament and of the Council of 17 May 2006 on statutory audits of annual accounts and consolidated accounts, amending Council Directives 78/660/EEC and 83/349/EEC and repealing Council Directive 84/253/EEC.

许多国家甚至还通过了与《索克斯法》第404条前半部分类似的要求,要求管理层自行对内部控制进行评估。若干国家和地区,包括英国、澳大利亚和中国香港,对管理层评估采取一种要么遵守、要么解释的方法。日本、法国和加拿大已有法律、法规要求管理层进行内部控制评估。而墨西哥等国家则有公司治理守则,建议管理层对内部控制进行评估。

第404条的问题是其第二部分规定的实施:该部分要求审计师对管理层评估进行评估。如同在美国一样,该规定比评估本身引起了更多的争议。即便存在该等争议,有些国家和地区也通过了此等要求的类似规定。如英国要求审计师在其认为管理层评估无合理依据时,依据要么遵守、要么解释的方法进行报告。中国、法国和日本已经通过规则,要求审计师对财务报告内部控制管理层报告进行评估,但在评估方式上存在某些差别,以降低成本。巴西和澳大利亚等国家要求进行评估,但并不要求公开此等评估,只要求审计师向董事会提交评估报告。另外一种趋势是在公司治理守则中包含一种无法律约束力的建议,要求进行审计师评估,如德国和墨西哥等。

其他国家则就审计师对管理层内部控制评估进行评估采取较为柔和的方法。还有一些国家,如加拿大等,则对美国审计师核证要求的影响采取一种观望的态度。

(三)对美国证券法发展的影响

美国证券法的目的是通过有效的监管标准,鼓励资本形成、创造就业和经济增长,同时对投资者提供较高程度的保护。美国国会在通过《索克斯法》时深知,这些目标并非相互矛盾,而是具有很大的互补性。

《索克斯法》更便于就证券欺诈追究责任,尤其是金融欺诈。为达到上述目的,该法最直接的办法之一是对上市公司高管和董事,尤其是独立董事和审计委员会成员施加更大的责任,要求他们在对包括披露、报告制度和内部控制在内的财务报告过程进行监督中发挥实质更为积极的作用。虽然《索克斯法》增加了对公司高管、董事行为的民事和刑事执法权,但该法并不图谋改变联邦证券法或普通法注意义务项下适用于董事行为的民事责任规定。不过毫无疑问,通过《索克斯法》之后,董事面临的民事责任可能更大。《索克斯法》是职业诚信原则在美国乃至世界证券法领域的继续深化和演绎。

对于考虑《索克斯法》相关规定的国家,由于加大了董事的责任,尤其是董事的民事责任,在审查该等责任时,要考虑具体情景,考虑在不影响此等董事类责任的情况下是否存在减轻该等责任的充分法律抗辩和其他规定,以便公司能够吸引并留住合格的董事。

第八章 金融全球化下金融
衍生品的国际监管

金融衍生品是一种高风险金融产品,有套期保值和价格风险的经济功能,但金融衍生品市场是高度虚拟化和高度投机的市场,因此,金融衍生品是一把"双刃剑"。金融衍生品交易从产生伊始,便伴随着金融全球化的浪潮,带有许多跨国因素。最近一二十年,国际金融危机和重大的国际金融事件都有金融衍生交易的魔影。在金融全球化条件下,如何对金融衍生交易进行监管,国际间如何加强监管合作,对于在金融衍生市场兴利除弊,维护国际货币金融体系的问题极为关键。

第一节 金融衍生品的创新及国际监管

金融监管理论和实践的重大转折发生在20世纪70年代,反映了金融市场不断的整合和政府机构对市场态度的变化,其中,发挥推动作用的是金融创新。金融机构的创新行为简单地看是利益动机的驱使,从深层次看却是金融监管理论和实践的发展滞后,以至于阻碍了金融机构和金融体系向更高阶段的发展。创新不断动态地逃避和突破监管,给相对静态的监管带来新的挑战,迫使监管机构及时作出应对,否则要么需要以延迟金融机构和金融体系的发展为代价,换取严格管制下表面的稳定;要么以牺牲金融稳定为代价,来敦促监管作出符合经济发展需求的调整。[1] 而金融衍生品的创新和发展就反映了金融监管机构与交易主体之间一场永恒的博弈,同时金融创新对商品衍生产品的冲击,也不可避免地将其卷入到这场博弈中。

一、金融衍生品的产生

与农产品、矿产品等商品衍生品不同,金融衍生工具的产生仅有近50年的历

---

① 白钦先:《现代金融监管研究丛书》,中国金融出版社2003年版,第10－13页。

史。在第二次世界大战后,布雷顿森林体系采取的"双挂钩"制使得汇率的大幅波动不可能发生。然而,随着欧亚各国的复兴以及美国持续收支赤字的出现和不断恶化,尼克松总统被迫于1971年8月实施"新经济政策",切断美元和黄金的联系,国际货币体制从此进入"无体系的体系"的牙买加体系时代。虽然在此时,一些国家政府显然还具备控制其货币汇率的能力,但是它们对布雷顿森林体系两项原则的放弃意味着国际上固定汇率制历史的结束,并导致各国货币的兑换进入波动状态。汇率波动不可避免的结果便是利率的不稳定。① 对于商人而言,这些不稳定性为套利创造了机会,并促使金融衍生品的产生以及大幅增长成为可能和必要。为了应对汇率、利率的波动,美国芝加哥首先推出了金融期货交易。1972年5月16日,芝加哥商品交易所(CME)货币市场分部在国际外汇市场动荡不定的情况下,率先创办了国际货币市场(IMM),推出了英镑、加元、西德马克、日元、瑞士法郎、墨西哥比索等货币期货合约,标志着现代意义上金融衍生产品的诞生。②

而互换则出现在20世纪70年代英国和美国公司间英镑和美元的平行贷款以及利率互换协议。例如,一家英国公司需要投资其在纽约的分支机构,而美国公司则要为在伦敦的分支机构提供资金,他们就可以达成平行贷款或背对背贷款。换句话说,美国公司可以借入美元并将其借给英国公司,而后者则可以借入同等价值的英镑借给美国公司。这些平行贷款是互换的雏形,同时又是面对外国汇兑管制时融资的通行方式。再如,20世纪80年代早期,许多美国公司都希望获得固定利率的融资,但美国银行能提供的贷款通常是浮动利率。而同时存在的是许多欧洲和日本企业希望获得浮动利率贷款,但欧洲金融市场只提供固定利率。这种资金需求的不对称促使金融中介机构取得互换交易的机会。但是,直到交易商意识到互换合约并不一定需要交易对方时,互换才真正获得发展的空间。他们可以同意对方的利率互换,然后再到期货市场上寻找类似合约达到套期保值的目的。后来他们又发现甚至没有必要去寻找相应的交易对方,因为在他们风险组合中已经可以一定程度地抵消风险。

应该说,20世纪70年代至80年代中期产生的第一代金融衍生产品(主要是与货币、利率相对应的金融期货、期权),在后布雷顿森林体系(即以汇率、利率频繁波动为特征的国际货币体系)时代得到了很大发展。从当时的情况来看,以金融衍生产品为基础金融工具的持有者提供了一种有效的对冲风险手段,从而避免由于汇率、利率的不利变动而给人们带来预期收益的减少或成本的增加,并且起

---

① 灵活的汇率机制为国家的财政与货币政策带来了一些自治权利,结果有些国家发生通货膨胀并导致利率波动幅度增大,而且各国之间的利率相关性也减弱了。

② R. J. Teweles & F. J. Jones, *The Futures Game*, McGraw - Hill Book Co. ,1987, p.515.

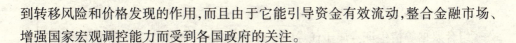

到转移风险和价格发现的作用,而且由于它能引导资金有效流动,整合金融市场、增强国家宏观调控能力而受到各国政府的关注。

二、金融衍生品的创新及发展趋势

西方有句俚语经常被用于形容信息革命后全球在各领域的创新:"即使上帝不存在,人们也可以把他创造出来。"(If the God wasn't exist,man would invent him.)这用于形容20世纪90年代至今衍生品的创新一点都不为过。该时期衍生品市场呈现出的全球性和复杂性,是衍生品市场的始祖们——2000多年前的农夫和商人,甚至是17世纪期货交易所产生时投资者以类似方式进行交易所无法想象的,它们被形容为"深奥的"、"不可思议的"、只有华尔街"火箭工程师"们才能理解的概念。其原因主要在于,在金融自由化浪潮的推动下,更多非金融部门也纷纷参与金融活动,外国银行与券商逐渐进入本国市场。金融部门之间、金融部门与非金融部门之间以及本国金融业与进入本国市场的外国银行、证券业之间的竞争日趋激烈,创造新的金融衍生产品成为保有并扩大市场份额、提高自身实力的有效手段。金融机构为强化竞争实力、创造利润,同时也为协助客户立足于瞬息万变的金融市场,不断推出了避险甚或投机的新兴衍生产品。在这样的趋势下,研究衍生工具的专家不断受到经济领域的推崇。1997年,诺贝尔经济学奖授予美国两位科学家罗伯特·默顿(Robert Merton)和马尤·斯科尔斯(Myron Scholes),以表彰他们在金融领域应用数学工具解决金融衍生品(主要是期权)的定价问题。但即便是金融学家,面对瞬息万变的衍生工具有时也显得束手无策。[①] 罗伯特·默顿、马尤·斯科尔斯、美国前财政部副部长及美联储副主席莫里斯(David Mullins)和前所罗门兄弟交易部主管罗森菲尔德(Rosenfeld)于1994年成立了对冲基金——长期资本投资公司(Long-Term Capital Management,LTCM),主要从事定息债务工具套利。该基金于1998年遭受43亿美元的巨额亏损,最后由美林、摩根等15家国际金融机构注资接管,印证了理论研究和实务操作的差距。

在金融市场的专用术语中,常用"香草"(Plain Vanilla)来代表最简单形式的金融商品,衍生品市场也不例外。我们把原型的、最基础的衍生品契约称之为香草型衍生品,但在目前,市场上进行交易的却多为具有复杂条款的创新型衍生品合约,又被称为"新型"或"奇异型"(Exotic)衍生品。这些产品中,创新很大程度上是为了适应竞争和消费者不断变化的需求。竞争要求削减成本并改善产品的功能,而客户需求的变化则要求面对不同的客户创造出不同的产品。

---

① Roger Lowenstein,"When Genius Failed:the Rise and Fall of Long-Term Capital Management", *Random House*,2000,p.5.

（一）衍生证券

组合票据等衍生证券属于债券的一种,主要由政府机构、银行和信贷分类等级较高的企业发行,回报率比传统证券更高。20世纪80年代,组合票据在美国逐渐流行,而形成于1983年的抵押按揭证券(CMOs)就是主要类型之一。在历史上,美国储蓄贷款协会是买房人的主要贷款人,它们将按揭维持在一个固定利率水平直到到期。因此,对于储蓄贷款协会而言,利率的上升会带来负债的增加,从而造成财务上的紧张。而CMOs的出现使得按揭可以交易,并扩展了投资者的范围。① CMOs的按揭中包含了认购期权,它允许借款人可以将偿还期提前或延长。而为了促使现金流变得更加平稳,按揭又被拆分成本金和利息结合或分离的时间段,一个时间段通常为5年。通过这种方式,提前支付的风险被按顺序扩展到整个结构(这意味着远期时间段的风险更大),而各时间段的利率则相应变化。经过一段时间的发展,为了给投资者提供比最初的CMOs更全面的提前支付保护,市场上又出现了另一个创新——有计划的摊销等级证券(PACs)。按照该模型,只要提前支付维持在模型设定的区间内,PACs承诺提供和国债间的利差,这显然对投资者更有吸引力。为了达到这个效果,提前支付和延期支付风险被分离出来,如果利率下降,超过区间的提前支付首先被支持债券所吸收。同样,如果利率上升,导致债券的平均存在期限延长,则支持债券也随之扩展。但是,与国会推出这类证券的初衷相反,许多购买组合票据的投资者后来发现,这类票据的杠杆作用较之传统衍生产品更大。更糟糕的是,由于许多私人投资者并不了解计算收益的复杂的数学模型,因而遭受了巨大的损失。

（二）信用衍生产品

信用衍生产品是20世纪90年代才出现的信用风险管理创新。它是交易者之间签订的一项金融合约,该项合约将信用风险从标的资产中剥离出来并进行定价,使它能够转移给最适于承担或最愿意管理该风险的投资者。继亚洲金融危机后,这几年来发生的一系列金融事件引起的全球资本和证券市场的动荡,使人们对信用衍生产品的兴趣不断增加。它的出现使金融机构可以将原来只能依靠内部管理或多样化分散的信用风险通过市场对冲来解决。信用衍生品包括信用违约互换、总收益互换、信用利差产品和信用联系票据以及在此基础上的其他变异形式。除了具有传统衍生金融产品的性质外,信用衍生品还呈现出不同的特点:极大的灵活性,在交易对象、期限、金额等方面,可以满足客户的特殊需求;良好的保密性,银行无须直接面对衍生交易的另一方或披露客户记录,使得银行可在不破坏银行与借

---

① 阿尔弗雷德·施泰因赫尔著,陈晗、张晓刚译:《金融野兽——金融衍生品的发展与监管》,上海远东出版社2003年版,第117页。

款者良好关系的前提下管理贷款信用风险;债务的不变性,信用衍生品以企业的债务为交易对象,处理的只是债务的结构成分,对原债务的法律关系没有任何影响;较强的可交易性,信用衍生品克服了传统信用保险、担保工具的薄弱环节,实现了信用风险交易的市场化。在实践中,商业银行是信用衍生交易最主要的参与者,但是随着信用风险逐渐被转移到银行以外,其他金融机构如保险公司、养老基金、共同基金等也纷纷涉足信用衍生品市场。例如,在 2007—2008 年的美国次贷危机中,正是由于债务抵押债券的存在使商业银行免受重挫,通过这类债券的发行将部分风险转移到了对冲基金等机构投资者手中。

（三）对冲基金——金融衍生品市场漩涡的中心

对冲基金则是一种以金融衍生品为基础建立的基金,它通过多种投资策略的运用,对各种衍生产品如指数期货、股票期权、远期外汇合约,乃至于其他具有财务杠杆效果的金融工具进行投资,同时也可在各地的股市、债市、汇市、商品市场进行。与局限在特定市场范围或金融工具范围的商品期货基金、证券基金相比,对冲基金的操作范围更广。经过几十年的演变,对冲基金已失去其初始的风险对冲的内涵,成为一种新的投资模式的代名词,即基于最新的投资理论和极其复杂的金融市场操作技巧,充分利用各种金融衍生品的杠杆作用,承担高风险、追求高收益的投资模式。在国际上,第一个有限合伙制的琼斯对冲基金产生于 1949 年,该基金实行卖空和杠杆借贷相结合的投资策略。① 但对冲基金真正得到发展是在 20 世纪 80 年代之后,在金融自由化的背景下,基金界获得了更为广阔的投资机会,而对冲基金也进入了另一轮的快速发展。进入 21 世纪,随着全球金融市场波动的加剧以及金融工具日趋成熟和多样化,对冲基金更加蓬勃发展。② 但是,由于对冲基金通常采取私募的形式,不像传统基金有义务向监管部门和公众披露基金状况,而是依赖于基金经理的自愿呈报,因此如何避免对冲基金冲击金融市场并屡屡得手已经成为监管机构亟待解决的问题之一。另一方面,次贷危机中多家对冲基金的破产使银行等金融机构及监管层意识到,对冲基金应当像其他所有市场参与者一样受到监管,以便银行能够得到更多关于对冲基金规模的信息,银行在给对冲基金放贷时也应有足够的资金储备,这是因为在整体经济出现波动的情况下,对冲基金采

---

① 卖空是指出售借入的证券,然后在价格下跌的时候购回,获取资本升值。杠杆投资则是通过借贷扩大投资价值增加收益,但同时也有加剧亏损的风险。两者结合,形成了高收益的投资策略。

② 乔治·索罗斯创立的量子基金是最著名的对冲基金之一,其在 20 世纪 90 年代的几次大规模的货币狙击战中的胜利使之声名远扬也臭名昭著。量子基金虽只有 60 亿美元的资产,但由于其在需要时可通过杠杆融资等手段取得相当于几百亿甚至上千亿资金的投资效应,因而成为国际金融市场中一个举足轻重的力量。

取过度的杠杆操作以及大量举债投资的做法,可能带来毁灭性的影响。①

三、金融衍生品市场的国际监管

在经济全球化、边际效益降低的今天,通过国际市场进行融资是专业财务人员的首选。但是,伴随着国际金融市场提供的优惠利率的同时,是由于利率、汇率不稳定带来的风险。在这种情况下,通过风险管理增加收益或者将收益锁定在某条底线对企业经营而言显得异常重要。而金融衍生品交易就具备降低财务管理风险的功能,但它的应用同时也给使用者带来新的负面影响。而且,其所面临的风险仍有别于传统的金融工具。首先,它比传统金融工具更加复杂,这意味着很少有人真正理解金融衍生品的风险及其转化问题;其次,衍生交易的杠杆作用使得收益和损失都被放大了。这两个因素共同导致了金融衍生品成为高风险的产品。

(一)金融衍生品交易监管的必要性

传统观点认为,金融市场监管的主要原因在于这些市场发生的任何事件都有可能对整个经济体系造成重大影响。而从国际金融市场近些年的发展进程可以看出,金融衍生品交易确实是直接或间接造成金融市场乃至整个经济体系动荡的重要原因之一,这与其产生的最初目的是为了套期保值和风险管理的需要已经相去甚远。

首先,创新性的金融衍生品加剧了信息的不对称。② 金融一体化为金融创新提供了宽松的外部条件和现实的硬、软件基础,由此大大推动了创新的进程。各种跨行业的金融产品以及衍生产品伴随着技术进步和风险管理水平的提高而大量产生。这些衍生产品一般都涉及信贷、投资、保险等多个专业知识领域,技术性、专业性特点突出。同时,使金融衍生品交易有别于传统金融活动的还在于风险传递过程的复杂性,其结果是市场的透明度大为降低,从而给内部管理人员、外部的业务对手和监管机构进行风险评价带来更高的难度,非专业人士很难对其全面了解,这在客观上进一步增大了信息不对称的程度。

其次,作为表外业务,金融衍生品的使用弱化了风险管理。③银行开发表外业务的原因很大程度上是为了规避监管的需要,而其涉足衍生交易正说明了这一点。在传统的银行业中,由于商业银行在国民经济中的地位特殊而受到政府的严格监

---

① 《索罗斯力促监管对冲基金》,http://business.sohu.com/20080421/n256412691.shtml,2008 - 05 - 06.

② 玉梅:《国外银行监管理念比较分析》,《现代经济探讨》2004 年第 5 期。

③ John Andrew Lindholm, "Financial Innovation and Derivatives Regulation: Minimizing Swap Credit Risk under Title V of the Futures Trading Practices Act of 1992", *Columbia Business Law Review*, 1994, p. 85.

管,其中监管的重要措施之一就是资本充足率的要求。通过这一比率的规定,监管机构可以迫使商业银行不断改善自身的资本基础,加强风险控制。但体现在表外的金融衍生品业务却游离于监管之外,它并不改变商业银行的资产负债情况,这样监管机构就无从对其真实的风险状况实施监督,而随着商业银行表外业务规模的扩大,其资本充足率潜在地下降,承受风险的能力也随之降低,金融体系的内在不稳定性随之上升。总之,赢利动机和规避监管的需要使商业银行对衍生金融产品产生了特殊偏好,它们迅速地运用新型金融工具取代了传统的信贷工具。因此,对金融衍生品交易等表外业务加强监管势在必行。

最后,保护价格体系的完整性、准确性,避免对市场的操纵。通常情况下,场外市场对价格体系的破坏作用很大。这是因为场外市场缺乏必要的透明度,金融衍生品交易由于其杠杆作用的放大,给交易者不诚实地扭曲或控制该产品以及基础资产的价值提供了可能。而这种市场操纵行为又进一步损害了衍生品市场和现货市场的价格发现功能,从而损害了那些依赖于这些市场的价格作出其他投资决定或商业行为的个体或公司的利益。

（二）金融衍生品交易的监管目标

传统上,国家对金融市场的监管是为了达到以下几项目标:首先,为客户和投资者提供充分的保护;其次,保持市场和价格体系的稳定;最后,保护整个金融体系的完整性和稳定性。[①]衍生品市场的监管也是如此。

第一,保护投资者利益是金融衍生品交易监管的首要目标。由于金融衍生品交易具有很强的杠杆作用,因此,无论是交易主体的不慎操作或者是违规者的蓄意破坏,都会带来巨额的损失。而遭受这些损失的投资者会对金融衍生品市场失去信心,进而对整个金融市场失去信心,并引发信用危机。由此可见,监管机构的重心不仅应放在对违规者的惩罚上,还应该对普通交易主体的投资行为进行合理规制,以达到最终保护投资者利益的目的。

第二,公共政策关注的是避免衍生品市场的投机行为。投机行为是指自发地承受市场风险并希望从中牟利的行为。在理论上,投机行为的存在并不需要政策制定者加以规范,因为投机的损失是由那些选择参加投机交易的个人或者公司自行承担。但是多数政策制定者都担心一个机构由此引发的破产会散播到整个金融市场并破坏金融体系的稳定。巴林银行的倒闭就在一定程度上说明了这个问题。而对于美国联邦存款保险体系下的商业银行,监管机构禁止进行投机的原因则在于其所遭受

---

① Richard K. Abrams & Michael W Laylor, "Issues in the Unification of Financial Sector Supervision", *IMF Working Paper*, WP/00/213.

的损失最后很可能成为政府的负担。①

第三,保护金融市场的完整性并降低发生系统风险的可能性。金融衍生品的种类繁多,可以涉及金融市场的方方面面,如证券市场、外汇市场等。在表面上,各个金融市场可以独立操作,并由不同的法律规则进行规制。但是如果从宏观的角度来看,这些不同种类的金融市场间具有千丝万缕的联系。而金融衍生品交易由于涉及各种金融工具又将不同市场更紧密地融合在一起,金融市场中的系统风险也因衍生产品的广泛应用而增加了发生的可能。②所以对金融衍生品交易监管的法律目的在于保护一国金融市场整体和经济体系的完整性,降低市场事件的溢出效应。

四、金融衍生品交易的国际监管

金融衍生品交易从产生伊始,便伴随着金融全球化的浪潮。金融全球化意味着国界重要性的下降,金融地域的消失。在此基础上,世界各国和地区纷纷放松管制、开放金融业务和资本项目,促使资本跨越国界自由流动,从而形成全球统一的资本市场和金融体系。在这种情况下,一国的金融衍生品市场出现了许多跨国因素。而早在各国政府对此作出回应之前,衍生市场的从业机构便已经意识到并采取措施避免不同国家相关规则的差异,其中最重要的便是场外交易中标准化协议的形成。这些协议在国际上缺乏足够的法律直接管制的情况下,构成了金融衍生品交易法制中最重要的组成部分,保护了终端用户与其他市场参与者的利益。③但是,标准化协议并不能彻底协调金融衍生品交易的国际监管,其原因一方面在于国际上的行业协会作为私人组织并无监管的权力,所发布的相关文件的效力来源于交易者的认可而非国家的授权;另一方面则在于标准化协议是在合同法层面的,并不能解决金融衍生品交易监管中出现的各种问题。

由此可见,立足于一国基础上的监管仍然十分重要,这包括官方监管机构的外部介入和自律组织的自律监管。无论是国内金融衍生交易抑或是具有跨国因素的金融衍生交易,监管机构及交易所都可以设置准入门槛,审查投资者的从业资格;同时,监管机构还可以对市场中的违法行为如内幕交易、市场操纵作出界定,通过严厉的惩罚措施避免这些行为影响到衍生品市场及金融市场的稳定。而交易所及

---

① Orn Brooksley, "International Regulatory Responses to Derivatives Crises: the Role of the U. S. Commodity Futures Trading Commission", *Northwestern School of Law Journal of International Law & Business*, 2001, Spring, p. 622.

② FTC, *Working Paper on National Laws Relating to OTC Derivatives Transaction and the Public Policy Objectives of Financial Regulation*, CFTC, 2002, pp. 1 - 8.

③ 宁敏:《国际金融衍生交易法律问题研究》,中国政法大学出版社 2002 年版,第 75 页。

其他自律组织对金融衍生市场具体运作规则如每日清算制度、限制持仓制度的设计又有利于减少投机行为,保证市场有秩序地运行。但是一国单方面地加强监管的风险很大,且不说监管措施的域外效力经常受到质疑,在金融自由化和全球化的背景下,各大交易市场高度一体化,如果其他国家不采取相应的行动,单方加强监管将促使投资者向管制宽松的其他国家转移,从而削弱本国市场的竞争力和金融领域的创新,并稀释或抵消单方加强监管的效果。①

对此,解决的途径主要有两种:一是政府间立足于平时的规则性监管协调和在危机发生时的相机性监管协调;二是国际组织基于国家的授权形成的国际条约和依据金融衍生品交易国际监管的发展趋势颁布的指南、建议和最佳实践。这些解决途径的基础在于,一方面,信息的不完备和不对称是金融监管的动因,这种不完备和不对称不仅体现在从业机构和客户之间以及从业机构和国内监管机构之间,它还体现在国内监管机构和国外监管机构之间。被监管者总是了解更多有利于监管机构作出正确监管决策的信息,但出于自身利益的考虑通常会隐瞒对其不利的信息,而这些信息正是扰乱金融衍生品市场的主要因素。另一方面,各国监管机构之间缺乏通畅的信息交流渠道和统一的监管标准,并不利于及时发现金融衍生品市场上的违法行为,容易导致监管滞后。而各国政府间的双边和多边安排以及国际组织主导下的国际条约则有利于从更广泛的视角监管金融衍生品市场,合理分配投资者母国和东道国监管机构的责任。但是,国际条约所要求的统一监管标准和监管方法,在世界各国金融体系和金融机构发展程度差异甚大的情况下,越来越多地遇到各国金融监管的制度环境和初始条件不同与金融监管趋同之间的矛盾问题。为此,国际组织更多地采取颁布无强制力的指南或最佳实践的方式,并通过建议的方法向成员国和非成员国推荐,由其自主决定并接受认为合适的标准。这些规则有利于各国重新审视国内金融衍生品市场的内在属性和风险管理状况,在一定程度上弥补了国内金融衍生交易监管体制的不足并为国际监管合作奠定了基础。

因此,国内官方监管机构的外部监管和自律组织的自律监管、国际上私人行业协会通过标准化协议减少监管冲突、国际组织通过国际条约和"软法"形式的规则进行的监管协调以及各国政府自发或者在国际组织主导下的监管合作,构成了金融衍生交易国际监管的4个层次,形成了基于市场准入的事前防范、交易过程的事中管理以及危机发生时的事后处理的金融安全网,其目的就在于保证一国能够抵御外部的冲击并保持金融衍生品市场的正常运行与发展,保护金融衍生品市场交易者的利益并增强投资者的信心和积极性。

---

① 燕芝、蔡伟贤:《发达国家金融衍生品市场监管模式比较与启示》,《求索》2005年第4期。

第二节　金融衍生品市场的国际监管合作

目前，几乎每天都有新的金融衍生品被设计出来，它们或者是为了适应资产负债表平衡的需要，或者是特定市场状况的产物。其积极作用在于作为有效的财务管理手段，它们有利于锁定收益，减少基础金融工具价格、比率波动带来的影响，甚至降低整个金融市场的系统风险。但另一方面，其副作用也不可低估，当它被用于有意识的投机交易时，对金融市场的破坏作用远远高于传统的金融工具。由此可见，在保证其创新性前提下的监管显得尤为重要，这种监管不仅在国内层面，还包括国际层面的协调和监管合作。

一、衍生金融交易国际监管协调的性质

在经济全球化的浪潮席卷而来的今天，国际性监管标准的统一是保证跨国商事交易顺利进行不可或缺的因素之一。首先，它使得投资者作出的决策更真实、可靠。在跨市场、具有全球效应的金融危机之后，投资者变得小心谨慎，倾向于投资在法律规范公开透明、遵循国际通行标准的国家和企业。其次，这一进程的推进无形中增加了商业行为和金融服务的透明度，并保证企业和金融机构的稳健经营、诚实信用和安全。最后，国际性标准的存在可以最大限度地避免监管失察并加强法律的监控作用。一方面，公司决策层在处理商业事务时，会基于更合理的动机并考虑到符合法律和合同规定；另一方面，对于监管机构而言，缺乏通行的标准或者标准不够透明会加重劳动强度，使其履行职责时必须更加小心。① 但是，相对于货物贸易等商事活动，金融领域包括金融衍生品交易的监管并不容易达成统一的规则。这是因为普通的货物贸易在全球范围内的分配主要是比较优势等经济规律作用的结果，较少涉及政治因素；而包括衍生交易在内的金融市场是一国经济体系的核心部分，各国对此都特别敏感。在进行监管方面的国际合作或联合监管时，各国政府都会尽量避免增加本国的负担，以免影响本国的正常运转。因此，金融衍生品交易领域的国际监管协调主要采取"软法"的方式进行。

按照法理学的相关理论，所谓"软法"，是相对于"硬法"而言的，其之所谓"软"，主要体现在立法效力、司法效力以及稳定性等几个方面：立法上，"软法"的制定者不是各有关国家的立法机关，而是由国际组织或者民间组织制定的；法律执

---

① Herbert V. Morals," Globalization and Sovereignty: the Quest for International Standards", *Kansas Law Review*,2002,5,p.776.

行度上,"软法"本身不是法,它不具有法律约束力,只有在被有关国家或其立法机关接受作为法律,才具有约束力;在稳定性上,"软法"具有较大的灵活性,它虽然是"软法",但也是在相关利益方同意或认可的基础上发展起来的,有可能随时通过国家赋予其法律约束力,从而一跃成为"硬法"。[1] 在金融衍生品交易监管领域,国际协调主要采取的就是"软法"性质的各类指南、方针、建议、原则和最佳实践。在这些规则的帮助下,各国政府既可以联合他国共同处理监管问题,又可以减少本身在国际协作中受到强行性规范的限制和承受义务。而且这些标准即使仅具有建议的作用,所反映的也是金融衍生品交易监管规范发展的趋势,它们会在其发展过程中或者被淘汰或者被广泛接受。

二、行业协会的监管协调

当远期交易等场外衍生产品最初出现时,每一笔交易甚至于相同交易对手间的同类交易,都要由当事人详细协商并达成囊括交易方方面面的条款。在市场逐渐形成,尤其是远期、互换交易广泛使用之后,市场参与者开始认识到缺乏统一的定义和基本的条款会增加谈判的难度、时间以及相关费用。对于信用等级很高的公司之间的短期衍生品交易,他们可以通过只包含最基本财务条款的票证进行。但大多数的场外衍生交易并非如此简单。[2] 而标准化协议的优势就在于:增加流动性,减少对冲交易间不匹配情况的发生;降低成本,节省谈判和达成书面协议的时间;通过更详细的标准条款,对交易法律关系作更加深入的阐述。为此,行业协会如国际互换与衍生工具协会(ISDA)推出了条款和基本条件标准化的规范性文件,而这些条款又被写入交易双方达成的单个协议中。目前,国际市场上适用的ISDA 主协议的最新版本是 2002 年多货币跨境主协议(以下简称 ISDA 主协议)。

（一）ISDA 主协议的框架

ISDA 的主协议群包括 4 个层次,首先是 ISDA 的主体即主协议,目的在于规范当事人之间达成的一系列交易,除了姓名和日期外,当事人不能自行修改基本条款。[3] 它的条款主要涉及协议所规范的各个交易的基本要件,如支付和交付、净额结算、预提税、陈述和承诺、违约事件和终止事件及其清算。同时,它也包含其他对

---

① 有关"软法"和"硬法"的评论,参见:Jonathan L. Charney, Commentary: Compliance with International Soft Law. Dinah Shelton, Commitment and Compliance: the Role of Non – Binding Norms in the International Legal System, Oxford University Press, 2000, p. 115。

② Norman Menachem Feder, "Deconstructing Over – the – Counter Derivatives", *Columbia Business Law Review*, 2002, p. 737.

③ 协议中的条款包括两种类型,其中的绝大部分并不允许当事人作任何更改,而少部分选择性条款则允许当事人根据实际情况进行选择。

合约进行定义和解释的条款及合同标准条款,如准据法的选择和管辖权、修改、转让、费用分摊和通知。

其次是主协议后面的附件,由当事人之间协商确定。通常,所有经纪商和部分市场交易者都有其标准化的附件,适用于和所有交易对方的衍生品交易。如果交易双方都有专属于自己的标准化附件,那么最后协议的达成则是博弈的结果。而在经纪商和普通终端用户商谈的过程中,由于终端用户没有标准化附件,因此经纪商会按照内部信用管理部门的要求,对对方信用状况进行评估以决定附件的适用。在这种情况下,经纪商会倾向于选择严格保护其权益的条款以最大限度地降低信用风险。当然,如果条件过于苛刻(例如将特定实体的范围扩大到与终端用户相关的方方面面或者采用十分敏感的交叉违约条款),从而限制了终端用户经营活动的开展,后者则会加以抵制。此外,如果经纪商对信用状况有更高的要求,那么他们通常会要求终端用户提高保证金或由资产雄厚的第三方提供担保。事实上,主协议及其附件囊括了当事人之间所有的交易并且存续于双方交易的整个期间,因此谈判的过程通常要历时几个月。

再次是支配各个单独交易的确认书。确认书是针对单个交易的特定条款以及只适用于该交易的修改和补充。① 在国际金融衍生品交易中,市场参与者来源于不同国家,对哪些条款应该构成交易的必要条款没有统一的意见,这就意味着主协议为了平衡各方面的利益,是妥协的结果,并且措辞较为简洁,因此需要确认书的补充。而且由于每次交易所使用的衍生产品不同,确认书通常还要包含一套或一套以上 ISDA 的定义表。这些定义表的存在,使得 ISDA 可以把不断出现的新产品纳入主协议的框架中,并对相关产品的定价方式、基本构成和运行机制作出合理的规定。例如,2000 年 ISDA 定义表是为利率和货币衍生产品设计的,而这两类衍生产品是国际市场最常使用的交易类型。此外,ISDA 还颁布其他一些特定衍生产品的定义表,如1998 年外汇买卖期权(FX)和货币期权定义表(是对 1992 年 FX 和货币期权定义表的补充)、2002 年普通股衍生产品定义表、2003 年信用衍生产品定义表和2005 年通货膨胀衍生产品定义表。

最后,除了 ISDA 主协议、确认书和定义表,ISDA 还出版了标准化的信用支持

---

① 虽然,按照普通法对合同形式的规定,当事人可以通过电话等口头方式达成协议,但是多数当事人在衍生品交易中更倾向于采取确认书的方式,以避免合同履行过程中可能发生的纠纷。而另一方面,当事人在进行交易前最理想的状态是能就附件和主协议达成一致意见。但是,这并不现实,因为主协议的协商需要花费几个月的时间,而交易双方更希望能立即进行交易。在这种情况下,通常的解决办法是在确认书中明确其代表当事人的意愿并参照 ISDA 主协议执行,其中也包含净额结算的条款。而当事人此后达成的所有的确认书则构成未来主协议的一部分。同时,它还意味着如果完整的主协议不能在约定的时间内达成,则确认书约束已经达成的交易。

文件以方便交易双方约定担保机制。这些信用支持文件出现在 ISDA 附件中,有英国法、纽约州法、日本法等版本,目的在于降低场外交易的信用风险。与普通交易的担保条款不同的是,金融衍生品交易要求双方当事人都必须提供必要的担保。[1] 每隔一段时间,双方都会按照主协议的终止条款,计算假设合约在该日期终止所要支付的净额。需要支付的一方要按照得出的数额提供相应的担保。这些信用支持文件和主协议的格式有些类似,它们通常也是书面文件并带有附件,当事人可以对相关条款进行选择和修改。一般而言,保证是最常用的担保方式之一。保证的目的在于将合同当事人的信用风险转移到信用等级更高或面临风险更少的主体。当事人一般会选择由交易对方的上层公司,如母公司提供担保,并要求保证人在信用支持文件上署名。[2] 此外,当事人还可以选择物的担保,最常见的是现金和政府债券。为了方便对担保物的选择,ISDA 颁布了担保财产的定义表,对不同财产的担保等级加以确定。

(二) ISDA 对金融衍生交易国际监管协调的价值体现

国际民商事关系的发展要求消除或减少各国法律的歧异,避免法律冲突,于是国际立法运动便蓬勃兴起,以期实现全球范围内法律的普遍适用。其中,缔结条约的方式是一种传统的进行私法统一的途径。随着各国在经济全球化、市场一体化的过程中对私法统一化运动认同的进一步加深,国际组织对国际条约法理论和实践的推动,相当一部分私法规范的国际统一即是通过这种途径获得成功的。[3] 但是,法律价值是一个由诸价值构成的严密体系,追求一种价值往往会以牺牲另一种价值为代价。私法统一化中采用国际条约模式虽可保证法律规范的明确性、安全性,却失去了法律的灵活性和开放性。而示范合同则体现了与国际条约不同的取向,它不以现实的效力为追求目标,不通过立法者假定为符合社会需要并以强制力予以保证,而是出于对演进中的社会秩序的恰当把握和体现从而被接受和认同。可以说,ISDA 主协议作为示范合同是国际民商事法律关系趋同化的重要表现之一。它针对场外交易虽然不具备绝对一致的履约内容,但存在相对一致的履约条件的情况,充分考虑到各国合同法、经济法对场外衍生合约的规定以及市场的实际需要,颁布了涉及场外衍生合约相关条款的主协议,简化了交易者签约的手续,节省谈判的时间和费用,有效地保证了整个交易过程的规范化。而且较之成员较少的国际组织颁布的示范合同而言,ISDA 主协议的优势还在于其成员的广泛性,它

---

① Bettelheim, E., "Swaps and off – Exchange Derivatives Trading: Law and Regulation", *FT Law & Tax*, 1996, 125.

② Nigel Brahams, "The Ins and Outs of Derivatives: the World of Derivatives and the Legislation Governing these Financial Instruments", *Law Society Gazette*, 2002, 5, 38.

③ 曾涛:《论示范法的理论基础及其在中国的运用》,《法商研究》2002 年第 3 期。

通过国际衍生市场上主要经纪商的使用,传播到全球的各个角落,由此市场上的其他参与者也开始主动或被动地接受它。而各国的律师在提供法律意见时也往往首推 ISDA 主协议,因为它在实践中得到最普遍的应用并且能有效地降低法律风险。

当然,在理论上,ISDA 对金融衍生品交易并没有强制性的约束作用,本身也未被赋予任何实施监管的权力,其组织基础是各成员之间共同拟定的行业协会章程。但是,ISDA 主协议的影响力还是对金融衍生品交易国际监管协调产生了重大影响,它的主要作用在于减少监管冲突,避免合约由于不符合国内法而不能强制执行等情况的发生。ISDA 的主协议对合同法的把握充分体现了市场参与者的专业性,同时,它还考虑到不同国家管辖下法律的差异,因此针对衍生品市场成熟的主要国家推出不同的版本,如英国法、日本法和美国纽约州法下的信用支持文件。ISDA 的这些举措实现了交易者在进行交易前对于法律适用的合理预期,而且通过合同准据法的选择,当事人可以最大限度地保证合约的法律效力。

三、政府、国际组织间的国际监管合作

金融监管,包括衍生品市场监管的国际间协调与合作,已经成为经济全球化下金融领域的重要内容之一。各国的监管机构之所以要通过不同的主体和多样的形式进行协调与合作,其核心原因在于较之封闭和抵触,协调与合作可以获得更高的效益。①

(一)规则性协调

规则性协调,是指通过制定明确的规则(包括原则、协定、指南等)来指导各国的国内政策,从而达到国际间协调和合作的结果。这种协调方式具有如下的优点:第一,规则清晰、明了,有利于合作各方的理解和执行;第二,在较长时期内可以保证政策的连续性和稳定性;第三,这些规则一般都是通过全球性金融组织、机构结合各国具体情况制定的,因此具有较高的权威性和可信度;第四,各成员方可以参

---

① 其原因在于国际经济政策中的溢出效应(Spill over Effect)。这种溢出效应是指国内经济政策(如金融政策)实施后没有或者只有一部分作用于国内相关经济变量,从而使经济政策达不到预期的目标。关于溢出效应,经济学家们提出了不少看法,如美国经济学家弗兰克尔(J. A. Frenkel)认为,溢出效应是一国国内经济与世界其他国家之间发生联系的结果。这种联系包括两个方面:一是一国通过贸易流量发生联系,这些贸易流量的变化会影响到有关国家的收入和就业水平,一些实行出口导向型的国家更是如此;二是通过国际间的资本流动,资本流动把国际利率差异和预期汇率变化连在一起,影响国内利率的政策会通过真实汇率的变化对他国产生影响。由于开放经济所带来的世界间的密切联系,其他国家的有关经济政策会通过相应的渠道波及国内,从而干扰或削弱国内经济政策事实效益的发挥,这种现象则称为溢入效应。溢出溢入效应说明,各国所采取的经济政策是会相互影响的,为了实现预定的经济目标,各国必须加强协调与合作。J. A. Frankel & K. E. Rockett, "International Macroeconomic Policy Coordination When Policymakers Do not Agree on True Model", *American Economic Review*, 1988, 8, pp. 318 – 340.

与到规则的制定,并在此过程中体现本国在金融监管协调与合作上的思想、理念和价值观。① 目前,比较典型的通过规则来协调国家间金融衍生品事务的机构主要有巴塞尔委员会和国际证监会组织等。

巴塞尔委员会本身并不具有法定跨国监管的权力,所作结论或监管标准与指导原则在法律上也没有强制约束力,但因其成员来自世界主要发达国家且所颁布监管规则融合了各国实践,具有良好的监管效果,因此仍受到各国监管机构的关注和借鉴。巴塞尔委员会发布的一系列协议涉及金融衍生品监管的内容主要是针对银行的衍生品业务而言。它通过资本充足率的要求对商业银行金融衍生品业务进行监管,以避免银行为增加利润,规避资产负债表的要求积极参与到金融衍生交易等表外项目,而这些业务会增加银行的风险暴露。例如,信用风险是传统银行经营中面临的主要风险,但是对资本充足率的要求如果仅适用于信用风险,将会导致银行进行交易组合时,利用利率或汇率风险等市场风险来替换信用风险。而且就金融衍生品交易等表外业务而言,市场风险等其他风险对于银行稳健经营的影响要高于信用风险。因此,新《巴塞尔资本协议》在计算资本充足率时将市场风险和操作风险等进行量化,保证了对银行业务经营的各个方面特别是金融衍生业务的充分考量。② 同时,1988 年《巴塞尔资本协议》出台时,银行业监管的普遍观点是银行信息不宜公开,以保护客户乃至银行本身的商业秘密,而新协议的第二支柱和第三支柱则更多的是从银行作为公众公司的角度来看待,推进包括金融衍生品业务在内的信息披露以确保市场对银行的约束效果。③

而国际证监会组织作为旨在促进国际间证券暨衍生交易管理机构组成的国际合作组织,随着证券公司涉足衍生交易领域,各国证券业监管机构享有金融衍生品部分或全部的监管权,开始了金融衍生品交易国际监管协调的思考。虽然,IOSCO 关注的焦点始终倾向于证券市场,对金融衍生品交易的监管协调不过是顺应金融市场发展趋势所作的努力,但无论如何,IOSCO 单独或会同巴塞尔委员会发布的涉及金融衍生品市场监管的文件,还是为监管标准的全球协调和统一作出巨大的贡献。这些报告包括《衍生产品风险管理指南》、《衍生产品及交易活动的监管信息框架》、《银行和证券公司交易及衍生产品业务的公开信息披露》和《禁止证券市场和衍生市场非法行为的多边合作备忘录》等,遵循"公开、公平、公正"等基本原则,促进信息披露,以抑制投机泛滥、防止市场垄断和操纵、保护投资者利益,为所有市

---

① 朱孟楠:《金融监管的国际协调与合作》,中国金融出版社 2003 年版,第 57 页。

② Adams Mark,"An Analysis of the Basel Committee's New Capital Adequacy Framework", *National Banking Law Review*,2001,20,pp. 2 - 4.

③ Joson John,"Basel II: What Legal Advisors Need to Know", *National Banking Law Review*,2004,23,p. 3.

场主体创造良好的竞争环境。

但规则性协调也存在一些不足，首先，规则一旦确定不能随时更改，因此具有一定的滞后性，可能和实际情况脱节；其次，规则不一定都能满足各国的要求。最后，从规则性协调的历史来看，发达国家掌握了制定各种"游戏规则"的主动权，由此许多规则是建立在发达国家的立场上并偏袒其利益的。规则虽然普遍适用于发达国家和发展中国家，但其体现的精神并非公平。因此，一些发展中国家和经济转型国家纷纷抱怨他们被排斥在标准统一化的进程之外，并不愿意积极适用这些规则。①

（二）相机性协调

相机性协调，是指相关主体根据金融市场变化趋势和各国经济发展的具体情况，并不明文规定应采取何种规则或措施，而是通过一定的方式（如召开会议、主持论坛等）针对特定事件或情况确定各国应采用的政策组合和共同行动措施。如前所述，单纯的、基于平时的规则性监管并不足以预防金融衍生品市场危机的发生。多数情况下，设计缜密的监管网络仍然存在漏洞，而国际衍生品市场上经验丰富的投机家们十分擅长于利用这些机会盈利并有意或无意地扰乱金融市场的稳定。因此，政府间的监管合作还体现在危机发生时，由国际组织主导或由各国间自发形成的相机性监管合作上。

1. 亚洲金融危机中政府间的监管合作

亚洲金融危机的开始可以追溯到1997年初韩国大型联合企业 Hanbo Steel 陷入困境之时，它因背负了60亿美元的债务而破产。之后，一轮对泰铢的投机攻势震撼了泰国银行，后者卖出了290亿美元的远期合同来拯救泰铢。1997年7月，泰国银行宣布泰铢浮动。在随后的几周中，马来西亚林吉特、菲律宾比索、印度尼西亚卢比和新加坡元所受的压力越来越大，港元受高利率和干预措施的保护而得以维持。其后，许多东亚国家都因卖出的压力超出了它们外汇储备的水平而不得不允许其货币浮动。货币浮动之后，各国政府就下一步应怎样做迟疑不决，因为这涉及对背负了沉重外汇债务的大型银行和公司进行困难的改革的问题。最终的结果是，多数东南亚国家的货币和资产价值迅速跌落，银行和企业陷入空前的财务困境。应该说，引起亚洲金融危机的根本原因在于相关国家的经济和产业结构不合理，过分依赖外资流入推动经济发展。同时，在这样的前提下，一些国家人为地维持高估的汇率，而监管机构对金融市场风险又缺乏足够的宏观调控能力和有效的监督机制。但事实上，在整场危机中，成为导火线的却是索罗斯的量子基金，该对

---

① Herbert V. Morais, "Globalization and Sovereignty: the Quest for International Standards", *Kansas Law Review*, 2002, 5, p. 780.

冲基金通过在金融现货和衍生市场高度复杂的操作,引导热钱大量注入和逃出亚洲新兴资本市场,从而在金融市场率先发难并造成其他投资者盲从,成为吞噬东亚奇迹的"大鳄"。另一方面,亚洲金融危机的感染速度也出乎每一个人的意料。起初,相关国家,包括国际金融组织都否定危机的严重性并排除了地区感染的可能,但很快所有人(IMF 的技术专家、学者和政策制定者)便不得不面对事实。事后对感染程度的评估确定了印尼、韩国、马来西亚、菲律宾和泰国之间的汇率变动和证券市场价格有很高的关联性。① 对此,各国都意识到区域金融监管合作和信息交流的重要性并提出相关建议。②

在亚洲金融危机后,1998 年 10 月,东盟各国财长签订了谅解备忘录,建立东盟监督机制。③ 根据东盟成员国之间同等评议和相互关注的原则,东盟监督机制的宗旨是加强东盟集团内部的决策能力,包括:协助东盟成员发现潜在的危机并作出相应反应;评估东盟成员国可能导致金融动荡和危机的各种弱点;推广符合国际标准的稳健行为规范,提高东盟成员国经济政策协调水平;对潜在薄弱部门进行审查,改善东盟成员国的"同行监督"环境。同时,为了建立本地区金融合作机制尤其是金融救助机制,2000 年 5 月,在泰国清迈举行的亚洲银行年会上,东亚 13 国财长达成了《清迈倡议》,一致同意建立一种货币互换安排体制,用以克服未来可能再次出现的金融危机。④ 这种货币互换安排的目标是建立以本地区各成员之间货币互换和回购双边条约为基础的地区金融合作网,以此保护货币免遭投机性攻击。2007 年 5 月,在第 10 届东盟和中日韩财长会议举行时,与会各方提出了设立共同外汇储备基金的设想,将原本以双边货币互换机制为基础、旨在应对外汇资金短缺危机的《清迈倡议》转为多边机制。2008 年 5 月,第 11 届会议后,与会各方发表联合声明称,与会各国财长同意,为落实《清迈倡议》多边机制将至少出资 800亿美元,其中,中日韩 3 国分担 80% 的出资额,余下的 20% 由东盟国家负担。当天的会议就借款适用条件、启动机制等关键要素的概念进一步达成了一致。同时,各方承诺进一步加快工作进度,以便就包括借款的具体条件以及借款协议条款的具

① IMF,Fund – supported Programs in the Asian Crisis,EBS/98/202,Nov 25,1998.

② Eichengreen Barry,What to Do with the Chiang Mai Initiative—Prepared for the Asian Conomic Panel Meeting in Tokyo,at http://emlab. berkeley. edu/users/eichengr/research/eastasiaw003may16 – 02. pdf,2007 – 12 – 24.

③ Asean,Terms of Understanding on the Establishment of the ASEAN Surveillance Process,at http:// www. aseansec. org/6309. htm,2006 – 12 – 24.

④ Asean,The Joint Ministeral Statement of the ASEAN + 3 Finance Ministers Meeting,at http://www. pecc. org/finance/forum2002/1seanfinance. pdf,2006 – 12 – 24.

体内容等所有要素达成共识。①《清迈倡议》的通过及后续发展被普遍认为是亚洲地区金融合作的一个突出成效,被称为亚洲地区金融合作发展的一个里程碑。

2. 安然事件中政府间的监管合作

安然公司成立于 1985 年,是一家天然气管道公司,主业是维护和操作横跨北美的天然气与石油输送网络。但在 20 世纪 80 年代后期,随着美国政府解除对能源市场的管制,安然公司开始发生变化,不仅进行天然气期货交易,还发明了一系列令专业人士都未尽了解的复杂的金融工具,实现了从天然气、石油传输公司向类似美林、高盛的华尔街公司的改变。随着上述转变,安然公司的利润构成也发生重大的变化,其主要收入来源于相关能源合同及其他金融衍生产品的收益。但直到安然公司破产前,公众对其财务了解甚少,因为从事衍生交易的具体资金并不表现在通常的资产负债表中,安然公司在进行财务披露时只是将衍生交易的利益作为收入进行记载,传统的会计制度很难对这些合约收益加以确认。②

安然事件发生后,为了维持全球金融稳定和经济繁荣,维护资本市场的真实可靠性,恢复投资者信心,IOSCO 于 2004 年 12 月颁布了《信用评级机构行为规范》③,要求自律组织、评级代理机构和监管机构在履行相关职责时,应努力促进对投资者的保护,提高证券市场和衍生金融市场的效率和透明度,降低系统风险发生的可能性。而 IOSCO 于 2005 年 3 月初颁布的《强化资本市场反财务欺诈工作》是另一份重要的报告。④ 这份由技术委员会完成的报告,是对安然事件以来重大财务欺诈案的研究,实际上也是一份面向全球证券监管机构提出的强化监管、打击欺诈的建议。安然公司事件还促成了国际会计标准走向统一。除各国证券市场纷纷推出改进监管的措施外,国际组织更关注的是对市场参与主体在审计、报告、评级等方面的规范管理。例如,国际会计准则理事会(IASB)在 2005 年 3 月发布了《国家会计准则制定机构与国际会计准则理事会未来关系的谅解备忘录》征求意见稿,旨在构建全球统一的高质量的、可执行的会计准则。⑤

---

① 《东盟和中日韩同意出资 800 亿美元共同抵御金融风险》,http://news. xinhuanet. com/news-center/2008 – 05/05/content_8105334. htm,2008 – 05 – 06.

② Vaughn K. Reynolds,Financial Accounting and Derivatives:the Citigroup and J. P. Morgan Chase Enron Settlements:the Impact on the Financial Services Industry,North Carolina Banking Institute,2004,4, p. 248.

③ IOSCO,*Code of Conduct Fundamentals for Credit Rating Agencies*,at http://www. iosco. org/ news/ pdf/IOSCONEWS79. pdf,2006 – 12 – 12.

④ IOSCO,*Action Plan to Strengthen Capital Markets against Financial Fraud*,at http://www. iosco. org/news/pdf/IOSCONEWS84. pdf,2007 – 04 – 13.

⑤ IASB,*Handbook of Consultative Arrangements*,at http://www. iasb. org/uploaded_files/documents/ 8_137_DueProcess. pdf,2006 – 04 – 12.

3. 美国次贷危机及带来的国际监管难题

如前所述,在美国,抵押按揭证券通过打包为衍生证券的方式进入市场流通。在此基础上,市场又推出了次级按揭贷款。相对于资信条件较好的按揭贷款人所能获得的比较优惠的利率和还款方式上,次级按揭贷款人在利率和还款方式,通常要被迫支付更高的利率、并遵守更严格的还款方式。由于在 21 世纪初,美国信贷宽松、金融创新活跃、房地产和证券市场价格上涨,因此,次级贷款的偿还并不会发生资金链的断裂。近年来,次级贷款规模得到过度扩张并经多次贷款打包和债券化,使得风险在该市场及其他金融市场积聚。然而,随着美联储的屡次加息、房地产价格停止上涨,次级贷款的偿还越来越困难,产生了大量的坏账。2007 年 4 月,美国新世纪金融公司申请破产保护;7 月,贝尔斯登旗下的对冲基金濒临瓦解;8 月,美国次贷事件波及澳洲、中国香港、欧洲等,成为影响全球金融市场的危机。

为此,2008 年 3 月,美国财政部向国会提交了一份金融监管体制改革方案,提出针对次级贷款等金融创新改革的建议:

(1)涉及目前信贷和房屋抵押市场的短期建议,包括增进金融监管合作;针对抵押贷款机构成立一个新的联邦委员会,负责为住房抵押贷款行业设置统一标准;扩大"总统金融市场工作小组"的管辖范围等;通过采取措施加强监管当局间的合作,强化市场的监管等。

(2)提高监管有效性的中期建议,包括消除现有监管体系中的重复监管;裁撤财政部下属的储蓄管理局,其功能划归财政部货币监理署,在财政部下新建全国保险管理局;统一对期货和证券的监管;使得某些金融服务行业(如银行、保险、证券和期货)在现有监管框架下的监管体制更加现代化。

(3)对美国金融监管体系从机构型监管向功能型监管转化的长期建议,将美国的金融管理机构整合为负责市场稳定的监管当局(Market Stability Regulator)、审慎金融监管当局(Prudential Financial Regulator),以及商业管理局(Business Conduct Regulator),以监管目标而非行业来划分监管机构的职责。另一方面,次贷危机也为各国的国际监管合作带来亟待解决的问题。首先,金融机构和投资者必须承担管理和控制内部风险的责任和义务,各国应强化本国金融监管体制,通过密切合作,共享信息,阻止危机的蔓延。其次,对于跨境业务,为防范危机的蔓延,应建立统一的风险分析框架,建立早期预警系统,完善定期报告和信息交换,在各国监管机构间以及监管机构和从业主体间建立合作的机制。

相机性协调的优点在于:第一,灵活性。该协调方式可以针对不同的情况,在特定时间,就相关问题进行协商,这是规则性协调所无法比拟的。第二,时效性强。它能够迅速对突发事件作出反应,包括分析原因、提出建议或出台拯救措施等。当然,相机性协调也存在一定缺陷:首先,协调的成本较高。实际上,每次相机性协调出台的政策都是各国政府间讨价还价的结果,这样,在一次次协调的同时,都伴随着各国政府一次次高成本决策的付出。其次,可信性相对较弱。这种方式着重于协商,缺乏一个明晰的规则,从而难以通过影响公众的心理预期而发挥政策效力。最后,它对将来发生的类似事件是否有法律约束力也并不确定。① 但无论如何,相机性协调和规则性协调的互补应用,在对金融衍生品交易监管的国际协调和合作中起到了不可低估的作用。

四、金融衍生品市场国际监管合作评析

维护国内金融衍生品市场的公平竞争、安全与稳定,保护投资者和其他交易者的利益,是各国衍生金融监管目标中不可或缺的内容。传统上,这种目标的实现是针对封闭的国内市场进行的,但是金融全球化的特征是市场的不断放开、比较优势在国际市场的重新整合和各国对公共准则的接受和遵守。在此基础上,金融衍生品交易监管目标就具有一定的独特性:一是维护国际金融衍生品市场的安全和稳定;二是获得全球资本市场的利益。明显地,这两个目标之间存在冲突,稳定国际金融衍生品市场意味着实施金融管制,而这必将影响资本的自由流动,影响从业机构利润最大化目标的实现。② 对此,政府间监管层面上的合作可以在一定程度上缓解这个问题。其原因主要在于,目前各国衍生金融监管机构关于本国市场的准入条件并不局限于本国法律对投资者的基本要求,而是把投资者母国是否有完善的监管机制也作为跨国投资者准入的重要前提。基于此,各国监管机构之间持续的接触可以保证合作与信任的基础,而双方对监管标准的统一和对东道国与母国之间的责任划分又将促使其开放国内衍生金融市场,重新促进资本安全、自由地流动。

传统上,政府间衍生金融监管合作是规则导向的,主要通过双边或多边的条约、谅解备忘录进行。也就是说,监管合作是在信息共享的基础上,通过积极的政策协调和技术援助,采取一致的宏观经济政策立场并充分考虑各国国内的政策架构和监管措施,从而寻求监管目标统一的政策融合过程。③ 这种协调方式可以在较长时间内保持制度的一致性、连贯性,因此它不但有利于监管机构进行定期的磋商,预防危害市场秩序行为的发生,它还有利于交易者对其行为的后果作出合理预期。但是,从前述政府间在衍生金融市场发生危机的合作中可以看到,特定事件之后非正式的制度安排已经成为主要的推动力。在这些事件中,由于各国金融市场

---

① 朱孟楠:《金融监管的国际协调与合作》,中国金融出版社 2003 年版,第 58－59 页。
② 温树英:《论金融监管国际化》,《山西财经大学学报》2001 年第 5 期。
③ 朱孟楠:《金融监管的国际协调与合作》,中国金融出版社 2003 年版,第 60 页。

相互交织形成错综复杂的网络，监管机构需要通过政府间的信息交流、政策协调和行动联合等共同应对国际金融风险，任何单方行动或者不能达到预期的效果或者将损害其他国家的利益。而且多数情况下，监管机构在处理这些事件的过程中，还会发现现存体制的不足和纰漏并不断地完善，因此它们还是其后规则性监管法律制度形成的基础和动因。但政府间基于危机发生所进行的监管合作也存在一定的不足，如相机性监管作为偶然的、临时的协调方式，主要目的在于防止各国独善其身的政策或政策实施不当造成的危机恶化或蔓延，因此在规则的设计上具有偏向性，不利于从宏观层面达成囊括衍生金融交易各方面的监管协议。由此可见，监管机构间的规则性协调和相机性协调同等重要，它们分别从平时的制度安排和特定情况下的联合行动出发，共同构成政府间衍生金融交易监管合作的两个方面。

最后，值得注意的是，政府间监管合作由于发生在少数国家之间，因此更有可能出现损害发展中国家利益的情况。在国际组织主导下的监管协调中，由于发展中国家的数量较多，因此能够形成和发达国家相抗衡的力量，最终达成的规则也更能保护发展中国家相对脆弱的衍生金融体系。政府间的监管合作则不同，对于平时的安排，发达国家经常会以其他领域的利益换取发展中国家在金融衍生品监管中更多的让步如更广泛的市场开放。这些让步如果发展中国家没有相应的、严格的监管措施作为保障，则容易发生国际投机资本冲击该国衍生金融市场的情况。而金融衍生品市场危机中的合作也是如此，发展中国家为了取得援助，挽救岌岌可危的国内市场，通常会无条件地接受发达国家的要求。对此，一方面，发展中国家应当采取开放和保护并重的策略；另一方面，发达国家在政府间合作特别是涉及发展中国家的政府间合作中，也应充分考虑经济、金融市场发展的多样性、区域经济发展的不平衡性以及一国法律、社会传统的影响，在尊重各国实际情况的基础上实现求同存异。

第三节　我国参与金融衍生品监管国际合作的实践及制度保障

在金融一体化以及经济全球化的发展过程中，我们清楚地看到，作为世界经济的重要组成部分，中国经济正与世界经济融为一体。而另一方面，对于一个正在积极推行市场经济体制的大国而言，无论在完善市场体系，节约交易成本，转移和规避风险，还是利用及优化资源配置，为政府提供调控手段等方面，金融衍生品交易在中国的发展都有着充分的理由。但是，衍生交易自身的复杂性、高风险性可能会给我国金融市场甚至经济体系的稳定带来冲击。因此，在发展我国金融衍生品市场的基础上,我们仍要注意与金融体系风险配置功能的制度设计相结合,同时还应加强国内各监管机构以及本国监管机构与国外相关机构、国际组织的协调合作,维护金融市场的秩序和稳步发展。

一、涉外金融衍生品合约的管辖和法律适用

涉外金融衍生品合约是指合同的主体、客体或法律事实具有涉外性的衍生合约,主要有两种情况:一是包含涉外因素的期货合约;二是包含涉外因素的场外衍生合约。在我国,按照《民事诉讼法》关于涉外民事诉讼程序的规定,涉外合同或者涉外财产权益纠纷的当事人,可以用书面协议选择与争议有实际联系的地点的法院管辖。[1] 这是在诉讼领域实行当事人意思自治,尊重当事人意志的结果。也就是说,只有在涉外衍生合约纠纷当事人没有作出排他性选择的情况下,方可适用法律所规定的各项联结点来确定管辖。同时,该条款也限制了协议管辖的条件。首先,选择管辖法院的协议必须有效。《民事诉讼法》虽然没有对协议的效力问题专门作出规定,但民商事诉讼领域和其他民商事领域一样,当事人之间的任何协议均应当符合法律规定,否则将不具备法律效力。其次,协议选择的法院仅限于第一审法院,且必须属于非专属管辖的案件。最后,协议选择的法院与案件应有实际联系。但是,对于"实际联系"的范围,我国《民事诉讼法》第 244 条并没有明确规定,因此应参考《民事诉讼法》的其他条款。其中,《民事诉讼法》第 25 条关于国内诉讼管辖法院的选择可以作为借鉴,包括被告住所地、合同履行地、合同签订地、原告住所地和标的物所在地。而《民事诉讼法》第 243 条关于地域管辖的规定中,也列举了许多可以作为管辖联结因素的地点,包括合同签订地、合同履行地、诉讼标的物所在地、可供扣押财产所在地、侵权行为地和被告代表机构所在地。虽然,这些条款并非是对涉外合同纠纷当事人选择管辖法院的规定,但是这些法定联结点的确定,也是根据当事人的实际情况和合同履行的实践,将最常见的与合同争议有实际联系的地点法定化,因此可以作为"实际联系"的参考。[2] 当然,如果衍生合约纠纷的当事人未对管辖法院作出选择,应按照我国《民事诉讼法》关于管辖的一般规定,即由被告所在地为原则确定管辖的法院。[3] 而当被告在我国领域内没有住所时,则应适用《民事诉讼法》第 243 条关于涉外合同纠纷特殊地域管辖的规定。

---

① 《民事诉讼法》第 244 条。同时,《民事诉讼法》第 245 条还允许默示的协议管辖,即涉外民事诉讼的被告对人民法院管辖不提出异议并应诉答辩的,视为承认该人民法院为有管辖权的法院。

② 吴晓明:《论我国涉外民商事诉讼中协议管辖条款的认定》,《法律适用》2002 年第 3 期。

③ 《民事诉讼法》第 22 条。

　　在涉外金融衍生品合约的法律适用上①,按照《民法通则》第 145 条和《合同法》第 126 条的规定,涉外合同的当事人可以选择处理合同争议所适用的法律,法律另有规定的除外。涉外合同的当事人没有选择的,适用与合同有最密切联系国家的法律。通常情况下,法律适用是涉外金融衍生品合约的重要内容之一,交易双方会对合约适用的法律进行明确的约定。实践中经常出现的问题是涉外代理关系中,衍生交易特别是期货交易当事人未约定代理关系所适用的法律时,对"最密切联系地"的确定。涉外代理关系包含了本人与代理人(如期货交易中的客户和期货经纪公司)的内部关系,本人与第三人(如客户和期货交易所)和代理人与第三人(如期货经纪公司和期货交易所)的外部关系。但无论是《民法通则》还是《合同法》及其司法解释,均无涉外代理法律适用中如何确认"最密切联系地"可操作性的条款。对此,我们认为,在未来的立法上可以规定,对于代理内部关系,应适用代理关系成立时代理人营业所所在地法;对于代理的外部关系,则适用代理人行为地法律或者代理人实施代理行为时住所地法律。②

二、我国国内金融监管机构间的跨市场监管合作

　　金融衍生品市场属于高风险市场,其风险具有突发性强、波及面广、危害性大等特点。从金融业发展的沿革和内部关联程度来看,金融衍生品市场和银行业、证券业等市场存在内在、必然的有机联系,如利率期货的发展必然会涉及到央行的监管、国债期货的推出必然会涉及财政部门的监管,股指期货则和证券市场休戚相关,因此,强调跨产品、跨机构、跨市场的协作集中监管体制十分重要。同时,这种跨市场的监管合作不仅存在于官方监管机构间,还存在于交易所之间的信息共享和交流。例如,在美国,创建于 1983 年的市场间监控组织(ISG),拥有美国证券交易所、波士顿证券交易所、芝加哥期权交易所等 11 个正式会员和澳大利亚证券交易所、香港交易所等 21 个附属会员,旨在建立证券及其相关产品的市场间监督机

---

①　事实上,无论是否发生争议,涉外合同的法律适用都是存在的,只不过没有争议或发生争议但当事人能自行协商处理时当事人有充分的自主权,完全可以自行确定各自的权利义务,其涉外合同所适用的法律只要不违反法律的强行规定即可。

②　我国正着手制定民法典,2002 年 12 月 17 日提请全国人大常委会第 31 次会议审议的《中华人民共和国民法(草案)》,第 9 编第 26 条对于涉外代理的法律适用作了较为系统的规定,即委托代理的当事人可以选择所适用的法律,当事人没有选择的,适用代理成立时被代理人住所地法律(第 2 款)。委托代理的被代理人与第三人或者代理人与第三人的关系,适用代理人行为地法律或者代理人实施代理行为时住所地法律(第 3 款)。但这样的规定不尽合理。它并未就区分代理的内部关系和外部关系作出规定。从行文上,似乎该条第 2 款适用于代理的内部关系。但实际上,无论是各国立法的通行做法还是我国已废止的《关于适用〈涉外经济合同法〉若干问题的解答》,都不认可代理的内部关系适用代理成立时被代理人住所地法律。因为被代理人并非代理合同的特征履行方,这样的规定只顾及了被代理人的利益,却没有考虑被代理人住所地是否与该代理合同紧密相连。

制,以满足不同交易所分享监管信息的需要。它有效地监测和阻止跨市场的不公平交易和市场滥用的发生,并在其成员中实现信息的共享。通常情况下,市场间监控组织每年开3次会,与会代表包括各正式成员、附属成员、CFTC 和 SEC 等政府监管部门以及在一些情况下邀请 IOSCO 等国际组织参加。同时,市场间监控组织还通过论坛的方式,在成员间讨论监管过程中的常见问题,提高各成员履行其监管职责的效率。①

在我国,虽然目前仍强调严格的分业经营,但这样的体制正被逐渐打破。② 同时,股指期货的即将上市以及其他金融衍生品的推出已进入议事日程,使得监管机构之间职责的明确以及对相关领域的协调和配合显得特别重要。《国务院关于推动资本市场改革开放和稳定发展的若干意见》指出:"资本市场的风险防范关系到国家的金融安全和国民经济的健康发展。各地区、各部门都要关心和支持资本市场的规范发展,在出台涉及资本市场的政策措施时,要充分考虑资本市场的敏感性、复杂性和特殊性,并建立信息共享、沟通便捷、职责明确的协调配合机制,为市场稳定发展创造良好的环境和条件。"③

事实上,最早的分工合作机制始于2000年9月,三大金融监管机构——央行、证监会和保监会首次召开三方监管联席会议。此后,三方监管联席会议基本上每季度召开一次。2003年4月底银监会成立之后,三方监管联席会议的央行一方换成了银监会,但是对监管机构分工合作的要求则越来越高。也正因为如此,银监会、证监会、保监会2003年9月18日通过并于2004年6月28日正式公布了《中国银行业监督管理委员会、中国证券监督管理委员会、中国保险监督委员会在金融监管方面分工合作的备忘录》(以下简称《各监管机构在金融监管方面分工合作的备忘录》)。其内容包括:在金融控股公司的监管上,对金融控股公司内相关机构、业务的监管,按照业务性质实施分业监管,而对金融控股公司的集团公司可依据其主要业务性质,归属相应的监管机构负责。在监管对象的信息收集与交流制度上,3家监管机构分别向其监管对象收集信息和数据,并负责统一汇总、编制各类金融机构的数据和报表,按照国家有关规定予以公布。在监管合作安排上,要求3家监管机构就重大监管事项和跨行业、金融控股集团的监管、跨境监管中复杂问题及时进行磋商,建立每季度召开联席会议的工作机制和讨论、协商具体专业监管问题的

---

① Organizational Overview,at http://www. isgportal. org/isgportal/public/overview. htm,2007 – 11 – 10.

② 例如,中国国际金融有限公司的投资者包括建设银行、摩根士丹利国际公司等,具有较全面的境内投资银行业务经营许可。http://www. cicc. com. cn/cicc/chinese/about/index. htm,2007 – 11 – 01。

③ 国务院:《推进资本市场改革和稳定发展的9点意见》,at http://finance. sina. com. cn/y/20040201/ 1909614973. shtml,2006 – 10 – 09。

经常联系机制。

我们认为,在"一行三会"以及其他监管机构各自独立行使监管职能的同时,我国应强化并规范监管机构联席会议机制。首先,目前的联席会议机制并不包含人民银行。虽然人民银行不再承担对具体金融机构一般性业务的监管责任,但其依然担负着维护金融稳定、防范和化解金融风险、监管银行间债券市场与外汇市场等重要职责,同时,利率、汇率等金融衍生品的监管必然涉及央行的权限,因此,应将人民银行纳入联席会议中,并突出其作为国家机关在金融监管协调机制的特殊地位。其次,《各监管机构在金融监管方面分工合作的备忘录》主要是原则性的规定,一些具体的制度如金融创新品种的监管、应对突发性金融事件的分工仍待细化,以保证其监管金融市场的有效性。最后,应通过合理的机制敦促各监管机构将监管信息向相关各方披露,实现监管信息共享,避免该制度流于形式。

另一方面,跨市场的监管合作并不局限于官方监管机构间,还应将各关联交易所作为自律监管机构的信息交流、共享以及共同处理市场危机纳入监管协作的体系中,以实现现货市场和期货市场风险传递防范等方面的监管效果。这样的一种机制较之随机性、个案性的安排具有制度化、常规化、可预见性的优势,而较之完全整合的统一监管又有灵活的特点。① 对此,在中国证监会统一部署和协调下,上海证券交易所、深圳证券交易所、中国金融期货交易所、中国证券登记结算公司和中国期货保证金监控公司于 2007 年 8 月签署了股票市场和股指期货市场跨市场监管协作的系列协议,包括《股票市场与股指期货市场跨市场监管备忘录》以及《股票市场与股指期货市场跨市场监管信息交换操作规程》、《股票市场与股指期货市场跨市场监管反操纵操作规程》、《股票市场与股指期货市场跨市场监管突发事件应急预案》3 个具体操作规程,其内容涉及信息交换机制、风险预警机制、共同风险控制机制和联合调查机制等。我们认为,这样的机制应将重心放在降低已发生的或潜在的由于市场滥用等原因造成的非正常的市场波动,在采取各种监管措施减少市场混乱的不利影响时,应考虑现货、期货市场独特的市场状况、交易制度以及相关的法律实践,尽量采取能实现现货与金融期货市场间协调一致的措施,避免系统性风险的发生。

三、我国参与金融衍生品交易监管国际合作的实践与制度保障

近些年来,衍生交易等金融创新行为促进了国际金融关系的多样性和复杂性,

---

① Jorge E. Vinules, "The International Regulation of Financial Conglomerates: a Case - Study of E-quivalence as an Approach to Financial Integration", *California Western International Law Journal*, 2006, Fall, pp. 6 - 9.

这在客观上要求国内金融监管体制对国际金融市场的一体化趋势作出回应,积极参与国际合作,为国内衍生金融市场的稳定创造良好的国际环境。它不仅要求国内法引入各国通行的监管标准,为市场参与者创造公平的竞争平台;同时,它还要求国内监管机构加强与他国监管机构的信息交流,共同处理具有跨国性质的事件并参与到国际组织全球化监管标准制定的过程中。

在国际通行的监管标准的引入上,目前,中国是 BIS、IOSCO 和 WTO 的成员,而四大国有商业银行则是 ISDA 的会员。① ISDA 等行业协会的标准化主协议被广泛地应用到我国从业机构参与的国际场外衍生交易中。但是,在现阶段,发展中国家(例如我国)在运用国际通行的监管标准时仍须采取十分审慎的态度。20 世纪八九十年代的金融自由化带给发展中国家最深刻的教训是,旧有的、带有金融抑制痕迹的金融管制措施被逐渐抛弃和修正,但立足于国内实际的、有效监管的法律框架以及自由化金融体系所需要的其他法律环境却没有及时建立,因而引发了严重的金融市场危机和动荡。因此,我国监管机构在采纳国际通行的监管标准时需要充分考虑国内的金融环境,采取开放和保护并重的方式,既要实现从衍生金融交易全面干预者到金融系统有限监管者的转化,又不能放弃保护本国金融市场稳定的基本制度。例如,对于新《巴塞尔资本协议》的态度上,我国就坚持在十国集团2006 年实施新《巴塞尔资本协议》的几年内,仍将继续执行 1988 年《巴塞尔资本协议》,其原因在于新巴塞尔资本协议主要考虑的是十国集团"国际活跃银行"的需要,对发展中国家的资本流动具有一定的负面影响并可能使发展中国家的银行处于不利的竞争地位。②

而在我国参与国际合作、协调金融衍生品交易的跨国监管上,截至 2008 年 1月 24 日中国和蒙古《证券监管合作谅解备忘录》的签署,证监会已与 35 个国家(或地区)的监管机构签署了 39 个期货监管合作备忘录。③ 同时,由于在国际上参与衍生品交易的主体包括金融机构、企业以及私人投资者,而我国将跨境交易的主体局限于银行业金融机构和少数国有企业的规定正逐渐被取消。因此,我国参与的衍生品交易监管协调并不限于上述的期货监管合作备忘录,它还包括银监会、证监会等监管机构签订的其他涉及信息共享、监管合作的政府间以及国际组织的决议。这些备忘录和相关协议的通过为中国和其他国家在衍生品交易领域的经验交

---

① 周小舟:"商业银行试水衍生品交易",at http://homehis. cfi. net. cn/(fdxcj5alxxz04m455gocrrio)/newspage. aspx?id =20040927000594,2007 – 10 – 28。

② 人民网:《2006 年后我国暂不实施新巴塞尔协议》,at http://www. people. com. cn/GB/14576/28320/ 29258/29259/2032217. html,2007 – 10 – 28。

③ 证监会:《中国证监会与境外监管机构签署的备忘录一览表》,at http://www. csrc. gov. cn/n575458/n776436/n805070/n829488/9911837. html,2008 – 05 – 07。

流、信息分享以及跨境执法协助提供了必要的支持。

但在立法上,我国对于参与衍生品交易监管的国际合作仅有总括性的条款。例如,《期货交易管理条例》第 66 条规定:"国务院期货监督管理机构可以和其他国家或者地区的期货监督管理机构建立监督管理合作机制,实施跨境监督管理。"而《银监会、证监会、保监会在金融监管方面分工合作的备忘录》则授权监管机构负责对外联系,并与当地监管机构建立工作关系①;要求银监会、证监会、保监会密切合作,就重大监管事项和跨行业、跨境监管中复杂问题进行磋商,并建立定期信息交流制度。② 但由于这些规定过于原则,缺乏明确的操作细则,实践中仍需要各监管机构视具体情况进行国际监管合作。因此,在未来的立法中,我国有必要通过实施细则、司法解释等形式,将成熟且有效的做法法律化,赋予监管机构参与定期及突发事件下国际监管合作的权力。首先,对于跨国衍生品交易,应建立合理的风险报告制度,既保证信息披露的可靠性和完整性,以利于监管机构及时发现风险,制止风险的扩大,又保证被监管对象充分的自主权,通过内部管理程序进行风险控制。其次,在规则性监管协调上,应明确国内不同金融监管机构之间、国内和国外监管机构之间的职责范围,建立信息交流和共享机制,协助监管机构取得有效监管所需的资料并通过对信息使用的限制避免信息被滥用。最后,就应对危机的监管协作而言,必须对突发事件及相关风险的性质、范围作出限制并在各监管机构间建立稳妥、合理的处理危机的机制,通过明确、合法的程序支持,制止风险的发生和扩大。

---

① 《银监会、证监会、保监会在金融监管方面分工合作的备忘录》第 8 条第 2 款。
② 《银监会、证监会、保监会在金融监管方面分工合作的备忘录》第 12 条。

第九章　离岸金融的法律问题

离岸金融是金融市场发展和拓展的结果,是现代金融市场的重要组成部分,是典型意义上的国际金融。离岸金融无论是对整个国际货币金融体系,还是对于我国投融资体系都具有极为重要的影响。加勒比海的离岸中心构成引发亚洲金融危机的国际游资的来源和去处,作为离岸金融中心的维尔京群岛近年来一直在我国吸引外国直接投资的排行榜中名列前茅,2006 年和 2007 年是对我国进行直接投资的第二大来源地,就是明证。离岸金融法构成国际金融法的重要组成部分和重心之一,离岸金融的法律问题是国际金融法急需研究的重大课题。①

第一节　金融市场的拓展与离岸金融

一、金融市场的拓展

金融市场与其他市场一样,发轫于国内。当一国出现财富剩余者和欠缺者时,金融市场的出现就不可避免,这时财富剩余者作为资金的提供方将资金的使用权暂时让渡给资金的需求方,借贷发生了。这种借贷在一开始是资金提供方和需求方之间的直接交易,后来随着社会经济的发展,金融机构出现,成为二者的桥梁。在这种金融市场上,资金的供给是由本国资金供给者提供的,资金的需求者也是本国的,二者之间的媒介是本国的金融机构,所使用的货币是本国的货币,各当事人在从事金融活动时毫无疑问应当遵守本国的法律、法令,因此,这种市场是纯国内金融市场。

但随着各国间联系的增加以及国家间发展的不均衡,出现了一些国家的剩余财富无法被本国充分、有效地吸收和利用,而另一些国家对资金的需要又大于该国能够提供的资金盈余,这时国际资金融通和国际金融市场出现了,资金从财富出现

---

① 韩龙:《离岸金融——国际金融法研究的一个重心》,《国际经济法论丛》第 4 期(2001 年 10 月)。

盈余的国家流向需求的国家。然而,这种国际金融市场基本上属于一国性质,与国内金融市场相比它只是渗入了某涉外因素,如在传统的国际借贷和国际证券发行中,以某种货币筹资只能到该货币资本出现剩余的国家即货币发行国进行,在货币发行国市场上,该货币资金的供给者、筹资所使用的货币与国内金融市场完全相同,唯一不同的是筹资者。正是由于这种市场基本上是一国性质的,所以,上述主体间所发生的金融交易须遵守市场所在地的法律规则、习惯,例如外国借款人或证券发行人在有关国家从事借贷或发行证券时必须遵守借款地或发行地所在国的规定和限制。由于这些原因,这种市场是一种涉外金融市场或称传统的国际金融市场,是一国金融市场的延伸。也正因为如此,涉外金融市场与国内金融市场一起被称为在岸市场。

金融市场的进一步发展和拓展,出现了资金的提供者与资金的需求者均与市场地或市场所在国脱钩,且中介二者的金融机构国际化的情形。这就是离岸金融市场,出现于 20 世纪五六十年代。当时的苏联担心美苏的敌对会导致美国冻结和没收其在美国账户的美元资产,于是苏联开始将美元存入巴黎和伦敦,离岸市场开始以在货币发行国之外商业存款的形式出现。同时,一些跨国银行为避免国内对银行发展和资金融通的限制,开始在特定的国际金融中心经营所在国货币以外其他货币的存放款业务。进入 70 年代,随着布雷顿森林体系固定汇率制的崩溃和西方国家对资本管制的解除,石油输出国的石油美元和西方国家国民手中的剩余财富流入离岸市场,以美元计价的离岸存款急剧增长,离岸市场壮大起来。离岸金融市场的出现改变了传统的金融市场的架构,在国内金融市场和涉外金融市场或传统的国际金融市场之外出现了离岸金融市场。如下所述,离岸金融市场不同于传统的国际金融市场,是完全国际化的新型金融市场。

二、离岸金融及其特征

（一）离岸金融与离岸金融市场

对于什么是离岸金融,有着不同的见解。例如,国际货币基金组织认为,离岸金融是银行或其他机构对非居民提供的金融服务,这些服务包括从非居民借入货币和向非居民提供贷款。这一见解侧重于从离岸资金的来源和用途去向对离岸金融进行界定。

我们认为,离岸金融是有关货币游离于货币发行国之外或该国在岸货币金融循环系统之外而形成的、主要在非居民之间进行的各种金融活动。[①] 离岸金融市场是离岸金融活动发生的场所。离岸金融市场根据其与在岸市场联系的密切程

---

① 韩龙:《离岸金融的法律问题研究》,法律出版社 2001 年版,第 5 页。

度,在运行模式上大致可分为三种类型:①内外分离型市场。这种市场把在岸交易与离岸交易严格分开,以美国的国际银行设施[International Banking Facilities (IBFs)]、新加坡、巴林和日本离岸市场[Japanese Offshore Market (JOM)]为代表。②内外一体型市场。在这种市场上,在岸和离岸业务难以区分,通常混合在一起,不必设立专门账户将非居民交易与居民交易严格分离开来,对非居民提供的贷款可以来源于非居民提供的资金,也可以来源于本国居民所提供的资金。这类市场以伦敦和中国香港的离岸金融市场为代表。③避税型市场。这类市场以加勒比海地区的开曼和巴哈马的离岸金融市场为代表。这类市场只有记账,而没有实质性业务和金融交易,主要是为了避税而通过该市场拨转借贷资金。例如,在巴哈马的首都拿骚,离岸银行除缴纳注册费和营业许可证费外,各种离岸交易一律免税。尽管离岸市场有不同的类型,但是,作为通常意义上的离岸金融市场,其金融活动应主要是离岸的,体现在离岸金融机构资产负债表中资产和负债的交易对方主要是非居民,多数离岸金融机构由非居民控制等。

(二)离岸金融的特征

离岸金融具有不同于在岸金融的鲜明特征,这些特征主要有:

1. 离岸金融具有离岸性

离岸性是指离岸金融具有有关货币游离于货币发行国之外或该国在岸货币金融循环系统之外的性质。离岸性具有两种体现形式:一是有关货币游离于货币发行国之外。欧洲货币市场、亚洲美元市场、拉美美元市场都是很好的例证,这些市场都是在货币发行国(美国)之外形成的、以该国货币进行金融交易的场所。二是有关货币虽然没有离开货币发行国本土,但却游离于货币发行国在岸货币金融循环系统之外。美国国际银行设施(简称 IBF)是例证。1981 年美国联邦储备委员会批准设立的 IBF 具有以下特点:①所有获准吸收存款的美国银行、外国银行均可申请加入 IBF,在美国境内吸收非居民美元或外币的存款,与非居民进行金融交易。②该市场交易享受离岸市场的优待,免除适用美国其他金融交易的存款准备金、利率上限、存款保险、利息预提税等限制和负担。③存放在国际银行设施账户上的美元视同境外美元,与国内美元账户严格分开。IBF 开辟了在货币发行国境内设立离岸金融市场和开展离岸交易的先例,从而打破了传统的离岸金融中有关货币须游离于货币发行国境外的这一特点,赋予了离岸性以新的内涵。在 IBF 背景下,离岸中的"岸"已不再与国境等同,而实际上是指一国在岸货币金融的循环系统或体系。有关金融活动离开这个系统或体系,从而不受该国对在岸金融活动所实行的限制和制约,就构成离岸金融。货币的离岸性及其运行方式的独特性使离岸金融从交易对象、交易界限等方面与离岸市场所在国和离岸货币发行国的在岸金融区别开来。①

2. 离岸金融"两头在外"

所谓"两头在外"是指离岸金融通常是非居民之间以离岸货币所从事的金融交易,资金的提供者和资金的需求者都是非居民。在离岸市场上,资金的供给者和需求者不是(或不主要是)来自市场所在地国,而是遍布世界的众多的国际组织、国际机构、各国政府、各国金融机构、跨国公司和法人等。这一特征是离岸金融与市场所在地的在岸金融在资金来源(供给)与资金出路(需求)方面的区别。内外分离型的市场(如 IBF)最能体现这一特征,这种市场在实质上是专为非居民交易而人为创设的市场,具有与在岸市场相分离的特征,表现为管理当局对非居民交易给予各种优惠待遇,但非居民交易与国内账户必须严格分开,禁止非居民与居民进行交易。而在岸市场则不同,以传统的国际金融市场为例,传统的国际金融市场是本国资金供给者与外国筹资者或本国筹资者与外国资金提供者交易的场所。

下图为离岸金融市场与国内金融市场、传统国际金融市场的比较:

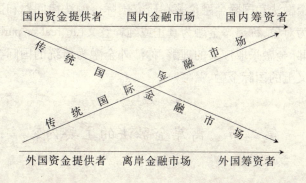

3. 离岸金融市场享有优待

离岸市场要把众多的国际金融机构和大量的国际资金吸引到离岸市场,通常在存款准备金、存款保险、利率、税收、外汇管制等方面给予离岸金融业务以优待。各种类型的离岸市场所在国都给予离岸业务以优待。如美联储通过建立 IBF 的计划后,对 D 条例和 Q 条例作了若干重要修改,直至最终取消了对国际银行设施的存款利率上限并将存款准备金降为零,国际银行设施不受美国政府适用于在岸金融的税收政策的限制。日本离岸市场也是这样,在该市场所从事的交易不受利率管制以及存款保险制度的制约,不交存存款准备金、不缴纳利息予扣税和法人税等。避税型离岸市场更不例外,往往以更优厚的条件吸引离岸资金,如巴林离岸市场不存在外汇管制,也不提交存款准备金,实行自由利率,在巴林开展离岸业务的

---

① 韩龙:《离岸金融的法律问题研究》,法律出版社 2001 年版,第 4—9 页。

机构免缴利得税,每年只需缴纳 25 000 美元的手续费。这些优待是造成离岸市场与在岸市场差异的基本因素。例如,离岸银行不必持有准备金,其经营成本低于国内银行;离岸银行不受利率上限的约束,它们对存款客户支付的利率可高于其他银行对国内存款户支付的利率等。这些优势辅之以良好的基础设施和简洁高效的工作效率是离岸市场的生命力和吸引力所在。正因为离岸交易享有在岸金融不具有的优势,因此,离岸市场具有金融的"经济特区"的性质。

此外,离岸市场上的金融机构来自于世界各国;从市场范围来看,如果说一国金融市场由于其国别性质是有形的并具有一定范围,那么离岸市场通过发达的通信设施与世界各地相连,在瞬间即可达成交易,因而是无形的、没有边界的市场。

离岸金融的以上特征清楚地表明,无论是从市场所使用的货币、资金的供给者、需求者、金融机构,还是从市场的范围来看,离岸金融是一种不同于涉外金融市场的新型国际金融市场,是真正意义上或完全意义上的国际金融。正因为如此,西方众多的国际金融法和国际金融论著在研究国际金融法律问题和国际金融时,或以离岸金融作为对象,称离岸金融为真正或纯粹意义(in real or pure sense)上的国际金融;或对国际金融采取广义的理解,称涉外金融为传统的国际金融,而称离岸金融为现代意义上的国际金融。[1]

第二节 离岸金融法的主要内容

离岸金融的法律问题所涉及的范围包括:离岸货币市场的法律问题、离岸资本市场的法律问题和离岸金融监管的法律问题等。由于在离岸市场上,英美法影响巨大,故以下考察侧重从英美法角度进行。

一、离岸货币市场的法律问题

(一) 离岸存款运作的法律问题

对离岸货币市场法律问题的考察,宜从离岸存款运作机制着手,由此可以揭示离岸存款运作乃至整个离岸市场资金运行不同于其他金融市场的方面,由此也可以进一步看出英美法中的有关规则适用于离岸存款是否适当,是否确定。

1. 离岸存款的运作机制

离岸存款通常表现为离岸商业银行账簿记载中的短期大额离岸货币存款,离

---

[1] 韩龙:《离岸金融的法律问题研究》,法律出版社 2001 年版,第 4 页。

岸存款运作从初始存款人到最终使用人,从存款、贷款到偿还通常是借助于往来银行机制(Correspondent bank)和电子资金划拨机制借以完成。① 往来银行是指在有关银行之间相互建立账户以便利离岸货币的收付。离岸货币市场发展至今天,其业务几乎全部是通过电子划拨方式进行的。运用电子划拨方式开展离岸货币业务,究其原因主要是:①离岸市场作为批发性市场,从事的是大量的短期资金交易,电子划拨方式具有快速和安全特点,因此,对该市场交易至关重要。②离岸货币通常是在货币发行国之外的银行的账簿上显示的簿记资金,除存放于美国国际银行设施的离岸美元等货币之外,有关的金融机构通常无法获得其从事交易的有形货币。电子资金划拨系统将为时空隔离的机构联结起来,能够将货币发行国的往来行与位于货币发行国之外的存款机构联系起来,从而具有便利国际资金交易的功用。

借助于往来行机制和电子划拨机制,资金在有关账户之间转移。这种转移只是离岸银行在自己的银行账目中作出的与其在货币发行国往来行的账户相对应的记载,而作为离岸存款和资金划拨对象的货币并没有离开货币发行国,这种方式被认为是离岸货币存款运作的通例②。因此,离岸货币是影子货币,是离岸银行与货币发行国有关金融机构的账户相对应并保持一致的账目记载。③ 由以上机制而引起的货币资金在有关账户之间的转移,能够引起有关当事人法律关系的变化,主要表现为债权债务的更替。

离岸存款在离岸市场上较为普遍地体现为离岸银行间存款。离岸银行间存款是离岸银行在吸收到离岸存款之后、贷放给最终使用人之前,在离岸银行间所发生的资金借贷交易。由于离岸市场极为高效,离岸银行在吸收到一笔存款后,在找到最终用途之前,不会将存款在账户上闲置,而会将这笔钱借给出价稍高的银行,而接受这笔资金的银行如并不急用,便又在银行间市场借出。在这一过程的每一步,下一个银行都会付出稍高的利率。

2. 离岸存款的偿还

离岸存款包括银行间存款的偿还,主要有两种方式:一是通过有关货币发行国的清算系统,二是通过银行内部划拨和往来行划拨。

通过货币发行国清算系统偿还存款是最初存款转移过程的倒置,是离岸货币

---

① Edmund M. A. Kwaw,"The Law & Practice of Offshore Banking & Finance",*Quorum Books*,1996,pp. 15 – 17.

② Roy M. Goods, "Concepts of payment in Relation to Expropriation of Bank Deposit", 2 *Journal of International Banking Law* ,pp. 82 – 83(1987).

③ 韩龙:《离岸金融的法律问题研究》,法律出版社 2001 年版,第 42 页。

市场通行的做法。① 有人提出,运用清算系统偿还离岸货币存款已形成市场惯例,并构成离岸存款的合同的默示条款。② 这是有道理的,也是离岸存款运作的实际所决定的。离岸存款只是离岸银行账目的变化,离岸银行并不能直接获得存款交易的巨额货币,离岸存款偿还不得不通过具有能够收取和清算有关货币的清算系统进行,只有货币发行国的清算设施才有这种能力。所以离岸存款及其偿还都离不开货币发行国的清算系统。

银行内部划拨是指将资金从银行同一分支机构的账户之间或不同分支机构的账户之间进行划拨。通过银行内部划拨偿还存款需要满足一定的条件,即偿还人和受偿人需要在同一银行开立账户。因此,这种偿还方式在离岸货币市场上具有相对性,超出上述条件和范围则需要借助于货币发行国的清算系统。

总之,无论是离岸存款,还是其偿还,通常都必须借助货币发行国的清算系统。在这种情况下,存款账户所在地与偿付地即清算系统所在的货币发行国,发生了实质上的分离。而在一般国内存款中,存款账户所在地通常就是偿付地。这是离岸存款不同于在岸存款的特征所在,对存款合同的法律适用和当事人之间的权利义务具有实质性影响。

3. 离岸存款运作中有关法律关系分析

(1)客户与离岸银行之间的关系

客户与离岸银行之间的关系应区分两类情况,一是开立离岸账户和向该账户转入资金,通常为存款关系;二是离岸银行接受客户指令划出资金,通常是资金划拨关系。

从英美法来看,存款关系是合同关系,是借贷性的债权债务关系,存款人是离岸银行的债权人,而银行是债务人。存款是借贷,在缺乏赋予这类关系不同性质的协议的情况下,存款成为离岸银行的财产,银行对该资金具有所有权③,在客户提出偿还的请求之前,资金的所有权一直为银行所有。

与存款关系不同,在英美普通法中缺少可直接适用于大额资金划拨的现成规定。英美法院在寻求调整资金划拨的有关规则时往往类推适用普通法有关票据收

---

① E. M. A. Kwaw, *The Grey Areas of Eurocurrency Deposits and Placements*, Dartmouth Publishing Company, 1994, pp. 63 – 65.

② Brian Tew, *The Evolution of the International Monetary System*, 1945—1981, Huchinson, 1982, p. 88. E. M. A. Kwaw, *Grey Areas in Eurocurrency Deposits and Placements*, Dartmouth Publishing Company, 1994, pp. 64 – 65.

③ E. M. A. Kwaw, *The Grey Areas of Eurocurrency Deposits and Placements*, Dartmouth Publishing Company, 1994, p. 40.

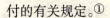

付的有关规定。①

（2）客户与往来行的关系

客户与往来行关系可以从两个层面探讨，一是合同关系，一是侵权关系。

资金划拨中客户与往来行的关系，一般来说划拨行的再授权并不在本人和再代理人之间产生直接的合同法律关系（privity of contract）。所以，就权利义务问题来讲，客户即付款人只能起诉划拨行或被划拨行起诉。同样，再代理人即往来行，只能起诉划拨行或被划拨行起诉。② 但并不是说，它们之间就绝对不存在合同关系，在以下两种情况下，则可认为它们是合同当事人：①客户求助于银行为其与第三人建立代理关系；②代理人承担为客户提供另一代理人以替代自己的义务。总之，资金划拨中客户与划拨行指定进行资金划拨的其他银行是否存在合同当事人关系，取决于个案具体情况和客户的意图。

尽管划拨行对其代理人的疏忽和违约承担责任，在英美法中得到了普遍的认可，然而往来行对客户是否承担侵权责任的问题在英美法中并不确定。我们认为，离岸资金划拨，由于离岸货币市场的特殊性所决定，绝大多数要借助于往来行。从事这一业务的往来行对此更应是清楚无疑，因而应当清楚地预见如果不审慎行事，其作为或不作为会对资金划拨客户造成损害。因此，从这一意义上讲，往来行对客户具有审慎行事的义务和责任。

此外，离岸存款运作中还有划拨行与往来行的关系、收款人与收款行的关系、付款行与资金划拨网络的关系等，由于篇幅所限不一一分析。

4. 离岸存款运作中适用英美法既有规定所暴露出的问题

适用或选择适用英美法在一定程度上成为离岸金融市场的习惯，但由于离岸货币市场具有不同于在岸市场的特殊性，且英美法还没有形成调整该市场运作的特别的法律制度，因此，若将调整银行与客户关系的一般法律规则用来解决离岸存款运作的问题，会出现是否适当和是否确定的问题，即产生一些灰色区域。这些灰色区域主要包括：①离岸存款运作中支付的概念，包括支付的性质以及支付的时间和地点等；②确定离岸存款合同准据法的方法；③离岸存款运作的管辖；④对离岸银行运作施加限制的法律影响，即确定在什么情况下母行应对离岸分支机构的存款承担责任等。由于篇幅所限，以下仅侧重对前两个问题进行考察。

在英美法中，货币的法律定义包括以下法律原则：①货币由铸币和银行券构成，是动产；②货币是在特定的政治疆域内按其固定价值进行交易的通用工具；③

---

① E. M. A. Kwaw, *The Grey Areas of Eurocurrency Deposits and Placements*, Dartmouth Publishing Company, 1994, p. 40.

② E. M. A. Kwaw, *The Grey Areas of Eurocurrency Deposits and Placements*, Dartmouth Publishing Company, 1994, pp. 42 – 43.

货币包含着流通性原则;④货币是由一国当局发行的;⑤货币标记有货币单位。①与英美法认为货币是有形动产和现金的这一观念相适应,英美法一般认为,除当事人另有协议外,有效支付只能以法定货币或现金形式进行,运用电子资金划拨等方式进行的支付并不注定能够解除支付人的义务。同样基于这样一种观念,除非另有协议规定,银行一般应在客户开户的机构即存款地偿付客户存款,因为英美法把银行存款看作是存放于特定地点的物,就连英文中"存款"(deposit)这个词也包含着在一定地点存放有形物的含义。这样一来,存款地与存款的偿还地之间就存在着某种观念上的或实际的联系,即存款的偿还地是在存款地即开户机构所在地。英美法中存款关系准据法的确定,亦受货币的法律定义以及由此决定的存款地与存款偿还地之间联系的影响。在当事人之间缺乏明确的法律选择或推定的法律选择的情况下,存款关系的准据法是与该关系具有最密切、最真实联系的法律。在一般存款关系中,英美法认为银行存款是在账户开立地偿还,所以,这一地点应当是与存款关系具有最密切的联系,账户开立地与偿还地之间的联系构成了决定准据法的基础。

上述建立在货币演化基础之上的有关法律理念,主要是适应一国国内存款运作环境而产生的,将这种理念和规则用来调整具有不同特点的离岸存款运作,则暴露出其局限性。利比亚阿拉伯对外银行诉银行信托公司案(Libyan Arab Foreign Bank v. Bankers Trust Co.)为此提供了例证。

1986 年 1 月 6 日,针对利比亚支持恐怖主义的指控,美国总统里根发布冻结令,宣布冻结在美国境内的或为美国人包括其海外机构拥有或控制的属于利比亚政府所有的一切财产。原告利比亚阿拉伯对外银行(以下简称 LAFB)是利比亚中央银行全资拥有的、在利比亚境外经营的银行,是该国国家石油公司销售石油收入的保管人。直至冻结令发布之时,LAFB 一直在纽约、伦敦、巴黎等地的美国银行账户有存款,其中以在伦敦的银行信托公司(以下简称 BT)的存款为最多。1980年 LAFB 与 BT 达成协议,规定 LAFB 在纽约开立最低余额为 50 万美元的活期账户,LAFB 的日常支付通过纽约账户进行,每天上午九点 BT 应决定前一天纽约账户上的余款,当余额超过 50 万美元时将超过的部分以 10 万美元倍数的金额划拨到伦敦离岸账户。冻结令实施前两天,BT 没有按照原有安排将资金从纽约账户划拨到伦敦账户,结果在冻结令发布时纽约账户尚有 1.61 亿美元的余额。冻结令发布后,LAFB 要求支付在纽约和伦敦账户的存款,但均遭拒绝,于是 LAFB 在伦敦高等法院对 BT 提起诉讼,诉讼请求其中包括:①支付伦敦账户 1.31 亿美元存款;

---

① E. M. A. Kwaw, *Grey Area in Eurocurrecy Deposit and Placement*, Dartmouth Publishing Company, 1994, p. 82.

②支付纽约账户在冻结令发布前应当划拨的1.61亿美元。

　　法庭认为被告应以法定货币或现金(或美元或英镑)支付原告。这一判决凸显了以下主要问题:首先,在该案中,法院不承认双方协议具有在纽约支付的明示或默示条款,特别是没有考虑离岸市场支付通常须经货币发行国清算系统进行这一通行做法。法院判决的依据是银行与客户关系的一般规则,这些规则包括①银行账户位于账户开立的分支机构,②偿还是在该分支机构进行。这就意味着,尽管BT在伦敦无法获得如此巨额的外币,离岸货币存款的偿还应在伦敦进行。这就忽视了离岸存款运作的特点和程序。其次,法院对离岸存款偿还的法律适用问题,仍然依据的是传统一般规则中账户所在地与存款偿付地的联系,认为准据法仍然是账户所在地即账目记载地的法律——英国法,无视在离岸金融中偿付地与账目记载地不一致的特点。

　　5. 解决离岸存款运作中的法律问题的办法

　　由于英美法适用于离岸金融有很大的局限性,要改变这种状况,一种办法就是采取统一实体规范。实际上,离岸存款运作的特殊性也使得统一实体规范的解决方法更为适宜。统一实体规范有国际条约和国际惯例两种形式。由于离岸金融市场与众多国家利害攸关,由各国通过条约作出明确的割舍,其难度之大可想而知。我们认为,以统一惯例的形式来规范离岸存款运作是较理想的模式。

　　如何拟定离岸存款运作的统一惯例,以供在离岸交易中逐步被采用? 在此仅提出一些大致设想:①统一惯例应充分顾及离岸存款运作的实际、特点和需要,并在深入系统的分析和比较的基础上平衡各当事方及有关国家的利益,力求公平公正。②统一惯例应对其适用范围作出明确的规定。③统一惯例应对离岸存款运作背景下的支付概念及性质、支付地作出适宜的规定。④统一惯例应当进一步明确:(a)电子资金划拨中有关当事人法律关系的性质及其权利义务关系;(b)电子资金划拨方式的支付时间;(c)支付终结(payment finality)的时间。⑤统一惯例应对离岸存款运作的法律适用问题进行规定。⑥统一惯例应当对一定条件下法律域外适用和管辖权的合理划分与行使作出规定。⑦统一惯例亦应对在发生国家干预时总行的责任问题作出明确的规定。

　　(二)离岸贷款的法律问题

　　在离岸市场上,存在各种各样的贷款形式,其中银团贷款是离岸银行运用离岸资金的最主要方式,也是最具代表性的方式。以离岸银团贷款为例,虽然离岸银团贷款与在岸银团贷款具有类似的程序和结构,但与在岸银团贷款相比较,离岸银团贷款具有自己的特点,且更为复杂。

　　离岸银团贷款是指由多家离岸银行组成银团,按照同一贷款协议,共同向同一借款人提供中长期离岸资金贷款的贷款形式。离岸银团贷款具有以下特征:①离岸银团贷款虽然采取银团的形式,但是银团本身不构成任何法律实体,不具有任何独立的法律地位。②离岸贷款银团中的多数银行必须是设在贷款货币发行国之外或处于货币发行国货币金融运行体系之外的离岸银行。③离岸银团贷款通常是以短期存款支持的中长期贷款。

离岸银团贷款比一般银团贷款要复杂得多,其原因主要在于离岸银行放款资金来源和离岸银团形成的特殊性和复杂性,在于离岸银团贷款中借款人、贷款人、贷款货币的多国性和多样性。①

离岸贷款资金主要来源于离岸银行的存款,包括银行本身吸收的初始存款和在银行间市场吸收的银行间存款。由于离岸存款一般均为短期存款,离岸银行在离岸市场上很难吸收到与贷款期限,特别是长期贷款相匹配的单一利率存款,因此,离岸银团贷款只能是借短放长,采用浮动利率。然而,离岸贷款融资运作的基础是贷款人能够在每一提款日到来前进入市场取得相匹配的存款,从而迅速地为贷款的延续取得融资。这就意味着贷款人要通过相匹配的短期存款的吸收、偿还、再吸收、再偿还的连续滚动(roll - over),使中长期贷款得以不断地延续,同时也意味着由于各期存款价格即利率不同,整个贷款期限可以细分为不同的利率期限(interest periods)。离岸银团贷款通过各期短期存款的衔接、匹配、连续滚动(roll - over)而得以延续的这一特征,使其与其他贷款方式,包括国内银团贷款方式相比显得更为奥妙、复杂,同时也凸显出了更多的法律问题,如如何确定利率的期限、标准、方法及时间,当事人是否有权选择利率以及如何进行选择,在市场出现变化和动乱时应如何处理,等等。

离岸银团形成的特殊性也增加了离岸银团贷款的复杂性。离岸银团贷款通常由一家牵头行、数家经理行和/或数量不等的参加行组成。牵头行由借款人指定并授权其组织银团。在实践中,牵头行在争取银团贷款业务的竞争中,要提出包含主要贷款条件的建议书(Offer Letter/Document),该建议书被接受后,借款人以此为基础向牵头行发出授权委托书(Mandate)。建议书和授权委托书所包含的条件通常有贷款额、利率、期限、币种以及牵头行为借款人组织银团的条件等。牵头行取得授权后开始组建经理集团。经理集团依承担的贷款责任不同有全部承担型(fully underwritten)、部分承担型(partially underwritten)和尽最大努力型(best effort commitment)三种,后两种类型在离岸市场上已不常见。同时,牵头行往往协助借款人制定情况备忘录(information memorandum),列举贷款的结构与条件、借款人情况、借款人财务状况、融资目的,等等。该备忘录通常与邀请函一起发给潜在的参加行,邀请其参加银团贷款并说明其愿承担贷款额。对邀请作出积极回应的

---

　　① R. C. Tennekoon, "The Law & Regulation of International Finance", *Butterworths*, 1991, p. 46.

银行接下来会收到供其审查的贷款协议草案。在协助制定情况备忘录的同时,牵头行与贷款人谈判贷款协议的条款。借款人、各贷款银行一旦同意贷款和贷款协议的条款,就签订单一的贷款协议,在借款人与各贷款银行之间创设彼此独立的法律关系。同时,贷款协议还指定代理行,对有关的银团贷款事务进行管理。离岸银团的复杂形成过程潜伏着许多重要的法律问题,如建议书与授权委托书引起的责任问题,牵头行在准备情况备忘录和贷款协议过程中的法律责任问题,牵头行与代理行的地位、义务、责任问题,银团成员与借款人权利义务关系问题,银团成员间彼此的权利义务关系问题等。

离岸银团贷款的特殊性和复杂性还在于贷款人、借款人、贷款货币的多国性。离岸市场的资金提供者和借款人来自多国,使离岸银行团贷款与众多国家的法律相联系,也使银团贷款面临更多的风险因素。20 世纪 80 年代发展中国家的债务危机几乎导致离岸市场的崩溃,即是明证。这也为离岸银团贷款的法律安排提出了更高的要求。以离岸贷款中的货币选择为例,在离岸银团贷款中,借款人往往有权选择何种货币作为提款或还款的货币。一般做法是,在协议中约定一基础货币,同时附列几种其他货币,借款人有权按即期市场汇率折算,以其他货币提款。货币选择使离岸银团贷款遇到了在岸银团贷款所不曾遇到的问题,例如由于主权风险和市场风险的存在,货币选择可能无法进行。如何在离岸银团贷款安排中解决诸如此类的问题,是离岸银团贷款所面临的主要法律问题之一。

二、离岸资本市场的法律问题

离岸资本市场主要是离岸证券市场,但离岸证券既包括离岸股票、债券、保证(warrant)等,也包括了属于离岸货币市场的货币市场工具(money market instruments)。[①] 在整个离岸证券中,离岸债券占有约三分之二的比重,为此以下考察侧重于离岸债券。

（一）国际证券与离岸证券

离岸证券是国际证券(international securities)的一种。国际证券是指外国发行人在一国发行的证券,包括外国证券、离岸证券和全球证券。外国证券(foreign securities)是指外国发行人在一国国内市场发行的、以该国货币为面值的证券。外国证券受市场所在国的调整。一些外国债券的发行市场因历经久远而有不同的绰号,如美国的扬基债券、日本的武士债券、英国的猛犬债券等。离岸证券(offshore

---

① ISMA, "The Euromarket", *Revised Edition*, 1996, pp. 8 – 19.

securities, euro securities)①是指由证券发行地的非居民发行的、由国际辛迪加承销的、通常在证券面值货币发行国以外的两个或两个以上国家同时发售的证券。全球证券(global securities)是指可同时在离岸证券市场和其他市场同时发售的证券。与离岸证券不同,全球证券可以在货币发行国以该货币为面值发行。例如,全球证券可以既在美国发行,又可以以美元为面值发行。全球证券的发行者通常要有很高的信用评级。

根据上述定义,离岸证券主要有以下特征:①证券发行人通常是证券发行地国的非居民,主要是跨国公司、各国政府、市政当局、金融机构和国际组织等。②离岸证券在该证券面值货币的发行国以外发行。例如,离岸美元债券就是指以美元为面值,由境外机构在美国之外发行的,由外国机构或个人持有的债券。又如,离岸日元债券就是外国机构在日本之外发行的、以日元为面值的债券。③离岸证券通常由不同国家的金融机构组成的国际辛迪加(international syndicate)承销。④离岸证券通常在两个或两个以上国家的市场上出售,由于在货币发行国之外出售等原因,离岸证券不受或较少受到有关国家对发行人、证券发行的规制,因此具有较大的优势。虽然离岸证券中的诸多国际因素使离岸证券潜在地受到发行人所属国、证券发行地国、投资者本国、证券销售地国、证券上市交易所属国、证券面值货币的发行国、承销证券的辛迪加成员所属国等国法律的影响,但离岸证券通常以不公开、半私募的方式发行,并利用有关国家证券法中对私募豁免、资深投资者豁免和机构投资者豁免等有利规定,以避免这些国家法律施加的与离岸证券目的和性质不适宜的限制。⑤为了便利流动,离岸证券通常是不记名证券,并通常伴有在有关证券交易所上市的便利。

离岸证券法律问题的重心与离岸贷款不同。在离岸贷款中,除贷款资产的出售和证券化的情况外,贷款一旦发放,贷款人与借款人基本保持不变,二者关系相对稳定。离岸证券则不同,离岸证券从发行开始通常处于不同主体间的流转之中。由于在离岸市场上,离岸债券占有的比重极大,故以下以离岸债券为例简述离岸证券的法律问题。

(二)离岸债券发行的法律问题

1. 离岸债券发行方法的变化

在过去的二十年中,离岸债券的发行方法适用市场和激烈竞争的需要,发生了很大变化。这些变化主要体现在两个方面:

---

① 离岸证券的一个惯用术语是欧洲证券(Euro Securities),如欧洲美元债券(Eurodollar Bonds),但是,值得注意的是,欧洲证券并不是仅指在欧洲发行的、以欧洲之外货币为面值的证券,而是指在世界各地发行的、以其他国家货币为面值的证券。

一是发行架构的变化。目前的发行架构是由牵头人组织成立由包销商组成的单一的经理集团,该集团与发行人订立认购协议,对发行人承担向投资者出售债券的义务,在该义务不能履行完毕时由该集团出资购买债券。在当前架构中没有以往的承销集团,而且在多数情况下也没有销售集团。

二是发行方式的变化,体现在敞口价(open-priced deal)发行方法的终结,代之而起的是预价或买断(pre-priced deal or bought deal)方式和定价再发行(fixed price reoffering)方式的兴起。敞口价是指辛迪加先将离岸债券先以试探性的条件(即息票和发行价格)发行以测试市场的需求,然后再根据市场的反应与发行人就最后的价格条款达成协议,至此才产生有法律拘束力的承销义务。20世纪80年代以后,离岸市场的利率和汇率波动频繁,客观上要求加快债券的发行速度,预价发行应运而生。根据预价发行方式,一个或数个牵头人在组成发行辛迪加之前与发行人订立协议,按照确定的发行价格和息票承销债券,以便使发行人从一开始就能确定资金的成本。90年代以来,有迹象显示离岸债券市场正在经历从预价发行方式退却和向敞口价发行方式复归。造成这种情况的原因主要有:第一,离岸债券一级市场的竞争日趋激烈,牵头人为了取得发行人的授权所提出的报价甚至达到了投资者不能接受的程度,这使得经理集团的成员不得不降价发行,从而越来越无利可图。第二,由于错误或不适当的定价,牵头人在发行的最初几个星期内往往不得不干预市场、稳定价格。稳定价格所遭受的损失要从经理集团的承担费中扣除,这实质上是牵头人将错误定价的成本转移到了辛迪加成员的头上,从而蚀食了辛迪加成员本应获得的承担费。上述情况的出现导致了新的发行方式——定价再发行的产生。根据定价再发行这一新方式,经理人在发行人就债券发行价格达成最终协议之前可以试探投资者的兴趣并取得其承担的义务。

2. 离岸债券的发行步骤

离岸债券的发行步骤主要有:

(1)授权(mandate)

离岸债券的发行开始于债券的发行人向一个或多个牵头人给予的授权。授权是发行人同意牵头人代其对外宣布发行债券,为债券的发行按拟定的发行条件、组织经理集团以及销售集团及进行其他准备工作。

(2)启动(launch)

牵头人取得授权后,通过向证券市场宣布发行债券,启动债券发行。宣布发行证券的方式通常是通过电话或显示屏幕等手段与其他投资银行或证券商联系,取得其参加经理集团包销债券的意思表示。如果需要组织销售集团,牵头人亦与潜在的销售集团成员进行联系。牵头人收到经理集团和/或销售集团潜在成员的有关意思表示之后,便向其发出较为正式的邀请电传,确认其经理集团或销售集团的成员资格。由于邀请电传一般规定以发行人与牵头人签署正式文件为准,因此一般不认为是具有法律拘束力的要约。然而,它却被看作是包含有发行条款和条件的极为重要的文件。

(3)灰色市场交易与稳定价格

在离岸债券发行启动时,尽管还没有发行债券,但是证券商可能已开始对在以后发行的债券进行买卖。这种对在未来发行的债券所进行的交易被称为灰色市场交易(grey market transaction),并往往给牵头人造成许多麻烦,原因在于如果证券商认为债券的价格或利率不具有吸引力,那么他们会在债券尚未实际发行时即开始沽空债券,以冀希于债券价格能进一步下跌时以比沽售价格更低的价位买进债券从中获利。经理集团或销售集团的潜在成员也会在佣金幅度内将债券打折出售。债券价格由于灰色市场上的沽空而下降,使牵头人难以以宣布的发行价出售债券。为了避免债券价格由于上述交易而下跌,牵头人往往实施旨在支持债券市场价格的稳定价格交易。稳定价格(stabilization)实质上是牵头人以高于灰色市场流行的价格开价购买债券以阻止债券价格的下跌。

(4)签约

在离岸债券市场上从启动到法律文件的正式签署通常需要数日。签约日是一个重要的日期,从法律上说,从这一天起经理集团开始正式地承担起法律义务。同时,在这一天债券说明书亦将以最后的形式出现,在签约日一般签署两项主要法律文件,即认购协议和经理集团成员之间的协议。此外,在签约日往往还签署信托契约、委托付款协议或财务代理协议等。

(5)债券分派(allotment)

在上述法律文件签署后,一般由牵头人向表示有兴趣获得一定数量债券的金融机构发出分派电传。该电传对经理集团以外的金融机构来说是牵头人代表发行人出售债券的正式的有法律拘束力要约,但实践中分派数量在该电传发出之前已经确定。从英国合同法来看,上述金融机构于债券发行结束日向牵头人划拨资金构成承诺。① 由于从非正式分派到正式分派的电传发出有个过程,所以牵头人可以对那些在灰色市场上倾销债券的金融机构采取惩罚性措施。证券商如果在债券正式分派前出售了尚待发行的债券,就会需要牵头人分派给足够的债券,牵头人可以不向这些证券商分派债券或少分派使其无法满足出售债券的需要。如此一来,上述证券商就不得不从牵头人手中以较大的升水购入债券。

(6)发行结束(closing)

一旦债券出售给投资者,债券发行即告结束。这时通常仍需要按照签署的文

---

① R. C. Tennekoon,"The Law & Regulation of International Finance", *Butterworths*,1991,p. 157.

件确立对债券的管理体系,其中最为重要的当数信托契据(trust deeds),此外还有支付代理协议,指定一系列的支付代理人从事债券本息的支付。在不使用信托契据的发行中,需要签署财务代理协议(fiscal agency agreement)。在发行结束时,认购人即经理集团和/或销售集团的成员应将资金划拨至牵头人为辛迪加利益而开设的账户,牵头人于同日将资金划至发行人账户。发行人相应地要向牵头人提交临时全球证书(temporary global certificate),在规定的日期后可换取离岸债券。牵头人为认购人利益将临时全球证书交于清算中心,通常是 Euroclear 和 Cedel。

(7)锁定期限(Lock – up period)

离岸债券发行后往往都有一定的锁定期限。所谓锁定期限是指从债券发行结束之日起一定期限内(通常为 40 天,原来为 90 天),在发行期间购买债券的投资者不能获得有形债券,债券持有人的权利由临时全球证书代表。这一规定主要是为了避免离岸债券的发行违反美国的证券法和税法。在锁定期限结束后,实际债券由受托人或财务代理人交给清算中心,在清算中心确认其簿记上的所有债券不是为美国国民或居民拥有的情况下,投资者才有权请求换发有形债券。有形债券为空白的债券,由清算中心指定的保管机构保存至债券到期日,离岸债券交易不需要进行债券实际交付,只需像借记、贷记银行间账户一样由清算中心通过记账来完成转移。

(8)一级市场清算(primary settlement)

离岸债券分派后,牵头人向清算系统提供被分派人名单,列出分派的数量和各被分派人应付款项。随后各认购人指示 Cedel 或/和 Euroclear 在发行结束日借记其账户并将款项汇入牵头人为债券发行所专门开立的辛迪加账户,同时向清算系统发出与支付款项相匹配的购买指令。在债券发行结束日,保管人在收到由发行人签署的临时全球证书之后将债券贷记清算系统账户,再由清算系统先将债券贷记辛迪加账户,然后通过借记各认购人资金账户和贷记其证券账户的方式将债券分配给认购人。

3. 离岸债券发行的框架协议

在当前的离岸债券市场上,由于离岸债券的发行很少有承销集团和销售集团介入,承销协议和销售集团协议在绝大多数债券发行中不再使用,因此,离岸债券发行框架协议主要有两个:一个是认购协议(Subscription Agreement),另一个是经理集团成员之间的协议(Agreement Between Managers)。这些协议为发行提供一个法律框架,以确保:①经理集团承担包销的义务;②经理集团需要有足够的保障措施来维护其利益;③交易各方遵守有关国家立法的规定;④牵头人对债券的发售及其方式能够行使控制。

(1)认购协议。认购协议是发行人与经理集团签订的协议,通常规定合同各方对债券发行所承担的义务,是债券发售法律架构的核心,主要内容包括经理集团成员之间对债券发售义务、债券发行和认购资金支付的先决条件、陈述与保证条款、对稳定价格的活动的规定、对无限包销责任的限制等。

（2）经理人之间的协议。经理人之间的协议是经理集团成员之间订立的协议。根据国际资本市场协会（International Capital Market Association，简称 ICMA）提供的标准协议，协议的内容包括解释说明、牵头人代表发行人发行债券的确认、经理人之间承销和认购的约定、对牵头人的授权、稳定价格、费用承担、终止认购协议、经理人对牵头人在履行职责中所发生的损失和费用的补偿、对经理人之间构成合伙或合营的排除、法律适用和管辖等。协议的主要目的有三个：对承销义务的重新分配、加强牵头人对发行的控制、遵守有关国家的法律规定。

（三）离岸债券交易的法律问题

1. 离岸债券可流通性的法律问题

交易债券首先要解决债券的可流通性问题，可是债券的流通并不是由当事人决定的，而是要符合有关法律的规定。各国法律规定不一，容易产生冲突，影响投资者的积极性，大大降低离岸债券市场的效率。不过，各国法律都承认当事人意思自治原则，当事人有权选择法律来决定债券的流通性，从而为解决这一问题奠定了基础。

2. 离岸债券交易

在离岸债券市场上，离岸债券交易实际上在债券发行结束前即已开始，这就是灰色市场交易，但一般所称的债券交易是在债券发行结束后所发生的债券买卖。离岸债券的交易形成债券的二级市场，在该市场上债券交易通过两种渠道或方式进行，一是在证券交易所挂牌上市，二是柜台交易。上市交易的离岸债券一般是在伦敦证券交易所和卢森堡证券交易所上市。离岸债券的多数交易在柜台市场上进行。①

（四）离岸债券清算

离岸债券交易的清算机构主要有两个：Euroclear 和 Cedel，二者分别位于比利时和卢森堡。离岸债券的清算机制如下：

1. 在一级市场上，离岸债券通常是出售给在 Euroclear 和 Cedel 开立证券账户（又称证券清算账户）的认购人。开户人一般有两个账户，一是证券账户，用于证券（而不是现金）贷记和借记；二是资金账户，用于证券交易的清算和资金转移划拨。在债券发行结束，牵头人收到汇入牵头人在上述两清算机构所开立账户的资金后，通知清算机构将债券分别贷记开户人证券账户。在这一阶段，有形债券还未出现，一级市场债券的买卖主要发生在两清算机构的证券账户持有人之间。

① Brian Tew, *The Evolution of the International Monetary System*, 1945—1981, Huchinson, 1982, p15. E. M. A. Kwaw, *Grey Areas in Eurocurrency Deposits and Placements*, Dartmouth Publishing Company, 1994, p. 8.

2. 在有形债券交付两个清算机构的保管人前后,离岸债券在清算机构账户持有人之间通过账户转移进行买卖交易。Euroclear 和 Cedel 本身没有保存证券的金库,它们与世界各地的众多银行、金融机构以及清算组织有一系列协议,由这些机构代其保管证券。

3. 离岸债券通常不以编号,而是以种类物方式进行交易。其原因在于 Euroclear 清算系统对保管清算的债券通常不进行编号,Cedel 虽然对有的债券进行编号,从而在交易中可能使债券特定化,但通常也不按编号进行交易和清算。

4. Euroclear 和 Cedel 的开户人有权要求两清算机构交付与其证券账户贷记数额相等的债券,有权通过上述清算机构买卖债券。由于离岸债券是可替代的空白债券,所以买卖的债券只能是特定种类债券的一定数量的可替代性债券。对因买卖而引起的债券转移在账目中对双方作出记载。例如,券商甲将 IBM1997 年发行的年息为 6% 的债券 25 万美元卖给券商乙,券商甲的证券账户借记上述数量,券商乙的证券账户作出相应的贷记。

5. 当在上述清算机构没有开户的投资者需要购入债券时,该投资者通常从券商那里购买。投资者购买债券要通过投资者在券商那里开立的证券账户来运作。由于上述投资者在清算机构通常没有开立账户,他不能直接对清算机构享有合同的权利,投资者购买债券只能通过贷记和借记其在券商那里的证券账户和资金账户来进行。如果券商将其所拥有的债券卖给投资者,清算机构的账目不会出现变化。但是,如果券商需要从清算机构的另一开户人手中购买债券,那么清算机构的账目就会出现变化以反映券商之间债券持有额的变化。当投资者需要将上述购入的债券再卖出时,券商可能将该债券购入,或卖给另一投资者或其他券商,具体运作依循上述方法反方向操作。

（五）对离岸证券市场的调整和规范

离岸证券市场发轫于 20 世纪 60 年代,主要促成因素是 1963 年美国为了阻止外国发行人从美国投资者手中融资而采取的税收措施,这一措施也使美国的跨国企业难以从美国境内为其海外机构进行融资。这一措施使原本希望在美国获得证券融资的机构转向欧洲发行以美元为面值的证券,而为逃避税收负担的投资者也在欧洲积蓄了越来越多的资金。在这种情况下,离岸证券市场最早以欧洲债券（eurobond）的形式出现。后来,这一市场的发行量和交易量大幅度增长,币种也越来越多,但随之而来的债券交割和清算的滞后几乎导致该市场停止下来。

为了克服危机,一些资深的证券商于 1969 年成立了国际债券交易商协会（Association of International Bond Dealers,简称 AIBD）,制定该市场发行、交易和清算的规则。1984 年,AIBD 的一些成员成立了国际一级市场协会（International Primary Market Association,简称 IPMA）,主要调整和规范离岸证券一级市场。1991 年,产品创新和地域的多元化导致 AIBD 更名为国际证券市场协会(International Securities Market Association,简称 ISMA),主要是调整和规范二级市场的活动。2005 年 7 月,IPMA 与 ISMA 合并成立了国际资本市场协会(International Capital Market Association,简称 ICMA),同时调整和规范一级和二级国际资本市场的活动,目的是代表投资银行业的利益,维护和发展低成本、高效率的国际资本市场。

ICMA 的成员广泛地涵盖了欧洲、美洲、亚洲和大洋洲的几乎所有活跃在离岸一级和二级市场的重要商业银行、投资银行及其他金融机构。ICMA 的规则涉及一级市场各类证券的发行,具体包括普通离岸债券发行的规则、离岸股票发行的规则、与股权相关联的债券的发行规则、中期票据发行计划的规则。ICMA 的规则同时也对离岸证券交易的主要问题作出了全面的、详细的规定,不仅对包括客户指令、买进、卖出、交易方法、成交、反馈、确认、清算、交割等各交易环节作出了详细规定,而且也对多种货币单位债务问题、以特殊条款或条件达成交易的问题、利息累计计算问题、报告交易时间等问题作出了具体的规定。ICMA 的规则对其成员有拘束力,它有一整套纪律措施对违规的成员进行处理,并对交易中产生的争议实行调解和仲裁。从实践来看,离岸市场上几乎所有的发行和交易,无论是 ICMA 成员之间的交易,还是非 ICMA 成员的交易,都在遵守着 ICMA 制定的规则。

三、离岸金融市场的规制与监管问题

由于离岸市场具有广泛的国际性,并由此导致离岸市场的规制和监管呈现出不同于在岸市场的特色。因此,相当一部分中外学者认为,离岸金融不受任何国家法律的限制,特别是不受市场所在地金融政策法令的管辖。离岸市场是不是存在规制和监管,存在什么样的规制和监管,主要是事实问题。对离岸市场所涉及的诸多国家进行考察,有助于回答这一问题。

(一)离岸市场潜在地受到多国规制和监管的影响

1. 市场所在国

离岸市场所在国对离岸市场有规制和监管,主要体现在准入和经营方面。对于离岸市场的准入,尽管有关国家限制较少,但都制定有相关规则并由有关机构监督实施。以美国为例,1991 年美国国会通过的《加强对外国银行监管法》,要求外国银行在进入国际银行设施或扩大业务时,须事先征得美联储的审查和批准,美联储对经营国际银行设施的外国银行在美国设立的所有分支机构每年至少要检查一次。① 同时,各国对离岸金融机构的经营活动都有管理制度,虽然不尽相同,但都

---

① Hal S. Scott & Philip A. Wellons, *International Finance: Transaction, Policy and Regulation*, 4th edn, Foundation Press, pp. 158 – 162.

要求这些机构在经营活动中遵守。例如,美国规定,国际银行设施账户上的美元与国内美元要分账,设施所能吸收的存款也必须符合美联储 D 条例的规定,其中主要是向非银行的外国居民提供的大额定期存单,向特定对象(主要是境外美元的持有人和经营者)发行票据,且吸收存款的最低金额不能低于 10 万美元。国际银行设施的贷款,须向外国居民提供,只能用于这类借款人在美国境外开展的业务活动。

2. 离岸货币发行国

由于离岸货币及其交易会给货币发行国产生巨大的影响,货币发行国对离岸市场必然会进行一定的规制和监管。离岸货币发行国对离岸市场的影响至少有两个方面:一是货币发行国通过清算的渠道对以其货币进行的离岸金融交易行使有效控制。由于离岸货币是影子货币、账目或"准货币",有形货币并没有离开发行国,加之离岸货币同样构成货币发行国及其央行的负债,因此,受货币发行国及其主权属性因素的决定,对离岸市场交易进行清算只能通过能够保证提供无限货币的货币发行国清算系统进行,离岸支付只有通过货币发行国清算系统作为该国央行负债进行清算才有价值。① 离岸货币资金通过货币发行国进行清算,使得货币发行国可以通过对清算的控制实施其法令和政策,对违反者实行有效的冻结。前述利比亚阿拉伯对外银行诉银行信托公司(Libya Arab Foreign Bank v. Banker's Trust Co.)充分证明了这一点。

离岸货币发行国可以影响离岸交易的另一种情形是,该国可以左右和决定离岸市场上以其货币进行交易的合法有效性。货币主权是各国经济主权的重要内容之一,各国依此有权创立和发行独立的货币,有权对本国货币的流通、使用范围、进出境等实行管理和限制,其他国家不得干涉。国际货币基金协定第 8 条第 2 款(b)项规定,任何涉及会员国货币并与该会员国外汇管制相抵触的外汇合同在其他会员国领土内均为不可履行的合同。这一规定使各会员国对其他会员国货币主权的尊重承担起明确的法律义务。因此,如果离岸金融交易违反了货币发行国的货币法令,当然会招致发行国的干预从而可能导致交易无效。有鉴于此,离岸市场的许多协议都有非法条款(illegality clause)的内容,规定违法合同无效,当非法合同的一方履行了合同而不能强制对方执行合同义务时,可以主张财产及金钱的返还。

3. 离岸金融机构母国

母国并表监管是国际社会对跨国银行,包括离岸银行的监管责任划分的共识,

---

① E. M. A. Kwaw, *The Grey Areas of Eurocurrency Deposits and Placements*, Dartmouth Publishing Company, 1994, pp. 346 – 348.

多年来一直为巴塞尔银行监管委员会所推行。根据母国并表监管原则,母国当局有权对其海外金融机构的资本充足率等标准和经营情况进行监督、检查。作为推动离岸银行监管的重要机构的离岸银行业监管集团(Offshore Group of Banking Supervisors),也一直致力于将巴塞尔委员会的一系列规则,包括母国并表监管适用于离岸市场,以加强离岸银行业的监管。由于母国并表监管原则在国际间得到了普遍的遵行,甚至已形成国际通例,因此,母国监管在离岸银行监管中占有重要地位。

4. 投资者母国

投资者母国的规制和监管对离岸市场的影响亦十分巨大。以美国为例,离岸证券许多发行人是美国公司,许多牵头经理人和重要承销商是美国的金融机构,一半以上的离岸证券是以美元发行的。因此,为保护美国投资者,美国证券法、证券交易法以及 SEC 制定的大量规则,将"证券"定义得足以覆盖离岸证券,且在离岸证券活动中,如果美国的邮政或跨州商务得以利用,美国证券法中的许多条款就会被触及,加之美国法院和 SEC 一直认为美国证券法域外适用,所以美国证券法对离岸证券市场的潜在影响十分巨大。但美国证券立法同时也包含了大量的例外性和豁免性规定,如 SEC4708 规则、S 条例等。这些使得离岸证券,特别是离岸美元证券的发售程式,能够根据美国法的需要进行设计,如锁定期限、证实美国居民身份等。这些正是美国法律影响的具体体现和效果。

5. 行业自律组织

ICMA 是离岸证券市场上影响巨大的行业自律组织,其成员覆盖了几乎所有活跃在离岸资本市场的重要金融机构。ICMA 的规则对离岸证券的发行和交易作了全面的、详细的规定,其中多数规则不能由各成员排除适用。ICMA 对违反者可以采取申戒、罚款、中止和取消会员资格等措施,对离岸证券交易的争议可以适用调解和仲裁程序。不止于此,ICMA 被承认为国际证券业的自律性组织,其规则获得了许多国家和国际组织的普遍承认和广泛认可,这意味着 ICMA 规则取代有关国家和国际组织的相关规定而得以适用,或适用 ICMA 规则不被认为是违反有关国家和国际组织的规定而被承认为有效。

6. 对离岸市场统一监管的努力

离岸银行业监管集团成立于 1980 年,共有成员二十多个,广泛地涵盖了世界上主要离岸中心。该机构以提高离岸市场的监管标准、增进对跨国银行的有效监管为宗旨,一直致力于在离岸市场上实施巴塞尔委员所确定的标准,包括 1988 年的巴塞尔资本协议、1992 年的跨境监管最低标准和 1997 年的银行有效监管的核心原则等。该机构还与巴塞尔委员会共同举行会议,制定文件,如 1990 年双方联合完成了《银行监管机构的信息交流(对 1983 年巴塞尔协议的补充)》和 1996 年完成了《跨境银行监管》。由于这些努力,对离岸市场的统一监管的努力取得了一定的成效,在一些离岸中心,国际银行业标准得到了遵守。①

亚洲金融危机后,国际社会对离岸市场的影响有了更加清醒的认识。为了加强和改革国际金融体制和国际性安排,1999 年西方七国首脑设立了"金融稳定论坛",并基于对形成"国际金融体系的重大脆弱性"原因的认识,设立了三个部门分别对离岸金融中心、高杠杆风险交易机构和短期资本流动三个论题进行研究。2000 年 5 月,金融稳定论坛公布了关于离岸中心金融监管、信息披露和法律治理程度的评价报告,并从国际金融体系稳定性的角度将世界上 43 个离岸中心分为体制较完备组、有必要改善组和存在问题组三类,为加强对离岸中心的规制和监管进行督促。这些做法为国际货币基金组织等国际机构制定规制离岸中心的具体政策提供了基础。

综上所述,离岸金融市场受来自多方面的影响,是多方面规制和监管的交织和混合,这是在岸市场所没有的。这种多元性是离岸市场的国际性所造成的。离岸金融是真正意义上的国际金融,一笔司空见惯的离岸交易会将许多国家同等地牵涉进来。如马来西亚发行人在伦敦离岸市场发行以日元为面额的,由英、美、德国投资银行组成的辛迪加承销的,在卢森堡证券交易所上市交易的,通过设在比利时的 Euroclear 进行清算的离岸债券,会将马、英、日、美、德、法、卢、比等国都卷入进来,而且各国都有进行规制和监管的一定依据。

(二)离岸市场监管宽松,不受单方面的完全控制

在多方影响下,离岸市场的规制和监管又会是什么样呢? 概括地说,那就是离岸市场规制和监管宽松,不受任何单方面的完全控制。

这首先与离岸市场的运作特点有关。离岸市场运作的最根本特征之一是对各国管理体制的套利。② 纵观各国法律,通常体现出以下共同特征,一方面规定其适用的广泛性和严格性,另一方面,适应复杂多变的各种情势又具有灵活性和例外性的变通。离岸市场的参与者充分地利用了相关国家法律的有利规定,特别是豁免性或例外性规定所提供的避风港,对离岸金融交易进行设计,避免因触动禁止性规定而招致有关国家法律的干预,从而使离岸交易得以监管宽松、成本低廉和高效运作。同时,市场所在地几乎一致地在存款准备金、存款保险、利率、税收、外汇管制等方面的优待,这些优待减轻了离岸金融机构的负担,是造成离岸市场监管宽松的又一个重要方面。

---

① 以泽西(Jersey)为例,泽西坚持实施巴塞尔委员会制定的国际银行业标准。泽西监管当局严格金融机构的准入,对不符合要求的金融机构拒绝进入,曾两次拒绝后来倒闭的著名的巴林银行建立机构。

② J. 奥林·戈来比:《国际金融市场》,中国人民大学出版社 1998 年版,第 52 页。

其次,离岸金融市场规制和监管的宽松,还得益于行业自律性组织对市场的保护和自律。以 ICMA 的前身之一——IPMA 为例,1988 年欧洲委员会在研究制定募集说明书指令(Prospectus Directive)时,要求在欧共体金融市场上发行证券之前必须得到有关监管当局的批准,而且要求说明书要以证券拟发售的所有欧共体国家的语言写成。如果是这样,离岸证券发行的效率会受挫并加重离岸证券发行的负担。IPMA 经长期磋商,欧洲委员会最终同意上述指令不适用于离岸证券,并对离岸证券作出了双方都能接受的定义。①

最后,有关国家间的利益和矛盾也是对离岸市场难以实现完全、有效规制和监管原因之一。离岸市场具有广泛的国际性,无论是市场所在国,还是离岸货币发行国以及其他有关国家都对离岸交易有着重大利益,在有关国家都有行使监管的合理根据的情况下,究竟由哪个国家对离岸市场行使完全管辖并承担责任,很难作出广为接受的定夺。实际上,由于各国监管机构之间、金融机构之间、跨国公司之间、其他市场参与者之间以及它们相互间相互进行金融交易的作用,离岸市场具有极为复杂的国际间连锁关系,要分清责任,实行严格监管,是相当困难的,由此造成离岸市场不被任何单方面完全控制。

以加勒比海的离岸中心为例,该地区的离岸中心多为避税型离岸市场,吸引了许多对冲基金在此设立总部。1998 年该地区吸收的资金总额达 7 420 亿美元,从国别来看美国占 35%,欧洲各国和亚洲分别占 33% 和 23%。从资金运用来看,加勒比海的离岸中心的最大交易伙伴是美国金融市场,加勒比海的离岸中心在美国短期对外债权债务方面大大领先英国、欧洲其他国家和日本等而居首位。这些离岸中心以已购证券为担保在美金融市场上借入资金,循环往复,高杠杆地对美国证券进行巨额投资。美国的大金融机构也出于全球经营战略的考虑,也积极地在该地区设立机构进行交易,为此对自己的这些机构进行巨额融资。同时,加勒比海的离岸中心还从日本、伦敦等离岸市场进行巨额短期资本融资,转用于对美证券投资。此外,加勒比海离岸中心的高杠杆金融机构还同全世界进行国际资本交易。这些金融机构在成本低的情况下也积极利用美元以外的通货,如日元、欧元和英镑等。资金运用是追求高收益的国际证券交易,从美国证券市场到其他国家的证券市场再到新兴市场国家的证券市场逐渐扩大,反复地进行买卖。因此,加勒比海离岸中心不仅成为连接对美证券投资的中心,而且也是连接对全世界投资的中介据点。

---

① Peter Krijgsman, "A Brief History", *IPMA's Role in Harmonizing International Capital Markets*1984—1994, pp. 11 – 14.

第三节　离岸金融法律问题的特殊性

离岸金融的广泛的国际性特征不仅导致离岸金融具有不同于在岸金融的特征,而且伴随这种金融形态所产生的法律问题也具有不同于在岸金融法律问题的特殊性。离岸金融与在岸金融法律问题的差异是多方面的,主要体现在以下几个方面:

一、离岸金融给管辖和监管带来了前所未有的挑战

首先,离岸市场赋予更多国家以管辖和监管根据,从而使对离岸市场的管辖和监管更加复杂。如前所述,无论是国内金融,还是传统的国际金融,基本上都要遵守市场所在地的法律、政策和习惯等,因为市场所在地国的因素在上述金融活动中占有压倒性的优势,二者都属于一国的在岸金融的性质。因此,对二者的管辖和监管显得相对简单和有章可循。离岸市场则不同,不仅货币具有离岸性,而且金融媒介、资金的提供者和资金的使用者通常也来自于市场所在地国之外。在这种情况下,市场所在地国、货币发行国和资金提供者的母国分别可以根据属地原则、货币主权和属人原则对离岸金融交易主张管辖和监管。筹资者的涉外性虽然在在岸市场上对管辖和监管的影响无足轻重,因为市场所在地国的国内因素占压倒性优势,然而,在国际性因素众多并呈等量齐观之势的离岸市场上,筹资者的涉外性亦赋予其母国对其离岸金融活动进行管辖和监管的根据,而且离岸市场的特殊性亦促使其母国对其活动进行必要的管辖和监管。同时,离岸市场还受到来自自律性组织如 ICMA 的保护。以上诸多因素和变化是传统国际金融市场不曾有的,这些因素交织在一起,使离岸市场的管辖和监管更加纷繁复杂。不止于此,这种管辖和监管的多元性,由于是在各方都有监管和管辖的依据,而主权林立的国际社会又缺乏对离岸市场有效的法律治理的情况下产生的,且不同国家对离岸市场具有不同的利益关系,因而造成任何一方都无法对市场行使完全控制,导致该市场监管宽松、薄弱,也为有关金融机构利用离岸监管的薄弱性及漏洞提供了机会。

其次,对离岸金融的监管容易出现漏洞。在一些离岸金融中心,特别是避税型离岸金融中心成立的贝壳银行(Shell Branch),即是明证。允许贝壳银行设立的离岸中心通常缺乏监管,贝壳银行在该地只登记交易账目,而对其进行经营控制是在记账地之外进行的。如果经营控制地既不是母国,也不是东道国,贝壳银行就得不到有效监管,既不受批准设立贝壳银行的批准地的有效监管,也不受经营控制地作为母国或东道国的监管。

有鉴于此,巴塞尔委员会和离岸银行业监管集团联合成立的工作组于 1996 年提出报告,建议离岸中心不要批准不存在有效监管的贝壳银行,要求有关监管当局要彼此协商消除上述监管的漏洞①,但是利益的驱使使得这些建议很难奏效。实际上,无论是市场所在国,还是离岸货币发行国以及其他有关国家对离岸交易有着重大利益的,在它们之间、在这些国家的金融机构之间以及彼此相互间进行着巨额的金融交易,因而离岸市场具有极为复杂的国际间连锁关系,若要分清责任、实行充分监管,是相当困难的。有关国家的利益冲突是造成离岸市场监管出现漏洞的根本原因。

最后,跨国金融机构的复杂结构使该类机构容易钻监管的空子,使监管受挫。以破产的国际商业信贷银行为例,处于该跨国银行顶端的是在卢森堡注册成立的银行持股公司(以下称 BCCI)。BCCI 在卢森堡注册成立了国际商业信贷银行(以下称 BCCI S. A.),在离岸中心开曼群岛注册成立了海外国际商业信贷银行(以下称海外 BCCI)。在该银行倒闭前,BCCI、BCCI S. A. 和海外 BCCI 在数十个国家里开设了几百家金融机构,且大多数业务是在注册地即卢森堡和开曼群岛以外的地方进行。这种结构突出地暴露出两大问题:一是由于有了两个母行的存在,承担监管责任的母国就有两个即卢森堡和开曼群岛,因此不能由一个母国实行并表监管;二是 BCCI 的主要业务都在母国之外经营,由于监管信息获取障碍的存在,有效监管无法实现。

巴塞尔委员会一系列协议的核心原则之一是并表监管,认为除非依据并表监管的办法对银行全球业务进行检查,否则就不能对该银行的稳健状况作出恰当的评价。然而,BCCI 复杂结构使之不仅能够逃避有效监管,而且能够通过混淆在不同国家的资产故意迷惑监管者而极难被察觉。正如英格兰银行约翰·巴特莱特所言:"银行集团的结构及其内部交易方法使人很难理解 BCCI 究竟做了些什么或正在做什么。"②美国监管者也说:"没有一国监管机构能对该金融机构实施统一调整和检查,BCCI 正是在这种情形下经营的,从而能够操纵账目,掩盖真实金融状况而极难被察觉。"BCCI 从容躲避并表监管的一例明证是,BCCI 曾向海湾运输集团发放大笔贷款,该贷款额相当于当时 BCCI 资本的 60%,远远超出了审慎经营的界限。为了规避英国银行法对巨额风险暴露的限制,BCCI 将该借款转移至离岸金融中心开曼群岛,最终没有遇到任何限制地达到了目的。

从以上可以看出,离岸金融给管辖和监管所带来的挑战是传统的国际金融所

① 韩龙:《离岸金融的法律问题研究》,法律出版社 2001 年版,第 292 – 296 页。

② J. J. Norton etc. , *International Banking Regulation and Supervision:Change and Transformation in the 1990*, Martinus NIJhoff Publishers,1994,pp. 383 – 384.

无法比拟的。如何针对离岸金融的特征解决管辖冲突和监管问题是离岸金融所需要面对的重要课题。

二、传统规则适用于离岸金融的局限性

由于离岸金融具有不同于在岸金融的一系列特征,因此,将适用于传统金融的有关规则原原本本地用于解决离岸金融的法律问题,会出现适用是否适当、是否具有确定性等问题。所谓适当是指将传统规则适用于离岸金融法律问题是否符合这些规则的原有法律理念,是否适应离岸法律问题的实际。所谓确定性是指对离岸法律问题如何适用规则以及能否取得一致性的结果。纵观整个离岸金融交易,英美法影响最大,当事人通常也选择适用英国法或纽约州的法律。即便如此,英美法中的一些传统规则对离岸金融有关法律问题仍显得不适应,判决之间相互矛盾,缺乏确定性。

以支付为例,英美法中的货币定义建立在货币演化的基础之上,认为货币是有形动产,是现金。与这一理念相适应,英美法认为除当事人协议另有规定外,有效支付只能以法定货币或现金形式进行,运用电子资金划拨等方式进行的支付并不注定能够解除支付人的支付义务。与此相联系,对于偿还支付的地点,英美法认为除非双方协议另有规定,银行在客户开户的机构即存款地偿付客户存款。

然而,上述规则若适用于离岸存款运作,则有很大的局限性。首先,离岸存款中的货币,通常只是在货币发行国之外或货币发行国货币金融循环系统之外的账户中,作出与货币发行国金融机构账户相对应的记载和反映,是账目、影子货币或"准货币",不是现金和有形货币,有形货币并没有离开发行国,这种方式被认为是离岸货币存款运作的通例。离岸存款的偿还有两种方式:一是通过有关货币发行国的清算系统,二是通过银行内部划拨和往来行划拨,而通过货币发行国清算系统经清算偿还是离岸货币市场的通行做法。因为离岸货币只是账目或"准货币",离岸支付不能支付有形的离岸货币,若以离岸货币进行支付,需要将离岸货币在有关货币发行国转换为相关货币。由于离岸银行不能直接获得与其吸收的存款相对应的巨额货币,离岸银行的偿还义务具有不同于偿还国内存款的性质。这就意味着,英美法中关于账户所在地就是偿还支付所在地的法律规则适用于离岸存款运作是不适当的。虽然银行在以记账方式吸收巨额外币存款时也负有偿还的义务,但是其履行偿还义务须在货币发行国实施一定的履行行为方能完成,正如霍夫曼所指出的那样:"……从伦敦离岸美元账户中支付,需要在美国进行实质的履行行为。"[1]

---

① J. E. Hoffman, *The Iranian Assets Litigation*, Matthew Bender, 1980, p. 350.

其次,从离岸存款偿还的步骤来看,适用传统法律规则也难以奏效。存款偿还细加分析可分为以下几个步骤:①客户提出偿还请求;②银行为偿还进行准备;③银行实际支付。虽然在国内存款偿还中三者可在同一家银行中完成,然而在离岸存款运作中则很难做到,因为只有前两个步骤才能在账户所在地的离岸银行完成,第三个步骤则通常需依赖货币发行国的清算划拨。在离岸偿还中,尽管存款人有权在其账户开立地请求偿还,但是离岸存款偿还的支付义务是在货币发行国履行的。英美法中传统规则是建立在账户所在地与支付地密切联系的基础之上的,支付地与账户所在地分离使这一基础丧失净尽,也使传统的规则无法适应。① 建立在货币演进基础上的有关货币和支付的传统法律规则应当随着货币和支付方式在当代的演进进一步地发展。

虽然离岸金融及其法律问题具有不同于在岸金融及其法律问题的特殊性,但是,英美法并没有形成有关离岸金融的特别的法律制度。在这种情况下,无论是学术界还是司法界,对于如何运用法律来解决离岸存款运作中的法律问题都有着不同的看法,概括起来有两种态度:一是认为仍应适用传统的有关银行与客户关系的法律规则;二是认为尽管离岸存款是银行客户关系,但它是一种有别于传统的银行与客户关系的独特关系。按照后一观点,若将调整一般的银行与客户关系的法律规则成功地适用于离岸存款运作,就必须针对离岸存款的特殊性对上述规则进行变更或补救,否则就会产生诸多的灰色区域。②

在传统规则与离岸金融交易特性之间所发生的碰撞中,英美法院对相同或相似问题的判决,或遵守传统的规则,或根据离岸金融的特点将传统规则予以变通,结果造成判决之间的矛盾,缺乏确定性。以英国法院对利比亚阿拉伯对外银行诉银行信托公司案、美国法院对威尔·法柯亚洲有限公司诉花旗银行案的判决为例,两个类似案件的判决以及同一案件不同审级法院的判决及其根据大相径庭③,可以清楚地看出判决没有可资遵循的共同标准。

由于传统规则适用于离岸法律问题具有很大的局限性,如何根据离岸金融的特点解决好规则适用的适当性和确定性问题,关系到离岸市场的稳定和健康发展,也关系到当事人权益的保护,是离岸金融法律治理中需要研究解决的又一特殊问题。

---

① E. M. A. Kwaw, *The Grey Areas of Eurocurrency Deposits and Placements*, Dartmouth Publishing Company, 1994, pp. 168 – 171.

② E. M. A. Kwaw, *The Grey Areas of Eurocurrency Deposits and Placements*, Dartmouth Publishing Company, 1994, pp. 119 – 120.

③ 韩龙:《离岸金融的法律问题研究》,法律出版社 2001 年版,第 60 – 70 页。

三、离岸交易方式的创新带来了新的法律问题

离岸金融交易,或由于离岸金融的性质所致,或由于适应有关国家的法律要求,或者是科学技术运用到离岸交易的结果,在交易方式上出现了许多创新,从而给离岸金融带来了新的法律问题和挑战。这些创新,无论是在离岸货币市场上,还是在离岸资本市场上,都普遍存在。

以离岸证券市场为例,离岸证券市场虽受到来自方方面面的法律影响,但是各国有关的证券法令又都有一些豁免性规定。在离岸证券市场上,离岸美元份额最大,美国证券法对离岸证券市场的影响也最为显著。美国证券法一方面对证券市场实行严格监管,发行人、证券、证券商等都要进行规定的登记,要进行充分的信息披露等;但另一方面,又对离岸证券的发售制定了一些豁免性规定,如 S 条例等。这就为对离岸金融进行交易设计提供了条件,从而使利用有关国家法令中豁免性规定所提供的避风港避免来自有关国家的干预成为可能。离岸市场适应美国 S 条例所产生的锁定期限和全球证书等做法就是有力的例证。

S 条例是美国证券交易委员会(SEC)依据美国证券法制定的,旨在澄清在什么情况下证券法第 5 条不适用于发生在美国之外的证券交易,是取代 SEC 4708 号决议的现行有效规定。S 条例允许对美国市场没有重大利益的外国发行人在美国之外的离岸市场发行证券,也允许美国公司通过离岸市场发行证券。上述证券的发行和交易只要符合条例规定的条件,就不会招致美国证券法第 5 条的干预。条例创设了两个避风港,一是发行人避风港,适用于发行人、承销人、交易商或依据证券发行的合同安排参与证券发行的其他任何人;二是转售避风港,适用于上述主体及其附属机构和代理人之外的其他主体。虽然二者所需满足的条件不尽相同,但有两项基本条件是共同的,即在美国不能有针对性的销售努力(no directed selling effort)和交易必须是离岸交易(offshore transaction)[1]。这两项规定反映了 S 条例的基本政策需要,这就是所发行的证券必须是与美国或美国人有最少接触的证券。根据 SEC 902(b)规则的解释,直接销售努力是指为了影响美国市场采取的或可合理地预期会对美国市场产生影响的任何证券活动,其核心要求是不能有影响美国市场的广告或宣传。离岸交易的要求主要有两点:一是不得对美国境内的人提出要约,二是在购买要约发出时购买人在美国之外或者是出售人及其代理人有理由相信购买人在美国之外。[2]

---

[1]　韩龙:《离岸金融的法律问题研究》,法律出版社 2001 年版,第 248－273 页。

[2]　Hal S. Scott & Philip A. Wellon, *International Finance : Transaction, Policy and Regulation*, 4th edn, Foundation Press, p. 125.

对于未按证券法第 5 条进行登记的证券,SEC 不采取行动的条件是证券的发行方式会造成证券滞留于国外,而要做到这一点,S 条例要求对证券发行应进行合理的设计以防证券在美国或对美国国民发行或再出售。这一规定体现出美国证券法的宗旨和需要,即保护美国的投资者和美国证券市场。既然证券滞留国外,SEC 也就没有必要采取活动。

有鉴于此,发行人、承销商以及律师所要解决的问题就是要设计一种机制以确保证券能滞留国外。在实践中所确立的这种机制主要有以下内容:首先是法律文件禁止承销团和销售集团的成员出售或要约出售证券给美国国民或居民,这些成员应向牵头经理人证实经分派所得到的证券没有出售给美国人。其次是锁定期限,要求上述成员应告知购买人不得在证券发行结束后的 40 天内(S 条例规定的期限)将证券出售或要约出售给美国人,也不得为美国人的利益购买证券。为此,从债券发行结束之日起 40 天内,在发行期间购买债券的投资者不能获得有形债券,以避免发行离岸债券违反美国的证券法。最后,在 40 天的锁定期限结束前,用临时全球证书这种方式代表全部证券并交付保管人保管。锁定期限结束后,实际债券由受托人或财务代理人交给清算中心,在清算中心确认其簿记上的所有债券不是为美国国民或居民拥有的情况下,投资者才有权请求换发有形债券。采取锁定期限这种办法的原因在于美国市场对这类证券有重大兴趣,在证券价格波动的高峰期,即发行后接下来的期限里,离岸市场上发行的证券流往美国的可能性最大,所以 40 天交易限制旨在通过在此期限内禁止对美国人进行销售阻止证券在这一高峰期流往美国,从而满足美国证券法保护美国投资者和美国市场的需要。

适应美国 S 条例规定的要求而产生的锁定期限、全球证书等做法只是离岸市场应对各国法律和监管的需要而进行创新的一个缩影。然而,这种创新会带来许多新的法律问题。以锁定期限和临时全球证书为例,在锁定期限内以全球证书代表全部证券的情况下,由谁作为持有人行使债券的权利,是投资者、券商,抑或是清算机构或者保管人? 债券出现遗失、被盗、差错等情况时,怎样确定债券的归属和承担者? 且在锁定期限结束后,投资者虽有权要求换发有形债券,但实际上很少换发有形债券,且债券通常采取无记名形式,在这种情况下如何进行证券的部分提前赎回? 等等。

四、通过合同安排在各国管理体制之间进行套利非同寻常

尽管在离岸金融中,管辖与监管、规则适用具有很大的不确定性,尽管离岸金融交易方式出现许多创新,但是当事人在离岸金融交易中同样需要法律关系的稳定和交易的安全。在这种情况下,这些需要的满足主要是通过合同安排来迎合有关国家法律的要求和维护离岸金融法律关系的稳定。具体来说,在离岸金融中,当

事人的合同安排具有以下重要作用:首先,通过合同安排消除或减少不确定性,增强离岸金融交易和离岸金融法律关系的稳定性。离岸金融交易往往具有复杂的程式,所涉及的当事人很多,主要有两类:一类是直接交易的双方,如离岸银团贷款的贷款人和借款人;一类是介于直接交易双方中间的各类中介,如离岸证券发行中由市场中介组成的辛迪加。在上述各类当事人中通常存在复杂的法律关系,如直接交易双方的法律关系、市场中介成员之间的法律关系、市场中介分别与交易双方的法律关系等。不仅如此,上述主体之间的复杂法律关系是在多个国家法律影响下发生的,因而变得更加复杂。在这种情况下,以上各类主体尤其需要借助于各种协议确定彼此的权利、义务和责任,债权人如贷款银行,尤其需要借助合同安排保障其权益。此外,当事人在合同中还通过选择争议解决的机构和适用的法律,甚至在合同中针对离岸金融的特点对有关规则作出立法和司法所能接受的变通性规定,以减少上述不确定性。其次,离岸合同安排的最重要作用体现在通过这种安排,防范、消除有关国家的法律对离岸金融交易的干预,维护交易的安全和效率。上述为满足美国 S 条例要求而出现的锁定期限和临时全球证书等做法就是有力的例证。

　　离岸金融交易中的合同要实现和发挥上述作用,需要对离岸交易所涉及的有关国家法律的有关规定进行充分的研究和比较。研究和比较的内容,一方面包括有关法律中可能对离岸金融交易产生影响的禁止性和例外性规定,以便对离岸金融交易进行相应的设计,避开禁止性规定和利用例外性规定,从而避免招致有关国家法律的干预而损害离岸交易的安全和效率。另一方面是研究和比较所涉及的不同国家法律和不同法系的价值理念、司法制度等,使合同的规定能够产生可预期的、确定性的结果。在离岸金融的背景下,后一方面的比较和研究往往更具价值。例如,离岸银团贷款协议都规定有在一定的条件下贷款银团可以立即、不受限制地终止贷款协议和对未到期贷款加速到期。对于以这种方式规定这样的一种权利是否会被司法机关认可或干预? 这就需要对司法制度价值理念进行研究。根据英国法,当事人可以约定合同的特定条款构成合同的条件,违反这一条件银团即可行使上述权利。英国法院也会承认这一条款的有效性,而不考虑违约是否严重,银团是否因违约而遭受损失等。[①] 而在许多大陆法系的国家,司法机关可以依据违约程度、是否造成损失、救济方法是否公平合理等对合同规定的权利进行干预。[②] 离岸市场的交易者正是通过研究和比较,从而对合同进行周密安排和对交易进行合理设计,从而维护交易安全和效率,并增强对行为后果的可预见性。

<hr>

① Ravi C. Tennekoon, *The Law & Regulation of International Finance*, Butterworth, 1991, p. 22.

② Zeveigent and Kotz, *Introduction to Comparative Law*, Vol Ⅱ, Clarendon Press, Oxford, 2nd edn, 1987, pp. 188 – 189. 见法国民法典第 1184 条和意大利民法典第 1459 条。

如果说对离岸金融交易所涉及的各国的法律进行比较和分析是离岸合同实现其上述作用的途径或手段，那么，离岸合同能够发挥上述作用的根本原因是世界各国法律所一致承认的当事人意思自治（合同自由）原则。根据这一原则，离岸交易当事人只要不违反有关法律的强制性、禁止性规定可以任意约定合同的内容，自由行使和处分自己的权利。在一定程度上可以说，离岸合同所发挥的对各国体制的套利作用，是利用研究和比较的手段将当事人意思自治原则发挥到极点的结果。

离岸金融法律问题与在岸金融法律问题相比所具有的特殊性，使得对待离岸金融法律问题的研究及其结论不能为在岸金融法律问题所取代，从而也使得对离岸金融法律问题需要进行独立的研究并作出结论。需要指出的是，离岸金融法律问题的特殊性是离岸金融的国际性所决定的。由于离岸金融具有真正的国际性，所以它给管辖、金融监管、一般规则的适用带来了巨大的挑战；也正是由于离岸金融的国际性及其导致的上述特殊性所致，当事人为了寻求法律关系的稳定和交易的安全，方利用合同在各国管理体制间进行套利，并进行交易方式创新从而导致许多新的法律问题出现。

第四节　离岸金融与我国的关系

离岸金融与我国的关系目前主要体现在以下方面：我国对境外离岸市场的利用与参与；我国建立外币离岸市场问题；我国在香港建立人民币离岸市场问题；境外离岸金融中心对我国和整个国际货币金融体系的冲击和影响等。

一、我国对境外离岸市场的利用与参与

我国对境外离岸市场的利用和参与主要体现在两个方面：我国从离岸市场上筹措了大量的资金和我国金融机构在离岸市场上展业经营，这两个方面都对我国具有重要影响。

（一）我国从离岸市场上筹资

改革开放以来，我国积极利用国外资源进行现代化建设，其中就包括了在离岸金融市场上筹措现代化建设所需的资金。我国在离岸市场上筹措资金广泛涉及欧洲离岸市场、亚洲离岸市场和加勒比海离岸金融中心等，既有从离岸银行的借款，也有采取发行离岸债券的形式，还有来自于离岸金融中心对我国的投资。[①]

我国从离岸市场筹措资金弥补我国现代化建设的资金缺口，不仅体现在我国

---

　① 韩龙：《离岸金融的法律问题研究》，法律出版社2001年版，第298－302页。

从离岸市场直接筹资方面,而且也体现在外国投资者借助离岸市场而对我国开展的投资方面。生产经营的国际化需要融资的国际化,经营者需要在世界各地能够便利地获得融资。离岸市场的重要影响之一是通过众多离岸市场的 24 小时不间断的业务活动,实现了国际金融市场的全球一体化。传统的国际金融市场实际上是相互独立的,不能适应生产和资本流动的国际化的要求。离岸市场打破了传统国际金融中心之间相互独立的状态,成为国际资本转移的重要渠道,最大限度地解决了国际资金供需矛盾,进一步促进经营、生产、市场、金融的国际化,为国际投资和国际贸易提供了融资便利。所以,离岸市场的存在为外国投资者投资我国提供了便利和条件,从而能够在一定程度上推动外国投资者对我国的直接投资。

利用离岸市场的资金除具有有利的一面外,也潜伏着一定的负面因素,值得我们密切关注。这些因素主要体现在:如果一国对从离岸市场筹资的数量、结构、利率等缺乏相应的规划和控制,那么,它有可能陷入债务危机之中。20 世纪六七十年代,一些发展中国家如阿根廷、巴西、墨西哥、秘鲁、韩国等为发展本国经济、改善国际收支,在国际金融市场特别是离岸货币市场大举借贷。由于离岸银团贷款的一个重要特征是借短放长、浮动利率,长期贷款是依靠离岸银行所吸收的短期存款或短期融资的不断滚动来支持的。到了七八十年代,西方国家经济出现了"滞胀",美国里根政府上台后为了治理居高不下的通货膨胀实行了高利率政策,从而带动了离岸市场利率的提高。这使发展中国家的国际借款成本提高,同时浮动的高利率使上述国家偿付的利息在到期债务中占到了相当大的比例,利息不断资本化,债务再引起债务,形成难以摆脱的结构性债务负担。

这些教训也为我们从离岸市场上筹措资金提供了重要的警示和借鉴。近年来,我国短期外债增长的规模已超过国际水平。截至 2006 年底,我国外债规模已突破 3 000 亿美元,短期外债的比例已达 55.3%,高于国际公认的 40% 的警戒线。特别值得注意的是,逃避外债审批、登记的行为在我国一定范围内存在,一些外债并没有在我国的外债登记中得到反映,构成我国的隐形外债。无论是显形外债,还是隐形外债都会影响我国的偿债能力和国际信誉,特别是离岸融资的借短放长、浮动利率的特征,使离岸融资长期受制于该市场的变化,如果规划不当就会出现被动,甚至会引发债务危机。有鉴于此,我国应对离岸融资给予必要的重视,对离岸债务的数量和期限结构等作出审慎和合理的规划安排。

(二)我国金融机构在离岸市场上展业经营

改革开放之后,我国一些金融机构走出国门,开始国际化经营,包括在境外离岸市场上设立机构,从事离岸金融的经营活动。在境外离岸市场上从事经营对我国具有积极的影响。首先,积极从事离岸市场经营是在全球金融一体化的条件下抓住机遇、迎接挑战的良策。全球金融一体化是当今金融发展的重要特征和趋势,为了适应这一趋势,求得生存和发展,发达国家和一些发展中国家的金融机构都致力于在世界各地设立机构以壮大自身力量。同时,WTO《服务贸易总协定》和金融服务第五议定书的实施,会进一步增强全球金融一体化的程度,金融领域你中有我、我中有你的局面会得到进一步发展。面对这一现实,我国金融机构只有积极参与其中,才能享受其利。离岸市场是真正意义上的国际金融市场,而且,由于享受一系列的优惠,离岸资金成本低廉,管制宽松,为金融机构展业和竞争提供了宝贵的优势。因此,开展离岸金融经营不仅可以增进我国金融机构及其业务的国际化,而且能够增强我国金融机构从事国际经营的竞争力,是我国金融机构迎接全球金融一体化的良好途径。其次,我国金融机构在离岸市场从事经营,可以增加我国金融机构的收入。在离岸市场上,金融机构云集,资金供应充足,需求旺盛,金融业务和金融品种齐全,资金成本低廉,效率高。这些特点为各国的金融机构包括我国的金融机构积极开拓金融业务、增加收入提供了更多的条件和机遇。

当然,在离岸市场上从事经营活动也潜伏着一些不利因素,主要是我国金融机构所面临的风险增大。这些风险主要有:①主权风险,即有关国家强制干预的风险。离岸市场是完全国际化的市场,国际因素众多,潜在地受到众多国家的影响和制约。在这种环境中经营会使我国的金融机构潜在地面临更多的主权风险。②信用风险,即交易对方违约的风险。在离岸市场上,筹资者及其经营通常遍布全球,且筹资通常不需要提供担保,交易一旦达成就会受制于国际间众多因素的变化,因而风险较大。③市场风险,即由于市场变化而造成经营亏损的风险。离岸市场汇集了来自世界范围的资金,特别是短期资金,同时也汇集和承受了来自于全世界的变化。离岸市场一向以多变著称,且许多金融产品和业务具有高杠杆性,风险很大,如果对市场风险预测或准备不足,那么就可能遭受损失。④清算风险,即因金融机构亏损而导致破产清算的风险。离岸金融机构经营不善,可能导致金融机构倒闭,引起破产清算或被收购。我国金融机构设在离岸市场的分支机构的破产清算会对我国金融机构产生严重影响,在通过分行经营的情况下,分行的破产清算会导致国内金融机构总部承担债务。

对此我们应积极寻求对策。首先,应当认真研究离岸金融的法律问题,对离岸金融交易进行合理的设计和安排,以维护交易的安全和保障我国金融机构的合法权益。离岸市场经过几十年的发展已经初步形成应对各种风险和维护金融机构自身利益的办法,这些办法值得我国金融机构借鉴。其次,应当完善参与离岸经营的金融机构的内部控制制度。完善的内部控制制度是金融机构生存和发展的必要条件。久负盛名的巴林银行在新加坡离岸市场上因炒作日经指数而倒闭就是因内控失败而致。因此,要提高我国离岸金融机构的经营管理水平和防范风险,就必须建立和完善离岸金融机构的内部控制体系。最后,我国监管主管部门应重视对我国设在境外离岸市场上的金融机构的监管。

二、建立我国的离岸金融市场问题

（一）我国离岸金融业务的发展历程

我国离岸金融业务始于深圳。1989 年 5 月,招商银行获准在深圳开办离岸银行业务,其后深圳发展银行、广东发展银行及其深圳分行、工商银行和农业银行深圳分行等相继获得离岸银行业务牌照,后因遭遇东南亚金融危机被监管部门全部叫停。2002 年 6 月,中国人民银行总行批准招商银行和深圳发展银行全面恢复离岸业务,同时允许总行设在上海的交通银行和浦东发展银行等开办离岸业务,离岸金融市场在上海起步。2006 年 6 月 5 日,国务院颁布的《关于推进天津滨海新区开发开放有关问题的意见》,鼓励滨海新区进行金融改革和创新——可在产业投资基金、创业风险投资、金融业综合经营、多种所有制金融企业、外汇管理政策、离岸金融业务等方面进行改革试验。9 月 3 日,国家外汇管理局批准了滨海新区的 7 项外汇改革政策,其中最受关注的允许区内金融机构开展离岸金融业务。事实上,中国银行和一些外资银行,已经在滨海新区开展了离岸金融业务。据悉滨海新区的金融改革目标是建设离岸金融中心。

从迄今的情况来看,我国对离岸银行业务的开展实行了在岸与离岸分离、两头在外的经营管理原则,离岸银行的业务呈现出以下特点:第一,离岸客户结构和地域分布较单一,客户群主要是境外特别是港澳地区的中资企业和外资企业的境外股东,这主要是由于国内从事离岸金融业务的银行对境外其他客户的信用状况了解有限。第二,离岸银行业务以传统的存款、贷款、结算等零售业务为主,近期中间业务和同业短期拆借等有了长足的发展。第三,离岸业务规模和作用有限,例如,截至 2006 年底我国离岸存款只有约 20 亿美元。我国离岸业务发展缓慢的主要原因在于,对离岸金融政策定位不明,支持不够,存在体制和法律制度上的限制和障碍,如严格的资本流动限制等。从深圳、上海、天津开展离岸金融业务的情况来看,离岸金融业务在我国"引进来,走出去"的战略中都没有发挥充分的作用。我们这样一个正在崛起的经济大国,需要有一个相适应的离岸金融市场。为此,我们需要在政策定位和法律制度等方面为我国离岸市场的建立和发展提供支持。

（二）建立我国离岸市场的必要性与可行性

适应全球金融一体化的趋势和需要,除需要我们到境外离岸市场开拓经营外,还需要我们抓住时机建立我国自己的离岸市场。这首先是实现我国金融国际化和提高我国金融业的国际地位的良策。金融国际化包括金融市场、金融业务、金融机构、货币以及金融人才的国际化等。创建离岸市场可以为我国金融的国际化创造条件。创建离岸市场可以吸引大批跨国金融机构进入,实现金融机构的国际化。

大批境外金融机构进入离岸市场,可以带来最新的金融工具和金融业务,实现金融业务的国际化。离岸市场建立后会成为离岸货币的集散地,从而实现货币的国际化,也为人民币完成自由兑换和成为国际性货币提供实验田。离岸金融市场的建立和发展会吸引大量的国际金融人才,从而实现金融人才的国际化。

建立离岸市场可以提高我国在国际金融业中的地位。离岸市场是现代金融市场的组成部分,缺少离岸市场的国际金融市场是有缺憾的金融市场。同时,离岸市场作为各种离岸货币资金的集散地,吸引着来自世界各地的资金。丰富的资金资源和庞大的金融交易本身就是对一国金融国际地位的巨大提升。此外,从过去的数十年来看,建立和发展离岸市场是各国金融竞争的一大新特点和新趋势。从战略上看,我国周边国家和地区离岸市场不断涌现,必将影响国际资金流动格局和走向。建立和发展我国的离岸金融市场无疑是迎接国际金融竞争新趋势对我国金融业挑战的战略性步骤。

其次,建立离岸市场也是我国扩大利用外资和促进国际贸易发展的需要。随着离岸金融市场的发展,会有大批的跨国银行和其他金融机构在离岸市场上设立机构甚至把总部迁入,离岸市场会成为离岸贷款和离岸证券发行的重要基地,大批的投资者和闲散外资会汇聚离岸市场,为我国引进外资提供新的源头和渠道。就贸易来说,由于国际贸易的发展在很大程度上需要金融支持,建立我国的离岸市场可以使中外客商就近获得贸易融资的便利,促进国际贸易的发展。此外,离岸市场上的资金成本低廉,通过离岸市场取得的国际贸易融资可有效地降低国际贸易的成本,使我国的对外贸易更具有竞争力。

最后,建立离岸市场能够支持中国企业"走出去"战略的加快实施,推动中国企业进行跨国经营。中国企业"走出去"以后,对全球金融化服务会有一系列的要求,如境外融资的需求、资金结算便利的需求、境内外资金集中统一管理的需求等。但是,中国企业在"走出去"的初期,由于其信用没有在境外建立起来,很难得到当地银行的信任,同时国内母公司的实力和信用难以延伸到境外,而国内商业银行在国外建立的分支机构有限。这些因素就导致了企业在"走出去"过程中不能得到所需要的金融服务。在目前条件下,开办离岸金融业务是解决这些问题较好的选择。例如,由于我国的离岸银行对于中国企业了解,能够对"走出去"的这些企业开展全球授信业务,解决全球经营所需要的融资需求。在企业需要资金实施境外并购等情况下,离岸金融机构通过吸收到的离岸存款,对并购提供金融支持。

建立我国的离岸市场不仅具有必要性,而且具有可行性,这首先得益于离岸市场形成方式的变化。离岸金融不同于传统金融,是有关货币游离于货币发行国之外所形成的"两头在外"的新型金融形态,这就决定了离岸金融市场的形成方式可以不同于传统的国际金融市场。在离岸金融市场出现之前,传统的国际金融业务主要是居民与非居民间的资金融通,即国内投资者(贷款人)向国外筹资者(借款人)融通资金。这类业务需要市场所在国必须拥有丰富的国内资本积累和沉淀,能够不断地提供新的资本来源,以供资本输出。在这种情况下,只有经济实力强大国家的中心城市,如英国伦敦、美国纽约等,才具备这个条件而成为国际金融中心。由于离岸市场具有"两头在外"的特征,因此,离岸资金的来源和出路并不取决于市场所在地国的经济实力和资本剩余状况。从理论和实践来看,世界上任何一个地方,只要条件适宜、措施得当,都可能建成国际金融中心。这就打破了国际金融中心必须依附经济贸易中心和取资于国内资本供应的传统模式。正因为如此,国际金融中心迅速而广泛地分散到经济上原本并不发达的国家和地区,如巴哈马、开曼群岛、卢森堡、新加坡、巴林等。离岸金融形成方式的变化使我国有可能在资金资源并不十分富裕的情况下,通过积极地创造条件而建成离岸金融市场。

其次,我国大体上具备了建成离岸市场的条件。纵观世界各国建立离岸市场的经验,一般来说,建立离岸市场需要具备政局稳定、政策优惠、法制健全、基础设施较为完备、金融体系健全等条件。[①] 衡量这些条件,我国虽然在有些方面还存在着一定的差距,但经过三十年的改革开放,已初步具备了建立离岸市场的条件。如果我们能够把握住离岸市场在形成方式上不同于传统国际金融市场的规律和特点,通过优惠的政策加以引导和支持,加强建立离岸市场所需要的配套建设,我国成功地建立起自己的离岸市场是可能的和可行的。

(三)建立我国离岸市场的模式选择

离岸金融市场的模式主要是指两个方面的内容:一是离岸市场形成的模式,是自然形成型,还是采政策推动型? 二是离岸市场运行模式,是内外一体型、内外分离型、抑或是避税型的离岸市场? 这些都需要根据我国的情况作出结论,并以此指导我国建立离岸市场的法制建设。

1. 我国离岸金融市场形成模式的选择

许多离岸市场,特别是一些发展中国家的离岸市场,是顺应国际资本流动需要而自然形成的。它们在发展之初只是作为避税港而存在的,海外公司为了达到避税的目的而在此设立机构,金融机构纷纷而至,当地政府因此获益,从而采取宽容甚至鼓励的态度,于是更多的海外公司、金融机构纷纷到来,从而形成金融机构林立、金融市场繁荣的局面。这类离岸市场可称之为自然形成型,其形成历史较长,一般需要 30—40 年的时间。在当今全球经济一体化、金融规制日趋放松的情况下,一些国家利用国际资本流动的特点,运用政策优势,促成离岸市场的建立,新加坡、东京的离岸市场的形成就是如此,这类市场可称为政策推动型,其形成需要的

---

① 韩龙:《离岸金融的法律问题研究》,法律出版社 2001 年版,第 323 – 326 页。

时间较短,有的仅是数年之功。

我国的离岸市场究竟是采用自然形成型,还是采用政策推动型? 从我国自身条件来看,虽然我国已初步具备了建立离岸市场的条件,但仍然有一定的差距。从外部环境来看,亚洲已有东京、中国香港和新加坡等国际金融中心,而且韩国和我国台湾地区也雄心勃勃,打算建立起自己的国际金融中心,东盟各国也正在积极筹建自己的离岸金融市场。这种国际金融中心的布局和格局已基本适应了亚洲地区国际贸易和国际投资的发展的需要。在这种情况下,我国若要抓住亚太地区作为世界经济发展最具活力、资金流动十分活跃的良机,在亚太乃至世界金融竞争中获得成功,必须坚定不移地大力发挥我国的政策优势,运用政策创造和完善条件,吸引国际金融机构和国际资本。实际上,自 20 世纪 80 年代以来,各国为建立区域性金融中心或离岸市场都是在政府推动下,积极创造条件发展离岸金融市场。在发展金融中心和离岸金融市场构成当今各国金融竞争的一大新特点和新趋势的情形下,我们没有理由不运用积极的政策,推动离岸市场的建立和发展。

2. 我国离岸市场的运行模式选择

如前所述,离岸金融市场在运行模式上大致可分为内外分离型、内外一体型和避税型。从我国自身条件来看,建立内外分离型的市场对我国来说是合适的选择。首先,这种市场"两头在外"的特点最鲜明,因此,国内经济和金融实力是否强大,国内是否有足够的资金基础,并不是内外分离型离岸市场必须具备的条件。一个国家和地区只要举措得当,就有可能建成离岸金融市场。其次,作为内外分离型离岸金融市场主要组成部分的金融机构,可以是经营离岸金融业务的本国金融机构和外国金融机构。因此,国内的金融人才是否充足,金融业务水平是否高,也不是内外分离型离岸金融市场必不可少的条件。一个国家和地区只要有足够的吸引力,吸引外国银行到本国或本地区设立分支机构经营离岸业务,就有可能形成内外分离型离岸金融市场。最后,也是最重要的,我国幅员辽阔,经济发展水平参差不齐,情况错综复杂;市场经济还没有完全建立起来,新旧体制的转换还需要一定的时期来完成,在这种情况下,我们还需要不断地运用金融杠杆对国民经济的运行实行调控。就我国金融体系本身来说,虽然这些年来,我国金融体制改革在不断地推进,但我国目前的金融状况还不足以应对建立内外混合型离岸市场所带来的挑战。所以,建立内外分离型的离岸市场是在我国目前条件下既可以充分吸引和利用国际资本,提高我国在国际金融竞争中的地位,又可以避免对国内在岸金融业造成冲击,影响国家货币金融政策和宏观调整目标的有效贯彻实施。

(四)建立我国离岸金融市场所要解决的主要法律问题

建立我国的离岸金融市场,必须高度重视法制建设,做到法制先行,只有这样才能趋利避害。为此,我们需要对我国离岸市场的法制建设进行科学的规划。

1. 搞好营造良好市场环境的法制建设

离岸市场的环境相对宽松和优越,加强有关法制建设无疑是营造良好的离岸市场环境的强有力手段和保障。为此,我们应当根据离岸市场的特点,对我国税收、外汇、银行业管理等方面的法规进行修订或另立新法以满足离岸市场的需要。在税收方面,我国应借鉴境外离岸市场的通例,对我国税法中的有关规定进行修改,对银行从事离岸业务免征利息预扣税和银团贷款所得税;减征或免征贷款利息及海外收入预扣税、营业税;因从事离岸业务而使用的各种凭证免交印花税。在外汇管理方面,我国在离岸市场上应取消外汇管制,允许非居民资金汇往离岸账户,允许离岸账户资金汇往境外,允许离岸账户之间资金自由进出,允许离岸市场资金自由进出国境、自由兑换、自由交易。为此,我国应对外汇管理条例等有关规定进行必要的修改、补充和明确,以顺应我国离岸市场的建立和运营。在金融管理方面,我国应当参照各离岸市场的普遍做法,对离岸存贷款利率由离岸银行与客户按照市场水平自行约定;对离岸金融机构所从事的离岸金融业务不设或免提存款准备金;离岸存款可以不参加未来创设的我国的存款保险制度。为此,应对我国的中国人民银行法、商业银行法等法规进行修改或补充,在未来的存款保险法中对离岸金融业务作出专门的有针对性的规定。

2. 搞好离岸货币市场的法制建设

离岸货币市场的法制建设主要包括离岸银行业准入的法制建设和对离岸银行经营活动的法律控制。

拥有一定数量和质量的离岸金融机构是离岸市场形成的标志之一,因此,我们应大力吸引和培育一大批高质素的离岸货币市场的金融机构,为此,在离岸银行业准入问题上我们可从两方面着手,一方面对我国现有的商业银行进行改造,从而从国内金融机构中建立起离岸金融市场所需要的金融机构群体。另一方面,大力吸引境外金融机构进入,以构筑离岸市场所必须拥有的强大商业银行机构群体。为此,我们除需要通过立法营造宽松的经营环境外,宜参照英国、新加坡、中国香港等离岸市场的做法,对不同银行实行类别管理,将离岸市场的银行分为全面执照银行、限制执照银行和离岸执照银行。前者既可以经营在岸业务,也可以经营离岸业务。中者从事离岸业务,但对其在岸业务应有所限制。后者只能从事离岸业务,禁止从事在岸业务。对不同类别的银行实行不同的监管政策和离岸业务管理办法,以避免国内金融业受到过大的冲击,为此,我国应制定有关离岸银行的法律作出明确规定。

对离岸银行的经营活动,我国应根据我国的实际并参照其他离岸市场的做法依法进行管理。如前所述,我国的离岸市场宜采取内外分离模式,对离岸银行的经营活动,特别是同时经营离岸业务和在岸业务的银行的经营活动,应当将其在岸银行业务与离岸银行业务实行分离管理;应当控制离岸账户与在岸账户资金的相互转移,防止境外资金通过离岸账户大量流入我国和境内资金借助在岸账户流入离岸市场或境外而破坏我国货币金融的稳定;同时在确保我国货币金融稳定的前提下,允许离岸账户头寸与在岸账户头寸在规定的限额内相互抵补,以增进离岸业务与在岸业务在资金上的互补。此外,我国应当参照泽西离岸市场的做法,按照巴塞尔协议和离岸银行业监管集团的要求,将离岸银行的资本充足率保持在8%的水平,妥善处理跨国银行的并表监管问题,以维护我国离岸市场和国际金融业的稳定。

3. 离岸证券市场的法制建设

我国离岸金融市场的法制建设应将离岸证券市场的问题作通盘考虑。例如,由于离岸证券发行效率极高,一般不经发行地所在国监管当局的登记或审批,或者是在具备或履行一定的条件或程序后即被认为是符合要求。怎么能够做到既保障证券业稳定和健康发展,又规制与监管宽松,应是将来我国制定有关法规的重要内容。又如,为了满足离岸证券市场发行高效性的特点和需要,我们有必要对从事离岸证券投资活动的资格实行授权,但是,如何做到管而不死、活而不乱,建立起符合离岸证券市场特点的资格授权制度,也是我国未来离岸证券立法所要重点解决的问题。再如,在离岸证券业经营活动的管理问题上,我们应对在离岸证券市场所发行的广告、招揽、稳价活动、交易对象等方面进行规范,以维护市场有序经营和保护投资者。为此,我国在时机成熟时应考虑制定一部离岸证券投资法,对有关问题作出明确、详细的规定。

三、在香港特别行政区建立人民币离岸市场问题

(一)在香港特别行政区建立人民币离岸市场的原因

由于内地与香港交往的增多,据估计人民币沉淀在香港的数量至少有数百亿元之巨,且随着 CEPA 的实施,会进一步快速增长。这笔庞大的人民币存量,随着两地交往的密切,客观上产生了对人民币的各种需求,衍生出多种人民币业务。如果允许香港银行从事人民币离岸业务,则人民币资金活动可转入银行体系。这一方面可通过兑换、汇款和信用卡等业务,满足港人贸易、投资、旅游、消费等需求;另一方面,推动香港银行业的发展。因此,建立香港人民币离岸市场的意义首先体现在,通过允许人民币在香港流通,监管部门可以将境外流通的人民币纳入银行体系,便于掌握人民币境外流动规模的变动,从而相应采取措施。其次,人民币离岸市场在香港的发展可以形成一个完全市场化的人民币利率指标。在自由市场形成的人民币离岸存款利率或其他利率,能够为内地人民币利率形成提供有效的参考。再次,人民币离岸市场在香港的发展能够加深中国内地与其他经济体的合作。区

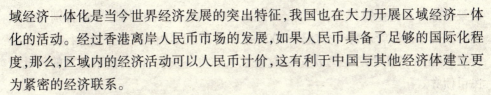

域经济一体化是当今世界经济发展的突出特征,我国也在大力开展区域经济一体化的活动。经过香港离岸人民币市场的发展,如果人民币具备了足够的国际化程度,那么,区域内的经济活动可以人民币计价,这有利于中国与其他经济体建立更为紧密的经济联系。

(二)香港特别行政区人民币离岸市场发展的状况

《内地与香港关于建立更紧密经贸关系的安排》(简称 CEPA)签署后,2003 年 8 月中央政府对 CEPA 作重大调整,增加了"积极研究允许香港银行在香港试行办理人民币个人业务,条件许可时优先考虑在香港开设人民币离岸金融中心"等 6 项内容。同年 11 月 19 日,中国人民银行和香港金融管理局在北京签署有关人民币业务合作的备忘录,中国人民银行同意为香港银行试行办理个人人民币业务提供清算安排。2004 年 1 月,香港所有持牌银行均可以开展办理个人人民币业务,其范围包括人民币存款、兑换、汇款和银行卡业务,但只限于方便个人消费,不涉及投资等资本项目的安排。对于人民币存款,香港持牌银行可为香港居民开立自由提存的人民币存款账户,存款期限及利率由银行自行厘定。对于兑换业务,参加行可为存户办理人民币与港币的兑换,每人每天可兑换不超过等值 2 万元人民币。非存户现钞兑换每人每次不超过等值 6 000 元人民币。对于汇款,参加行可为存户把人民币由香港汇入内地同名银行账户,每人每天汇款不超过 5 万元人民币。对于银行卡,内地居民可以持内地银行发行的人民币扣账卡和信用卡在香港消费。参加行或其附属机构也可为香港居民发行人民币扣账卡和信用卡,方便他们在内地的消费。

允许人民币在香港的流通和香港金融机构吸收人民币存款,是人民币离岸市场开始的标志性步骤。虽然短期而言,香港试办人民币个人业务只涉及存款、汇款、兑换以及信用卡 4 个领域,范围和数量受限,但它为日后香港成为人民币离岸中心,开展全面广泛的人民币离岸业务提供了基础和平台。自香港开办人民币业务以来的情况来看,截至 2006 年 11 月底,香港共有 38 家银行开办了人民币业务,香港人民币存款余额约 228 亿元;香港汇往内地汇款 22 亿元人民币;内地银行卡在香港消费和提现合计 206 亿元人民币,香港银行卡在内地累计消费和提现 7.5 亿元人民币;香港支票在内地消费金额 1 282 万元人民币。

2007 年 1 月,经国务院批准,内地金融机构经批准可以在香港发行人民币金融债券;香港进口大陆货物时,可以使用人民币支付。1 月 16 日,香港金管局与中国人民银行在北京签署了进一步扩大香港人民币业务的补充合作备忘录,以落实内地金融机构可以在香港发行人民币债券安排。中国人民银行同时宣布,将为香港银行办理人民币业务提供平盘及清算安排的范围扩大到在港发行的人民币债券。目前在港的人民币发债主体限定为境内金融机构,主要是评级等级高的境内政策性银行和商业银行等。为此,央行拟定了《境内金融机构赴香港特别行政区发行人民币债券管理暂行办法》。2007 年 6 月 27 日,中国国家开发银行在香港发行了 50 亿元的 2 年期人民币债券,这是在大陆境外发行、以人民币结算的首批人民币债券。

内地金融机构在港发行人民币金融债券,将进一步扩大香港居民及企业所持有的人民币回流内地的渠道,同时可以增加香港金融市场的主体和债券币种,扩大香港银行资产业务范围,增加香港居民及企业的人民币投资选择,加强香港的国际金融中心地位。有人将此称之为试行人民币金融离岸中心的开始,同时认为在香港形成的市场化利率及其影响的人民币汇率,将为下一步国内推进利率、汇率市场化提供参照。

(三)香港特别行政区人民币离岸市场的风险问题

香港人民币离岸市场潜在地对内地的人民币汇率、利率、独立的货币政策和资本账户下人民币可自由兑换等形成挑战。例如,货币投机者可能会在香港人民币离岸市场上积累人民币头寸,进而在相关市场冲击人民币汇率。又如,香港人民币离岸业务及其利率可能会对内地银行业的人民币存贷款业务构成竞争,对内地利率形成压力,解决不好,会导致资金流入或流出内地,影响内地的货币政策和宏观经济调控。

从目前来看,这些问题得到了有效的控制。现阶段香港只试办人民币个人业务,不涉及企业或批发业务,只允许从事存款业务,而不经营贷款业务,业务的规模和范围有严格的限制,发展受中央人民政府的掌控。因此,香港人民币业务对内地人民币汇率、利率、独立的货币政策和资本账户下人民币可自由兑换的影响是有限的。在此过程中,结算行机制发挥了重要作用。离岸市场的建立和发展不能没有结算渠道及清算体系。根据有关安排,中银香港成为香港人民币业务的清算银行。该行在中国人民银行深圳市中心支行开立人民币清算账户,办理人民币头寸的存取,并为参加行办理人民币业务和人民币债券提供清算服务;负责人民币的收集与分发;为符合规定的个人汇款提供转汇服务;为参加行办理符合要求的人民币与港币兑换提供平盘服务并通过中国外汇中心买卖人民币。通过清算行,内地可以对香港人民币离岸业务实行监控和影响。以存款为例,清算行将其自身和其他银行吸收的人民币存款存入人行深圳市中心支行,该中心支行对清算行支付的存款利息,直接影响着各银行及其客户的利息水平。但随着香港人民币离岸市场的扩大和放开,我们需要对该市场做好规划设计,并进行适宜的监管。

四、境外离岸金融中心的冲击

离岸市场由于具有在岸市场所不具有的优势和吸引力,在中介国际资金中的作用十分突出,使各国可直接借助于离岸市场进行国际资金交易。同时,过剩的国际流动性与信息通讯技术相结合,导致世界上的剩余资金纷纷流往离岸市场,并通过离岸市场加入国际资金流动的行列。因此,离岸市场成为国际资金特别是短期资金集聚地,是国际游资的主力和重要源泉之一。为了觅利,离岸资金一天24小时里在全球范围内寻觅机会,由于各国金融自由化程度的加深和信息技术运用到国际金融之中,离岸资金在敲动键盘的瞬间自由进出离岸市场和有关国家的金融市场,形成强大的资金流,对各国和国际货币金融体系产生巨大的冲击。

(一)离岸金融中心对我国的影响

考察境外离岸中心对我国的影响,尤其需要关注加勒比海离岸金融中心对我国的影响。

1. 加勒比海离岸金融中心及其特点

在加勒比海集中分布着许多大小不一的岛屿,如安圭拉、安提瓜和巴布达、巴哈马、巴巴多斯、伯利兹、百慕大、开曼群岛、多米尼克、圣卢西亚、圣文森特和格林纳丁斯、英属维尔京群岛等。这些国家或地区一般都资源匮乏,但旅游资源丰富,基础设施如电讯、银行等行业比较发达。在这种背景下,它们依靠优惠的政策措施吸引国外金融机构和资金进入,鼓励和刺激离岸金融业的发展。该地区的离岸金融中心均属避税型的离岸市场。例如,各离岸中心所在地通常不对离岸投资者征收个人或企业所得税、资本利得税、外国投资税、汇出税、地产税、销售税、增值税等,每年只需缴纳有限的注册费用等。此外,这些避税港严格禁止金融机构和咨询机构将客户资料或有关会计资料泄露给任何第三方,而无论其为个人、公司或政府等,因此,具有高度的保密性。由于这些特点所致,离岸金融业对国际资本有巨大的诱惑力。国际游资和许多希望逃离本国税收和监管的资金纷纷到这些国家注册离岸机构,从而刺激了离岸金融业的发展,加勒比海地区也逐渐成为离岸金融业比较发达的地区。实际上,离岸金融机构在加勒比海岛屿注册后,并不一定在那里从事实质性的业务经营活动,通常通过注册国过一道财务上的手续而避开来源国的税收监管,把资金用于境外经营业务,从而达到规避本国税收的目的,实质的经营交易活动在离岸中心之外展开。

2. 加勒比海离岸中心对我国的影响

加勒比海离岸中心对我国的影响既有积极的一面,也有值得关注的负面性。就积极影响而言,加勒比海离岸中心作为国际资金的重要集聚地和集散地,构成了我国吸引外资的重要来源。以2003年为例,按照实际投资金额排行,英属维尔京群岛、西萨摩亚、开曼群岛在中国内地外资来源地排名中分居第二、第八、第九位。近几年来,英属维尔京群岛在中国外资来源地中稳居第二。如果我们加以正确的引导,每年流入该地区的国际资金仍然可以不断地转化为对我国的投资。

然而,加勒比海离岸中心也有值得我们关注的负面性。这首先体现为离岸资金流入和流出我国而造成的影响。我国对经常项目实行结售汇制度,对资本项目实行管制,但是,境外资金仍然通过种种渠道进出入我国,以便套汇和套利。特别是近几年,随着国际上对人民币升值预期的提高,我国对国际游资的诱惑增大。例如,近期中国的口岸检查部门发现,实际货物进出口价格远小于最终的结算价格,其中夹杂着大量非贸易目的资金进入中国。2007年4月,央行披露的2007年第一季度数据显示,该季度新增外汇储备达1 357亿美元,同期贸易顺差为464亿美元,外商直接投资(FDI)159亿美元。一般认为,前者与后两者之和的差额多为"热钱"即游资,而一季度这个差额高达734亿美元,境外离岸中心作用很大。

大规模的游资出入,不仅是货币的问题,而且涉及国家金融风险和经济安全。大量游资涌入内地的股市和房地产等市场,推动资产价格泡沫化的形成和增大,加大了人民币汇率升值的压力,严重干扰实施宏观调控的货币政策。特别值得注意的是,自20世纪90年代以来,经济危机往往以资产价格泡沫为特征,投机性资本在全球化、信息化趋势推动下的加速流动,是泡沫危机爆发的重要原因之一。而在出现危机时国际游资往往迅速撤离,使一国跌入危机的深渊。亚洲货币金融危机就充分印证了这一点。这种情况应引起我国的注意,我国应依法加大对资金流出入的检查和监督。

其次,境外离岸中心为我国境内一些机构和个人所利用,对我国滋生负面影响。据有关方面估计,在离岸金融中心注册的中国离岸公司数以万计。由于加勒比海离岸中心的特点所致,离岸中心为国内一些腐败分子、不良商人提供了侵吞国有资产和公众财产的途径,构成国内资本外逃后经过洗钱然后回流的"中转站",同时也构成我国税收流失的管道。为此,我国应加强监管,防止境内资金特别是某些非法资金流入离岸地区,加强税收监管。

(二)加勒比海离岸中心对国际货币金融体系的影响

20世纪末发生的亚洲金融危机有力地见证了由离岸金融市场,特别是加勒比海地区离岸中心所引起的巨额国际资金流动对国际货币金融体系所产生的强大的冲击。

从金融角度来看,导致东南亚国家金融市场脆弱性的原因是由于对外短期债务的大量积累而造成的流动性风险及兑换风险的急增,而巨额贷款和投资的来源和去向无不与离岸中心密不可分。进入90年代,东南亚出现了国际投资热。从向东南亚提供贷款的银行国籍来看,截至1997年6月末,日本银行最高,约1 238亿美元,占整个外来贷款余额的31.7%,欧洲几个主要国家为1 714亿美元,占43.9%,美国、加拿大的银行贷款余额为394亿美元,占10.1%。但从这些贷款贷出的场所来看,这些贷款的大部分是通过这些银行设在中国香港、新加坡、加勒比海地区等离岸中心的特定目的公司（Special Vehicle Company）提供的。① 因此，离岸中心成了向东南亚新兴市场国家提供国际流动资金的重要渠道。大量资金的流入，加上流入国没有对资金流入进行"消毒"或中和，造成通货膨胀和汇率压力增大，出口优势丧失，资产泡沫加大，并最终导致金融危机爆发。

这一渠道同时也是危机发生时国际流动资金逆向流回的通道。在 1997 年 6 月到 1998 年末的一年半时间里，离岸中心从东南亚收回贷款高达 543 亿美元，从日本收回贷款 577 亿美元，加上从其他东亚诸国或地区回收的贷款，约计共达 1 400 亿美元。这些资金的绝大部分通过离岸中心被欧美借走，主要途径是欧洲对美国的证券投资和美国国际收支平衡表中误差和遗漏所体现的短期资本流入。危机期间资金的流出加重了危机，使遭受危机打击的国家雪上加霜，同时造成市场信心缺乏、投机加剧，导致危机在国际间蔓延，给国际金融体系的稳定造成重创。亚洲金融危机也给我国带来了严重影响，内地人民币承受了巨大贬值的压力，香港受到了国际游资的攻击。

---

① 山本荣治：《离岸金融中心与国际金融体系的不稳定性》，《经济评论》2000 年 8 月号。

责任编辑:詹素娟

封面设计:肖 辉

图书在版编目(CIP)数据

国际金融法要论/韩龙 等著. -北京:人民出版社,2008.12

ISBN 978 - 7 - 01 - 007565 - 5

Ⅰ. 国… Ⅱ. 韩… Ⅲ. 国际经济法-金融法-研究

Ⅳ. D996.2

中国版本图书馆 CIP 数据核字(2008)第 198335 号

国际金融法要论

GUOJI JINRONGFA YAOLUN

韩 龙 等著

人民出版社 出版发行

(100706 北京朝阳门内大街 166 号)

北京集惠印刷有限责任公司印刷 新华书店经销

2008 年 12 月第 1 版 2008 年 12 月北京第 1 次印刷

开本:710 毫米×1000 毫米 1/16 印张:25

字数:470 千字 印数:0,001-3,000 册

ISBN 978 - 7 - 01 - 007565 - 5 定价:45.00 元

邮购地址 100706 北京朝阳门内大街 166 号

人民东方图书销售中心 电话 (010)65250042 65289539